毕节地区志

宗教志

毕节市地方志编纂委员会　编

方志出版社
Publishing House of Local Records

图书在版编目（CIP）数据

毕节地区志．宗教志 / 毕节市地方志编纂委员会编．
—北京：方志出版社，2017.7
ISBN 978-7-5144-2477-5

Ⅰ．①毕…　Ⅱ．①毕…　Ⅲ．①毕节地区—地方志　②宗教史—毕节地区　Ⅳ．① K297.32　② B929.2

中国版本图书馆 CIP 数据核字（2017）第 182789 号

毕节地区志·宗教志

编　　者　毕节市地方志编纂委员会
责任编辑　冯　松
装帧设计　舒菊丽　龚晓莲

出 版 人　冀祥德
出 版 者　方志出版社
　　　　　地址　北京市朝阳区潘家园东里 9 号（国家方志馆 4 层）
　　　　　邮编　100021
　　　　　网址　http：//www.fzph.org
发　　行　方志出版社发行中心
　　　　　电话（010）67110500
经　　销　各地新华书店
印　　刷　昆明鹰达印刷有限公司

开　　本　889 × 1194　1/16
印　　张　23.75
字　　数　440 千
版　　次　2017 年 7 月第 1 版　　2017 年 7 月第 1 次印刷
印　　数　001 ~ 500 册

ISBN　978-7-5144-2477-5　　　定价：160.00 元

序

群山巍峨沟壑纵横的毕节地区，位于贵州省的西北部。在这块古老神奇的土地上，宗教文化历史悠久，源远流长。先后有佛教、道教、伊斯兰教、天主教和基督教传入，并在这里生根成长。早在西晋末年，中国高僧西行求法，路过今威宁彝族回族苗族自治县，宣扬佛法，佛教开始在这一地区产生一定的影响。到了唐代，佛教的影响更进一步深入。唐朝初年，现金沙县木孔乡就建成了传播佛教的朝阳寺。同时，中国土生土长的道教也开始传入，今黔西县谷里镇曾建立过道教教观城隍庙。元代，蒙古军中的部分穆斯林军人随军征讨云南，伊斯兰教开始传入，明代洪武年间，蓝玉、沐英军中的部分穆斯林军留守屯垦乌撒，建成今威宁彝族回族苗族自治县的杨湾桥、马撒营等地的清真寺。1840年后，随着西方国家取得在华内地的传教权，天主教陆续传入威宁、大定、黔西等地。清光绪十年（公元1884年）基督教开始传入大定悦服里（即今大方县马场、鼎新和纳雍县龙场等地），光绪二十五年（公元1899年），基督教在今织金县熊家场建立白马洞教会。至此，世界五大宗教聚集毕节地区境内，影响着区内广大人民群众的生活。

中华人民共和国成立后，中国共产党和人民政府十分重视宗教工作。20世纪50年代初期，在保护宗教信仰自由，保证宗教正常活动的同时，党和政府充分发挥广大信教群众的主人翁作用，动员广大信教群众积极参与社会主义建设。根据历史的原因和社会发展的需要对宗教进行了民主改革。20世纪60年代，因受“大跃进”和“文化大革命”的影响，宗教活动受到了一定的限制，一部分宗教人士被打成“反革命”。中国共产党十一届三中全会后，党和政府的宗教政策得到了认真贯彻执行，宗教人士蒙受的冤假错案得到了平反，被占用的宗教财产得以偿还，正常的宗教活动得以开展，群众的宗教活动逐步走向法治管理的轨道。到目前为止，全区信教群众约120万人，占全区总人口的16%，其中按宗教仪式履行入教仪式手续的约25万人，宗教教职人员约800人，开放的宗教活动场所400余处。

古人云：“以铜为鉴，可正衣冠；以古为鉴，可知兴替；以人为鉴，可明得失。”修志的目的在于存史、资政、教化。《毕节地区志·宗教志》的付梓问世，是毕节地区志书编纂中的一件大喜事。《毕节地区志·宗教志》是一笔极为宝贵的精神财富，是全区社会主义精神文明建设的一项丰硕成果。该志书坚持辩证唯物主义和历史唯物主义的观点方法，客观真实地记录毕节地区各宗教教派的传入和发展变化，志书的出版对于了解毕节地区各宗教的历史与现状，依法管理宗教，引导宗教沿着正确的轨道运行，引导广大信教群众爱国爱教，使宗教与社会主义社会相适应，带领广大信教群众全面脱贫致富，奔向小康社会，构建社会主义和谐社会，有着积极的现实意义和深远的历史意义。

在此，略述为序。

毕节地委副书记　安金黎

二〇〇八年

毕节地区志

宗教志

毕节市地方志编纂委员会　编

方志出版社
Publishing House of Local Records

图书在版编目（CIP）数据

毕节地区志．宗教志 / 毕节市地方志编纂委员会编．
—北京：方志出版社，2017.7
ISBN 978-7-5144-2477-5

Ⅰ．①毕… Ⅱ．①毕… Ⅲ．①毕节地区—地方志 ②宗教史—
毕节地区 Ⅳ．① K297.32 ② B929.2

中国版本图书馆 CIP 数据核字（2017）第 182789 号

毕节地区志·宗教志

编　　者　毕节市地方志编纂委员会
责任编辑　冯　松
装帧设计　舒菊丽　龚晓莲

出 版 人　冀祥德
出 版 者　方志出版社
　　　　　地址　北京市朝阳区潘家园东里 9 号（国家方志馆 4 层）
　　　　　邮编　100021
　　　　　网址　http：//www.fzph.org
发　　行　方志出版社发行中心
　　　　　电话（010）67110500
经　　销　各地新华书店
印　　刷　昆明鹰达印刷有限公司

开　　本　889×1194　1/16
印　　张　23.75
字　　数　440 千
版　　次　2017 年 7 月第 1 版　　2017 年 7 月第 1 次印刷
印　　数　001 ~ 500 册

ISBN　978-7-5144-2477-5　　　定价：160.00 元

毕节市地方志编纂委员会

顾　　　问：陈志刚

主　　　任：陈昌旭

常务副主任：王开俊　冉　霞

副　主　任：黄家忠　潘圣群　高隆礼

毕节市地方志编纂委员会办公室

审　　定：潘圣群　刘田向　高隆礼

编　　校：吴南剑　饶艳兰　刘　宇

《毕节地区志·宗教志》
编纂委员会

主任委员：梁兴华

副主任委员：彭斯慧　杨智明　李洪应　漆海南

委　　员：漆海南　张全富　禄亚权　彭洪生　时景勋

张　赟　黄文荣　王世忠　李兴秀　蒋　卫

刘　刚　杨朝新　罗坤富　黄小力　李锡林

马武俊　王紫琳

主　　编：梁兴华

副 主 编：彭斯慧　杨智明　李洪应　杨永光

执行主编：杨永光

编　　辑：杨永光

撰　　稿：杨永光　罗世勋　马鹏飞

校　　对：杨永光　张付华

编纂说明

一、本志以马列主义、毛泽东思想、邓小平理念、“三个代表”重要思想、科学发展观为指导，贯彻落实习近平总书记系列重要讲话精神和治国理政新理念、新思维、新战略。坚持辩证唯物主义和历史唯物主义，实事求是地记述毕节地区的佛教、道教、伊斯兰教、天主教、基督教的历史和现状及中华人民共和国成立以后的宗教工作。对民间宗教、少数民族原始宗教不予收录。

二、本志书上限记述不同宗教传入区内起始年代，下限记述至2003年。

三、为了资料集中便于查阅，记述有关章节时相关资料附录于后。

四、本志书资料主要来源于相关史志、区内各县县志、地区相关专志、地区内文史资料、文物资料、地名志（录）和相关宗教界人士座谈的调查资料与实地考察资料，注重博古详今。

五、本志书所引用数字均以史志及地区各县（市）有关业务部门的数据为准。

六、鉴于各宗教在地区没有宗教组织，宗教组织机构及宗教活动主要以县（市）为主。

序

群山巍峨沟壑纵横的毕节地区，位于贵州省的西北部。在这块古老神奇的土地上，宗教文化历史悠久，源远流长。先后有佛教、道教、伊斯兰教、天主教和基督教传入，并在这里生根成长。早在西晋末年，中国高僧西行求法，路过今威宁彝族回族苗族自治县，宣扬佛法，佛教开始在这一地区产生一定的影响。到了唐代，佛教的影响更进一步深入。唐朝初年，现金沙县木孔乡就建成了传播佛教的朝阳寺。同时，中国土生土长的道教也开始传入，今黔西县谷里镇曾建立过道教教观城隍庙。元代，蒙古军中的部分穆斯林军人随军征讨云南，伊斯兰教开始传入，明代洪武年间，蓝玉、沐英军中的部分穆斯林军留守屯垦乌撒，建成今威宁彝族回族苗族自治县的杨湾桥、马撒营等地的清真寺。1840年后，随着西方国家取得在华内地的传教权，天主教陆续传入威宁、大定、黔西等地。清光绪十年（公元1884年）基督教开始传入大定悦服里（即今大方县马场、鼎新和纳雍县龙场等地），光绪二十五年（公元1899年），基督教在今织金县熊家场建立白马洞教会。至此，世界五大宗教聚集毕节地区境内，影响着区内广大人民群众的生活。

中华人民共和国成立后，中国共产党和人民政府十分重视宗教工作。20世纪50年代初期，在保护宗教信仰自由，保证宗教正常活动的同时，党和政府充分发挥广大信教群众的主人翁作用，动员广大信教群众积极参与社会主义建设。根据历史的原因和社会发展的需要对宗教进行了民主改革。20世纪60年代，因受“大跃进”和“文化大革命”的影响，宗教活动受到了一定的限制，一部分宗教人士被打成“反革命”。中国共产党十一届三中全会后，党和政府的宗教政策得到了认真贯彻执行，宗教人士蒙受的冤假错案得到了平反，被占用的宗教财产得以偿还，正常的宗教活动得以开展，群众的宗教活动逐步走向法治管理的轨道。到目前为止，全区信教群众约120万人，占全区总人口的16%，其中按宗教仪式履行入教仪式手续的约25万人，宗教教职人员约800人，开放的宗教活动场所400余处。

古人云：“以铜为鉴，可正衣冠；以古为鉴，可知兴替；以人为鉴，可明得失。”修志的目的在于存史、资政、教化。《毕节地区志·宗教志》的付梓问世，是毕节地区志书编纂中的一件大喜事。《毕节地区志·宗教志》是一笔极为宝贵的精神财富，是全区社会主义精神文明建设的一项丰硕成果。该志书坚持辩证唯物主义和历史唯物主义的观点方法，客观真实地记录毕节地区各宗教教派的传入和发展变化，志书的出版对于了解毕节地区各宗教的历史与现状，依法管理宗教，引导宗教沿着正确的轨道运行，引导广大信教群众爱国爱教，使宗教与社会主义社会相适应，带领广大信教群众全面脱贫致富，奔向小康社会，构建社会主义和谐社会，有着积极的现实意义和深远的历史意义。

在此，略述为序。

毕节地委副书记　安金黎

二〇〇八年

唐代以前的铜身鎏金佛像（国家一级文物）徐锦华摄

观音讲法铜像（国家二级文物） 徐锦华摄

伊斯兰《古兰经》

苗族信教溯源碑

金沙天灵寺（金沙民宗局提供）

毕节市杨家湾玉皇阁（李洪应提供）

威宁凤山寺（孔繁毅摄影）

纳雍海座教堂（文笔教堂提供）

毕节市文峰教堂（文峰教堂提供）

20世纪20年代石门坎全貌图（威宁政协文史资料）

柏格理青年像

全区宗教人士培训（文笔教堂提供）

纳雍教会义工培训（文笔教堂提供）

苗族教徒为灾区捐赠

柏怀思与苗族教徒在一起

台湾陈马可牧师与黔西教徒在一起（文笔教堂提供）

毕节佛教人士为灾区捐赠（文笔教堂提供 ）

黔西基督教会礼拜场面（地区民宗局提供）

黔西天主教教牧人员在做弥撒（地区民宗局提供）

地区民族宗教局副局长与省牧师座谈（地区民宗局提供）

省人大常委会副主任杨序顺到威宁彝族回族苗族自治县检查宗教工作
（地区民宗局提供）

《毕节地区志·宗教志》审稿合影

目　录

大事记

唐

唐代初年在现金沙县木孔乡（当时为信安县辖地）弯子村泥池坝陶家寨建成的安乐寺，唐代晚期移至弯子村大石庄后，更名为“朝阳寺”。

唐代今毕节地区的威宁自治县、赫章县等地附南诏，云南一部分白族进入这一地区，南诏佛教随之传入；这一时期，中原的汉传佛教也同时传入现黔西、金沙一带。建成位于现黔西县谷里镇的永丰寺、观音阁、水口寺、城隍庙。

元

至元二十年（1283 年） 部分回族随元军进入织金西南驻扎，后落籍织金三塘等地，伊斯兰教传入织金。

元代中 位于现威宁县城关的万寿寺、金沙县后山乡的天灵寺建成。

延祐年间（1314－1320 年） 西竺僧人指空法师由云南前往浙江，途经现威宁县、赫章县一带，在这一带传授佛法。

元代 位于现金沙县沙土镇天堂村的天神堂、现威宁县羊街镇蛇场的崇圣寺、现毕节杨家湾镇周驿村的玉皇阁建成。

云南行省平章政事，穆斯林政治家赛曲赤·瞻思丁及其子纳速拉丁大兴屯田、释道、卫所，时有穆斯林人迁至乌撒（现威宁、赫章一带）境，伊斯兰教传入威宁县。

明

明初 月溪和尚在水西（今黔西县城）修建永洪寺。燃指和尚化缘建成毕节城西郊灵峰寺。现威宁县城东郊真武观建成；不久，四川如标和尚到此开殿，把真武观更名为凤山寺。道教（全真派）传入现织金县境。

明洪武年间（1368－1398 年） 位于现毕节城关箱子街的关圣殿（武庙）、层台镇关圣殿及位于现织金县城东北郊鱼山上的智琼祠建成。伊期兰教建成威宁马坡、下坝、马家屯、妈撒迤4座清真寺。

永乐四年九月初八日（1406年10月19日） 乌撒军民府设（今威宁县、赫章县一带）僧纲司于能仁寺（今威宁县城内）管理佛教。

永乐年间（1403－1424年） 明永乐帝朱棣御告毕节城郊灵峰寺以“瑞甲全黔”封辞。

正统元年（1436年） 位于现毕节城东关坡脚的福泉寺建成（今毕节市人民医院处）。

正统十四年二月（1449年3月18日） 明帝赐额“毕节普慧寺”（之前名为福泉寺），设贵州毕节卫僧纲司于普慧寺（又名双井寺，今毕节市医院处）。武略将军、千户侯王仲骧始建毕节城东关坡山上的惠泉寺。

正统年间（1436－1449年） 明帝赐额赤水卫（今毕节市赤水河一带）普丰寺。

成化二十一年（1485年）4月15日 水西彝族土官贵州宣慰使安贵荣、妻奢脉、子安佐铸造永兴寺铜钟，钟铸有彝文和汉文，今存大方县文物管理所。

正德五年（1510年） 贵州土官、水西宣慰使安贵荣、妻奢脉及子安万钟铸铁钟1口置于今黔西县城东郊观音阁内，口径6尺，现名正德残钟。

明中叶 道教由正一道九世弟子周金玉自江西传入大定（今大方）。

嘉靖三年（1524年） 乌撒（今威宁、赫章一带）善士新建乌撒卫城三官庙。

十三年（1534年） 道人熊珊珊募工重修毕节城南关真武庙。

三十九年（1560年） 乌撒卫指挥建成卫城灵宫殿。

万历二年（1574年） 威宁杨湾桥清真寺建成。

万历二十七年（1599年） 位于现赫章县白果镇的普照寺建成。

四十一年（1613年） 毕节城西灵峰寺扩建，致政指挥孙勇建大雄宝殿、教官徐绍尧建观音殿、僧人宝珠建左楼。

万历年间（1573－1620年） 道教（正一派）由道士陈国良（法名洞清）传入现织金县境。

天启年间（1621－1627年） 道教传入黔西。位于现金沙县禹谟镇干堰村斗姆阁建成。

明末 西蜀和尚钝锋在平远州城南（现织金县城南）郊炎帝庙住脚，炎帝庙经他组织扩修后改称南林寺，佛教临济宗传入现织金县境；位于现毕节城东南小横街万寿宫建成。

清

清初 嵩目大师在黔西开元寺主教；将现织金县城东北郊鱼山上被毁坏的智琼祠改建为黑神庙；位于现织金县城的寿福寺、城中的财神庙、熊家场乡街上观音阁及威宁县城东北尚官岭黑神庙建成。清进军云贵两省，陕西、甘肃、河北等地大批信伊斯兰教的穆斯林将士随军进入毕节地区威宁一带。

顺治十六年（1659年） 陕西长安阿訇刘吉，由云南到威宁为穆斯林人讲解《古兰经》，培养伊斯兰教人才。

顺治年间（1644－1661年） 如松和尚募建大定（大方）城南50里波罗箐的兴隆寺。

顺治末年至康熙初年 现威宁县城内万寿宫建成。

康熙三年（1664年） 知府王命来、总兵李如碧建成黔西城郊开元寺（东山寺）。

四年（1665年） 平远（现织金县）知府刘勇移建原州署侧的关帝庙于城南门外。是年（1665年）凉州（今甘肃省）庄浪人韩忠任威宁镇总兵，任期内，引穆斯林悟守教规，传播伊斯兰教文化，倡建清真寺。

六年（1667年） 平远州通判查函及居民共建现织金县城郊隆兴寺，并建成城内万寿宫。

七年（1668年） 知府宁云鹏建成现大方县城南门内城隍庙。

八年（1669年） 副将霍维鼐及兵民共建位于现织金县城东郊东山寺、城南郊回龙庵、知府邱业鼎，创建位于现织金县城内城隍庙。

十年（1671年） 游击王耀麟捐建现织金县城南炎帝庙。

十四年（1675年） 邑绅樊应兰募金重建毕节城西郊灵峰寺，寺优婆寨李奕熼捐巨产为助。

二十七年（1688年） 现织金县城东文昌阁建成。

二十九年（1690年） 黔西知州穆成周等迁建黔西武庙于州署之左（最早修建时间无记载）。

四十四年（1705年） 知州穆成周建成黔西城郊双狮山文昌阁。

四十六年（1707年） 现织金县城南门外西侧虎丘山上紫竹庵建成。

四十七年至五十年（1708－1711年） 威宁知府佟铭迁建火神庙于威宁城北昭明路。

康熙年间（1662－1722年） 毕节城郊蟠龙山奎文阁（魁星阁）、城郊德厚小桥梓橦阁建成。

雍正初年 知府苏霖弘建成大定城西炎帝庙（火神庙）。

七至九年（1729－1731年） 平远知州介锡州、副将刘成谟等建成城关太乙祠。

八年（1730年） 知州朱灿英、介锡州、吏目戴光组建成平远城中（现织金县城内龙潭南岸）龙王庙。

十年（1732年） 灵峰寺住持宗映先后再造灵峰寺前殿，新修观音阁两廊。

十二年（1734年） 知府鲍尚忠建成黔西城内（现城关二小处）魁星阁。

乾隆六年（1741年） 大定城内万寿宫、平远州城东街万寿宫建成。

十五年（1750年） 现金沙县城西南大定坡高岩寺建成；大定城南郊文笔山玉皇阁建成。

十八年（1753年） 平远州城内斗姆阁建成。

二十一年（1756年） 毕节知县董朱英捐俸重修毕节城西郊灵峰寺，凿山泉、砌石池、建拱桥、树牌坊、建殿院，使灵峰寺楼台亭阁齐备，奇花异草俱全。

二十二年（1757年） 毕节知县董朱英捐修城关关圣殿6间、厢房2间，改建大殿前轩、建戏楼、增建坊表。

四十二年至四十七年（1777－1782年） 黔西城郊开元寺（东山寺）重修。

四十八年（1783年） 平远州民捐资重建现织金城中财神庙。

五十八年（1793年） 副将胡旦重修平远州南门关圣殿。

六十年（1795年） 平远州东南郊白衣庵（白玉庵）建成；知州程正坤建成威宁城外龙王庙。

乾隆年间（1736－1795年） 毕节灵峰寺被乾隆皇帝御赐题额为白云古刹，黔西牛场当地百姓捐资建成九龙山寺，吏目王希古建成大定城内南岳庙。

嘉庆元年（1796年） 一些人士捐资建成黔西城西郊的回龙庵。

道光二年（1822年） 黔西城内万寿宫建成。

十八年（1838年） 平远州城北奎阁（昌圣阁）建成。

二十年至二十八年（1840－1848年） 云南省彝良县一吴和一黄姓两户天主教徒迁入威宁县集发乡发枝窝（现属赫章县）居住，天主教始传入威宁县境（现属赫章县）。

二十一年（1841年） 平远州城南寿福寺重修，二十五年（1845年）竣工。

二十四年（1844年） 平远州保安寺（现织金县三甲乡处）建成。

道光年间（1821－1850年） 广东人集资建成位于现金沙县安底镇街上的寿福寺及黑神庙。

咸丰三年（1853年） 毛栗园（现织金县城关阿烈）肖山等密谋起义反清，公推城隍庙普润和尚为主，机密泄漏，肖山等于咸丰四年（1854年）2月被杀。

咸丰四至五年（1854－1855年） 法国籍孟神父到黔西传播天主教，并把毕节列入黔西教区之一，天主教始传入黔西、毕节县境。

同治六年（1867年） 威宁城郊凤山寺重修。

同治年间（1862－1874年） 威宁城内大佛寺、准提阁（均位于现城关文化路）建成，蜀僧净普建成位于现金沙县城关西郊大定坡的观音洞。

光绪五年（1879年） 平远州东郊东山寺重建。

六年（1880年） 位于现金沙县城南郊的龙王庙建成。

九年（1883年） 位于现纳雍县雍熙镇的黑神庙建成。

十四年（1888年） 5月知府程荣寿重修大定城西火神庙，十七年（1891年）5月告成，并改火神庙为“祝融宫”。

十五年（1889年） 位于现金沙县茶园街上万寿宫建成。

十六年（1890年） 平远州城郊鱼山黑神庙重建。

十九年（1891年） 位于现金沙县清池镇街上万寿宫建成。

二十年（1894年） 贵阳天主教区主教易得（外国人）派传道士到大定府城布道，建立天主教堂，天主教始传入大定（今大方）境。

是年黔西打鼓新场（现金沙县境） 熊彼得、现织金县杨锡光等苗族同胞到安顺入党居仁（英国基督教传教士）创办的“义学”学校学习。

二十二年（1896年） 大定、织金、威宁部分少数民族青年慕名前往安顺学习和信教。

二十三年（1897年） 大定府道教会成立。

二十五年（1899年） 位于现纳雍县城关镇拉戛坝的秉龙寺建成。是年党居仁到现织金县熊家场创建白马洞基督教教会。

二十六年（1900年） 党居仁派员到大定（今大方）西乡（今纳雍县猪场乡境）创建基督教会。

二十八年（1902年） 威宁基督教教徒到安顺信教归来。

是年 威宁县境第一个基督教会——德慕坪教会建立。

二十九年（1903年） 位于现毕节市长春镇街上观音阁建成。

三十年（1904年） 真人邹元清重建位于现金沙县岩孔镇老桥的水口寺。是年党居仁带领张雅各（威宁县羊街人）、陈子明（安顺人）到葛布选址建教堂，成立葛布基督教会。

三十一年（1905年） 黔西佛教会成立，会址开元寺，由永学和尚主持。是年大定天主教会在城南街成立。柏格里选威宁石门坎基督教堂，成立了石门坎教会。

是年至光绪三十二年（1905－1906年） 葛布教堂和石门坎教堂相继落成，招收教徒子弟入学读书。党居仁派文藻（英国传教士）夫妇到大定设立宣教所，指导大定境内的基督教活动。

三十三年（1907年） 石门坎教会因彝、苗语言不能相通，把彝族信徒和苗族信徒划分为两个教会，彝族信徒以四方井基督教会为中心，苗族信徒以石门坎基督教会为中心。

三十四年（l908年） 王树德（英国传教士）以工代赈，赈济云、贵、川灾民达600余人。建立结构（现赫章县境）基督教堂。黔西天主教会在城关成立。

光绪年间（1875－1908年） 周成、周光重建同治年间被毁坏的威宁城郊涌珠寺。建成现赫章县野马川镇的大佛寺。建成位于现金沙县城关（原干田乡）龙王庙。

宣统二年冬（1910年） 基督教徒王马太家失火，葛布教堂和教会学校化为灰烬，在上海差会和各地教会的支持下，重新建立教堂和学校。

宣统三年（1911年） 大定知府陈庆慈建成城郊斗姆阁庆云楼。

民　国

元年（1912年） 威宁县葛布（现属赫章县）基督教会负责人（外国牧师）阻止教会学生升学，激起学生义愤，王明道、陶贵方等6名学生不畏洋人，联名上告到上海差会。

是年 党居仁派德国基督教女传教士巴宽敬、包宽爱等人到大定办理基督教会。

2年（1913年） 葛布教会学校开办高级小学班和女子初级小学班。

3年（1914年） 党居仁、裴忠谦（英国传教士）和柏格理、王树德在大松树开会划分界线，以灼甫梁子为界，西北为圣道公会地盘，东南为内地会地盘。

4年（1915年） 党居仁在安顺遭雷击身亡，由裴忠谦继任其位。9月16日柏格里在石门坎抢救患伤寒的师生，不幸身染伤寒去世。由张道惠继任其位。冬，石门坎教会师生支持蔡锷反对袁世凯称帝，凑集1000多元大洋汇交云南军政府。

5年（1916年） 苗文研创成功，王树德和杨雅各东渡日本，到横滨印苗文圣经——《新约全书》。

6年（1917年） 川人邓洪安倾资重建黔西县素朴牛场九龙山寺，自己也于此当和尚。

8年（1919年） 裴忠谦于葛布杀牛散粮救济灾民，张道惠也在石门坎救济灾民。

9年（1920年） 里人姜磺、潘溪修复黔西县城关水西公园的观音阁，历时7个春秋，于民国15年（1926年）完工。赫章县（时属威宁县）葛布教会苗族信徒自行选出教会负责人，开展自立运动。

12年 织金县城隍庙主持和东山寺主持惠德、惠林、惠祥和尚呈文省政府，要求保护公庙财产一案，由织金代理知事聂毅办理。

14年（1925年） 大定（现大方）县佛教会成立，禅光、孔德样、保文等主持教务。

15年（1926年） 安息日会教士贺爱敦（英国人）等人到毕节城关开辟教会。

16年（1927年） 毕节天主教堂建立。基督教内地会德籍传教士苏宽仁在毕节城关百花山福音堂创办私立崇德小学，男校长罗仁卿，女校长周贞一。

18年（1929年） 大定县（现大方县）佛教会禅光等法师主持给城乡各寺庙教徒和世居信徒共300余人做道场皈依、受戒、度职等法事。

19年（1930年） 大定县政府对城内的大寺庙进行登记，查明九大寺庙庙产。是年贵州省基督教内地会第二次大会在大定（大方）城关举行。

20年（1931年） 石门坎张文明等状告大官寨土目加租加押取得胜利。石门坎圣道会正式改称循道公会。

22年（1933年） 威宁圣道公会改名为循道公会。是年大定佛教会改为“中国佛教会贵州分会大定支会”，张炳南任会长。苗族基督教徒张洪猷，彝族基督教徒陆寿珍、安启云等分别担任循道公会石门坎大联区海子小联区、井宁大联区四方井小联区、威宁小联区区长。从此，基督教循道公会中开始有中国籍教牧人员和教会负责人。

23年（1934年） 贵州教会监督、基督教内地会主任饶福康陪同中华内地会全国总会副总监唐进贤（英国人）到赫章葛布教会了解执行“三自”政策的情况。是年葛布王明道、王明伦，结构安永清、安国正，毕节张保罗、杨发光，大定康长老、杨景克到贵阳参加全省内地会第三次大会。云南王少美阿訇威宁讲学，把伊赫瓦尼传入威宁中水、牛棚一带。

24 年（1935 年） 内地会逐渐出现了“灵恩运动”，许多怪异现象让教徒难以明辨是非，基督教内部出现混乱现象。

25 年（1936 年） 贵州省政府主席杨森派国民党白敦厚等住进石门坎，对基督教进行监控。

26 年（1937 年） 为贯彻“三自”运动及中国教会自主的方针，大定基督教会的教务、房地产均由大定基督教会管理，大定基督教会逐步摆脱了外国教会的控制。国民党在石门坎建立特别党部，吸收一部分少数民族基督教徒为国民党员。

27 年（1938 年） 大定县道教会举行“七七”抗日纪念日，在县城建醮七天，超度抗日阵亡将士。

受到土匪的袭击，英国传教士高志华被刺伤后死于石门坎。葛布成立贵州苗彝圣经学校。

石门坎掀起抗日爱国、爱民族和反对国民党的民族同化政策，许多青年受到革命理论的教育，走上革命道路。

28 年（1939 年） 威宁县成立佛教协会，管绍刚任会长，会址城隍庙。

是年由内地会译成苗文的《赞美诗》由上海印订成本，供各地教会使用。

威宁人马学科阿訇由云南及西北等地学成归来，先后在威宁和云南昭通的数座清真寺任阿訇，开办经堂教育，宣传伊赫瓦尼主张，纠正阿訇和穆斯林违背教规的行为，得到不少穆斯林拥护。

29 年（1940 年） 黔西县清虚道教会成立，道人王理玄任主席。

黔西佛教分会与黔西居士林合组为“中国佛教会黔西僧尼抗日救国会”。本智为理事长、任林为监事长、法相为会长。

威宁县长周敷世向基督教徒征收土烟税，石门坎的教牧人员和教师联名上告，终于迫使其取消该税。

贵州省教会监督文道成到葛布教会（现赫章县境）参加圣经学校第一届毕业生毕业典礼。

31 年（1942 年） 8 月 31 日，新佛教会“中国佛教协会大定支会”在县城三官殿成立。张炳南任理事。

葛布基督教会创办瞽目学校。

32 年（1943 年） 5 月 11 日，中国佛教协会贵州分会赫章县支会在水塘乡大庙营普照寺（今白果镇大营村境内）成立，推举张东寅为理事长，本聪为副理事长。

33 年（1944 年） 赫章县基督教葛布教会、结构教会的房产，除留洋房属差会外，其余全部房产划归本地教会所有。

是年葛布教会把内地会更名为“华内基督教会”。

35 年（1946 年） 10 月 28 日，中国佛教协会贵州分会织金支会在文昌宫（今城关三小）成立，理事长能灵。内地会、姊妹会、安息日会逐渐走上自治的道路。

是年 7 月，贝德立、苏宽仁在毕节百花山（城关）内地会福音堂组织“西黔联合会”，并经会议讨论决定，将内地会改为“华内基督教会”。

37 年（1948 年） 毕节基督教内地会在国际红十字会的援助下，举办德生中学，教会长老曾志素任校长。

中华人民共和国

1949 年

12 月 17 日 威宁穆斯林群众参加仪式，欢迎人民解放军进驻威宁。外国基督教士开始离开毕节。

1951 年

1 月 28 日 华内毕节基督教会在毕节城关百花路 10 号举行革新大会。

3 月 23 日 威宁县石门坎循道公会苗族教会发表《三自革新宣言》，坚决拥护中国基督教“三自”方针，并致电毛泽东主席，拥护人民政府，支援抗美援朝。

2 月至 4 月上旬 西南军政委员会民族事务委员会副主任梁聚五、贵州民族事务委员会副主任杨汉先等赴威宁视察石门坎苗族教会、四方井彝族教会，转达中央人民政府和毛泽东主席的关怀。

5 月 织金县中华基督教锡安会三自爱国运动委员会成立。委员会成立后带领全县基督教徒开展“三自爱国运动”。

9 月 14－16 日 纳雍县各基督教会在维新区东关乡的半坡（今维新镇坪子村半坡）召开基督教三自革新大会。大会发表《纳雍县基督教革新宣言》和《纳雍县基督教徒写给毛泽东主席的信》。

1952 年

12 月 5 日至 7 日 赫章县葛布教会、结构教会联合成立“赫章县三自革新委员会”，组织革新大会 3 天，参会代表 89 人。

1953 年

5 月 9 日至 11 日 毕节地区伊斯兰教代表马学科赴北京出席中国伊斯教协会正式成立大会。

6 月 6 日 复临安息会毕节布道区、毕节城关内地会共同成立“三自革新筹备委员会”。

1954 年

6 月 纳雍县基督教会选举产生全县统一的基督教组织。

1955 年

威宁彝族回族苗族自治县马学科出席在北京成立和召开的中国伊斯兰教协会全国代表大会，并被选为全国委员会委员。

毕节地区的基督教代表王明道、李朝阳、伊斯兰教代表马学科当选为贵州省第一届政协委员。

1956 年

2 月 毕节地区专员公署宗教事务科成立。

4 月 毕节县宗教事务科成立，为全区建立最早的县级宗教事务工作机构。

9 月 11 -21 日 应贵阳市基督教教友代表会议的邀请，毕节地区基督教代表团一行 20 余人赴贵阳参加会议。

12 月 18 -22 日 毕节专区宗教界人士座谈会召开。

1957 年

6 月 11 -15 日 全区宗教界人士座谈会在毕节召开，45 名宗教界人士及 8 名宗教工作干部参加会议。

8 月 25 日 -9 月 14 日 毕节地区基督教界参观团一行 42 人赴贵阳参观学习。

威宁彝族回族苗族自治县马学科出席在北京召开的中国伊斯兰教协会第二次全国代表大会，并当选为全国委员会委员。

1958 年

3 月 1 日 2 名佛教界代表人士赴成都参加云、贵、川三省汉族地区人士社会主义学习会。

3 月 22 日－5 月 4 日 毕节地区（含水城县）基督教界人士王明道、李朝阳等人，地区专员公署宗教事务科科长赵世岱等 6 人在贵阳参加贵州省基督教界人士社会主义学习会暨贵州省基督教教友代表会议。

7 月 毕节地区天主教代表周文明等 2 人出席在贵阳召开的贵州省天主教第一次代表会议和贵州省天主教教徒代表会议。

是年 威宁彝族回族苗族自治县伊斯兰教阿訇马学科当选为贵州省第二届人民代表。

是年 毕节县委统战部推荐宗教界人士参加省组织的参观团到全国各地参观学习。到 1961 年止，共组织 5 批 230 余人到外地参观学习。

1959 年

12 月 13 日－22 日 毕节地区宗教界人士参观团一行 23 人在贵阳参观学习。是年毕节地区基督教代表李朝阳（彝族）、王明道（苗族），伊斯兰教代表马学科（回族）当选为贵州省政协第二届委员会委员。

1960 年

11 月至 1961 年 1 月 基督教界人士王明道、李正邦出席在上海市举行的全国基督教代表会议。

1961 年

9 月 22 日－10 月 21 日 毕节地区基督教代表张廷光、李朝阳、朱文正、李正邦等 17 人出席在贵阳召开的贵州省基督教第二届代表会议。

11 月 10－16 日 全区宗教工作会议在毕节召开。

是年 威宁彝族回族苗族自治县马学科出席在北京召开的中国伊斯兰教协会第三次全国代表大会，并当选为全国委员会委员。

1962 年

7 月 基督教人士朱家林、马显文到南京基督教金陵协和神学院学习 1 年。

8月19日 全区4名（其中织金2人，毕节、威宁各1人）佛教界代表赴贵阳参加全省佛教界人士社会主义学习会。

11月11－17日 全区基督教界人士座谈会在毕节召开。会议经过协商，解决了教堂、大聚会、教徒施洗、婚礼拜、奉献等问题。

是年 对杨志诚“反革命案”（1987年平反）进行宣判。

1963年

5月25日 佛教界代表管淑舟赴贵阳参加贵州省佛教代表大会，并被选为佛协会理事。

是年 毕节地区的基督教代表王明道、李朝阳、李正邦，伊斯兰教代表马学科当选为贵州省政协第三届委员会委员。威宁彝族回族苗族自治县伊斯兰教阿訇马学科当选为贵州省第三届人民代表大会代表。

1964年

5月15日－29日 由专署民族事务委员会副主任赵世岱领队，马学科等阿訇（每座清真寺1名阿訇）45人组成的代表团在贵阳参加全省第三次伊斯兰教座谈会。

1966年

6月 中共威宁彝族回族苗族自治县县委、县人民政府委派遣伊斯兰教等宗教界人士共48人到云南省昭通地区参观“宗教罪恶展览”。此后两年间，大批伊斯兰教经书被毁，执寺阿訇被迫回家，清真寺被闲置或改作学校，正常的宗教生活受到影响。

1967年

4月 专署宗教科瘫痪，宗教工作停止。

1974年

7月28日 威宁彝族回族苗族自治县羊街区兴隆公社牛角井苗族基督教信徒在仙人洞内做礼拜，被一姓肖的县武装部干部视为反革命活动，动用武装民兵包围。羊街公社武装部长李文周当场开枪打死2人。

1978 年

是年 威宁彝族回族苗族自治县阿訇马学科当选为贵州省第五届人民代表大会代表。

1980 年

4 月 18 日－23 日 由地区民族事务委员会、赫章县委统战部、县民族事务委员会、县公安局、共青团县委、中共妈姑区委共同组成的地县宗教工作组在赫章珠市公社搞贯彻落实宗教政策、加强宗教活动管理的试点工作。

5 月 28 日 中共毕节地委同意恢复威宁彝族回族苗族自治县大松树、板底基督教堂。

10 月 6 日－13 日 朱家林（苗族）出席在南京举行的中国基督教第三届全国代表会议，并当选为全国基督教三自爱国运动委员会第三届委员会委员。

是年 伊斯兰教代表马才辉赴北京出席中国伊斯兰教协会第四届代表会议。

1981 年

2 月 11 日－12 日 毕节地区召开纳雍、威宁、赫章三县宗教工作座谈会，中共贵州省委书记苗春亭参加会议，并作了重要讲话。

4 月 全区民族宗教工作会议在毕节召开，130 多人出席会议，会议传达中央〔1981〕19 号文件。

6 月 中共毕节地委、毕节地区行政公署决定成立毕节地区行署宗教事务处。

7 月 18 日至 31 日 贵州省第一期宗教干部专业训练班在毕节举行，参训学员 79 人，其中毕节地区 55 人。

9 月 15 日－31 日 朱家林、张廷光等 29 人出席在贵阳举行的贵州省基督教第三届代表会议。

12 月 威宁彝族回族苗族自治县宗教工作会议决定：对准提阁恢复开放。贵州省基督教三自爱国运动委员会按立朱家林、朱美德（女）为牧师。

1982 年

10 月 29 日－11 月 13 日 由中共贵州省委、毕节地委组织有关单位共 12 人参加的省地联合调查组在威宁彝族回族苗族自治县进行落实民族政策和宗教政策的调查工作。毕节县内基督教会、天主教会恢复正常的宗教活动。

1983 年

4 月 11 日－14 日 贵州省召开伊斯兰教协会第一次代表会议。会上，毕节地区的马学科阿訇（未出席会议）当选为副会长，马贤举当选为常委。

9 月 15 日－28 日 基督教界人士朱家林、朱美德等 12 人出席在贵阳召开的贵州省三自爱国运动委员会三届二次会议、贵州省基督教协会一届二次全体委员（扩大）会议。

同月 毕节地区宗教事务处与毕节地区民族事务委员会合并，改称毕节地区民族宗教事务委员会。

是年 毕节县（现毕节市）天主教教务管理小组建立。

1984 年

5 月 威宁彝族回族苗族自治县伊斯兰教协会筹备组建立。

6 月 毕节地区宗教事务与民族事务分开，建立毕节地区行政公署宗教事务科。

1985 年

2 月 25 日 威宁彝族回族苗族自治县城关清真寺举行竣工落成典礼。贵州省委统战部、贵州省民委、省宗教局、建设厅、威宁县委、县政府领导、威宁县各清真寺阿訇、乡老参加落成典礼。

4 月 11 日－13 日 毕节地区 17 名宗教届代表出席在贵阳举行的第一次全省宗教界社会主义建设经验交流会。

6 月 24 日－7 月 2 日 威宁彝族回族苗族自治县伊斯兰教代表马学科等人在省宗教处的组织下，先后到四川成都、陕西西安、甘肃兰州、宁夏银川、北京等地参观学习。

11 月 20 日－30 日 贵州省伊斯兰教协会在威宁彝族回族苗族自治县城关清真寺办阿訇进修班，50 多位阿訇、寺夫参加学习。

1986 年

7 月 18 日－20 日 赫章县基督教第一届代表会议在县城召开，通过选举，正式成立赫章县三自爱国运动委员会、赫章县基督教教务委员会。

8 月 威宁彝族回族苗族自治县基督教三自爱国运动委员会主任朱家林（苗族）、赫章县基督教三自爱国运动委员会主任文富华（彝族）出席在北京举行的全国第四届基督教代表大会，并当选为全国基督教三自爱国运动委员会委员。

12月4日－6日 纳雍县基督教第一届代表会议在姑开乡发珠寨和阳长镇石板河两个片区召开，正式成立纳雍县基督教三自爱国运动委员会、纳雍县基督教教务委员会。

1987年

12月7日－11日 毕节地区基督教代表朱家林、张廷光等28人出席在贵阳举行的贵州省基督教第四届代表会议。

是年 杨志城等180多人基督教界人士的冤假错案得到全部纠正平反。

1988年

3月 威宁彝族回族苗族自治县阿訇马鸿恩当选为第七届全国政协委员，并赴北京参加七届一次会议。

5月10日－13日 毕节地区佛教界代表管淑舟出席在贵阳黔明寺举行的贵州省第一届佛教代表会议。

6月12日 威宁彝族回族苗族自治县人民政府宗教事务科以〔1988〕威宗字03号行文，充实县城伊斯兰教民主管理委员会成员。

7月26日 省政协宗教组在赫章县调查宗教情况。

7月22日－28日 由吴柏生、王充一、刘超云、释明照等6名省政协委员组成的省政协宗教工作组在毕节、威宁考察毕节地区贯彻落实宗教政策的情况。

11月26日－30日 毕节地区天主教代表詹显忠、徐友信、胡兴志出席在贵阳市和平路省天主教爱国会办公楼召开的贵州省天主教爱国会第四届代表会议及贵州省天主教教务委员会第二届代表会议。

12月1日－3日 织金县基督教第一届代表会议在县城召开，会议通过选举，建立了织金县基督教三自爱国运动委员会、织金县基督教教务委员会。

是年 基督教牧师朱家林当选为贵州省政协第六届委员会委员。

1989年

5月26日－29日 毕节地区53名伊斯兰教代表出席在贵阳市召开的贵州省伊斯兰教协会第二次会议。会上，马鸿恩、冶敬芝当选为副会长。

8月28日－30日 威宁彝族回族苗族自治县基督教第一届代表会议在县城召开，通过选举，正式建立县基督教三自爱国运动委员会和县基督教教务委员会。

9月20日－22日 中共毕节地委、毕节地区行政公署组织召开全区宗教工作会议。同月金沙县人民政府宗教侨务科成立。

10月31日－11月3日 毕节地区15名宗教界代表出席在贵阳举行的贵州省第二届宗教界为社会主义两个文明建设作贡献经验交流会。

是年 部分善男信女集资新建金沙县城北郊油沙坡上的金龙寺。

是年 省、地区两级财政拨款14万元（省8万元、地区6万元），随后又拨49.47万元（省16万元、地区33.47万元）给毕节基督教会在城关文笔山下重建一座基督教礼拜堂。

1990年

6月 由省宗教局、省委统战部、省政协联合组成的5人调查组对大方县城关的宗教情况进行调查。

是月 根据中共毕节地委、毕节地区行署的意见，由地区、县统战部、宗教事务科、民族事务委员会、共青团、公安局、妇联等单位共59人组成的9个调查组分别对全地区8个县、73个区（镇）、326个乡（镇）、428个寺观教堂进行调查。

9月 经中共毕节地委、毕节地区行署决定，恢复毕节地区行政公署宗教事务处，与地区民族事务委员会合署办公，实行两块牌子，一套人员。

10月3日 纳雍县全体佛教徒在老场坡江西庙召开会议，选举成立了纳雍县佛教管理小组。

10月24日－11月3日 由省委统战部、省宗教局联合组成的6人考察组在省委统战部副部长熊天贵的带领下，对毕节地区威宁、纳雍、赫章、织金4个宗教工作任务较重的县进行考察。

12月19日－20日 大方县基督教第一届代表大会在大方县城召开，通过选举，建立了大方县基督教三自爱国运动委员会和大方县基督教教务委员会。

1991年

是年 毕节地区的威宁彝族回族苗族自治县基督教牧师朱家林、赫章县基督教牧师文富华，出席在北京召开的第五届全国基督教代表会议，并当选为第五届全国基督教三自爱国运动委员会委员。

是年 黔西县天主教教务小组建立。金沙县基督教教务管理小组成立。

1992年

9月 省宗教局、地区宗教事务处把全省宗教工作重点之一的赫章县作为宗教活动场所发证试点。

12 月 25 日　毕节城关文笔山基督教堂举行落成典礼。

1993 年

3 月　威宁彝族回族苗族自治县阿訇马鸿恩当选为全国政协第八届委员，并出席第八届一次会议。

5 月　一批佛教信士筹资 8 万余元，修复黔西城郊玲珑洞。

7 月 30 日　威宁彝族回族苗族自治县宗教事务局在县城基督教福音堂收缴香港“圣息”教会 3 名教徒随身携带的境外出版的宗教刊物 59 本，基督教笔记本 131 页，宗教录音磁带 8 盒，已拍摄的胶卷 6 个。

是年　基督教牧师朱家林（威宁人）当选为贵州省第七届政协委员。

是年　伊斯兰教代表马鸿恩、冶绍繁赴北京出席中国伊斯兰教协会第六次全国代表会议。

1994 年

1 月　全地区宗教活动场所依法登记工作全面铺开。

5 月 24 日至 6 月 10 日　威宁彝族回族苗族自治县阿訇马鸿恩，参加由全国政协副主席、中共中央统战部部长王兆国任团长的全国政协代表团，访问约旦、吉布提，途经阿联酋、也门、埃及及英国。

11 月 16 日－18 日　毕节地区佛教界代表释通维等 8 人出席在贵阳黔灵山弘福寺举行的贵州省第二届佛教代表会议。释通维（张正荣）当选为省佛教协会理事。

是年　毕节县佛教居士林管理小组成立。织金县佛教教务管理小组成立。

是年　金沙县宗教事务科与县民族事务委员会合并，称金沙县民族宗教事务局。

是年　纳雍县天主教教务管理小组成立。

是年　赫章县宗教事务科、纳雍县宗教事务局，织金县宗教事务局的杨春林（原织金县宗教事务科科长）、纳雍县宗教事务局局长杨松分别被国务院宗教事务局授予全国基层工作先进集体和全国基层工作先进个人荣誉称号。

是年　经有关部门批准，各界人士集资新扩建金沙县城西南大定坡上的高岩寺，新扩建寺庙占地 1000 平方米。

1995 年

1 月　纳雍县宗教事务局与县民族事务委员会合并，称纳雍县民族宗教事务局。

3 月 31 日至 4 月 1 日　省政协委员会、省佛教协会会长、黔灵山弘福寺大和尚释慧海到威宁县考察佛教。

4月12日-13日 金沙县第一届佛教代表会议在城关天宁寺召开，通过选举，建立了金沙县第一届佛教协会。

4月 地县公安局、检察院、司法局、统战部、民族宗教局等部门相互配合，取缔反动邪教组织门徒会。

5月14日-15日 国务院宗教事务局副局长刘书祥、省宗教事务局局长柏怀思一行5人到毕节地区视察宗教工作。

6月12日 威宁彝族回族苗族自治县后河清真寺冶绍繁，经贵州省伊斯兰教协会推荐，参加中国经学院阿訇进修班培训学习。

7月16日（即农历6月19日） 纳雍县佛教观音寺大雄宝殿举行奠基典礼。

9月7日-9日 毕节地区宗教事务局、威宁彝族回族苗族自治县人民政府接待“中国教会之友访华团”一行13人（全为基督教徒）。

10月11日-7日 省委统战部、省政协民族工作委员会、省宗教事务局、省伊斯兰教协会领导在威宁彝族回族苗族自治县调查伊斯兰教活动情况。

11月28日-29日 中共毕节地委、毕节地区行署组织召开全区宗教工作会议暨表彰大会。会议表彰了宗教工作先进集本10个，先进个人28名。

11月28日-30日 毕节地区13名宗教界代表出席在贵阳举行的贵州省第三次宗教界为社会主义两个文明作贡献经验交流会。

是年 赫章县珠市彝族乡格达基督教会教务管理小组组长文道才开矿致富后，捐助14万元，为格达寨贫困户建房、修建基督教堂、修建进寨公路、安装地面卫星接收站。

1996年

春季 大方县民族宗教事务局接待香港同胞段昆（大方基督教会元老）女士。段昆女士捐赠4200元港币帮助大方基督教会筹建教堂。

6月 毕节地区行政公署宗教事务处与毕节地区民族事务委员会合并，更名为毕节地区民族宗教事务局。

是年 各地区各县（市）宗教侨务科与民族事务委员会合并，改称民族宗教事务局。

1997年

5月 香港佛教协会简耀光一行到纳雍县姑开考察，代表香港佛教协会释定然法师捐款7万元，县政府配套5万元，建立姑开乡“定然希望小学”。是年，香港佛教协会又投资在该县阳长镇建立“和平道德希望小学”。

5月30日-31日 省人大民族宗教侨务委员会副主任杨智光、省宗教事务局副局长杨祖勋等一行在威宁彝族回族苗族自治县调查了解宗教工作。

8月20日 省宗教局局长柏怀思一行3人在黔西了解宗教教产政策落实情况。

10月 原大方县基督教上层人士、现香港同胞陈绍光到大方考察，捐助5000元港币给大方县基督教会修建教堂。其侄孙女陈燕捐助港币50000元，建立爱心助学基金会。

8月7日-11日 省宗教局副局长杨祖勋率工作组在纳雍县进行宗教情况调查。

是年7日-9月 经省佛教协会藏青法师引进，香港佛教弟子简耀光先生资助金沙县安乐乡和平坝乡10万元各建1所福利院，捐助30万元兴办安洛乡福利院和湖水乡希望小学工程。

12月17日-19日 基督教代表文富华、杨朝云等25人出席在贵阳举行的贵州省基督教第五次代表大会。

是年 威宁彝族回族苗族自治县基督教三自爱国运动委员会安万珍（副主任）出席在北京举行的中国基督教第六届代表大会，并当选为第六届全国基督教三自爱国运动委员会委员。

是年 全区基督教房产已全部得到落实，1980年以来，除按政策退还教会的房产外，省、地、县各级共拨款101.6万元，补助维修基督教堂39处、4753平方米，补助重建38处、4896平方米。

1998年

1月 伊斯兰教代表马贤档、基督教代表文富华当选为省政协第八届委员。

2月7-20日 省基督教两会负责人唐荣涛在威宁考察大松教堂、石门坎教堂遗址及柏格里、高志华牧师之墓。

3月 经国务院宗教事务局批准，威宁彝族回族苗族自治县阿訇冶敬芝随中国伊斯兰教朝期团赴沙特阿拉伯朝觐。

是月 威宁彝族回族苗族自治县下坝清真寺阿訇马鸿恩当选为全国政协第九届委员。

是月 威宁彝族回族苗族自治县后河清真寺冶绍繁阿訇，参加中国伊斯兰教协会在北京举办的第二届全国“卧尔兹”演讲比赛。

5月20日 威宁彝族回族苗族自治县杨湾桥清真寺成绩突出，被中国伊斯兰教协会授予“全国模范清真寺”荣誉称号，并授牌。

5月30日至6月1日 省宗教局、省基督教“两会”领导陪同美国基督教柯教授在威宁考察宗教活动。

7月27日－28日 中国基督教三自爱国运动委员会副主席、上海市基督教三自爱国运动委员会主席沈德荣先生、上海市宗教事务局局长助理陈金荣率上海市基督教考察团赴大方县竹园民族乡考察教育，资助26.18万元援建大方县竹园女子希望学校。

8月2日 广东省湛江市基督教“两会”副秘书长蔡兴一行亲临大方县竹园乡革新村联发基督教聚会点考察后，资助聚会点3000元建立礼拜活动场所。

9月25日 毕节地区民族宗教事务局、纳雍县民族宗教事务局被国务院宗教事务局评为宗教工作先进集体，毕节地区民族宗教事务局副局长马培译、大方县民族宗教事务局局长陈开荣、威宁自治县宗教事务局党支部书记马武孝被国务院宗教事务局评为宗教工作先进个人。

是年 纳雍、毕节、赫章、大方基督教会捐款6000余元，支援长江两岸遭受严重水灾的群众重建家园。

是年 伊斯兰教阿訇马贤档、基督教牧师文富华当选为贵州省第八届政协委员会委员。

1999年

3月30日－31日 澳门学园基督教传道会会长，基督教宣道堂澳门区联会主席兰文钦及其夫人、基督教会宣道堂港澳区会“安心工程”基金会总干事梁志玲在省宗教事务局长柏怀思陪同下，考察纳雍、织金等县的基督教会和边远民族地区的教育，共捐助人民币16.55万元，修建教堂、学校、资助贫困学生，扶持贫困农户。

5月6日 中国基督教三自爱国运动委员会副主任、上海市基督教三自爱国运动委员会副主任沈德荣先生一行5人参加大方县竹园女子希望学校落成典礼。沈先生代表上海市基督教“两会”再次捐助5万元完善女子希望学校设施。

7月6日 由美国、新加坡等国基督教界人士组成的澳门爱心工程基金会考察团分别在纳雍、织金等县的部分教会和学校进行考察。

7月24日－25日 香港影视名星、佛教徒吕良伟，到威宁的麻乍、板底、雪山等乡镇考察。在麻乍乡角庄小学，当即捐赠1万余元的物品给贫困学生，并决定捐助7万元建三角庄丁力希望小学。

11月6日 全国政协副主席，中共中央统战部部长王兆国，在赫章接见威宁下坝清真寺阿訇马鸿恩。

12月15日－18日 毕节地区宗教界代表陈学艳（女）、唐守芬（女）、郑春明、张学文等出席在贵阳举行的贵州省第四次宗教界为社会主义两个文明建设作贡献先进集体和先进个人表彰会。

12月28日－30日　毕节地区天主教代表詹显忠、徐友信、胡兴志出席贵州省天主教爱国会第五届代表会议及贵州省天主教教务委员会第三届代表会议。

是月　威宁彝族回族苗族自治县妥摆姑清真寺阿訇刘重文，参加在北京举行的全国第十二次回族学术研讨会。

是年　按省宗教事务局的安排，毕节地区部分佛教徒在贵阳市黔灵山弘福寺参加省佛教传戒法会学习，参加学习的僧尼全部受戒，获比丘及比丘尼教职。

是年　毕节地区伊斯兰教代表马鸿恩、冶绍繁赴北京出席中国伊斯兰教协会第七次全国代表会议。

2000年

5月　威宁彝族回族苗族自治县马家屯清真寺阿訇马娟（女），参加中国伊斯兰教协会在北京举办的第三届全国“卧尔兹”演讲比赛。

是年　毕节地区民族宗教事务局先后引进浙江省基督教“两会”资金及物资（折价共75.5万元），帮助贫困学生解决书杂费，帮助基督教贫困教徒，修建赫章县结构基督教堂。引进澳门爱心工程基金会资金15万元，帮助500名贫困学生解决书、学费。

2001年

2月　国家宗教事务局应世界伊斯兰教联盟邀请，委托全国伊斯兰教协会组建朝觐团，2月16日，威宁杨湾桥清真寺阿訇马鸿恩前往沙特阿拉伯朝觐。

4—9月　共有8个单位、4处佛教寺庙、各界人士800余人，共捐资18万余元，新建毕节城西郊灵峰寺观音殿。

6月　香港佛教文化事业有限公司罗兰女士捐资7万元，黔西县定新乡匹配资金10万元，修建罗兰颂恩希望小学。

8月23日　贵州省伊斯兰教协会第三次代表会议召开。马鸿恩当选为副会长，冶绍繁当选为副秘书长。

9月11日－12日　贵州省第三届佛教代表会议召开。毕节地区释通维等9人出席会议。释通维、释通慧（女）被选为佛教协会理事，释通维还当选为省佛教协会第三届理事会常务理事。

是年　又一次取缔邪教组织“门徒会”，对主要骨干分子报劳教47人，治安处罚103人。

2002 年

5 月 22 日－27 日 毕节地区基督教界代表文富华、龙定文出席在北京召开的中国基督教第七次全国代表大会。

2003 年

2 月 威宁彝族回族苗族自治县阿訇马贤档、赫章县基督教牧师文富华当选为贵州省政协第九届委员。

3 月 威宁杨湾桥清真寺阿訇马鸿恩当选为全国政协第十届委员。3 月 10 日赴北京出席第十届一次会议。

4 月 威宁彝族回族苗族自治县阿訇冶春波赴北京参加中国伊斯兰教协会组织的全国《古兰经》诵读竞赛。

6 月 一些单位、佛教寺庙及各界人士共捐资 10 万余元新建的毕节城北郊洗心寺竣工，并经市政府批准开放为佛教活动场所。

9 月 各界人士捐资 23.5 万元，修建的一楼一底仿古式建筑——毕节城西郊灵峰寺左禅房竣工。

10 月 7 日 毕节市第一届佛教代表会议在三板桥办事处召开，通过选举，建立了毕节市第一届佛教协会。

12 月 各界人士捐资 20 万元修建的毕节城郊洗心寺大佛殿竣工。

概　述

毕节地区位于川、滇、黔三省交界的贵州省西北部，地理坐标为北纬26°21′~27°46′，东经103°36′~106°43′。北接四川省泸州市，西邻云南省昭通市和曲靖市，东与贵阳市，东北与遵义市，南与安顺市、六盘水市相连。全地区总面积26853平方公里。辖毕节市、大方县、黔西县、金沙县、织金县、纳雍县、赫章县、威宁彝族回族苗族自治县，共250个乡（镇、办事处）。到2002年末，全区总人口为690.55万人，少数民族人口为194.16万人（含待定民族），占全区总人口的28%。全区各民族的人口为：汉族496.4万人，彝族51.2万人，苗族47.4万人，白族12.5万人，回族10.2万人，布依族6.5万人，仡佬族2.4万人，蒙古族2.6万人，待定民族59.1万人，其余为其他民族。在这块古老的土地上，宗教文化有着悠久的历史，先后有佛教、道教、伊斯兰教、天主教、基督教传入。在历史发展的长河中，各种宗教均结合当地的民风民俗宣扬自己的宗教思想，使其产生了一系列的变化。

一

西汉元寿元年（公元前2年）佛教传入中国。西晋时期，佛教已影响到贵州的西部、北部和东部。西晋末年，中国南方高僧西行求法，途经现毕节地区的威宁彝族回族苗族自治县一带，宣扬佛法思想，对毕节地区有一定影响。到唐代，佛教对毕节地区的影响进一步深入，今威宁、赫章一带一度划归正在兴起的南诏，当时的南诏国素信佛教，云南白族的一部分人曾以各种身份移居西部这些地方。普遍信仰佛教的云南白族从唐代进入本地区时即保持了佛教的信仰，即使在军队中的白族也供奉佛主、观音、弥勒，不少白族军官还选自僧人。唐代佛教还影响着金沙、黔西等地。当时，中原汉族移民已深入这些地区，而这些移民都来自佛教圣地，大多保持了佛教的信仰。毕节地区以中原佛教为主、南诏佛教为辅，两种佛教在一定时间内同时并存。位于现金沙县木孔乡湾子村大石庄的朝阳寺（原名安乐寺）系建于佛教盛行的唐朝初年；黔西县谷里镇的永丰寺、观音阁、水口寺也建于唐代。现收藏于毕节地区博物馆，1985年4月在纳雍县城郊出土的“观音说法”铜造像，经贵州省博物馆有关专家鉴定，该佛像为唐代时期的作品。元代延祐年间至治年间（1314－1323年），印度指空禅师在滇东黔西乌撒（今威宁、赫章一带）、乌蒙（今云南昭通一带）弘传佛法，将禅宗传入毕节地区。威宁城内的万寿寺、金沙后山乡的天灵寺、威宁县蛇街的崇圣寺等佛教寺庙均建于元代。

明洪武年间（1368－1398年），明朝廷在毕节地区建立乌撒、毕节、赤水三卫，派兵屯守，打通云贵通道。通过“调北征南”和“调北填南”，大批汉族移民和军人涌入毕节地区，实行军屯、民屯和商屯。汉民族的大量涌入，将其固有的佛教信仰带入各地，又为僧人深入境内游方行化奠定生活物质基础，并创建了一批寺庙。洪武年间，滇籍高僧燃指创建毕节城西郊灵峰寺，四川高僧如际在威宁城郊凤山寺坐禅念经。宣德初，江西高僧月溪在黔西城东郊创建永洪寺，传播佛经。随着佛教僧尼的增多，寺庙的修建，佛事活动的发展，为了加强对僧尼的管理，永乐四年（1406年）设四川乌撒军民府僧纲司于能仁寺（今威宁县城内），正统十四年（1449年）设贵州毕节卫僧纲司于普慧寺（今毕节市医院处），设正都纲，副都刚各1名管理佛教。明成化年间（1465－1487年），佛教传入今大方、纳雍一带。土官、流官在区境建寺庙数座。正统十四年，武略将军王仲骧建毕节城东郊东关坡惠泉寺，贵州宣慰使（彝族土官）安贵荣捐建现大方城东北永兴寺，并铸铜钟一口于寺内。明末清初，西蜀渝成几水高僧钝锋扩建平远州（织金）城炎帝庙，并改为“南林寺”。至此，佛教已传入毕节地区全境，并呈现出繁荣景象。

清代前期，毕节佛教更兴旺，外籍高僧陆续到毕传佛，清顺治年间（1644－1661年），如松和尚募建大定城南兴隆寺。康熙初年，精通戒律的浙江游方僧人沙门贞观到威宁涌珠寺从事佛教活动数十年直到圆寂。康熙五年（1666年），嵩目大师游黔西，创建开元寺并任住持直到坐化，著有语录八卷及诗集。雍正初年，滇籍高僧宗映到毕节灵峰寺住持，居寺数十年不事浮华，勤耕颂扬。乾隆年间（1736－1795年）黔西州住持、州僧正司苍遥扩建开元寺。这一时期全区城乡建寺庙近百处，著名的有毕节灵峰寺，大定东山寺、兴隆寺，黔西观音阁、开元寺，金沙高岩寺，织金东山寺、隆兴寺、回龙庵、白玉庵、保安寺等。僧尼、信徒人数又有新发展，雍正十年（1732年），“修建灵峰寺前殿碑记”上就刻有捐资修庙的居士324人；乾隆十九年（1754年）所立的“灵峰寺告示碑”上最后落款的灵峰寺僧尼有17人；立于嘉庆九年（1804年）的金沙县岩孔镇“灵山净翁”老和尚墓碑，碑文最后落款有该寺僧尼8人。

清代后期，不少佛教寺庙被毁于战乱，僧尼逃散亦多。同时，因盛于清末民国初的庙产兴学，使佛教寺庙受到重创。这一时期，虽然也新修一些佛教寺庙，但在总体上，佛教寺庙有所减少，佛教逐渐衰退。

民国时期，佛教寺院年久失修，日晒雨淋，有的自然坍塌、毁坏，加上政府和军队等占用寺庙和庙产兴学，使一些寺庙残破加剧。战乱结束后，许多善男信女更是崇信佛教，纷纷剃度出家，皈依佛门以求解脱，佛教僧尼和信徒的人数得到恢复和发展。民国18年（1929年），大定（大方）由禅光法师主持，一次就给该县城乡各寺庙教徒和世居信徒300余人做道场皈依、受戒、度职。民国26年（1937年），织金县僧尼达301人；民国28年（1939年）毕节县僧尼也达300余人；中华人民共和国成立前夕，仅纳雍县就有信徒1500人，威宁县有信徒4000余人，赫章县尼众就有192人。这一时期还建立健全县佛教组织。从民国14年（1925年）至民国35年（1946年），大定、黔西、威宁、金沙、赫章、织金先后建立健全了县级佛教组织。毕节地区佛教界还积极参与抗日救亡活动。如民国29年（1940年），黔西县对佛教会进行改组，将原县佛教分会同县居士林合组为“中国佛教会黔西僧尼抗日救国会”，并定期交纳救国费、会费，按期参加抗日救国活动；民国31年（1942年），新组建的大定佛教会的宗旨中明确提出：“以抗日救国为共同的目的，为整个民族而奋斗。”

中华人民共和国成立后，人民政府彻底废除佛教的封建特权。出家的佛教徒及寺庙的住持一律按照宪法享受公民权力，履行公民义务。在土地改革中，征收了佛教寺庙在农村中占有的土地，出家的信徒也同农民一样分得土地，发扬佛教界农禅并重的传统，凡有劳动能力的僧尼，可按其志愿从事农业、手工业及其他社会服务业，成为自食其力的劳动者。根据大方、织金、威宁1956年底的统计，这3县的僧尼除从事农业生产的以外，从事针织业的有11人，从事饮食服务业的有11人。生活困难的僧尼，政府还给予适当补助。这一时期，无僧尼居住的寺院。有的被拆除，有的分给无房农民或居民居住，有的被学校等企事业单位或机关用着办公场所。1966－1976年的“文化大革命”，宗教活动被取消，佛教寺院又受到严重的损失，有的毁坏消失，有的改作他用。

1978年以后，中国共产党的宗教政策得以恢复和贯彻落实。20世纪90年代初以来，维修、扩建和重建不少寺庙，扩建的重要寺庙有金沙高岩寺（投入资金60余万元）等，维修的重要寺庙有威宁准提阁、凤山寺等，重建的重要寺庙有毕节灵峰寺（投入40余万元），金沙金龙寺（投入46万元）、天灵寺（投入50余万元），威宁万年寺（投入100余万元）等。1990年以来，纳雍、织金、威宁、黔西先后建立县佛教管理小组，金沙、毕节建立县（市）佛教协会。到2003年底，全区已开放佛教活动场所36处，有僧尼46人，信徒7844人。

二

道教是我国历史悠久、土生土长的宗教，至今已有1800多年的历史。唐代，黔西县谷里镇就建有城隍庙道观。随着道教的传播和发展变化，到元代，形成影响大、有一定区别的“全真道”“正一道”等道教派别。这两个道教派别也随之影响和传入今毕节地区。元泰定元年（1324年），现毕节市杨家湾镇周驿村就建有玉皇阁、城隍庙等道观。

明代，毕节地区的道教获得很大的发展。明初，就有全真道人在今织金县城郊东山结茅建造“智琼祠”修炼，传播全真道教。建于明初的现威宁彝族回族苗族自治县城东凤山腰的真武观（后改为凤山寺），建成后殿内就供奉玄天真武大帝。明代中叶，江西正一教弟子周金玉到大定传播正一教，自此，正一教在大定境内广为传播。明万历年间（1573－1620年），正一派道士陈国良（法名洞清）在织金境内传播正一道。天启年间（1621－1627年），明王朝派兵镇压水西宣慰同知安帮彦，道士助军，随军而来的王佛性等解甲在黔西、金沙一带传教。随后，正一教道徒不断发展，其道徒及活动分布于毕节地区全境，修建宫观40余座。这些道教宫观，有道士募化修建的，也有官吏捐建的。这一时期，地方史志所记载的道人（道士、道姑）有贾仙姑、米家翁、蒋奇淳等10余人。

清代前期，道教的地位不如明代，但道教在民间仍有较大的势力。道教具有多神崇拜的特点，具有广泛的适应性，理论上的进一步简化，并吸收民间信仰和方式推广于民间，很受民众欢迎。这一时期，有据可查的、新建的道观就有180余座。本地道人也有所增多，郑国书、马通茂、郭道人等均属本地道人。

清代后期的战乱（尤其是咸丰、同治年间），不少道观被毁坏消失，道士被迫离观，有的道士因参加反清起义，失败后均被杀害。织金城关的全真道士梅道人、童元辅、童念青等均系参加反清起义失败后被杀害的，其余道徒因怕受牵连纷纷远游他乡，加之一些宫观改办学校，或改为政府办公场所，这一时期道教势力大减。到光绪中期，道教有所恢复，光绪二十三年（1897年）毕节杨家湾正一道士在七星关街上做9天的道场，正一教道士有近百人。光绪二十四年（1898年），大定府城道教会成立，50余名道徒分别在斗姥阁、三楚宫做道场。宣统三年（1911年），大定道徒发展到80余人。

民国初期，随着民主、科学思想的传播，带有较多封建色彩的道教受到一定冲击。民国17年（1928年），国民政府颁布神祠废存标准，关帝庙等14种道观被废除，相当一部分道观有的改办学校、有的改作政府办公场所、有的道观长期驻兵。这一时期，道教宫观虽然减少，但随着社会的相对稳定，经济的发展，道教有所恢复。民国21年（1932年）大定道教会改选。民国29年，黔西“清虚道”教会成立。民国31年，大定道教会再次改选，明确道教的宗旨为“增进中国文化，发扬民族精神，促进社会进步，遵奉总理（孙中山）遗教，维持固有道德，矫正弊端”。这一时期，道徒有所增加，民国3年（1914年），四川全真道清静派弟子于明福到大定重振教务，道徒发展到150余人，民国26年（1937年），织金县有全真道徒33人。民国27年（1938年），大定道教徒发展到340余人。是年，大定道教会在大定建醮7天，超度抗日阵亡将士，织金县道教也举行过几次大型的合成醮。民国32年（1943年），织金县正一道与全真道一起举办特别盛大的合成醮。抗日战争和解放战争后，全地区的全真派道徒大减。正一道徒的道教活动容易被群众接受，故正一道活动仍遍及城乡。

中华人民共和国成立初期，进行土地改革，道教宫观地产按政策分给农民，从事道教活动的道士（主要指全真道）纷纷改行，自谋出路。宫观寺庙基本为机关、学校、工厂所用，或被拆毁。1966年后参加道教活动的人员逐渐减少，全真道人绝迹，正一派的活动也一度转入隐蔽活动。

1978年后，正一派世居道士的宗教活动逐步从隐蔽转为公开。1981年，纳雍县有道士31人。1982年，大方县城关、双山等乡镇经法师度职的正一派道徒就有20余人，到1987年底，正一派道徒已达250余人。1992年，织金县有道士（掌坛师）101人，徒弟500多人。2000年，毕节市杨家湾镇一带有20余名道士到贵阳仙人洞道观拜师皈依，有11人取得皈依证。这年，20余位道士先生参与，在杨家湾街上及太平桥做冥阳二仪燃烛寄杠、禳灾祈福大醮道场9天。据2002年3月统计，全区从事道教活动的专职道士232人。到2003年底，仅威宁彝族回族苗族自治县就有专职道士100余人，毕节市杨家湾镇、撒拉溪镇一带有专职道士30余人，信徒250余人。道教活动以汉族为主，其参与者比较广泛，信仰道教的人数难以确定。到2003年，全区范围内还没有一处开放的道教活动场所，未开放的固定活动场所也只有毕节市杨家湾镇周驿玉皇阁1处，道教活动大多表现为游离、松散、无组织、不规范的状态。

三

唐代伊斯兰教传入中国。在中国境内有回、维吾尔、哈萨克等10个民族信仰伊斯兰教。在信仰伊斯兰教的民族中，居住在毕节地区的只有回族。回族迁入毕节地区的历史过程，也就是伊斯兰教传入毕节地区的过程。

元代，伊斯兰教就开始传入毕节地区。《贵州少数民族》记载，元代，乌撒

（今威宁彝族回族苗族自治县、赫章县一带）隶属云南省，回族政治家赛曲赤·瞻思丁及其子纳速拉丁相继任云南行省平章政事期间，大兴屯田、驿道、卫所，时有回族人到达乌撒境。又据《织金县民族志》载，至元二十年（1292年），部分回族随元军进入织金西南驻扎，后落籍三塘、务卜、鸡场一带，伊斯兰教随即传入织金。

明代，毕节地区的伊斯兰教有较大的发展。《明实录》载，洪武十四年（1381年），明太祖朱元璋命颍川侯傅友德为征南将军，永昌侯蓝玉、西平侯沐英为左右副将军，率30万大军征云南。事平，留西平侯沐英率军数万镇滇中。洪武二十年（1387年），沐英奉召，自永宁至大理60里设一堡，皆留兵屯田。当时乌撒卫辖48屯，其中马家屯、杨湾屯、海子屯、尚家屯，名称相沿未变，至今仍为回族聚居地。这一时期，亦有回族随军迁入织金等地，落籍城西郊外二岭岗大水沟。随着伊斯兰教的传入，在回族聚居的屯田处兴建清真寺，传播伊斯兰教。明洪武年间兴建威宁下坝清真寺、马家屯清真寺、妈撒迤清真寺，明万历年间（1573－1620）建成威宁杨湾桥清真寺。清真寺的建立，使散居的穆斯林之间的联系加强，各类宗教文化活动增多，对伊斯兰教的传播产生了积极作用。

清代前期和中期，毕节地区的伊斯兰教得到了较快的发展。清初，清廷进军云贵地区，大批陕西、宁夏、甘肃、河北等地的回族穆斯林将士随军进入毕节地区的威宁一带。清顺治十六年（1659年），陕西长安阿訇刘吉，由云南到威宁为穆斯林讲解《古兰经》，并应邀留居下坝，开贵州经堂教育之先河，培养一批品学兼优的人才，仅其子孙两代就有20余人出任毕节地区及滇东北一带清真寺掌教。康熙四十三年（1704年），凉州（今甘肃省）庄浪人韩忠出任威宁镇总兵，任期内引穆斯林恪守教规，学习伊斯兰教文化和儒家文化，并倡建清真寺，为毕节地区伊斯兰教文化作出了贡献。雍正三年（1725年），直隶河间回族人哈元生出任威宁镇中军游击。民国《昭通县志稿》载，哈元生"所带兵丁多系回民"。这些兵丁大部分落籍威宁和云南的昭通、鲁甸。随着穆斯林人数的增加，伊斯兰教传播的地域扩大和经济条件的好转，这一时期扩建威宁下坝清真寺，重建威宁杨湾桥清真寺，新建威宁岩格箐、凉水井、启沙戛、城关、老院子、新院子、撒家院子、大水井、戛利、摆布戛等清真寺。

清代后期，朝廷及地方政权腐败，社会经济急剧衰退，各种社会矛盾加剧，使毕节地区回族穆斯林及伊斯兰教的传播受到很大影响。特别是清咸丰、同治年间，为反抗清政府的残暴统治，毕节地区的回族穆斯林多次起义，大多遭到官军的镇压而失败，威宁的一些穆斯林为避难逃往水城、安顺、平坝、赫章、毕节等地。这一时期，云南昭通、鲁甸的部分回族穆斯林迁入赫章县境定居，湖南邵阳的部分回族随军落籍黔西境内，安顺、平坝等地的部分穆斯林也通过经商而定居黔西，起义失败后的部分兴义回族穆斯林为避难迁入织金。穆斯林在迁徙的过程中，也随之将伊斯兰教传播到新的地域。在生活稳定、经济好转后，宗教活动又从隐秘转向公开，还新建威宁阿毛冲、海子屯等清真寺。

民国时期，在军阀及国民党政府的统治压迫下，毕节地区穆斯林30多年间举行过多次起义。这一时期，一些伊斯兰教经师、学者及穆斯林人士，积极主张改革经堂教育，实行“中阿并授”。培养有一定阿拉伯文化功底和经学造诣、又有一定中文基础和现代基础知识，既能为伊斯兰教服务、又能为社会服务的“经书”两用人才。在改革经堂教育中，威宁杨湾桥、老院子、雨多落、鸭子塘、妈撒迤等清真寺都取得明显成效。下坝、杨湾桥等清真寺的阿文与汉语文各分班次，各有侧重，最后在教授汉语文的基础上扩大办学范围。鸭子塘等清真寺汉语班，不仅有回族教师、回族学生，还有其他民族的老师和学生。这一时期，伊斯兰教除格底目教派外，伊赫瓦里也开始传入毕节地区。民国23年（1934年），云南王少美阿訇受聘到云南鲁甸执掌教务，不久到威宁讲学，将伊赫瓦里传入威宁中水、牛棚一带。民国28年（1939年），威宁人马学科阿訇由云南及西北等地学成归来，先后在威宁和云南昭通的数座清真寺任阿訇，开办经堂教育，宣传伊赫瓦里主张，注意维护伊斯兰教派间的团结，得到不少穆斯林的拥护。先后招收威宁及昭通、鲁甸1000多名穆斯林弟子入学培养，学生毕业后应聘到清真寺任阿訇的不少，同时，随着伊斯兰教发展的需要，维修扩建清真寺2处，重建3处，新建清真寺16处。

中华人民共和国成立初期，人民政府制定政策和法律保护穆斯林宗教信仰自由的权力，保护清真寺等宗教活动场所，保证正常的宗教活动。毕节地区穆斯林以实际行动感谢党和人民政府的关怀，积极参加社会主义建设，生活水平不断得到提高。这一时期，维修清真寺1处，重建1处，新建清真寺9处。由于1958年的“大跃进”及人民公社化运动中的“左”倾思潮，使毕节地区的伊斯兰教受到一定的影响，特别是1966年开始的10年“文化大革命”，伊斯兰教活动停止或转入地下，伊斯兰教文化的传播受到重创。

1978年后，随着宗教政策的落实，阿訇和穆斯林中的冤假错案得到平反纠正，查抄的经书、物品和宗教用品得到归还或补偿。同时，通过政府拨款补助和群众自筹方式维修一批、重建一批、新建一批清真寺，以满足伊斯兰教活动的需要。1990年，全地区清真寺已发展到56座。1988年以来，各清真寺相继建立寺民主管理委员会，1994年以后，中水等乡镇成立伊斯兰教教务管理委员会，有3人（次）参加全国的伊斯兰教知识竞赛、演讲比赛和学术研讨会，有3人（次）赴阿拉伯的沙特、约旦等国家朝觐。1985年以来，通过办培训班，到宗教院校深造，参与全国的伊斯兰教活动比赛等方式，培养了一批思想好、素质高的伊斯兰教教职人员。到2003年底，全地区已有阿訇301人，清真寺114座（其中开放78座，有正常的宗教活动、纳入正规管理，但尚未开放的36座），回族穆斯林人口近10万人，各县（市）均有分布。

四

唐代，天主教开始传入中国，13世纪再度传入中国。元朝覆灭后，天主教在中国曾一度中断。16世纪，又由耶稣会传教士利玛窦传入中国。1840年鸦片战争后，传教士陆续进入毕节地区。道光二十至二十八年（1840－1848年），云南省彝良县一吴姓和一黄姓两户天主教徒迁入威宁县集发乡发枝窝（现属赫章县财神镇家竹村）居住，天主教从此进入威宁境。到光绪二十年（1894年）止，天主教先后传入威宁、黔西、毕节、大定。天主教传入毕节地区后，教牧人员陆续进入，并开始修建教堂。19世纪60年代，云南省天主教派李神父（外国人）到威宁县发枝窝主持教务，并修建发枝窝天主教堂。随后有黄神父、秦神父、张神父（均系外国人）到发枝窝传教。光绪二十年（1894年），大定建立天主教堂，光绪三十一年（1905年），大定天主教会在南街成立；光绪三十三年（1907年），天主教会会长李诚斋在南街购置土地，新建教堂、经堂、药房。次年（1908年），在黔西传教的法籍神父强占西正街土地修建黔西天主教堂。

民国16年（1927年），正式建立毕节天主教堂。次年（1928年），天主教由黔西传入金沙（当时称新场镇，属黔西），当年建金沙天主教堂。民国初期至中期，天主教得到一定的发展，教徒也逐步增多。民国初年，大定天主教信徒发展到100多人；民国16年（1927年），毕节天主教堂教徒达1000余人；民国19年（1930年），大定天主教徒发展到600多人，同年召开天圣大会，城乡教徒参加者500余人；民国26年（1937年），金沙天主教堂有教徒121人，民国中期，黔西天主教堂有教徒300余人。民国末期，天主教徒有所减少，到1949年，全区仅有天主教徒639人。

中华人民共和国成立初期，天主教的宗教生活仍然受到保护，最初几年，天主教徒在原来的基础上增加到946人。之后，天主教产被占用，其宗教活动时断时续，到1960年底，全区信仰天主教的教徒仅有76人，1966年“文化大革命”开始后直到1977年，天主教基本停止正常的宗教活动。

1978年以后，天主教徒的活动逐步得到恢复和发展。从1978年金沙城郊天主教徒去贵阳天主教堂参加占礼。到1983年底，金沙、赫章、黔西、毕节、大方等县先后恢复天主教活动。1986 年，纳雍县原黑塘乡瓜仲河的黄兴等人到贵阳打工信奉天主教，后回瓜仲河传教，天主教才开始传入纳雍县境。自此，全地区除织金县无天主教外，其余7 个县（市）均有天主教。1983 年以来，毕节、黔西、金沙等县（市），还成立天主教教务管理小组。教堂（点）及教徒人数也有所变化。1982 年，全区仅有天主教徒 71 人，到 1989 年底已达 816 人，1996 年850 人（赫章县未统计在内），2001 年1165 人，2003 年底共有信徒1134人。1992 年，全区有经政府批准开放的教堂（点）8 处。到2003 年底，全区有纳入正规管理的天主教堂（点）6 处，其中开放 4 处（教堂 3 处，聚会点 1 处），有正常的宗教活动，未具备开放条件的聚会点 2 处。

五

基督教于清嘉庆十二年（1807 年）传入中国，光绪三年（1877 年）传入贵州，光绪十年（1884）年开始影响毕节地区，光绪二十五年（1899 年）正式传入毕节地区。先后传入毕节地区的基督教有内地会、循道公会、复临安息日会、女执事会 4 个派别。

据新修《大方县志》载："光绪十年（1884 年）内地会传入大定悦服里"。这部分人是去安顺信教最早的基督教徒，居住在今大方县鼎新乡一心村乌鲁垮和姚家寨等处。光绪二十三年（1897 年），大定（大方）、平远（织金）部分少数民族青年前往安顺学习和信教，回乡后传播基督福音。光绪二十五年（1899年）秋，安顺基督教负责人党居仁（英国人）到现织金县熊家场乡白马洞传教，在白马洞建立贵州境内第一个苗族教会。同时吸收周围 250 多个村寨的苗族群众去听布道，基督教内地会正式传入毕节地区。次年（1900 年）前后，党居仁派李约翰等 3 人到大定西区（现纳雍县境）开辟教会，建立支堂。党居仁又亲自两次到西区视察教会，使西区的教会得到很快发展。光绪二十八年（1902年）冬，威宁县到安顺信教的信徒回来后，建起威宁县境内地会第一个基督教会的德慕坪教会。光绪二十九年（1903 年），党居仁到赫章（当时未建制，属威宁）葛布等地考察和传教，基督教内地会又正式传入赫章县。3 年后（1906年），苗族教徒自己捐款建造能容纳千人的葛布教堂。不久，在威宁的大松、兴隆厂、鱼鳅湾、赫章水塘子等地相继建立教堂。

光绪三十年（1904 年），云南昭通基督教循道公会的柏格里（英国传教士）应威宁一些苗族基督教慕道友的邀请，到威宁石门坎传教，基督教循道公会开始传入毕节地区。次年（1905 年），便建成石门坎教堂。柏格里就以此为中心，走村串寨传教，先后建立了长海子等教堂。还与当地人一起创制苗文，翻译

《圣经》。

民国元年（1912 年）基督教德国女执事会传教士包宽爱等 4 人到大定的东关、核桃坪等少数民族地区传教，基督教女执会便传入毕节地区。民国 3 年（1914 年），便在核桃坪购地建教堂，因包宽敬（德国人）等传教士为人诊病施药，信教者达千余人。民国 4 年（1915 年）后，建立安乐、公鸡山、钟箐、法窝等教堂。内地会在大定西区（今纳雍县辖地）建立的 12 个支堂也划归女执事会管理。民国 10 年（1921 年），苏宽仁等又把女执事会传入毕节城关，先后在毕节的城关、岔河、摆溪、在块、熊家坟、官大地、乌佐等地建立教会。

民国 15 年（1926 年），基督教复临安息日会派美籍传教士汪和仁到毕节道署街（今中山路）传教，基督教复临安息日会始传入毕节地区，并在毕节建立“贵西区”，在道署街建教堂（今中山路 12 号）。不久，在朱昌哈朗村、鸭池松林村等地建立少数民族教会。至 20 世纪 30 年代，复临安息日会发展到大定的城关、锅厂、白泥窝、硝灰洞、钟箐以及今纳雍县境的安乐坝、七甲、义德等地。

到中华人民共和国成立前夕，全区基督教的 4 个派别共建立教堂（点）168 处，信徒近 3 万人，遍及毕节地区的 9 县（市）。

基督教各派传入毕节地区后，积极建立教堂、发展教徒，创办各类实业。一是建立学校，发展教育。从光绪三十二年（1906 年）威宁石门坎循道公会创办石门坎光华小学，赫章葛布内地会创办葛布志华小学，至 1949 年止，各教派在全区境内共建学校近百所。最具有代表性的石门坎光华小学及大批分校，自创办至 1949 年，在石门坎一带 1.6 万苗族群众中，有三分之二的人能诵读《平民夜校课本》4 册。光华小学毕业生数千人，升入中学或中专者 200 余人，先后进入华西大学、神学院深造的 30 余人，有的还获得博士学位。时人称石门坎为“西南苗族最高文化区”。二是积极发展医疗卫生事业，为贫苦病人实行免费或半免费治病。先后开办石门坎循道公会平民医院、麻疯病医院，毕节女执事会医院、撒拉溪麻疯病院，大定女执事会医院，葛布内地会福音诊所，结构内地会福音诊所等医疗卫生机构。三是开办慈善事业。凡遇旱灾、雹灾、虫灾，基督教会便发放贷款或购粮对灾民进行赈济。教会还先后创办大定女执事会孤儿院、毕节战时儿童保育院等慈善机构。四是创办石门坎邮政代办所、葛布邮政代办所、石门坎良种试验推广部等其他实业。

基督教传入毕节地区的初期，教会负责人、教牧人员大多系外国人担任。1919 年的“五四”爱国反帝运动，使中国基督教徒开始觉醒，提出中国基督教会“自立、自养、自传”的口号，并主张建立中国教徒的“自立”教会。全国的“三自”运动也影响到毕节地区的部分教会。民国 12 年（1923 年），葛布基督教会的苗族信徒便自行推选出教会负责人，开展自立运动，到民国 17 年

（1928年），外国差会停止对毕节地区境内的教会进行补贴，各地教会学校经费自筹，不再依赖外国差会。民国22年（1933年），威宁循道公会仿照其他教区组织成梯次，称教区、大联区、小联区、堂口。从此时至1949年，先后有彝族陆寿珍、王仕泉、安启云等，苗族朱焕章、张洪猷、李正邦等本地教徒担任大小联区区长等职务。民国26年（1937年），大定基督教会的教务、房地产均由大定教会管理，基本摆脱外国教会的控制。民国32年（1943年），苗族朱文正被推举为葛布苗族教区总长老，彝族安承明、文正榜分别担任结构教会总长老、总执事。民国33年（1944年），结构教会两处的房产，除洋房外全部划归教会。民国35年（1946年）7月，将内地会改为"华内基督教会"。但是，毕节地区的基督教也同全国一样，不可能彻底摆脱外国传教势力的影响，教会不能自养，教会的权力名誉上"自立"，实质上仍由外国牧师操纵。

中华人民共和国成立初期，全区共有基督教信徒30377人，广大信徒与各族人民一样，衷心拥护共产党的领导，拥护社会主义制度，割断与西方国家差会的关系。在全国基督教革新运动和反帝爱国运动的影响下，毕节地区各基督教会纷纷响应革新宣言的号召，积极开展革新运动。1951年1月28日，华内毕节基督教会在毕节城关举行革新大会，号召信徒坚决实行自立、自养、自传，坚决脱离与西方国家的一切关系，竭力拥护人民政府的一切纲领政策，支持抗美援朝，并制定爱国公约。信徒们拥护革新宣言，并在宣言上签名。到1954年8月，威宁石门坎循道公会、织金中华基督教锡安会、纳雍县各教会、大定县基督教会、赫章结构、葛布基督教内地会、毕节复临安息日会、威宁基督教内地会先后步入基督教三自革新运动，全区90%以上的教徒在革新宣言上签名。1957年以后，特别是1958年的"大跃进"，宗教活动场所被压缩，94%以上的教堂"捐献"给集体福利事业使用，95%以上的教堂（点）停止礼拜活动。1961年以后，政府批准开放部分教堂，从此宗教活动得到恢复，1966年"文化大革命"开始以后，全部教堂（点）被关闭，大部分教堂被占用毁坏，宗教活动由公开转向地下。

1978年以后，重申和落实党的宗教信仰自由政策，对涉及全地区基督界人士180人的冤假错案全部得到纠正平反，基督教活动逐步得到恢复，基督教房产得到落实，对被占用的教堂进行清理退还，对年久失修和被破坏的教堂各级政府拨款进行维修或重建。各县（市）相继恢复和建立了基督教三自爱国运动委员会等宗教爱国组织，培养了一批教牧人员，1985年至1999年，共举办义工培训班10期，选送了一批信徒到神学院（校）深造，毕业后回原教会工作。教会和教牧人员动员和带领广大教徒积极参与社会主义两个文明建设，积级参与捐资助学、扶贫、救济等慈善事业。1984年以来，受各级政府和有关部门、单位表彰的基督教信徒数百人。政府批准开放的基督教堂（点）自 1980 年以来，到 2003 年底达 301 处；有正常的宗教活动，纳入正规管理，但尚未开放的 64 处。教徒从 1982 年的 31979 人增加至 85338 人，教牧人员从 1980 年的不足百人增加至 364 人。

六

中华人民共和国成立后，党和政府十分重视宗教工作。1949 年 12 月至 1956 年 1 月，全区的宗教事务工作由中共毕节地委统战部、专员公署民政科共同管理。1956 年 2 月，成立毕节地区专署宗教事务科，管理全专区的宗教工作。

在各级党委、政府及有关部门的领导下，从 50 年代初期开始，在保护宗教信仰自由、保证正常的宗教活动的同时，根据社会发展的需要，进行宗教改革。佛教、道教、伊斯兰教、天主教进行民主改革；基督教进行“三自”革新运动。彻底打击、取缔打着信教旗号行善的幌子，捏造迷信邪说，散布修仙成佛谣言，欺骗群众入道，并以行功德为名大量骗取钱财、制造政治谣言、蛊惑人心，反对中国共产党和人民政府的政策法令，进行反革命活动，颠覆社会主义制度，危害社会主义秩序的一贯道、归根道、万全道、白阳道、同善社等反动会道门（这项工作一直持续到 1986 年）。处决一批、判刑一批、管制一批，保证社会的稳定，维护正常的生产秩序和人民群众的生命财产安全。1957 年的反右斗争，部分宗教界上层人士被错划为右派。1958 年“大跃进”以后，大部分宗教活动场所被“捐献”给集体使用。宗教活动场所被压缩，大多数宗教场所停止了宗教活动。1961 年以后，政府批准开放一批宗教活动场所，宗教活动得以恢复。到 1962 年底，全区经政府批准开放的宗教活动场所仅基督教堂就达 72 处，基督教信徒 7000 余人。1966 年“文化大革命”开始以后，全部宗教活动场所被关闭，大部分宗教活动场所被占用或毁坏，宗教活动由公开转入地下，1967 年 4 月以后，专署宗教事务科停止使用职权，宗教工作停止。

1978 年以后，党的宗教政策得到恢复、贯彻、执行。对依法加强宗教事务管理方面，一是在 1957 年反右斗争扩大化及 1966 年至 1976 的“文化大革命”中，全区被打成“右派”“历史反革命”“帝国主义走狗”“牛鬼蛇神”的 231 名宗教界人士的冤假错案到 1987 年底得到全部纠正平反；“文化大革命”中被查抄的财物，按照政策进行清退补偿，被停发和扣发的生活费全部给予补发。二是在“大跃进”和“文化大革命”中被单位集体占用、拆毁、因宗教活动停止自然毁坏的宗教团体房产大多得到归还或补偿。到 1997 年止，省、地区、县共拨款 1457927 元，补助维修基督教堂 39 处，重建 38 处，补助修复和新建清真寺54处，维修佛教寺庙1处，重建天主堂1处。到2003年底，全区共有宗教活动场549处，其中开放485处，有正常的宗教活动、纳入正规化管理。三是自1983年以来，全区的基督教、佛教、伊斯兰教、天主教各教派先后建立各类宗教爱国组织。四是对宗教活动场所进行登记发证。1992年初开始，省、地宗教工作部门把赫章县作为宗教活动场所登记发证工作试点，1994年初全面铺开，到1996年底，全区的这项工作基本结束。全区登记宗教活动场所316处，暂缓登记49处，不予登记102处。之后，在巩固原有登记成果的同时，按照达到标准1个登记1个的原则，到2003年底，全区共登记宗教活动场所419处。五是依法搞好宗教活动场所的年检工作，依法处理违背党和政府的宗教信仰政策、侵犯宗教团体、寺（庙）教堂权益的案件，帮助宗教团体建立健全各种管理制度。六是继续打击取缔反动会道门。自1991年元月以来，宗教工作部门配合公安等部门，先后查禁、取缔“生命会”“门徒会”“通天佛教会”“左坤教”“福音联合总会”等反动邪教组织。七是收缴非法出版物。1997年至1998年，全区共收缴从六盘水、四川成都、广东、台湾、香港等地寄来的《信仰的根基》《从虚空到满足》《得圣的秘密》等非法出版物1000余册。八是处理和清理滥建寺庙。该项工作从1997年开始，1998年底结束，全区共清理出乱建的寺庙186座（总占地面积20466平方米，总耗资210.95万元），除18座特批为宗教活动场所外，有129座归为公用场所，有39座作拆除处理。对宗教界人士的关心培养方面，一是在生活上关心宗教界人士，对生活确有困难的给予补助。1999年，地区民族宗教事务局补助基督教神学生生活费，赫章县民族宗教事务局按月补助县基督教“两会”2位牧师，每人每月补助100元。二是对教牧人员进行培养。1985年以来，选送有一定文化基础和宗教知识的信徒到基督教神学院、伊斯兰教经学院、佛学院学习深造，办基督教义工培训班、伊斯兰教教职人员培训班，组织佛教界人士参加贵州省佛教传戒法会等方式对教牧人员进行培养。到2003年底，全区共有宗教教职人员711人，基本满足全区18万多名信教群众宗教生活的需要。三是充分发挥宗教界人士在社会主义建设中参政议政的作用。据不完全统计，新中国成立后至2003年，毕节地区宗教界人士遴选为全国政协委员的4人（次），省政协委员的16人（次），历届县（市）政协委员的484人次（其中县政协副主席28人次，县市政协常委111人次）；当选为省人大代表的3人（次），县人大代表的162人次（其中人大常委会副主任1人次，县人民委员会委员、县政府委员、县人大常委会委员11人次）。在社会主义两个文明建设方面，一是认真宣传学习党的宗教理论和宗教政策。1989年，地委宣传部、行署宗教事务科共同编写刊印2万多字的《宗教问答》小册子，发放到县、区、乡及有关单位。1994年，国务院颁布《中华人民共和国境内外国人宗教活动管理规定》《宗教活动场所管理条例》后，全区共打印2517份，办专栏26期，放电影宣传300场，培训党政宣传骨干150人，教会骨干308人，亲自深入至179处宗教活动场所进行宣传，听众达77050人。二是引导宗教团体及寺庙堂点解决自养。威宁县基督教“两会”出租门面、办旅馆及中西医门诊，年收入4万元以上，基本解决“两会”的自养问题。毕节灵峰寺除善男信女的奉献、群众遇事许愿、僧尼为群众做道场外，还开办小商店、食堂等实业，年收入在10万元以上。三是宗教工作部门牵线搭桥，争取宗教组织及人士的资助。1999年上半年，纳雍县民族宗教事务局牵线搭桥，使该县基督教“两会”争取到外省基督教“两会”援助资金21.4万元，扶助200名贫困失学儿童读完小学。2000年下半年，毕节地区民族宗教事务局先后引进浙江省基督教“两会”资金55.56万元，被子、衣物折款20万元。解决300名贫困小学生书学费，扶持贫困教徒，修建赫章县结构基督教堂。

在各级党委、政府的领导下，毕节地区的各种宗教正沿着正确的轨道运行，广大信徒在全面建设小康社会的进程中逐步走向脱贫致富奔小康的道路。

第一章　佛　教

第一节　佛教传入

早在西晋末年，南方僧人赴印求法，经四川宜宾、庆符、筠连，云南盐津、大关、昭通，入贵州威宁，宣扬佛法，今毕节地区受到一定的影响。唐代，南诏兴起，今贵州的黔北、黔西和黔西南一度划归南诏。南诏国中的白族信仰佛教，其中一部分曾以不同身份移居今贵州西部的一些地方，并在这些地方建有寺庙，如今威宁彝族回族苗族自治县的蛇街一带，曾建过寺庙，其遗址至今尚存。唐代佛教除了影响威宁、赫章外，还影响今黔西、金沙一带。今金沙县，在当时相当一部分领域属播州（现遵义市）所辖。中原汉族移民不断深入这些地区，而这些外籍移民都来自佛教盛行之地，大多保持了对佛教的信仰。这就形成了毕节地区以中原佛教为主，南诏佛教为辅的两种佛教在一定时间内同时并存。据《金沙县地名志》载，位于金沙县木孔乡湾子村建有一寺庙，原名安乐寺，系佛教盛行的唐朝初年建立信安县时所建，庙址原在泥池坝陶家寨子，后寺庙移到今湾子村大石庄，更名为“朝阳寺”。《黔西县志》中黔西寺庙祠阁一览表也载，该县谷里镇的永丰寺、观音阁、水口寺均修建于唐代。又据《毕节地区志·文化艺术新闻出版志》载，1985 年 4 月在纳雍县城西郊复烤厂建筑工地出土现收藏于毕节地区博物馆的“观音说法铜造像”，经贵州省博物馆有关专家鉴定，该佛像为唐代时期的作品。到元代至治年间（1321－1323 年），印度僧人指空禅师曾在滇东黔西之乌撒（现毕节地区威宁、赫章一带）、乌蒙（今云南昭通一带）地区弘传佛法。《威宁彝族回族苗族自治县县志》（1994 年 7 月第一版）载：“元延祐年间（1314－1320 年），西竺僧人指空，由云南往浙江，途经贵州西部，便在这一代传授佛法。……元代中后期出现的贵州寺庙中有威宁万寿寺。”这一时期，金沙也出现了位于该县后山乡天灵村的天灵寺。该寺到清代时，发展为一方名刹，民国时期为黔西佛教会驻地。到了明代，毕节地区的交通得到相应改善。贵州宣慰使奢香夫人带领水西人民以偏桥（今贵州施秉县）为中心，修筑驿道，一条向北经瓮安县、湄潭县至四川，一条向西经贵阳至赫章、威宁通往云南。时设龙场（今修文县）九驿，就经过今天的黔西、大方和毕节。明洪武十四年（1381 年），朱元璋遣征南将军颍川侯爵傅友德率大批汉族移民和军人涌入毕节地区，实行军屯、民屯、商屯，同时将其固有的佛教信仰带入毕节，为僧人深入境内游方行化、弘传佛教奠定生活物质基础。朱元璋还确立了“治国以教化为先”的方针，对西南边疆的佛教尤为重视，大力倡导，达到“化愚民，弭边患”的目的。明洪武年间（1368－1398 年）滇籍高僧燃指以其精湛的医术，四处行医化缘，募捐筹得白银 1500 两，建成毕节城西郊的灵峰寺，并虔心念佛，以成正果。燃指和尚在灵峰寺弘法数十年，直至圆寂，并安葬于寺右侧百余米处，坟墓至今犹存。建于明洪武初年的威宁县城东郊的凤山寺，早年名为“真武观”，寺庙建成后不久，四川如际和尚就到此开殿，居于此寺从事坐禅念经等佛事活动。并把“真武观”改名为“凤山寺”。如际和尚在该寺任住持并传播佛教几十年，直到圆寂。宣德（1426－1435 年）初，江安高僧月溪在黔西城东郊修建永洪寺，传播佛经。成化二十一年（1485 年），贵州宣慰使安贵荣偕妻奢脉及子安佐铸造的大方永兴寺铜钟，说明少数民族当时也参加到佛教活动。明末，佛教临济宗传入平远（今织金），西蜀渝成几水高僧钝锋在平远州城南郊炎帝庙（火神庙）住脚，当家和尚圆寂后，成了炎帝庙的大和尚，住持炎帝庙，炎帝庙经他扩修后改称“南林寺”。随后，织金的佛教得到前所未有的发展。至此，佛教已影响和传入今毕节地区全境。毕节城关及城郊的灵峰寺、普慧寺、惠泉寺、寿福寺、延寿庵、翔龙寺、西庵寺、天台寺、东庵、即心庵，普丰寺、大梅庵，大方城郊的永兴寺、观音阁、大佛殿，黔西城关水西公园观音阁、永洪寺，金沙城关的川壁寺，威宁城关及城郊的凤山寺、观音寺、能仁寺、水月寺、涌珠寺，毕节城境内的开化寺、宝龙寺、回龙寺，黔西县大关镇的海慧寺、原凤凰乡的永洪寺，金沙县沙土镇的观音寺、岩孔镇的穿岩寺、西洛乡的永洪寺、源村乡的绍隆寺、普慧寺、后山乡的水老寺，赫章县白果镇的普照寺等数十座佛教寺庙均建于明代。

一　佛教僧尼佛教信徒

（一）民国前和民国时期的僧尼及信徒

唐代，现毕节地区的金沙县、黔西县已修建的佛教寺庙，已有僧尼从事佛教活动。明初，外籍高僧进入毕节地区境内传播佛教的人数逐步增多。明洪武年间，滇籍高僧燃指在毕节城郊创建灵峰寺，四川如际和尚到威宁城郊凤山寺开殿；宣德初，江安高僧月溪在黔西城东创建永洪寺；明万历年间，毕节灵峰寺僧宝珠增修大雄宝殿左楼。明朝末年至清康熙年间，毕节地区的佛教得到空前的发展，出现毕节赤水河僧继庆（利根）、灵峰寺滇籍高僧宗映、黔西高僧加渺、募建大方兴隆寺的如松、创建黔西开元寺的嵩目和古雪海智、扩建织金南林寺的钝锋、移建赫章普照寺的寂曜、至威宁传播佛教的长灵道祐、募捐修建黔西观文塔（观音塔）的天安、居于威宁涌珠寺弘法的沙门贞觃等一批有名望的僧人在毕节境内传播佛教，从此，僧尼及佛教信徒得到不断发展。立于雍正十年（1732 年）的“修建灵峰寺前殿碑记”，其上刻有捐资居士 324 人。这些居士大多为女性，居士名为“某门某氏”加法名。撰文并书丹的洪楷也是居士。立于乾隆十八年（1753 年）的“新建（灵峰寺）两廊碑记”，后面落款的灵峰寺僧尼就有 15 人。立于乾隆十九年的“灵峰寺告示碑”，最后落款的灵峰寺僧尼达 17 人。立于毕节灵峰寺、碑额题为“相□家寿”的碑记，碑刻文字全为人名，共刻 363 人，多为女性，名为“某门某氏”。立于乾隆三十八年（1773 年）的织金城郊东山寺和惺和尚墓塔碑，其碑文最后落款就有僧尼 7 人。立于嘉庆九年（1804 年）的金沙县岩孔镇“灵山净翁”老和尚墓碑，碑文最后落款有僧尼 8 人。到咸丰元年（1851 年），仅织金县内城乡寺庙及住僧祠堂就有 68 处，僧尼 180 人。咸（丰）同（治）时期十多年的战乱，不少寺庙被毁，僧尼逃散较多，战乱结束后，许多善男信女更是崇信佛教，纷纷剃度出家，皈依佛门以求解脱，佛教僧尼和信徒得到恢复和发展。民国 18 年（1929 年），大定（大方）由禅光法师主持，一次就给全县城乡各寺庙僧尼和居士 300 余人做道场皈依、受戒和度职。民国 19 年（1930 年），大定县政府对寿福寺、兴隆寺等大寺庙进行登记，仅住持僧尼就有 33 人。民国 18 至十九年（1929－1930 年），威宁县政府向省政府报告的佛教情况中的僧尼人数（含道教宫观中的僧尼）就有 53 余人。民国 26 年（1937 年）织金县僧尼达 300 余人。民国 28 年（1939 年），威宁县佛教协会有会员 60 余人，这一时间，毕节县僧尼也达到 300 多人。民国 29 年（1940 年），黔西僧尼抗日救国会员 298 人，其中和尚 110 人，尼姑 4 人，居士林 184 人。民国 31 年（1942 年），中国佛教会大定支会在县城三官殿召开成立大会，代表 60 人，会员 125 人。民国 32 年（1943 年），中国佛教协会贵州省分会赫章县支会有会员 60 人。新中国成立前夕，织金有佛教寺庙 68 座，僧尼 131 人；纳雍县有佛教寺庙 97 处，僧尼 55 人，其中僧 30 人、尼 25 人，居士 1500 余人；威宁县城关有佛教寺庙 24 处，僧尼 60 人，居士 4000 人；赫章县佛教寺庙 76 座，僧尼 192 人，居士 104 人。

（二）中华人民共和国成立后的僧尼及信徒

根据 1952 年 12 月 1 日毕节专员公署寺庙僧尼统计表不完全统计，1951 年 12 月前，全专区共有僧尼 1352 人（僧 390 人，尼 962 人）。其中毕节 61 人（僧 14 人，尼 47 人），大方 153 人（僧 21 人，尼 132 人），黔西 110 人（僧 39 人，尼 71 人），金沙 467 人（僧 228 人，尼 239 人），织金 199 人（僧 5 人，尼 194 人，尼姑中有 16 人还俗），纳雍（仅三区一镇的统计数据）154 人（僧 20 人，尼134人），威宁43人（僧3人，尼40人），赫章（仅三区的材料统计数据）83人（僧7人，尼76人），水城82人（僧人53人，尼29人）。经过土地改革和民主革命，废除佛教的封建特权，部分佛教寺庙改办学校或作机关事业单位办公场所，征收佛教寺庙在农村中占用的田产，出家的佛教信徒也和农民一样分得土地，发扬佛教界农禅并重的传统，有的僧尼还俗，有的从事农业，有的从事手工业和其他社会服务业，成为自食其力的劳动者。随后佛教僧尼及信徒逐步减少，到1956年，威宁县有僧尼46人，大方城关仅有僧尼13人。1965年，赫章县有僧尼29人。1961年，全区有僧3人、尼47人。1965年，赫章县有僧尼90人、居士51人，纳雍县有僧45人、尼7人，居士1500人。

"文化大革命"开始，宗教活动停止。1978年以后，党和政府的宗教政策得到恢复和贯彻落实，宗教活动又得到恢复和发展。到1982年，全区（除金沙县外）佛教人数发展为344人，其中毕节3人（全为尼姑），大方58人，黔西25人，织金77人，纳雍45人（僧18人，尼27人），赫章121人（僧尼77人，居士44人），威宁15人（全为尼姑）。1992年，全区信教人数为909人，其中毕节3人（全为尼姑），大方55人（僧3人，尼52人），黔西326人（僧2人，居士324人），金沙249人（僧2人，尼3人，居士244人），织金130人（僧1人，尼64人，居士65人），纳雍11人（尼1人，居士10人），威宁58人（尼7人，居士51人），赫章77人。1996年，全区佛教信徒人数共2405人，其中毕节80人（僧尼14人，居士66人），大方48人（僧尼15人，居士33人），黔西326人（僧尼2人，居士324人），金沙1467人（僧尼75人，居士1392人），织金146人（僧4人，尼75人，居士67人），纳雍98人（僧尼3人，居士95人），威宁166人（僧尼17人，居士149人），赫章74人（僧尼62人，居士12人）。到2002年3月底。全区佛教信教人数为5276人（毕节941人，大方131人，黔西287人，金沙2348人，织金276人，纳雍36人，威宁1202人，赫章55人）；其中比丘、比丘尼、沙弥、沙弥尼46人（毕节比丘4人、比丘尼2人、沙弥1人，大方比丘尼2人，金沙比丘6人、比丘尼15人、沙弥2人、沙弥尼3人，织金比丘1人、比丘尼1人、沙弥尼1人，纳雍比丘尼1人、沙弥1人、沙弥尼1人，威宁比丘2人、比丘尼2人、沙弥尼1人）；少数民族500人（大方16人、黔西13人、金沙271人、织金23人、纳雍31人、威宁146人），占总人数的9.48%；女性2702人，占信教人数的51.3%；男性2569人，占信教人数的48.7%；18岁以下的65人（毕节2人，纳雍1人，威宁62人）；占信教人数的1.23%，18岁以至60岁的3099人（毕节442人，大方96人，黔西89人，金沙1391人，织金219人，纳雍7人，威宁843人，赫章12人），占信教人数的58.74%；60岁以上的2112人（毕节497人，大方35人，黔西198

人，金沙957人，织金57人，纳雍28人，威宁297人，赫章43人），占信教人数的40.3%；文盲半文盲2900人（毕节370人，大方8人，黔西200人，金沙1860人，织金242人，纳雍24人，威宁152人，赫章44人），占信教人数的54.97%，小学文化的1835人（织金21人，纳雍8人，威宁817人，赫章7人），占信教人数的34.8%；初中文化的403人（毕节72人，大方70人，黔西24人，金沙87人，织金12人，纳雍2人，威宁132人，赫章4人），占信教人数的7.64%；高中文化的136人（毕节12个，大方2人，黔西3人，金沙15人，织金1人，纳雍2人，威宁101人），占信教人数的2.58%；大专以上的2人（毕节2人）；年人均纯收入在625元以下的1687人（毕节339人，大方110人，黔西234人，金沙301人，织金262人，纳雍20人，威宁339人，赫章22人），占信教人数的31.97%；625元－865元的2058人（毕节274人，大方12人，黔西37人，金沙1271人，织金14人，纳雍8人，威宁409人，赫章33人），占信教人数的39.01%；865－1000元的799人（毕节148人，大方9人，黔西16人，金沙397人，纳雍8人，威宁221人），占信教人数的15.14%；1000元－1200元的385人（金沙165人，威宁220人），占信教人数的7.3%；1200元以上的347人（毕节120人，金沙214人，威宁13人），占信教人数的6.58%。到2003年底，全区共有佛教信徒7844人，其中毕节3552人，大方240人，黔西400人，金沙2083人，织金276人，纳雍36人，威宁1202人，赫章55人。

（三）历代重要僧尼简介

1. 燃指　滇籍高僧，明洪武年间（1368－1398年），云游至毕节灵峰山，感叹道："此真乃我寻觅的仙境也"。于是决定在此建寺，虔心念佛，以成正果。他以自己精湛的医术，四处行医化缘，募捐筹得白银1500两，终将灵峰寺建成。此后，居于寺中传播佛教数十年，直至圆寂后葬于离寺庙右侧100余米处，现坟墓尚存。

2. 如际　四川人，明洪武年间，到威宁凤山寺（原名真武观）开殿，事后就居于此寺，坐禅念经，并把"真武观"改为"凤山寺"，任住持传播佛教数十年，直至圆寂。

3. 月溪　江西人，宣德初年，以罪戍（水西）赤水，役于陈百户，栖厩中，初夜有光，陈异而遣之，遇禅宗得正法眼藏，至蔺州印山（在黔西州城东），见其林麓洞壑，别有天地，结庵曰永洪，居三载，明帝宪宗召天下明僧十三人诣阙，月溪与鄢，将别，与弟子曰："此中徒众无逾四十，逾则不利。"抵京将召入，上命令中使置经与地，覆之以锦，诸僧皆履而入，月溪独伏不前，上促之，对曰："非敢以方外自高，惧籍经为罪，非上所以召臣意。"上异焉，取经入赐，以茶不饮而南洒。问故。对曰："留都火焚四十八户，用禳之。"上未信。守臣奏："火作如其语。"久之遣还，至留都（南京）示寂。后人广其故居以为寺。"缁徒仅四十人，过五人则一死，三人则一毙，过一二人则有怪（灾），莫能逾其数。"（参见康熙《贵州通志·仙释》卷之二十四，乾隆《贵州通志·人物·仙释》卷之三十二，《贵州佛教史》64页）。

4. 宝珠 明万历年间（1573－1620）毕节灵峰寺住持。据立于明万历四十一年（1613年）的灵峰寺碑碑文记载："宝珠入山以后，朝课夕诵，晨钟暮鼓，朔望祝廷，殷勤寸不育，或有余赀，无不修补。……西竺遗风，自此阐扬东土祖也。"

5. 寂曜 俗姓王，赫章人，康熙末年、雍正初年升为赫章普照寺长老，并将寺庙从水塘大山顶移建现庙址白果镇将军山（大庙营）。寂曜和尚一生笃信佛祖，荡家产，劝募捐，先后在乌铅厂建寿福寺，在赫章佛门中颇有影响，死后遵其遗嘱，葬于庙湾，今坟墓尚在，立有碑记。（见《赫章文史资料·第三辑》）。

6. 利根 （1609－？年），明天启年间（1621－1627年）贵州赤水卫（今毕节市赤水河一带）人，赤水卫指挥张大壮之孙。天启年中，奢崇明陷赤水，被俘作奴，后逃脱，知其祖、父、弟等7人皆死于战乱，乃痛哭于野，遂祝发入石龙山为沙门，始名继庆，旋至东南诸省参学，事高僧汉月法师，为得法弟子，字之曰"利根"。已又事密云、灵桥二师，俱得心印，乃遍游天下名刹，常作诗文，集而存之，命曰《霜柏》，贵筑杨文骢为之序。晚又与文士游，乞文人宋征舆为其家传，而后张氏之死难者显著于世。陈垣先生说，明季黔僧，多非黔籍，黔之有高僧，自利根始。利根在紫柏高僧去世近40年后，挺身而出，主持紫柏未竟事业，完成《嘉兴藏》正藏的刊刻：计1654部，6930卷，210函。利根还刻印《嘉兴续藏》之一部，清康熙十五年（1676年）后人增刻完成，计约248部，3800卷，95函，为中国佛藏刻印作了贡献。

7. 钝锋 西蜀渝城几水人，在贵阳礼恒素披剃，依破智具足，参余山印可，明朝末年在平远（今织金）南郊炎帝庙（火神庙）落脚。在州牧的支持下，钝锋扩建炎帝庙，整个庙被高大的围墙围着，中有正殿、门楼和禅房，并购置40石米租（年收入合6.4万斤），一时香火鼎盛，居全州之冠，扩建落成后改炎帝庙为"南林寺"。钝锋和尚于此潜心研究佛事，修改和加工僧人们做佛事间所念诵的各种佛事教科书，删去一些浅漏粗俗的内容，补撰了作坛时法事开始的《迎朝科》。这部佛学著作揉进了儒家思想的色彩。自此，织金佛教界在做佛事中开始有了整套正规的程序，使平远州佛教面貌一新，升腾于自明初以来统治这里的道教之上，与千百年来的儒学思想共分秋色。钝锋还团结东山寺等寺庙的当家和尚，联合成佛教的教派整体，制定统一的法规戒律。钝锋突出的贡献，使他实际上成了平远州首席大和尚，公认的僧官。他的名字也被列为平远佛教界法事中上奏文书的祖师行列，世代享受着佛门弟子的顶礼膜拜。

8. 长灵道祐　荆州胡氏子，值世乱，从戍入黔。27 岁，寓（清镇茅坡）九龙山（云台寺），皈依燕居和尚，又亲（息烽）西山语嵩和尚，后礼（贵筑双林）嵩眉，祝发圆具。并请益发明，亲居印可。开法（威宁）华严，迁卧云，后复游楚。

9. 沙门贞觃　字通晓，浙江人。少削发，精戒律。康熙初至威宁之涌珠寺，爱其山水，乃自结庵于寺侧，曰“半偈”，因居焉。居庵数十年，净业精妙。时僧莫及也。又知歧黄之业，常出治人，无不立验。俄有贵者养疴山中，婢妾恒来省视。贞觃厌之，诒之归，即聚薪荼毗，并其庵亦火化焉。

10. 如松　清顺治年间（1644－1661 年）募建距大定（大方）城南五十公里的簸罗箐兴隆寺，极一时禅林之盛。当时，“簸罗箐有虎患，行者常罹其害，上龙寺（兴隆寺）僧如松悯白骨露墟莽间，时出收而掩之”。

11. 苍遥　黔西东山寺（开元寺）住持，曾任黔西州僧正司僧正。乾隆三十年（1765 年），其新建东山寺禅房，禅房落成后，不少名人雅士到寺观赏，题诗唱和，苍遥择其善者镌刻于碑上。

12. 宗映　滇籍高僧，雍正初年到毕节灵峰寺，居寺后不事浮华，勤耕颂扬。雍正十年（1732 年），聚众鸠工，再造灵峰寺前殿。乾隆十五年（1750 年），又于大殿后建灵峰寺观音阁。宗映任灵峰寺住持二十多年间，培修灵峰寺，维护寺庙的合理利益。积极传播佛教，使灵峰寺佛教空前兴旺（如乾隆十九年，寺内僧尼达 17 人以上），作出了最大的努力。

13. 嵩目　四川人，不知姓氏，源出破山，精持戒律，因而法慧周普，为耆宿所崇尚，康熙年中游黔西，见城外东山逶迤盘结，遂毅然来主是山，爰诹吉鸠工庀材，鞭石构大雄宝殿、藏经楼、大士阁、天王殿、两庑廊舍、凡若干楹，周绕差备，金碧丹垩，弘敞炳耀，费计万金，越五十月告成，置田百余亩。……于黔西为状观，于贵筑称杰构焉，年七十三坐化，著有《语录》八卷及《诗集》行世。

14. 悟空僧者　大定城内关帝庙之住持。自幼削发，修真养性，颇有道性，与城绅杨齐元交最善。同治三年（1864 年）十月，黔西陷，定郡甚危急。一日，僧谓齐元曰：“迩曰，我于帝前焚香，见龛台尽湿，初以为茶水倾覆之所致，及数日不改，始诧异，谛视之，则圣像睫泪交流，直达龛上。今黄巾入境，大劫临头，一旦不慎，祸至无日矣。宜白之有司，早白为计。”齐元曰：“郡守沈公，现在捕缉妖言惑众之辈，法门中人，何得有是言？”僧默然，未几，苗匪陷郡域，延烧房屋殆尽。阖境生灵惨遭杀戮，果如僧言。僧结亦跏趺坐借火化圆寂而逝。

15. 刘坤　威宁人，俗称牛昆，法名元兴，幼入空门，曾到四川文殊院受戒，回威宁后坐镇大佛寺任主持，传经念佛，广收徒弟，后来威宁城里多数寺庙住持均属大佛寺刘坤后裔，在威宁佛门中影响很大。

16. 源章　四川眉州人也。童年剃发学佛于峨眉山九老洞。清净自守，不染尘氛。前协督熊时敏，夙游九老洞，曾赏识之，及任大定协篆，重修回龙阁，函前来以充住持。阁之前有隙地数弓，面临斗姆阁，背接观音庵。僧常募捐功德，创修大佛殿，内塑三大佛像于上，而两旁分竖十八罗汉于其间。游观至者，罔不知所敬畏焉。生平精堪舆，通医卜星相，凡有所请，靡弗至。倏于壬子除月二十六日端坐圆寂，合掌而逝，面容不减生时。人谓其得道成佛云。

17. 邓洪安　四川人，法名明安，民国6年（1917年）到黔西县素卜镇牛场龙山倾巨资重建九龙山寺，塑佛像百余尊，恢复香火，自己亦于此出家当和尚。

18. 白海　黔西新场（现金沙县城）城郊观音洞住持，民国初年加造观音洞浮图，构为园亭，遂觉山庙崒然，若踏闾而起。每坐刹阶，市声如河。阛阓居廛之家，屋脊钩连。交角相压。当履可蹴。椒甍飞角，瓦垩生姿。并于民国6年（1917年）会请清末进士方伯鸾先生撰写观音洞碑文。民国17年（1928年），黔西县佛教会改为“贵州省佛教会黔西分会”，白海、广才两和尚担任主持。后遭杨玉揆诬陷绑架，将白海和尚驱逐到清镇县镇西卫（卫上）的一所庙子。

19. 僧能方　俗姓熊，清光绪年间（1875－1908年），到（金沙）沙土天灵寺为僧，升为住持长老，后被选为黔西佛教协会会长。抗日战争时期选为黔西县佛教抗日救国会主席，常住县内天灵寺。民国30年（1941年）金沙立县后，任金沙县佛教救国会主席。僧能方利用六角大山千亩刺竹，兴办造纸厂，从外地请来技师，生产勾边纸。抗日战争时期，天灵造纸厂勾边纸为公文用纸，至解放（新中国成立）初，仍用其纸张。民国时期，僧能方抽出天灵寺和圆通寺部分庙产创办天灵私立小学，用初中以上文化程度的和尚任教，免收学费，对贫困学生还赠给教科书。学生用纸，由学校发给，不收钱，圆寂后为当地农民怀念。

除以上为传播佛教作出贡献的重要僧尼外，还有明末黔西的加渺，清康熙年间继嵩目之后的黔西东山寺住持古雪海智（蜀东人），清乾隆年间的威宁陕西庙住持僧逢吉，黔西内庄玉皇阁住持僧月朗，毕节灵峰寺住持正修、教训，黔西州僧正司僧正照城、法芝，大定（大方）佛教徒贺思斌、贺思皇，嘉庆年间金沙岩孔水口寺长老灵山净翁，道光年间毕节灵峰寺住持密函、悟影，咸丰年间织金城隍庙僧普润，同治年间金沙城关大定坡观音洞住持净普，光绪年间威宁凤山寺住持方洪，金沙岩孔水口寺邹元清，毕节惠泉寺住持陈道真，民国年间毕节灵峰寺住持妙莲，威宁大佛寺住持刘广德、城隍庙住持刘广成，织金县城隍庙住持惠德、东山寺住持惠林、惠祥等及民国《大定县志·乡贤志》卷之十六载入慰忠祠的僧人名氏：祖胜、开作、广宣、林松、建林、照林等。

二 佛教节日及佛事活动

（一）佛教节日

佛教“禅门日诵”所规定的诸佛神（按照佛教的规定，教理只礼拜佛而不礼拜神），圣诞日和其他节日就有133个（这些节日还未包括每月初一、十五）。现就一些祖师、大师的圣诞等主要节日抄录于下：

正月初一日：弥勒菩萨圣诞日

正月十五日：释迦牟尼涅槃日

正月二十五日：普贤菩萨诞生日

二月初八日：释迦牟尼出家纪念日

二月十九日：观音菩萨圣诞日

三月十六日：准提菩萨诞辰日

四月初四日：文殊菩萨诞辰日

四月初八日：释迦牟尼诞辰日

六月三日：韦驮菩萨诞辰日

六月十九日：观音菩萨成道日

七月十三日：大势至菩萨诞辰日

七月十五日：盂兰盆会日

七月三十日：地藏菩萨诞辰日、药师菩萨诞辰日

九月十九日：观音菩萨出家纪念日

十月初五日：达摩初祖诞辰日

十一月十七日：阿弥陀佛诞辰日

十二月初八日：释迦牟尼成佛纪念日

由于佛教节日太多，现毕节地区的佛教寺庙及信徒自然约定俗成为八个节日：正月初一日，二月十九日，四月初八日，六月十九日，七月十五日，九月十九日，十一月十七日，十二月初八日（均以农历为准）。

（二）佛事活动

寺内的常规性佛事活动有：

（1）丛林早晚课（又称早晚殿）。每天清晨5点钟左右击钟，敲鼓，早课开始，僧尼信徒唱《香讚》《楞严咒》《大悲咒》《十小咒》《心经》《赞佛偈》，称圣号，绕念《阿弥陀佛》（绕念必须按顺时针方向），念完佛后。归位回向，三皈依结尾唱《韦陀赞》，早供完后拜佛。下午5点钟左右上晚课，除活动内容与早课相同，还唱《香赞》（按阴历单日念《弥陀经》，双日念《大忏悔》）《蒙山施食》《佛偈》《净土文》《祝伽蓝赞》等。归位拜佛，回向三皈依。每月的初一、十一朝佛、拜佛、上殿，这种仪式比平时更为隆重。以上这两种佛事活动外人不参与。另一种佛事活动是每逢佛教节日，例如二月十九、四月初八、六月十九、十二月初八等重要佛教节日，在寺内隆重举行诵经，以纪念观音、释迦牟尼，并接纳善男信女来寺内进香朝拜，捐献功德钱。办会之日，寺内香烟缭绕，木鱼哆哆；寺外来往的人川流不息。捐了功德钱的人还留下来吃一顿僧尼准备的素饭。有条件的大寺庙还偶尔做阴阳普佛或平安普佛。

（2）阴佛事这种佛事活动以超度亡灵为主要内容。超度时间一般为3天，其程序是：第一天起经；第二天随堂普佛、拜忏、供斋、上晚课、亡灵前参位、放系念；第三天的程序及内容除与第二天大体相同外，还另拜一种忏、施食、晚上放焰口一台、圆满，整个阴佛事活动结束。阴佛事所念诵的佛经分为两类，一是阴佛事专门念诵的，主要有《净土五经》《盂兰盆经》《地藏经》《地藏宝忏》等；二是阴佛事、阳佛事都须念诵的，主要有《大乘妙法莲花经》《佛说大乘无量寿庄严清净平等觉经》《金刚经》《大方广佛华严经》《大宝积经》《心经》《弥陀宝忏》《观音宝忏》《慈悲之昧水忏》《梁皇宝忏》《千佛忏》等。

（3）阳佛事这种佛事活动以祈求消灾免难、增福延寿等为主要内容。时间一般为2天，第一天的程序为随堂普佛、供斋、拜忏、上殿、参位；第二天的程序及内容除与第一天大体相同外，增加放焰口一台、圆满，整个佛事活动结束。所念诵的佛经也分为两类，一是阳佛事专门念诵的，主要有《药师经》《普门品经》《药师忏》等。二是阴佛事、阳佛事都必须念诵的，主要有《大乘妙法莲花经》《佛说大乘无量寿庄严清净平等觉经》《金刚经》《大方广佛严经》《大宝积经》《八阴神咒经》《弥陀宝忏》《观音宝忏》《慈悲三昧忏》《梁皇宝忏》《千佛忏》等。

（4）万佛忏法会也称阴（超）阳（度）两度大法会。这种佛事活动一年或几年做一次，最少需10个以上僧尼参与，大约做15天，每天的程序和所念经书大体与阴佛事、阳佛事相同。

佛事活动种类较多，除以上常做的几种佛事外，还有水陆法会等。做这些佛事法会的时间少则二三天，多则四五十天，参与的僧尼少则三五人，多则数十人。

附录：

一 佛教教义

佛教的基本教义主要有四谛、十二因缘、八正道及六道等，佛教把这些称作佛教的根本教法，也称“释迦牟尼根本法”。

（一）四谛

指的是苦谛、集谛、灭谛、道谛。苦谛，就是佛教宣扬的人生有“八苦”，即：一生苦、二老苦、三病苦、四死苦、五怨憎会苦、六爱别离苦、七求不得苦、八五阴炽盛苦。佛教说，这些就是人生在世受的苦。集谛，即佛教用“五欲”（色、声、香、味、触）来解释产生苦的原因。灭谛，即佛教宣扬“消除‘五欲’就能解脱”。道谛，指的是“解脱的途径”。

（二）十二因缘

内容是：无明、行、识、名色、六处、触、受、爱、取、有生、老死等十二部分，又称作“十二环节”。

（三）正八道

就是：正见、正思、正语、正业、正命、正精进、正念、正定。

（四）六道

佛教指的是“因果”“轮回”之说，“天、人、阿修罗，地狱、鬼、畜生”。

二 佛教教规

教规是约束信徒言行的一种规范行为。佛教的教规对佛教信徒有不同的规定。不出家的男女信徒称居士，要遵守五戒：（1）不杀生；（2）不偷盗；（3）不邪淫；（4）不妄语；（5）不饮酒。未正式受戒的出家人称沙弥、沙弥尼，要遵守十戒，除遵守居士的五戒外，还要遵守：（6）不涂饰香鬘；（7）不歌舞观听；（8）不坐高广大床；（9）不非时食；（10）不蓄金银财宝。正式受戒的僧人，有二百五十条戒律；而正式受戒的尼众有三百四十八条戒，叫作具足戒。

三 服装

僧尼平时穿长褂，颜色一般以灰色为主。劳动时穿太虚装，做佛事期间以主衣为主。住持内穿海青、外搭袈裟；比丘僧尼内穿旗衣（颜色为褐色，也可为黄色）；居士、沙弥、沙弥尼穿海青，居士受过菩萨戒的外搭曼衣。

四 法器

做法事时所用的法器有铛、铪子、木鱼、引磬、二心、钟鼓、铙、钵、大锣等。

第二节　佛教组织、章程、规定及经济状况

一　明、清及民国时期的佛教组织

（一）明、清时期的佛教组织

明初，中央朝廷为实现“化愚民，弥边患”的政治目的，建立了一套完整的僧官制度。明洪武元年（1368 年）就在京师立善世院，十五年（1382 年）设僧录师，掌管全国佛教。各府设僧纲司，置都纲一员，副都纲一员，持掌一府僧教。各州设僧正司，置僧正一员，司掌本州僧教事。各县设僧会司，置僧会一员，司掌本县僧教事。僧纲僧正、僧会等均设在当地大寺中。僧官之职由礼部授予，所授之僧必须有功于佛门，或精通佛典者。《明史·职官三》载：“僧道录司，掌天下僧道；在外府、州、县有僧纲、道纪司分管其事。俱选精通经典，或行端洁者为之。”其职责为：“在京、在外僧道衙门，专一简束僧道，务要恪守戒律，阐扬教法，如有违反清规，不守规则及自相争讼者，听从究治，有司不许干预。”道光《大定府志》卷之十也载：“凡民出家僧道者，置首领已约束之。在直省者、府曰僧纲、道纪，州曰僧正、道正，县曰僧会、道会。府二人，州县各一人，均择其朴谨者为之，仍服方外衣冠，不得与职官并列。”其职责为：“僧道不守规则者，听有司究治；若所犯事涉军民，听有司讯鞫；有作奸犯科者，论如法，编管为民。寺观以僧道为庙祝。有远方僧道投止，验无牒照，即报所司讯究，私留者论。妇女入庙游观，庙祝不禁拒者，罪与本人同。”随着佛教传入区境，佛教寺庙的修建，僧尼的增多，佛事活动的发展，现毕节地区的威宁、毕节相继成立了僧纲司。永乐四年九月初八（1406 年 10 月 19 日）设四川乌撒军民府（今毕节地区的赫章县威宁县一带）僧纲司于能仁寺（今威宁县城内，早已毁）；正统十四年二月（1449 年 3 月）设毕节卫（现毕节市大部分区域）僧纲司于普惠寺（又名双井寺，今毕节市医院处），设正都纲、副都纲各 1 员管理当地佛教。清代，黔西州（现黔西、金沙一带）也设立了僧正司。据嘉庆八年（1803 年）的《黔西州志·人物》卷之三载，僧苍遥（乾隆乙酉，即 1765 年前后任黔西东山开元寺住持）、照城、法芝先后任黔西州僧正，管理黔西州佛教事务。光绪三十一年（1905 年），成立黔西州佛教会，会址开元寺。州佛教会有总监、管僧、管理教徒的僧人、居士。

（二）民国时期的佛教组织

1. 黔西县佛教组织　民国17年（1928年），改黔西州佛教会为贵州省佛教会黔西县分会，会址仍为开元寺，由新场（现金沙县境）天灵寺住持僧能方任会长（常赴黔西住开元寺），由白海（金沙县城郊大定坡观音洞住持）、广才任副会长。民国29年（1940年），对县佛教会进行改组，由县佛教分会同居士林组成"中国佛教会黔西僧尼抗日救国会"。本智任理事长，任林为监事长，法相、万燊任副会长。该会发有证章和证书，规定按月缴纳救国费、会费。民国后期，该组织已瘫痪。

2. 大定（现大方）县佛教组织　民国初年，大定县仍无佛教组织，各寺庙僧尼人员由住持禅师管理，农村由僧人管理。民国14年（1925年），大定县佛教会成立，由禅光、孔德祥、保之等负责主持教务。民国22年（1933年），大定县佛教会改为"中国佛教会贵州分会大定支会"。张炳南任会长，姚炳臣、禅光任副会长。佛教会办理了同善社贺辅等人重新皈依还佛事宜。民国31年（1942年），筹建新的大定县佛教会，提出的宗旨是："团结佛教徒，整理教规，宣传教义，发扬大乘救世精神，利济众生，造福社会，以抗战救国为共同目的，为整个民族而奋斗"。同年8月31日，中国佛教协会大定县支会在县城三官殿召开成立大会，代表60人，张炳南任理事，11月报县政府批准立案。

3. 威宁县佛教组织　民国28年（1939年），威宁县建立了县佛教协会。管绍刚为佛教协会负责人。

4. 金沙县佛教组织　民国30年（1941年）立县后，同年就成立了"中国佛教会金沙县僧尼抗日救国会"。僧能方任主席。

5. 赫章县佛教组织　民国32年（1943年）5月11日，中国佛教会贵州分会赫章支会在大庙营普照寺（今白果镇大庙营村境内）成立，推举张东寅为理事长，本聪为副理事长，觉正为常务理事，理事为陈廷箴、续修、姚子清，候补理事为觉伦、本贞、宝莲，监事长杨修伦，监事本义，后补监事觉云。

附：成立赫章县佛教支会两份原始材料：

指导人民团体组织报告

中国佛教会贵州分会赫章县支会

地址：赫章县水塘乡大庙营。

成立日期：民国三十二年五月十一日。

会员：60人。

理事长：陈东寅，副理事长本聪，常务理事觉正，理事陈廷箴、姚子清、续修，候补理事觉伦、本贞、宝莲，监事长杨修伦，监事本义，候补监事觉云。

民国三十二年六月十三日

组织指导：况明道

资料来源：贵州省档案馆全宗3卷490页

民国三十二年赫章县呈请抄发佛教会组织章程、省府指令批复

赫章县政府呈（民国三十二年五月）请抄发佛教会组织章程：

查本县佛教分会业经筹备成立，所有该组织章程及办理立案事项呈请抄发应用。

赫章县长：杨景鲁

贵州省政府及社会处批示指令（三十二年六月）

呈悉：查佛教会未有规定准则章程，仰转该会参照非常时期人民团体组织法第十二条规定项目，自行拟定，由该县政府核定，至于组织程序可参照同法第十三条至第十七条办理此会。

主席：吴某某，社会处长：周某某

注：资料来源于贵州省档案馆档案0209卷。

6. 织金县佛教组织　民国35年（1946年）10月28日，中国佛教会贵州分会织金县支会成立。理事长能灵，理事庹几禅，佛教支会地址文昌宫（今织金县城关第三小学处）。

二　章程和规定

明清时期毕节地区曾设立过僧纲司管理佛教活动，民国时期设立佛教分会或支会管理，但随着时间流逝和当时战事的影响，其管理制度无法考证。中华人民共和国成立后，特别是中国共产党十一届三中全会以来，佛教得到了进一步的发展，为了便于佛教活动的管理，各县（市）纷纷成立佛教协会。各个佛教协会都制定了章程和规定，对佛教活动的管理形成了一套行之有效的管理制度。在这些章程和规定中，都明确协会是协助人民政府积极贯彻宗教信仰自由政策，发扬佛教的优良传统，弘扬佛教教义，维护祖国统一。维护世界和平，积极开办慈善事业，动员教徒参加社会主义物质文明和精神文明建设。同时，章程和规定还明确其组织机构、组织成员、管理体制、寺庙管理、人才培训、学术交流等内容，使佛教走上正规化、法治化、科学化的管理轨道。

附：金沙县佛教协会章程、毕节市佛教协会章程、毕节市佛教寺庙管理制度

金沙县佛教协会章程

第一条 金沙县佛教协会是全县佛教徒的爱国团体和教务组织。

第二条 本会的宗旨是：协助人民政府贯彻宗教信仰自由政策，维护教徒的合法权益；弘扬佛教教义，发扬佛教优良传统，加强佛教自身建设，兴办佛教事业，团结全县佛教徒积极参与金沙县的各项建设，为改革开放、经济发展、统一祖国、世界和平作贡献。

第三条 本会的任务是：

一、根据宪法、法律、法规和政府的有关规定，维护宗教信仰自由的权力和佛教团体、佛教活动场所及佛教事业的合法权益，联系全县佛教徒，深入调查研究，如实反映情况和问题，提出意见和建议。

二、对佛教徒进行爱国主义和社会主义教育，加强对宪法和法律、法规、政策的学习，做到爱国爱教、遵纪守法。

三、帮助全县各地佛教寺院加强自身建设和管理，严肃清规戒律，树立良好的学风和道风、健全管理制度，开展正常的法务活动。

四、举办佛教教育事业，培养佛教人才，提高佛教界的整体素质；开展佛教文化学术研究，保护佛教文物古迹，兴办符合佛教特点的自养服务事业；支持，参与社会公益事业，造福社会，利益群众。

五、开展同港、澳、台同胞、海外侨胞中佛教徒的联谊工作，增进相互了解，加强团结合作，为促进祖国统一大业和发展佛教事业作贡献。

六、指导和支持全县各地佛教管理小组开展会务、健全组织，加强自身建设。

第四条 本会的最高权力机构是全县代表会议。全县代表会议每四年举行一次，必要时可提前或延期举行。代表会议的职权是：讨论和决定本会的方针任务，制定和修改本会章程，选举理事，组成理事会；选举会长、副会长、秘书长、副秘书长，礼请顾问。

第五条 本会最高执行机构是理事会。理事会任期四年，理事可连选连任。理事会的职权是：贯彻实施本会章程和全县代表会议确定的方针任务。

第六条 本理会每两年举行一次，必要时可提前或延期举行。

第七条 本会会长、副会长每届任期四年，可连选连任。会长对外代表本

会，对内领导会务，副会长协助会长执行职务。会长必要时可召集副会长参加会长会议或会长扩大会议，讨论决定重要会务。

第八条 秘书长每届任期四年，秘书长在会长领导下负责处理日常会务；副秘书长协助秘书长执行职务。

第九条 本会在宪法、法律和法规的范围内开展会务。本会全县代表会议、理事会、按照民主集中制原则，对会务进行切实的讨论和认真的协商，作出相应的决定。

第十条 本会设顾问，每届任期四年，以利继续发挥老一辈佛教界人士的积极影响作用，擢用优秀的中青年佛教人才，增强佛教界的团结，保持佛教事业的连续性和稳定性。

第十一条 本会在贯彻中国佛教协会和贵州省佛教协会的决议和决定的前提下，对全县各地佛教管理小组，寺庙在内部事务上，实行指导和检查。全县各地佛教寺庙、教管小组必须贯彻本会的决定和决议。

第十二条 本会经济来源：自筹、接受海内外佛教徒自愿乐助，本县寺庙按中国和省佛教协会规定的办法自愿提供；申请政府补助。

第十三条 本会会址暂设金沙城关镇天灵寺。

第十四条 本章程由本会全县代表会议通过后实施。

贵州省毕节市佛教协会章程

第一章　组织和宗旨

第一条 贵州省毕节市佛教协会是佛教徒联合的爱国团体和教务组织。

第二条 本会的宗旨是：协助人民政府贯彻宗教信仰自由政策，维护佛教徒的合法权益，弘扬佛教教义，发扬佛教优良传统，加强佛教自身的思想建设和佛教组织建设，兴办佛教慈善事业，团结各民族佛教徒参加社会主义物质文明建设和精神文明建设，为改革开放、经济建设、祖国统一、世界和平作贡献。

第二章　佛教协会的任务

第三条 根据宪法和有关法规、政策的规定，维护佛教徒宗教信仰自由的权力和佛教团体、佛教活动场所、佛教文化教育机构和自养服务事业的合法权益，密切联系各民族佛教教徒，深入调查研究，如实反映情况，提出意见和建议。

第四条　推进佛教徒进行爱国主义和社会主义的学习，加强对宪法和有关法律、法规、政策的学习，做到爱国爱教、遵纪守法。

第五条　指导佛教寺院搞好自身的建设和管理，严肃清规戒律，树立优良的道德风尚，开展正常的法务活动，制定寺院管理、教制仪规等规章制度和具体办法。指导居士团体加强团结，协调关系，精进学修，护持三宝，遵纪守法，服务社会。

第六条　举办佛教教育事业，培训佛教四众人才，提高佛教界的整体素质，开展佛教文化的学术研究，保护佛教文化古迹。

第七条　引导佛教徒在自己的岗位上努力工作，兴办符合佛教特点的自养服务事业，支持参与社会公益事业，造福社会利益人群。

第八条　开展同台湾同胞、港、澳同胞、海外侨胞中佛教徒的联谊工作，增进互相了解，加强团结合作，促进祖国统一和佛教事业的发展。

第九条　发展与各国佛教界、国际佛教友好组织、国际宗教和平组织的交往与合作，促进中外佛教文化交流，维护世界和平。

第三章　机构与权力

第十条　本会的最高权力机构是佛教徒代表会议，代表会议四年一次，如有特殊情况，可延长或提前举行。代表会议的职权是：讨论和决定本会的方针任务和其他重要工作事项，制定和修改本会章程，选举会长、副会长，礼请名誉会长。

第十一条　本会最高执行机构是理事会，理事会由推荐的理事组成。理事会任期四年，理事会的职责是：贯彻实施本会章程和代表会议确定的方针任务，代表会议赋予的职权。

第十二条　本会常务理事会由推荐的常务理事组成。每届任期四年，常务理事会提名产生秘书长和副秘书长。在理事会闭会期间，常务理事会依照本章程和代表会议确定的任务领导会务，并履行理事会赋予的其它职权。理事会一年一次，常务理事会半年一次，必要时可延长或提前举行。

第十三条　本会会长、副会长每届任期四年，可连选连任。会长对外代表本会，对内领导会务；副会长协助会长工作。会长有权决定召开副会长参加的会长会议或会长扩大会议，决定重要会务。秘书长、副秘书长在会长领导下，负责处理日常会务，任期与上相同。

第十四条　本会在具体执行会务中，将本着需要的原则，设立必要的工作部门，分别承办有关工作事项。

第四章　工作方法和资金来源

第十五条　本会在宪法和有关法律、法规、政策的范围内开展会务。本会代表会议、理事会、常务理事会严格按照民主集中制组织原则，对会务进行切实的讨论和认真的协商，之后再作出相应的决定。各佛教寺院和其它佛教组织必须贯彻执行本会的决议和决定。

第十六条　本会经费来源：佛教徒自愿乐助，各寺院按规定的办法提供，其它合法收入。

第五章　附　则

第十七条　本章程的解释权是本会理事会。

贵州省毕节市佛教寺院管理制度

佛教寺院是僧尼和居士修学、弘佛、保存和发扬佛教文化的场所，是僧众从事服务社会、造福人群活动的基地，是联系国内外佛教徒的纽带。为加强对本市佛教寺院的管理，维护其合法权益，保证佛教活动的正常进行，根据宪法、法律、宗教政策的有关规定，按照佛教的教制教规，参照外地管理经验，结合毕节市现佛教寺院的实际，特制订本管理制度：

第一章　管理体制与寺院组织

第一条　本市各开放的佛教寺院（佛教活动场所，下同）必须在政府宗教事务部门的领导下，由寺院民主管理组织自己管理，并接受上级佛教协会的指导。

第二条　推举寺院住持，必须根据选贤任能的原则，由市佛教协会或上级佛教协会主持，经本寺院两序大众民主协商推举礼请。住持每届任期三年，连选可连任。住持年老体弱不能主持寺务、领众熏修者，可提前退居。住持在任期内如道风严重不正，或有重大失职，经上一级佛教协会核实后予以免职。寺院住持的任免，应报相应的政府宗教事务部门备案。住持对外代表本寺院，对内则发扬六合精神，实行民主集中，管理本寺院各方面工作。凡重大问题，由住持召集寺院有关管理组织人员举行寺务会议，集体讨论决定。住持退位后，寺院应按传统办法，妥善安置照料。

第三条 各开放寺院要建立健全民主管理委员会（民主管理小组），其成员要在民主协商的基础上，选出拥护党的领导、爱国爱教、有一定佛学知识、作风正派、办事公道、享有众望的僧尼或居士担任。

第二章 僧众修持与佛事活动

第四条 各开放寺院必须安排好僧众修持，坚持早晚功课，经教学习，修禅念佛，过堂用斋，严守戒规，整肃僧仪。僧尼务须僧装、素食、独身。

第五条 各寺院要适当安排讲经说法，提高信众对佛教基本教义的认识水平，启发他们广学力行、爱国利民的积极性，指导他们正信正行。

第六条 佛教活动在政府批准开放的佛教寺院或其他开放的佛教活动场所举行。活动的规模、次数、时间应作适当安排，避免妨碍僧尼学习和寺院其他工作。

第七条 开放寺院内严禁巫婆、神汉和其他任何人搞降仙请神，驱病赶鬼，测字算命，卜卦求鉴等非法违法活动，更不得假借佛教制造“菩萨显灵”，“菩萨托梦”等谣言，蛊惑人心，扰乱社会治安，破坏安定团结。

第三章 收徒传戒与组织管理

第八条 要求出家的人，必须年满十八周岁，本人志愿，六根具足（包括无生理缺陷）身体健康，信仰佛教，爱国守法，有一定文化基础，父母许可，家庭同意。开放寺院对要求出家的人要查明身份来历，认定符合出家条件，方可接受留寺，指定依止师，授予三皈五戒，经考察一年以上，合格后再正式剃度，并按规定手续发给度牒。

第九条 皈依三宝，须本人志愿，爱国守法，品行端正，有一定佛教信仰基础，经佛教徒介绍，皈依师方可接受。接受皈依弟子，应郑重如法进行。皈依人须填写登记表，登记其姓名、简历及介绍人等。登记表填好的交寺院保存。

第十条 寺院传授三坛大戒，必须具备寺院组织健全，道德严肃，管理正常，法务及生活设施完备等条件。按程序由省佛教协会报省政府宗教事务部门同意，再报中国佛教协会审批后方可进行。每次传戒一般在二百人左右，戒期不少于四周，以利组织新戒学习戒相律仪。

第十一条 受戒者必须年满二十周岁，符合本制度第八条规定的条件，持有身份证、度牒和省地主管部门及所在寺院的证明信，经省佛教协会甄别鉴定后，方可进堂受戒。年龄超过六十周岁的，除增戒、补戒者外，一般不予受戒。

第十二条 传授三坛大戒，对象以本省受戒者为主，外省受戒者必须由所在地的省佛教协会征得传戒地的省佛教协会同意后，方能开具证明，介绍前往受戒。

第十三条 传授三坛大戒期间，必须分别讲授戒本，传授比丘尼戒，有条件的实行二部僧受戒制度，废除烫香疤的做法。

第十四条 戒牒由中国佛教协会统一印制编号，通过省佛教协会颁发。违犯国法教规者，舍戒还俗者，由所在佛教协会或寺院收回戒牒，上交省佛教协会注销。

第十五条 授戒师、剃度师、皈依师必须是爱国爱教、戒行清净、通晓教理律仪、戒腊十夏以上的僧人；其资格由省佛教协会按照条件审核认定，并发给证书。未以认定资格者，不得传戒、收徒和接受皈依弟子。

第十六条 各寺院应根据实际需要，提出常住僧人名额，经市佛教协会报政府主管部门审定。在规定名额内，凡接受常住僧人，已出家的，必须验明戒牒、度牒或所在地区佛教协会（无佛协组织的可由原寺院）证明；新出家的，按照本制度的第九条规定办理，寺院对要求常住的僧人，经考核一年合格后，由市佛教协会，报请政府主管部门办理户口转入等手续。

第十七条 常住僧人如还俗离寺，本寺院应收回戒牒、度牒，将户口转回原地。违犯重戒、不遵寺规、教育不改者，经寺务会议讨论决定，予以迁单。对利用僧人身份招摇撞骗、为非作歹、败坏佛门、影响极坏者，经寺务会议决定，报上级佛教协会批准，开除僧籍，收缴其戒牒、度牒，并将户口转回原地。触犯刑律的，由司法机关处理。

第十八条 常住僧人定居两年以上，经寺院同意开具证明（注明参学地点和往来期限），方可外出参学。滥开证明酿成严重后果者，须追究责任。接待外来僧人，应验明有关证明后，方准挂单，并按公民迁徙流动的规定到当地政府有关部门办理手续。挂单僧人须遵守寺规，随众修持、劳作。如违犯寺规者，经劝说不听的，应随时起单。

第四章 僧才培养与学术研究

第十九条 开放的佛教寺院应安排时间，建立学习制度，组织僧尼和居士学习宪法和法律，学习时事政策，进行爱国主义和社会主义教育，增强爱国守法观念，提高思想水平。

第二十条 各寺院要采取多种形式，大力培养僧才。一是在本寺院举办僧尼学习班和居士学习班；二是挑造品德较好、有一定佛学、文化水平的中青年僧尼，在法师的指导下钻研教理，认真阅藏，重点培养；三是积极创造条件，选送特别优秀的僧尼到省内外各级各类佛教学院深造；四是办短期的专门知识（如佛事唱念仪轨、寺院财会、文物管理等专业知识）培训班。

第二十一条　有条件的寺院可组织有一定佛教文化造诣的僧尼、聘请教内外有关专门人才，挑选有培养前途的青年僧尼参加，结合本寺院、本宗派的历史特点和收藏的经书、文物，有计划地开展佛教资料的整理、佛学的研究，把佛学研究和造就佛教人才有机地结合起来。

第五章　生产自养与布施佛事

第二十二条　发扬农禅并重的优良传统，因寺制宜，举办符合本寺院特点的农业、林业、手工业和法物流通、素斋、客舍等自养事业，逐步达到以寺养寺。寺院内相对独立的自养集体，可吸收一定数量的职工，其收支可以统一核算，也可单独核算。但人事、财务等必须由寺院统一管理。寺院在布局上可划分为生产服务区和佛事活动及僧尼生活区两大块。

第二十三条　寺院要关心职工的生活福利，职工要遵寺院的清规和宗教习惯，服从寺院的管理。对个别严重违犯宗教政策和劳动纪律的职工，寺院有权按有关规定处理。

第二十四条　寺院不接受单位或个人在寺院区划内开设商业、服务网点和举办陈列、展览活动。如确需要，须征得寺院同意，并报请政府宗教事务部门批准，所设网点和举办的活动均应以下不影响寺院清净庄严、不损害寺院权益为原则，并纳入寺院管理范围。

第二十五条　寺院可以接受信徒自愿的布施（包括佛事收入），但不得以任何方式和名义向信徒勒捐。寺院应在量力自愿的原则下，支持社会公益事业，但是有权拒绝任何单位或个人以任何方式或名义向寺院摊派财物。

寺院可以接受外国友人、港、澳、台同胞和海外侨胞不附加政治条件、不损寺院主权的捐赠。

第二十六条　寺院应根据自身财力，积极兴办佛教文化和教育事业，在国家政策允许的范围内，举办安老、施诊、修桥补路等利生事业。并提倡寺院之间互相支援与协作。

第二十七条　为适应佛教事业全局需要，寺院可按有关规定向全国和地方佛教协会提供佛教事业发展经费。

第六章 外宾接待与海外联谊

第二十八条 认真做好接待外宾工作，积极开展与港、澳、台同胞、海外侨胞联谊活动。在接待工作中，应做到热情友好，文明礼貌，在教言教，体现政策，自重自爱，注意威仪。应遴选思想、文化、佛教素养好，懂政策、守纪律的僧尼和居士担任接待工作。

第二十九条 寺院在涉外活动中要坚持爱国爱教、独立自主的原则。寺院原则上不聘请外国和港澳台同胞、海外侨胞中的佛教界人士担任职务和名誉职务。如遇特殊情况需按有关程序报中国佛教协会批准后方可商请。

第七章 文物保护与园林管理

第三十条 寺院的文物、树木等属寺院经管，任何单位不得占用。

第三十一条 寺院文物包括经像、法器、供具、古建、碑碣、灵塔、壁画以及字画古玩等，均应登记造册，确定级别，建立档案，专人负责，妥善保管。对有重大价值的文物，应采取特殊措施，避免香火薰染和人为损坏。文物保护须遵守国家有关法律法规，接受文物部门的专业指导。

第三十二条 寺院园林管理工作，要有专人负责，搞好绿化，管好山林，整洁环境，美化景观，遵守有关法律法规，接受园林部门专业指导。

第八章 财务制度及物资管理

第三十三条 寺院根据国家有关财务管理的基本原则，结合自身的特点，建立和健全现代财务管理制度，设置会计、出纳、保管人员，各司其职。一切收支凭证记帐，严格手续。政府拨助经费，必须专款专用。

第三十四条 寺院应实行民主理财，凡大宗开支，必须经寺管理组织集体讨论决定，定期向常住大众公布帐目，接受大众监督。

第三十五条 寺院物资，必须指定僧团有关执事专职保管，造册登记，严格采购、发放手续，并定期检查清点

第三十六条 寺院应清理、建立、健全所属房屋、土地、山林等财产的契证。契证遗失的，报请颁证部门查档复制或补发契证；手续不全的，抓紧补办。并完善法律手续。寺院可聘请律师担任法律顾问，维护其合法权益。

第九章 治安与消防

第三十七条 寺院可根据国家治安条件，建立治保小组，制订具体措施，接受公安部门指导，做好安全保卫工作。

第三十八条 寺院可根据消防部门要求，建立消防组织，配置消防器材，落实消防规章制度和具体措施，消除火灾隐患。

三 佛教寺院经济

民国及民国以前，毕节地区的佛教寺院的资产主要是地产，无论大寺院、小寺院都有一定数量的田土。这些田土一是官府拨给的，如清康熙十二年（1673 年），平远（现织金县）知府阮国祥与总兵刘文进到南林寺（炎帝庙）进香，发现钝锋和尚是他们明末在京城认识的好友，随即拨平定水西时抄没的土司田土为庙产，支持南林寺、东山寺等佛教寺院。康熙二十二年（1683 年），在官府的支持下，南林寺在水城境内又购买米租四十石（年收入陆万肆千斤）地盘，直到新中国成立前夕，南林寺还委托田某协同僧人到水城收租。据乾隆二十一年（1756 年）《平远州志》卷之十三载，迎祥寺常住田一所，位慕恩里一甲；南林寺（火神庙）常住田一所，位太平里十甲；东山寺常住田一所，位向化里七甲；观音阁常住田二所，一所位向化里八甲，一在州东八十里虎场，一在州南六十里熊家场，一所位崇信里六甲；隆兴寺常住田二所，一所位慕恩里七甲，一所位向化里七甲。黔西知府王命来、总兵李如碧于康熙三年（1664 年）创建的黔西开元寺（东山寺），建成后就置田百余亩作庙产。光绪《黔西州志·杂志》卷之四又载："道光二十八年（1848 年），南明寺（现黔西县金碧镇境内）僧因案驱逐，州主俞公将该寺业充公，共租谷壹佰贰拾伍石，内拨叁拾石以作该寺香灯，以六十石作该处义学学费，今废，书院年收谷玖拾伍石。"民国《大定县志》载："兴隆寺在城南（现大方城）波罗箐……岁收租数十石，光绪二十三年（1897 年），提二十二石充甘荫塘学校经费。"二是善士、信徒捐赠的，如光绪六年（1880 年）所立的《重修灵峰寺碑记》载："城（毕节城）西灵峰寺创自有明，迄天启壬戌（1622 年）毁于兵燹，荡然无存者。国朝康熙乙卯年（1675 年）邑绅樊应兰既焉，当仁募金重建，香费、灯费有资，更置田以赡僧。寺优婆赛李奕爆复捐巨产为助，招僧普纯及徒通修供奉佛龛，世世承承将年……"灵峰寺地产一直沿袭下来，直到新中国成立前夕，寺内的土地每年还可收租 100 多石。又如民国初年重建的黔西县素卜镇牛场九龙山寺，系四川人邓洪安倾巨资重建，并于此成出家和尚。除规模较大的寺庙外，一般的小庙也都有几亩田土。《金沙县石场苗族彝族乡志》载，乡境清以来修佛庙9座，每间庙有2至5亩庙产，收租或自种，能养活供奉香火的一个人。除地产以外，其收入来源主要是信徒、群众捐献的功德钱。如毕节灵峰寺在新中国成立前夕，群众每年捐献的旧币达10万元。

中华人民共和国成立后，大部分僧尼还俗，有少部分仍然在寺庙里。在人民政府的扶持帮助下，留寺僧尼生产自给，或参加各种小手工业、饮食服务业维持生活。实有困难的僧尼，政府给予适当补助。如1952年7月12日，以专民社093号文发出《对贫困僧尼应作适当救济》的通知。通知要求各县："对贫苦的尼姑、和尚、道士等进行统计与调查，关于贫苦的尼姑、和尚与道士，只要无重大政治问题者，在城市应与城市贫民一样看待，在农村要按贫苦农民一般对待，协助其组织生产自养，应给予一定的救济，若有贫苦尼姑、和尚在庙内达二三十人想组成生产自养缺乏资金者，可拟出具体意见报署转省求得妥善解决。"这一通知下发后，部分贫困僧尼的实际问题得到了解决。

1978年以后，党的宗教政策得到恢复、落实，到佛教寺庙进行佛事的信徒增多，僧尼的生活除过去主要靠宗教工作部门发给补助外，其中的部分生活费用来自于群众的布施。根据笔者对毕节灵峰寺等寺庙的调查，佛教寺庙的收入还来源于功德、佛事、法物、伙食等。2002年度灵峰寺全年收入为12万余元，全年支出为11.57万元，年终结余0.4万元，2003年度全年收入为12万余元，全年支出10.99万元，年终结余1.01万元。兹附毕节灵峰寺2002年、2003年财务收支报表如下：

毕节市灵峰寺2002年财务收支报表

单位：元

科目	收入	支出	余额	科目	收入	支出	余额
上年结转			10977.86	皈依	100.00		
佛　事	12533.00	7055.24		功德箱	29702.10		
伙　食	17795.70	12776.37		吉祥袋	2458.90	780.40	
个人功德	20513.00			其他收入	4129.95		
供　天	3659.00			农民搬迁		42600.00	
吉祥灯	5777.70	983.70		功德		10756.06	
照星上表	8590.00			在建禅房		35200.00	
银行利息	189.22			在建伙房		4112.46	
香　纸	1567.90			小卖部	2035.50	1443.00	4322.60
合　计				合计	120029.83	115707.23	5322.60

毕节市灵峰寺 2003 年财务收支报表

单位：元

科目	收入	支出	余额	科目	收入	支出	余额
上年结转	4322.60		4322.60	香款	1135.20		
功德箱	23001.31			皈依	1240.00		
佛 事	8560.00	23829.28		小卖部	1663.00	837.50	
伙 食	22057.30	15396.05		吉祥袋	1557.60		
个人功德	18340.00	10621.40		其他收入	24965.00	7445.08	
吉祥灯	3088.50			东单房工程款		47200.00	
照星上表	10060.00			伙房工程款		4618.24	
利 息	44.70			合计	120035.21	109947.55	10087.66

四 佛教寺院

佛教寺院是供奉佛像、僧尼居住及进行佛教活动的场所。佛寺也称招提、伽蓝、兰若、精舍、浮屠祠等。“寺”远为官署，后东汉时天竺僧人到洛阳住于接待外宾的官署鸿胪寺里，后以此改建白马寺，把“寺”作为佛教建筑的名称即相沿为习。佛寺大多以佛殿或佛塔为主体，辅以藏经楼、讲堂、斋堂、僧僚、库厨等。布局采用中国传统的田园样式，讲究中轴线。前为山门，常为牌楼式；门内左右为钟鼓楼；继为天王殿（供弥勒佛，两侧为两大天王）；其后为观音殿和大雄宝殿（供奉释迦牟尼、阿难、迦叶尊者、文殊、普贤菩萨和十八罗汉），寺后为藏经楼。各殿的两侧有配殿。一些寺院前面有戏台，用以开展民间节目。毕节地区较大的佛寺通常建在环境优美的风景名胜地，于是，佛寺也成为人们旅游休闲的重要场地之一。

（一）中华人民共和国成立以前的佛教寺院

中华人民共和国成立以前，毕节地区的佛教寺院由于各种原因，有的佛教寺院建成后随时间的推移逐步毁坏消失，到了民国时期，佛教与道教极为混杂，有少数佛教寺院住的是道人，多数道观、家庙、神祠却住的是僧尼，并在其内从事佛教活动。此间佛教寺院详细情况，资料缺乏，地方史志从未有过完整、全面、系统的记载，经多方搜集、调查，把零散的资料进行整理汇总，得出不完全的佛教寺院统计数据。根据整理的资料，现已查明的中华人民共和国成立以前各县城镇及乡村共有寺院 71 处，其中毕节 16 处，大方 9 处，黔西 14 处，金沙 8 处，织金 11 处，纳雍 3 处，威宁 10 处，各县（市）乡村佛教寺院共 143 处，其中毕节 16 处，大方 2 处，黔西 37 处，金沙 47 处，织金 3 处，纳雍 2 处，威宁 6 处，赫章 7 处。

中华人民共和国成立前毕节地区各县城区及城郊佛教寺庙一览表

寺庙名称	所在地址	所建时间	寺庙名称	所在地址	始建时间
灵峰寺	毕节市郊云峰山	明洪武年间	永兴寺	大方县城东北	明成化二十二年
普惠寺	毕节市双井路市医院处	明正统年间	大佛寺	大方城南面	清康熙八年
惠泉寺	毕节市东城郊东关坡	明正统十四年	万寿寺	大方县城北文龙山	清康熙六年建
延寿庵	毕节城通津门	明代	观音庙	黔西县城东街雪光坡	清宣统二年
寿福寺	毕节市城关南	清雍正年间	净莲寺	黔西县城关	清代
翔龙寺	毕节市城关五龙桥后山	明代	观音阁	黔西县城水西公园	明正统年间
紫林庵	毕节市城关南	民国以前	寿福寺	黔西县城中街	清乾隆年间
海潮寺	毕节城南5里	不详	东山寺	黔西师范处	清康熙三年
西庵寺	毕节城关西门内	明代	回龙寺	黔西城西1公里处	清嘉庆初年
千佛庵	毕节城关三小处	不详	大佛殿	黔西县城次东门	清道光六年
三佛庵	毕节城关南面	清康熙年间	古佛堂	黔西县城西门外	清代
东　庵	毕节城东	明代	准提庵	黔西县城西门外	清代
护国寺	毕节城关南面	清代	圆通寺	黔西县城关	清代
灵台寺	毕节城郊大坡坪	清代	上龙寺	黔西县城关	清康熙年间
北镇关庙	毕节市城北北镇关	明万历六年	观音庙	黔西县城关	清道光六年
观澜寺	毕节市五龙桥后山	清乾隆十九年	永洪寺	黔西县城郊东印山	明初
海音寺	大方县城北二里	清代	寿福寺	金沙县城关朝阳巷	不详
颂德寺	大方县城南门小十字街	清代	金龙寺	金沙县城北油沙坡	清代
观音阁	大方县城西莲花塘	明代	高岩寺	金沙县城西南大定坡	清乾隆十五年
大佛殿	大方县城西莲花塘	明代	万寿寺	金沙县城关镇	不详
东山寺	大方县城关东门外里许	清康熙年间前	金山寺	金沙县城龙洞	清代
寿佛寺	大方县城中街	不详	观音洞	金沙县城大定坡	咸丰年间
川壁洞	金沙县城郊玉屏村	明代	寿福寺	纳雍县城南1.5公里	清光绪二年
观音堂	金沙县城关镇	咸丰年间	观音庙	纳雍县城南	清光绪五年
东山寺	织金县城东门外东山	清康熙八年	乘龙寺	纳雍城关镇拉戛坝	清光绪二十五年
回龙庵	织金县城南郊	清康熙八年	准提阁	威宁县城文化路	清同治年间
白衣庵	织金县城东南面	清乾隆六十年	大佛寺	威宁县文化路	清同治年间
紫竹庵	织金县城南门虎丘山	清康熙四年	涌珠寺	威宁县东凤山脚下	明代
观音庵	织金县城北门内	清代	凤山寺	威宁县城东北凤山	明洪武年间
钟灵寺	城中州署左侧	清代	观音寺	威宁县东西宁路	明代

续表

寺庙名称	所在地址	所建时间	寺庙名称	所在地址	始建时间
观音阁	织金县城中华月桥	清康熙六年	万寿寺	威宁县城关	元代
地藏庵	织金县城东	清康熙十年	能仁寺	威宁县城关	洪武二十年
寿福寺	织金县城南门外	清初	水月寺	威宁城郊	明代
隆兴寺	织金县城东北	清康熙六年	北屯庙	威宁县城北五虎山	清代中朝期
观音庙	织金县城南四方井	清代	神仙洞	威宁县城北平滩梁子	民国年间
盘珠寺	毕节市千溪乡猫猫冲	不详	海慧寺	黔西县大关镇大关坡	明代
观音寺	毕节市鸭池镇南箐	不详	观音庙	黔西县大关镇小关	清光绪年间
观音庙	毕节市观音桥办事处	清光绪年间	观音庙	黔西县原重新镇马蹄	明代
开化寺	毕节城东五十里	明代	观音庙	黔西县原重新镇大岩洞	清代
云台寺	原毕节县燕子口公社	不详	寿佛寺	黔西县重新镇	清代
天台寺	毕节城南十里中华山	明代	观音洞庙	黔西原重新镇	清代
观音寺	毕节市亮岩乡亮岩村	不详	寺堂	黔西原重新镇	清代
宝龙寺	毕节市亮岩乡	明代	九龙山寺	黔西县原牛场乡九龙山	清代
观音庙	毕节市小吉镇大吉村	不详	观音庙	黔西县原牛场乡牛龙山	乾隆年间
即心庵	毕节市东北十里	明代	翠云寺	黔西县原素卜乡白花箐	清代
定水寺	毕节市小吉镇永兴村	不详	永洪寺	黔西县原凤凰乡	明代
回龙寺	毕节市杨家湾镇杨家湾村	明代	永丰寺	黔西县原谷里镇	唐代
观音阁	毕节市杨家湾镇周驿村	明代	观音阁	黔西县原谷里镇	唐代
观音阁	毕节市长春镇街上	清光绪二十九年	水口寺	黔西县原谷里镇	唐代
观音阁	毕节市杨家湾镇七星关	清乾隆二十二年	寿福寺	黔西县原永洪乡	清代
寿佛寺	原毕节县海子街区	不详	大坑洞寺	黔西县原金坡乡大坑洞	民国27年
普陀寺	原毕节县长春区	不详	观音庙	黔西县原金坡乡	清代
兴隆寺	大方县南50里波罗箐	清顺治年间	观音庙	黔西县原绿化乡	清代
清泉寺	大方县达溪镇所在地	清代	观音阁	黔西原龙场乡	清代
钟山寺	黔西钟山乡政府驻地	清代	寿福寺	金沙县安底镇中学	清道光年间
观音庙	黔西县大关镇街上	清乾隆中朝	广佛寺	金沙县安底镇黄土坎村	康熙初年
角羊寺	黔西县原中坪镇	清代	栖霞寺	金沙县安底镇红专村	清代末年
观音庙	黔西乡原永燊乡	清代	观音庙	金沙县禹谟镇	明代
观音殿	黔西乡原永燊乡	清代	普门寺	金沙县禹谟镇城墙村	清代

续表

寺庙名称	所在地址	所建时间	寺庙名称	所在地址	始建时间
观音庙	黔西县原三角乡	清代	观音堂	金沙县谟镇中坪村	清代
寿佛寺	黔西原钟山乡	清代	水口寺	金沙县禹谟镇重印村	清代
观音庙	黔西县原钟山乡	清代	观音寺	金沙县禹谟镇秀山村	清道光年间
水口寺	黔西县原大关镇石黑头	清代	观音寺	金沙县沙土镇红星村	不详
观音庙	黔西县原桂箐乡	清代	观音寺	金沙县沙土镇民族村	明代
南明寺	黔西县金碧镇	清代	穿岩寺	金沙县岩孔镇街上	明万历四十五年
寿佛寺	黔西县原金碧镇	清代	观音洞佛寺	金沙县岩孔镇西北	清同治年间
观音庙	黔西金碧镇	清代	水口寺	金沙县岩孔镇金白村	民国初年
观音庙	黔西县原化石乡	清代	观音庙	金沙县岚头镇十月村	清光绪初年
寿福寺	黔西县原林泉镇	清代	观音庙	金沙县岚镇后寨村	清代
观音庙	黔西县原锦星乡	清代	川壁寺	黔西县原白泥乡永丰里	清代
寿福寺	黔西县原协和乡	清代	绍隆寺	金沙源村乡沙塘村	明代
观音庙	黔西县原协和乡	清代	普惠寺	金沙源村乡普星村	明代
观音庙	金沙石场乡清江村	清代	天灵寺	金沙后山乡天灵村	元代
观音庙	金沙石场乡群力村	清代	都佛寺	金沙官田乡民协村	清雍正年间
西南宫	金沙石场乡玉桥村	清代	圆通寺	金沙县后山乡金河村	不详
观音庙	金沙石场乡农合村	清代	观音寺	金沙后山乡坪花村	清代末年
观音庙	石场乡文兴村大宝洞	清代	水老寺	金沙后山乡岔河村	明代
桃园洞	金沙石场乡石垭口	清代	凤鸣山寺	金沙县清池中普	清咸丰六年
分水寺	金沙石场乡构皮村	清代	保安寺	织金县三甲乡驻地	清道光二十四年
观音庙	金沙县新化乡双井村	不详	观音阁	织金县能家场乡街上	清初
永洪寺	金沙县西洛乡马板塘	明代	大佛寺	织金县以那镇街上	清代
开化寺	金沙西洛乡开化村	清宣统元年	观音阁	纳雍县维新镇总溪河桥	清道光十八年
白云寺	金沙西洛乡小河村	不详	观音阁	纳雍县百兴镇拦马墙	清光绪三十一年
观音庙	金沙桂花乡回龙村	清同治年间	崇圣寺	威宁县羊街镇原蛇街乡	元代前
大　寺	金沙平坝乡金塔村	清代	观音庙	威宁县二塘镇色开	不详
莲台寺	金沙平坝乡新联村	清代	观音庙	威宁县中水镇中河	不详
回龙寺	金沙平坝乡（平洛小乡）	不详	观音庙	威宁县羊街镇蛇街	不详
云台寺	金沙龙坝乡国光村	清代	观音庙	威宁县炉山镇街上	不详
永兴寺	金沙龙坝乡红岩村	不详	天桥寺	赫章县平山乡大天桥	清光绪十六年

续表

寺庙名称	所在地址	所建时间	寺庙名称	所在地址	始建时间
观音庙	金沙茶园乡双车村	明代末年	观音庙	威宁县小海镇黑泥沟	清咸丰七年
龙川寺	金沙茶园乡双车村	清代末年	普照寺	赫章县白果镇将军山	明万历二十七年
分水寺	金沙县石场乡新年村	清代	大佛寺	赫章县马川镇河坝中	清光绪年间
华阳寺	金沙县石场化茶树	民国七年	有胜寺	赫章县姑基乡	清光绪二十八年
把拦寺	金沙县石场乡清江村	民国	观音庙	赫章县财神镇	清乾隆年间
朝阳寺	金沙县木孔乡湾子村	唐代	观音洞	赫章县罗州乡和平村	民国时期
莲花寺	金沙长坝乡莲花村	清代	观音庙	赫章县妈姑镇文桥	民国以前

（二）中华人民共和国成立后的佛教寺院

中华人民共和国成立之初，据不完全统计，全地区还有佛教寺院99处，其中毕节17处，大方2处，黔西12处，金沙34处，织金11处，纳雍4处，威宁12处，赫章7处。随着时间的推移，寺院逐步减少，其原因有三：一是这些佛教寺庙大多为明代和清代所建，当时佛教较为兴旺，香火不断，时有维修，历经百年后，佛教走向衰弱，寺院年久失修，日晒雨淋，坍塌毁坏，直到不能使用；二是新中国成立后，随着社会的发展，无僧尼居住的佛教寺院，有的被拆除，有的被分给无房农民或居民居住，有的被学校等企事业单位或机关用着办公场所；三是由于1966年至1976年期间的“文化大革命”，使佛教寺院受到严重损坏。现将这一时期佛教寺庙的变化状况列表于下。

中华人民共和国成立后毕节地区佛教寺庙统计及变动表

寺庙地址及名称	寺庙状况	寺庙地址及名称	寺庙状况
毕节城西郊灵峰寺	原建筑全毁，现新建	黔西城关净莲寺	现为佛教活场所
毕节城双井路普惠寺	原建筑全毁现为市医院	黔西县城水西公园观音阁	现为佛教活动场所
毕节城东郊惠泉寺	保存完好，1996年维修	黔西县城中街寿福寺	黔西城关第五小学校舍
毕节城五龙桥后山翔龙寺	现设仓库，兽医站	黔西县城东山开元寺	现为黔西师范校址
毕节城关紫林庵	现为居民住房	黔西城中心西部玲珑洞	现为佛教活动场所
毕节城北北镇关庙	原建筑全毁现新建	黔西县大关镇街上观音庙	仅存部分厢房
毕节城关寿福寺	改建为收容所	黔西县大关镇大关坡海慧寺	1962年已全部拆除

续表

寺庙地址及名称	寺庙状况	寺庙地址及名称	寺庙状况
毕节鸭池镇盘珠寺	现已全部拆毁	黔西大庆镇小关坡观音庙	1951年全部拆除
毕节市鸭池镇观音寺	现已全部拆毁	黔西县金坡乡大坑洞	现为佛教活动场所
毕节市燕子口镇云台寺	现已全部拆毁	黔西县城关圆通寺	现为佛教活动场所
毕节市亮岩乡观音寺	已全部拆毁	黔西县钟山乡钟山寺	现已修复
毕节市小吉镇大定观音庙	已全部拆毁	金沙县城西大定坡高岩寺	保存较好并扩建
毕节市小吉镇永兴定水寺	已全部拆毁	金沙县城北油沙坡金龙寺	原建毁，以后新建
毕节市长春镇街上观音阁	现为长春小学校舍	金沙县城关金山寺	现为居民户所住
大方县城西莲花塘观音阁	现为职工宿舍	金沙县西洛乡开化村开化寺	改建开化小学，大部分拆毁
大方县城西莲花塘大佛殿	现为职工宿舍	金沙县西洛乡小河村白云寺	为县革命纪念地
毕节城西郊茶亭庙	已全部拆毁	金沙县西洛乡白云山大山寺	已重修
毕节市长春镇普陀寺	已全部拆毁	金沙县城关镇玉屏村川壁寺	毁坏后现重建
毕节市海子街镇寿福寺	已全部拆毁	金沙县安底镇街上寿福寺	原庙拆除，现为安底镇中小学
黔西县城东街雪光坡观音庙	现改为职工宿舍	金沙县安底镇红专村栖霞寺	改为仓库油榨房
金沙县禹谟镇城墙村普惠寺	改作学校	织金县城郊东山寺	现大部分建筑已修复
金沙县沙土镇红星村观音寺	已改建学校	织金县城南郊回龙庵	现为县粮食局职工宿舍
金沙县沙土镇民族村观音寺	改作天堂小学	织金县城东南面白衣庵	现存后殿及左右厢房
金沙县岚头镇后寨观音庙	彩画精雕保持完整	织金县城南紫竹庵	大部分建筑保存
金沙县岚头镇十月村观音庙	已修复	织金县城东面地藏庵	大部分已毁
金沙县石场乡新年村分水寺	1952年分给贫苦农民至今	织金县城东面隆兴寺	现存右殿及左右偏殿
金沙县石场乡茶树村华阳寺	1952年分给贫苦农民至今	织金县城南大街寿福寺	现为织金印刷厂使用
金沙县石场乡清江把栏寺	1952年分给贫苦农民住	织金县三甲乡保安寺	寺庙多次维修，保存完好
石场乡群力村观音庙	1952年分给贫苦农民住	织金县熊家场乡观音阁	大部已毁，仅存右厢房

续表

寺庙地址及名称	寺庙状况	寺庙地址及名称	寺庙状况
石场乡农合村观音庙	1952年分给贫苦农民住	织金县城南四方井观音庙	修复为佛教活动场所
石场乡文兴村大宝洞观音庙	现已修复	织金县以那镇大佛寺	已修复为宗教活动场所
石场乡火石垭口桃园洞	现已修复	纳雍城关拉戛坝乘龙寺	保存完好
石场乡玉桥村西南宫	改为青木学校	纳雍城关新猫场寿福寺	已全部拆毁
石场乡构皮村分水寺	1952年分给贫苦农民至今	纳雍县百兴镇栏马墙观音庙	已修复作娱乐场所
金沙县平坝乡金塔村大寺	古迹已毁，庙宇尚存	纳雍县总溪河万寿桥观音阁	1996年修复为娱乐场所
金沙县桂花乡回龙村观音庙	改为学校	威宁县城东凤山寺	政府拨款，群众集资修复
金沙县龙坝乡国光村云台寺	为国光村办公驻地	威宁县城东凤山脚涌珠寺	仅存泉井，月牙池，石狮
金沙县岩孔镇湾子村朝阳寺	新中国成立后改作学校	威宁县城文化路准提阁	保存完好，现为佛教活动场所
金沙县长坝乡莲花村莲花寺	1955年拆毁	威宁县二塘镇色开观音庙	已拆毁
金沙县源村乡沙塘村绍隆寺	1958年改建学校	威宁县中水镇中河观音庙	已拆毁
金沙官田乡民协村都佛寺	已维修	威宁县羊街镇蛇街观音庙	20世纪60代毁
金沙县后山乡天灵村天灵寺	1968年拆毁	威宁炉山镇观音庙	现为镇政府驻地
金沙县清地镇中普凤鸣山寺	原建筑及偶像保存完整	威宁县城文化路大佛寺	现为城关一小职工宿舍
金沙县岩孔镇老桥水口寺	现仅存正殿	威宁县城关西宁路观音寺	现已全毁
金沙县岩孔镇西北白云寺	现仅存石雕佛像3幅	威宁县城关五老山北屯庙	现已修复（1997年）
威宁县城北平滩梁子神仙洞	现已修复（1997年）	赫章县罗州乡观音洞	仅保存部分
威宁县小海镇黑泥洞观音庙	已修复（1997年）	赫章县妈姑镇观音庙	基本保存完整
赫章县马川镇河坝大佛寺	20世纪50年代初拆建小学	赫章县平山乡大天桥寺	基本保存完整
赫章县姑基乡有胜寺	保存较为完整	赫章县白果镇将军山普照寺	现仅存厢房一幢
赫章县财神镇观音阁	保存较为完整		

1976年“文化大革命”结束以后，特别是1978年以来，佛教活动得到恢复和发展，原来的一些佛教寺庙得到了维修、重建，并经政府批准开放。根据中央及省的清理和处理乱建寺庙的精神，在毕节地区各级党委、政府的高度重视下，全区进行清理和处理滥建寺庙的工作使佛教活动依法走向正轨。通过对宗教活动场所的清理、整顿、登记管理，全区有佛教活动场所36处。

毕节地区现开放的佛教活动场所情况一览表

寺庙地址及名称	修建时间	现面积（平方米）	造价（元）	开放时间	常住人口情况	住持
			毕节市			
市西办金钟村北镇关洗心寺	2000年	400	30万	2002年6月	比丘1人	释祖印
市西办翠屏安家井文昌寺	2000年	500多	17万	2002年6月	居士1人	周训福（居）
市东办杨家塘村净心寺	1996年	680	20万	1997年11月	居士1人	释常证
市东办天河村小湾居士林	1999年	107	4万	2000年	居士1人	赵通凤（居）
三板桥办灵峰村灵峰寺	1998年	900多	40万	1999年	比丘4人，沙弥1人	释祖悟
鸭池镇营中村三圣庙	1997年	200多	10万	2000年	居士2人	文廷芳（居）
鸭池镇庙脚村紫云寺	1992年	1000多	50万	2000年	比丘尼1人，居士7人	释演月
			黔西县			
城关镇观音阁	清代	500	20万	1991年	居士5人	严昌珍
城关镇净莲寺	1993年重建	300	20万	1991年	居士7人	李泽芬
城关镇玲珑洞	1936年	200	10万	1991年	居士5人	覃先伟
钟山乡圆通寺	清代	500	20万	1991年	居士11人	郭富学
金坡乡大坑洞	1938年	100	2.5万	1991年	居士4人	罗光礼
金碧镇沙窝观音洞	2000年重建	200	8万	2001年	居士2人	刘大志
			金沙县			
城关镇大定坡高岩寺	1750年现扩	1050	60万	1994年	比丘1人比丘尼2人	寂静
城关镇油沙坡金龙寺	1993年重建	800	46万	1996年	大和尚、居士、沙弥各1人	通维
城关镇合理村天宁寺	1995年重建	1100	50万	1996年	比丘1人沙弥1人	心妙
西洛乡白云寺	1995重建	400多	22万	1996年	比丘1人	照成

续表

寺庙地址及名称	修建时间	现面积（平方米）	造价（元）	开放时间	常住人口情况	住持
西洛乡普照寺	1994 年重建	300 多	12 万	1996 年	比丘尼 1 人	常性
平坝乡石洞桥观音寺	1993 年重建	200 多	8 万	1996 年	1 人（女）	常闵
禹谟镇秀山观音寺	1992 年重建	250 多	10 万	1996 年	1 人（女）	常静
禹谟镇场口佛生洞	1993 年扩建	200	8 万	1996 年	1 人	常修
沙土镇八佛寺	1991 年重建	300	18 万	1996 年	居士 1 人	熊寿田
沙土镇麻园坑古佛寺	1991 年重建	350	20 万	1996 年	和尚 1 人	照德
沙土镇仙佛寺	1991 年重建	320	19 万	1996 年	居士 1 人	刘建智
安底镇佛仙寺	1992 年重建	250	10 万	1996 年	居士 1 人	周善贵
安底镇大佛寺	1992 年重建	240	10 万	1996 年	居士 1 人	许明学
安底镇普安寺	1990 年重建	270	13 万	1996 年	居士 1 人（女）	王有碧
茶园乡柏茶寺	1990 年重建	300	18 万	1996 年	居士 1 人	杨福举
官田乡金钟寺	1992 年重建	270	12 万	1996 年		
平坝乡佛音释寺	1991 年重建	220	8 万	1996 年	居士 1 人	罗世元
织金县						
城关四方井观音庙	清代	85		1995	比丘尼 1 人 尼姑 4 人	
熊家场观音阁				2001	比丘 2 人	
以那镇松林寺	清代	370		1995 年	沙弥 1 人	张兴萍
纳雍县						
雍熙镇观音寺	1995 年	370	30 多万	1995 年	比丘尼 2 人，居士 2 人	释果惠
威宁县						
城关镇文化路准提阁	清代			1982 年	比丘尼 5 人	周觉忠
草海镇塔山村九台山万年寺	1996 年	1800 多	100 万	2001 年	比丘 2 人，沙弥 5 人，居士 1 人	通净

五 部分寺庙简介

（一）朝阳寺

位于金沙县木孔乡湾子村，原名安乐寺，庙址在泥池坝陶家寨，系佛教盛行的唐朝初年，信安县所建的一座古庙。后移迁今湾子村大石庄，才更名为朝阳寺。寺庙规模宏大，三层殿堂，有山门，钟鼓楼等，是毕节地区最早修建的寺庙。古庙四周松柏翠绿，古树成林，为方圆数十里的大庙。从现存于朝阳堂上五十四世和尚修亮墓推断，修亮和尚墓碑立于清咸丰八年（1858 年），他是朝阳寺第五十四世本师，朝阳寺当建于唐代晚期。中华人民共和国成立后，改作学校，后被全部拆毁，现仅存遗址。

（二）天灵寺

位于金沙县后山乡天灵村，元代，由当地富户孙姓所建，后逐步扩建，清雍正十年（1732 年）形成规模，为金沙县规模最大的寺观。清光绪年间魏和尚为住持，他利用六角大山千亩茨竹为原材料兴办纸厂。民国初年，熊和尚（法名：僧能方）接任住持，从外地请来技师生产勾边纸，该纸可作办公文用纸，纸销往遵义、贵阳等地。抗日战争时期，该寺所产的选纸供印刷报刊和教科书之用，新中国成立初仍用其纸张。民国时期，该庙与圆通寺抽出部分庙产创办天灵私立小学，用初中以上文化程度的和尚任教，免收学费，对贫困学生免收书费，学生用纸由天灵寺免费提供。天灵寺为明清时期一方名刹，民国时期曾为黔西县佛教协会驻地。1968 年，庙宇被拆毁。

（三）灵峰寺

位于毕节城西南 5 公里的灵峰山，始建于明洪武年间（1368－1398 年），为毕节八大景之一，明成祖朱棣（1403－1424 年在位）御告以“瑞甲全黔”封辞，山门上有清乾隆皇帝（1736－1795 年在位）御赐题额“白云古刹”。据传，滇籍高僧燃指云游至此，见群峰竞秀，万山叠翠，清溪潺潺，雨带苍烟，云似飘带，苍松似仙鹤展翅，跃跃欲飞，主峰灵峰山巍峨壮丽，气势极为雄伟，感叹道：“此真乃我寻觅的仙境也”。于是便决定在此建寺，虔心念佛，以成正果。他以自已精湛的医术，四处行医化缘，募捐筹得白银一千五百两，终将灵峰寺建成。现镶嵌在村组公房（现为灵峰寺产权）石壁上的 10 余块灵峰寺碑碑文记载，明万历四十一年（1613 年），致政指挥孙勇建大雄宝殿，教官徐绍尧建观音殿，庙内僧人宝珠建左楼。明天启二年（1622 年）毁于兵燹，清康熙十四年（1675 年）邑绅樊应兰募金重建，寺优婆塞李奕熼捐巨产为助，招僧普钝及徒通修供奉佛龛。雍正十年（1732 年），滇僧宗映（时任寺内住持）聚众鸠工增其前数丈土，再造前殿。乾隆十五年（1750 年），住持僧宗映率徒新修观音阁两廊，并于十八年（1753 年）竣工。乾隆二十一年（1756 年），知县董朱英捐俸重修，凿山泉，砌石沼，修道路，建拱桥，树牌坊，建殿院三重，楼台寺阁齐备，奇花异草俱全。道光三年（1823 年），刘延诗及母刘陈氏等捐资重修弥勒殿。道光二十四年（1844 年），糜肇勋、糜肇瑞、杨佩芝、刘大昌、高志忠等及住持悟影捐资重修观音院一堂两庑，弥勒殿及钟鼓楼。咸丰年间（1851－1861年）毁于兵燹，光绪六年（1880年）重修。民国5年（1916年），县长陈鸿爵等捐资及罚款共430多两白银重修。民国17年（1928年）黔军第二路指挥官（旅长）犹禹九捐大洋300元最后一次重修。寺宇共分三层。寺前4人合抱的巨杉和殿前粗壮高大的两株玉兰树至今已有600多年的历史，1981年被贵州省人民政府公布为重点文物保护的稀有珍贵花木。以前，进入寺院，依次为九子弥勒殿，释迦牟尼佛殿和观音殿。殿内塑有全身弥勒佛大像。中殿塑有释迦牟尼大佛3尊，文殊、普贤塑像分立两旁。左右两壁龛内为彩色十八罗汉泥像，面貌各异。后殿为观音殿，塑有观音像3尊，正中摆放铁铸香炉一个，石桌数张，大钟1口。中殿和后殿之间筑有大鱼池1口，约100平方米。鱼池上架有石桥，桥头桥尾均有石雕坐狮。鱼池两旁镶有花文细致的木柱走廊，为前后通道。左边走廊连接禅房，侧门进入后殿花园。庙后山顶建有石砌文塔一座，高11米，重建于同治十二年（1873年）七月，站在塔上，毕节城尽收眼底，放眼眺望，隐约可见大方县城。原塔早毁，现在原塔址上建起卫星电视转播台和微波中转站。灵峰寺为曹洞禅宗，自燃指和尚开山以来，至今已有600多年的历史。600多年来，香火不断。

20世纪60至70年代经过“破四旧”，灵峰寺便成了一片废墟，唯千年古杉，数百年玉兰，寺右侧100余米处燃指和尚古墓及周围小山上的数十种和尚墓，镶嵌在村民组公房石壁上的《灵峰纪胜碑》《重修灵峰寺弥勤殿碑记》《万古流芳碑》《灵峰寺告示碑》《同结善缘碑》等17块（为作者实地调查数，实际不止此数）碑，碑文记载着的灵峰寺的历史沿革及风土人情，可供后人考证。

1999年，经毕节市人民政府批准开放灵峰寺佛教活动点。之后，活动点的僧尼、居士积极组织筹措资金，到2001年9月，共有8个单位、4处佛教寺庙、各届人士计806人，共捐款18万多元。投入13.4万元，于2001年4月21日破土动工新建观音殿，并于当年10月竣工。该殿建筑面积213平方米，系砖混结构仿古建筑，殿宇高7.9米，开间17.6米，进深12米，高4.2米。殿内正中供奉释迦牟尼，两壁供奉十八罗汉。随着观音殿的落成，该寺又投入23.5万元，修建一楼一底的东单房，并于2003年9月竣工。东单房为仿古建筑，单房长28米，宽14.8米，每层建筑面积414.4米，两层共828.8米。第二层的东、南、西三面均有宽1.8米的环廊。到目前为止，灵峰寺占地面积10余亩。灵峰寺还将继续筹资，拆除原有旧房（400平方米），再造大雄宝殿，西单房，构成四合大院，在院内修建放生池，花园等，再现往日的风彩。

现灵峰寺有常住僧人5人，其中比丘4人，沙弥1人，住持释祖悟（俗名周林奎），居士400多人，常参加佛事活动的60多人。

（四）凤山寺

位于威宁县城东北1公里的凤山上，始建于明洪武初年，早年名为“真武观”。寺庙建成后不久，四川和尚如际到凤山寺，从事坐禅唸经等佛教活动，并把真武观改名为“凤山寺”。如际和尚在该寺任住持数十年直到圆寂。清光绪年间，威宁知州邓良成从四川峨眉山请来方洪和尚，居于凤山寺。方和尚随身携带《大报恩经》《大乘妙法莲花经》《三门水忏经》三大经书各一部，传经念佛，收有弟子洪福。

寺庙由正殿、左右配殿、前殿组成，占地5000平方米。据《重修凤山寺碑记》记载：“咸丰七年（1857年）七月，回民陷城，烧毁山门两边厢房。同治六年（1867年）四月重修，并增山门之前戏楼、正殿后的三清殿、小观楼、大观楼。”正殿总长13.8米，进深9.7米，正中为须弥坐神龛，供奉玄天真武。殿前月台上置石鼎香炉。左右配殿均3间，通长15米，进深1.5米，左右配殿为过厅，置门通大观楼。前殿3间，进深2间，明间两扇大门，各置1护法神像。1966年至1976年，凤山寺遭到严重破坏。1984年以后，政府拨款，群众捐资，使凤山寺逐步得到恢复。1985年，贵州省人民政府公布其为省级文物保护单位。

（五）永洪寺

位于黔西县城东郊东印山，穿心寨附近，始建于明初。《贵州通志·古迹志》载：“永洪寺在黔西州东印山。”《黔记》：“明僧月溪至此，见林麓洞壑负气争高，含露饮景，幽窗差瓦中。月磨刀，溪大石横亘，水流其旁，声若奔雷。岩壁屹立，瀑掛为帘，三叠面而注，于溪遂结庵其上，曰永洪。后人广其居为寺。”庙宇早圮。

（六）普惠寺

俗名双井寺，位于毕节城东关坡脚，始建于明正统元年（1436年）。原名福泉寺，明正统四年（1439年），由明英宗朱祁镇赐名为“普惠寺”。是年二月（1439年3月）设贵州毕节卫僧纲司于寺内，设正都纲，副都纲各一员管理佛教。据《毕节县志》载：“普惠寺，乾隆邑志在城东关外，正统中建，欲称普惠禅林，康熙中修，前有双井，故名双井寺。”普惠寺坐东南向西北，原有殿堂三重，分前殿、中殿和大殿，占地面积300平方米。大殿左前方院中有亭一栋，亭中设石凳、石桌，以供乘凉小憩之用，1973年毁。大殿建在三级踏跺的台阶上，殿的大梁上有“大清乾隆壬寅年（1782年）仲冬日重新改建”题记。大殿正面是青石板铺地院坝，横宽20米，纵宽15米。大殿面阔五间，长21.55米，进深三间，宽11.65米，通高约8.5米。背面是左右墙群，均系斗砖砌筑。殿前带走廓，廓宽2.3米。柱础最粗周长达1.5米，用材和结构宏大，壮观，令人肃然起敬。大殿左右两边均为厢房，面阔三间，长12米，进深一间，进深6米，通高约7米，前带廊，廊宽1.3米，左右厢房对称。大殿后面有月亮门一道，上七级石踏跺通花园，花园横宽28米，纵深7.5米，可惜不断占用和改建，现已荡然无存。寺院内今残存木匾额一幅，上面“福及恒沙”等字迹依稀可辨。此外残碑二方，一为记载正统年间建庙和清康熙年间修复寺庙的内容，今存市文化馆，一为乾隆四十八年（1783年）所立，碑上记载重新改建普惠寺而捐资的123人的姓名及所捐银两数字。中华人民共和国成立后，寺庙为县武装部驻地，1959年后为县（市）医院占用至今。

（七）惠泉寺

位于毕节城东北约2公里东关坡山头的陡坡上。据《毕节县志》载，明正统十四年（1449年），武略将军、千户侯王仲骧在此凿井，并置以小憩之所，逐年整修，才逐步扩为寺庙。又因山泉淙淙，四季长流，馈赠于百姓，故名“惠泉”。惠泉寺便因此而得名。惠泉寺俗名观音庙或观音阁。历来僧伽均为女众，供奉的菩萨观世音大士为主，俗名因此而来。上惠泉寺，需爬形似蛟龙的石级365级（意为天天向上）。未进山门，便可见因山势陡峭而用青石砌筑的基石，高约4.5米，曲于地形于右侧进山门，山门前置石狮1对，坐高102厘米，通高170厘米。山门门额悬挂着刻有“惠泉寺”黑底金字横匾。进山门便是四合小院，院坝用青石铺成，院坝左右置石狮1对，坐高66厘米，通高138厘米。正殿紧靠山崖形成不规则的长方形，高出小院平面1.2米，上7级踏跺进入正殿，正殿大门门额上悬挂有“惠泉寺”3字的黑底金字横匾。殿内正中供奉观音大士，左右供奉文书广发天真和普贤真人。左右为禅房，右禅房靠山门的一边置1997年捐资铸造的铁钟1口，高84厘米，下口直径70厘米。前殿面阔3间，周围有宽约1米，长30余米的凌空吊角楼回形走廊，大梁上有清光绪年间题记，下有暗室。殿内原有明代孙隐、林晟撰书的“惠泉记”和清代罗英撰写的“游惠泉寺”石碑两方，早年已毁。现正殿前左右两侧各有石碑1方，左侧1块石碑为光绪二十年（1894年）所立，题为“修观音阁序”，落款为“住持尼僧陈道真存”。右侧1方为民国16年（1927年）岁次丁卯所立，记捐资维修寺庙人员姓名及所捐银两数字，落款为“住持金德全、金德玄率徒吴国清、刘圆法存”。从山门下150级石级到惠泉井，下154级石级，左面有一小块水泥地，水泥地上立有17块石碑，从左到右第1至15块石碑均为1994年12月立，第1块石碑所刻文字内容为“重修惠泉寺记”，第2块石碑所刻内容为“重修惠泉寺领导小组成员名单”。第3至15块石碑所刻内容为捐资单位名称、捐资个人姓名及单位、个人所捐人民币或台币数字。第16、17块石碑为2002年8月所立，其文字内容为1996年至2000年捐资续修惠泉寺人员的姓名及所捐款额数字。

惠泉寺所传佛教为净土宗，其所传字辈为："智会清净，道德圆明，真如信海，寂照普通，心园广续，本觉昌隆，能仁寺果，长远宽松，微传法引，正悟惠客，坚持戒定，光辉祖宗"。其住持传承次序，光绪年间之前无记载，光绪年间开始，传承次序为：道真—德全—德玄—圆清—圆法—明霞—明觉—真灵。现惠泉寺仍有常住人口2人（均为僧尼），住持真灵。

惠泉寺历经沧桑，早已面目全非，承庙中僧尼薄力挽救、整修。1981年，毕节县人民政府公布其为县级文物保护单位。1986年，县人民政府拨款1万元进行抢救性维修。1988年，29位仁人捐资3000余元进行小修。1994年，毕节地区行署拨款5万元，毕节市政府拨款2万元，毕节地区卷烟厂等15个单位捐款107376元，旅台同乡58人捐台币101550元，人民币4600元，毕节各界仁人共258人捐款39712.88元，总计人民币221688.88元，台币107376元，对惠泉寺进行全面维修，并于1995年4月竣工。1996年至2000年，各界仁人42人捐款17738元进行维修。因此，迄今的惠泉寺仍是绿荫掩映，傲视苍穹，一年四季香火不断，游人不绝，壁上残存的历代游客之依稀墨迹，以不朽的魅力招来游客，仍不愧为毕节山城的一处名胜。

（八）永兴寺

位于大方县城东北隅，始建于明成化二十二年（1486年），为贵州宣慰使安贵荣捐建。寺内有铜钟1口，上铸有彝、汉两种文字。该寺曾改为马王庙，再改为武候祠。今废，铜钟尚存。

（九）观音寺

位于金沙县沙土镇民族村，约为明弘治年间（1488－1505年）长老羽化建在森林中的三合天井寺庙。寺庙内大小菩萨若干，另建有戏台，庙产丰富，为一座大寺。过去每逢节日，均有游人到此。清"太平天国"时被大火烧掉。民国5年（1916年），羽化的第十五代徒弟刘圆性重建。民国31年（1942年），在此建民德小学。中华人民共和国成立后改为观堂小学。毁于1966年至1976年的"文化大革命"。

（十）观音阁

位于黔西县城水西公园中心地段，创建于明正德年间（1506－1521年）。一正两厢，前面有石坎，占地280平方米。《贵州通志·金石志》载："铸于正德庚午（1510年）冬的安贵荣铁钟，在黔西州城东门外观音阁，建于明季。""百年来，香火鼎盛。继以培修，花果竹木环绕……诚为吾乡之中绝好道场地也。"清咸（丰）同（治）年间（1851－1874年）屡遭战火，阁毁、钟残、香火中断。光绪八年（1882 年）地方人士捐资修复前后殿，塑造菩萨像，曾一度中断的香火又日渐兴旺。之后 40 多年间，社会动荡，战火频繁，观音阁无人修培而“年远坍颓，游人登险，罔不抚今思惜，惆怅久之”。民国 9 年（1920 年），里人姜磻溪募资修复，历时 7 个寒暑春秋，于民国 16 年（1927 年）春完工。修复后的观音阁又恢复往昔香火旺盛、信徒不断、游人如织的热闹场面。至民国后期，观音阁冷落，香火中断。1981 年，黔西县人民政府公布其为县级文物重点保护单位，并拨款维修。1991 年，县人民政府批准开放观音阁为佛教活动场所。从 1993 年起，一些居士捐资塑起观音菩萨像，装饰正殿，开展佛教活动，恢复香火，游览、供奉者不断。现庙内常住人口 5 人，均为居士。

（十一）北镇关洗心寺

位于毕节城北 1 公里的北镇关山上，建有亭阁，洗心泉、来复池，系明万历六年（1578 年）毕节兵备副使黄镆建，明末兵燹毁。清乾隆九年（1744 年），巡局吏目戴光祖重修洗心泉、复来池。乾隆二十三年（1758 年），知县董朱英重修，并补书两额“北镇雄关，毕川胜景”。道光元年（1821 年），里人捐物重修洗心泉、来复池。民国时在此建庙，中华人民共和国成立初期，仍有 1 僧人住庙。后庙废。2001 年，毕节市人民政府公布其为市级文物保护单位。2000 年 2 月至 2003 年 6 月，一些单位、佛教寺庙及各届 700 余人共捐资 10 余万元新建洗心寺。2002 年 6 月经毕节市人民政府批准开放洗心寺为佛教活动场所，并于 6 月 12 日挂牌开放。德盛桥至北镇关的崎岖小路已拓宽修整为水泥梯子路。上完崎区陡坡即到山门，山门用青石砌成，山门门额刻上书有“洗心寺”3 个大红字。进入山门，右面为一楼一底的佛殿及禅房，面积为 150 平方米。寺庙常住人口 1 人（系贵阳黔灵山弘福寺来此的法师释祖印），居士 200 多人，常到寺庙做佛事活动的 30 余人。寺庙的排行字辈（系贵阳黔灵山弘福寺排行）为：道净德圆普广中，性明妙悟永传通，祖师心印真玄旨，万古黔灵正法隆。左置石碑两块，碑文记叙北镇关始建以来的历史，捐资新建洗心寺人员姓名和所捐数字。向前行到北镇关垭口坎下，就到洗心泉和来复池，现已修复。洗心泉水终年不断，泉水清凉甘甜，据说可消炎化石，毕节城关、城郊左右 5 公里到此背水的居民络绎不绝，从零晨四五点至下晚七八点钟人流不断，接上一壶水得等上二至三个小时。现即将竣工的大佛殿位于北镇关垭口中间，为一楼一底仿古建筑，建筑面积近 300 平方米，造价 33 万元。站在北镇关关口，面对西南面，城市的高楼大厦尽收眼底，面对西北面，碧绿的倒天河水库及山乡景色可一饱眼福。

（十二）普照寺

位于赫章县城 5 公里的白果镇将军山上，始建于明万历二十七年（1599

年)。庙原址在水塘大山顶上，清康熙雍正年间，庙内和尚（长老）寂曜（俗姓王）看中现址，就由当地大姓黄、王、陈三姓代表到威宁水城等地募捐筹建而成。庙由前殿、后殿和两厢房围成一个四合院。两侧厢房为僧尼住房。后殿正中神台供奉儒、释、道三尊神像，观音、地藏二神并立左右两端，两侧为十八罗汉，神态各异。前殿正中神台供奉伏羲、燧人、神农三皇，两侧为魁星、地皇诸神，塑像全身辉煌、光彩炫目。寺内金字匾额布满檐下。后殿正中后2块匾额分别为“大德教化”“三教同源”。左面为“孝达幽明”，右面为“普度瀛寰”。左右厢房分别为“梅质杉姿”“贞固超凡”，前殿3块匾额自左至右分别为“聪明正直”“皆大欢喜”“与天无极”。殿前方为山门、门首挂有“普照寺”金字匾额，显赫耀目。庙宇四周筑围土墙，墙周围绿树成荫，古木苍翠，风景优美。普照寺历时400多年，房屋结构基本完好。1966年至1976年的“文化大革命”将殿房拆除，现仅存厢房1幢。现庙内常住人口4人，均为比丘尼。

（十三）西庵寺

位于毕节城西门内，始建于明代。《毕节县志》载：“西庵寺，乾隆邑志，在城旧西门内，康熙中废，乾隆二十年（1755年）重修。咸丰十一年（1860年)，发逆倾毁过半。”寺庙已早圮。

（十四）绍隆寺

位于金沙县源村乡沙塘村，始建于明代。庙内曾有一长老和尚，名绍龙，去世后以其名而取庙名。绍隆寺占地5亩，庙后森林内葬有10余所一字排开的石砌和尚墓，有碑，但年代久远，碑迹不明，碑上文字无法辩认。1958年改建学校。20世纪70年代，庙周围大小树被大量砍伐，垦为耕地，庙全毁。

（十五）涌珠寺

位于威宁县城东凤山脚下，始建于明代。清康熙初年，精通戒律的浙江游方僧人沙门贞观来到涌珠寺从事佛教活动，并任该寺住持数十年。到了光绪年间（1875－1908年)，涌珠寺住持先后为威宁人氏比丘尼党兴全。民国19年前后，寺内常住人口2人，均为比丘尼，住持朱柳英。中华人民共和国成立前后仍有比丘尼2人住寺。据寺庙内的3块残碑记载，嘉庆十三年（1808年)、道光十年（1831年）分别进行维修，同治年间（1862－1874年）一度被毁，后为周成、周永兴于光绪年间（1875－1908年）重建。寺庙由大佛殿、观音殿及两厢房构成四合院，为涌珠寺建筑群体主体。左右分别为钟鼓楼，钟楼铜钟为乾隆十四年（1749年）铸造。观音殿前有一井，名为葡萄井，长约10米，宽约7米，四周有高1米的石栏，栏板内均有浮雕。井内泉水喷涌如珠，“涌珠寺”名盖于此。井左右有石狮1对。井前石坊1座，坊高约5米，坊上有各形石雕。坊前有一月牙池，长约16米。大殿正中供奉3尊大佛，左右分别塑有青狮象，2位女神（据说为观音姐姐）分乘其背上。大佛殿前院2厢3幢房屋相连，走廊相接。形成凹字形院落。院中设有木质八角亭，亭中供奉灵官塑像。八角亭与大殿之间置铁铸大香炉，约重800公斤，上有文字，内容不详。观音殿由2厢与大佛殿后壁组成长方形天井，正殿上方悬挂有“观世界”的黑底金字木匾，正殿供奉3尊神像，中坐观世音，左为地藏王，右为大肚罗汉，两侧分立十八罗汉，其后壁塑有若干小罗汉。正殿顶上挂有长方形竖式木质架桓，内供神像，据说为观音之父缪庄王。前院为雷神殿，供奉着雷公、电母。后院为角殿，供奉印染、饮食等行业所敬之神。右前院为武侯祠，供奉孔明（诸葛亮）、刘备、关羽、张飞等。清康熙初年（1662年）左右，涌珠寺就香火旺盛，热闹非凡。曾任威宁总兵（1670－1675年在任）朱万年的《涌珠寺碑记》载：“彼梵刹珠宫，士女如云，任其瞻眺，虽灿丽辉煌，适足以彰尼山之道，盖大且尊矣。”中华人民共和国成立后，寺庙拆毁改建，现仅存殿阁2间，泉井、月牙池及石狮1对。1983年3月，涌珠寺被威宁县人民政府公布为县级文物保护单位。

（十六）观音阁

位于大方县城西门外莲花塘塘中心，始建于明代。为一双重檐八角攒尖顶的九脊梁建筑。下层有正面迎路三面临水的栏杆走廊。阁共3间，明间供眼珠欲动、栩栩如生的飘海观音，其雕工极为精致，为大定名雕刻家钱其美的巨作。左次间，客厅中有清同治大定知府汪仙圃“一水伏流来上界，万山掩雨入中华”的名联，塘东翠竹林间，有一平桥直通塘心观音阁，中夏时莲花盛开，风景十分迷人。1981年9月，大方县人民政府公布莲花塘及其建筑观音阁、大雄宝殿为县级文物保护单位。

（十七）大雄宝殿

位于大方县城西门外莲花塘东西斜坡下，观音阁正面，始建于明代。大雄宝殿为歇山式九脊梁建筑，面阔五间。明间正殿丈高的如来佛坐前，左右两边为九泥塑罗汉，喜怒哀乐，形态各异。为大定泥塑家周杰文的杰作。佛殿中的佛像早毁。1965年，县文化馆拨款修复后设置图书室、阅览室于佛殿。现大雄殿改作职工宿舍。塘作农业系统养鱼池。

（十八）东山寺

亦称开元寺，位于离黔西县城1公里的东山，即今黔西师范学校校址。系康熙三年（1664年）知府王命来、总兵李如碧创建。据《黔西州志》载：“康熙五年（1666年）冬，嵩目大师源出破山，于法彻三车（三车为佛教名词，佛教宣称人有三种根器，因此有三种修持途径。三车即比喻三种修持途径），结合贵阳之祥麟庵，拈花一笑，诸大宰官咸执弟子礼，公折柬敬层数四，遂毅然来住是山。爰诹吉鸠工，庀材鞭石，构大雄宝殿、藏经阁、大士阁、天王殿、两庑廊郭，凡若干楹。周绕差备，金碧丹垩，宏敞焜耀，费计千金。阅五十月而告成，置田百余亩，……于黔西为壮观，于贵筑称杰构焉。”嵩目之后，由其徒古雪海智住持东山寺。乾隆三十年（1765 年），寺僧苍遥维修并修建禅房。乾隆四十二至四十七年（1777－1782 年）间重修。黔西知州赫霖泰撰写的《重修开元寺记》载：“……夫何岁月推迁，风雨剥蚀，檐牙耸而毁落，廊腰折而欹颓，琉璃半琐于游云，赑屃久埋于荒草。寺之废也，非一日矣。今湖南大中丞抚粤西，以读礼归，时一往过，目击心恻，思所新之。于是饬工师，庀材石，阅数月告成。琳宫宝刹，焜耀依然。金容月相，圆满如昔……。”道光十一年（1831 年）建阳明书院于寺内，书院一直维持到光绪初年。因年代久远，庙宇大部分毁坏。1972 年，在原址上建黔西师范学校。现仅存部分禅房，拟于修复。

（十九）观音阁

又名观音庙，位于织金县南 35 公里的熊家场乡街东面的小石山上。始建于清初，道光二十四年（1844 年）重修，光绪三年（1877 年）重建，民国 33 年（1944 年）维修。1954 年被粮管所拆改占用。1960 年粮管所转给生产大队，用作民办学校教室，1982 年成危房后，大队不再使用，观音阁由大殿、楼阁（山门）、字库、禅房组成四合天井。大殿并排 3 间，是用石砌的封火山墙。现古墙已向左倾斜欲倒。后面石墙正中是石捲拱门。右次间后墙已倒塌。屋面五十余年来从未维修，柱子已被雨淋朽，柱脚潮湿发霉，屋架向左倾斜。殿内神龛为方整石砌的须弥坐，坐上供奉观音像，左次间供奉送子观音。右次间供奉三官大帝和龙神。1954 年，粮管所将六合门拆掉改装成横装板，今板片已大部分被拆毁。大殿左厢是字库，专用作熊家场街上搜集废字纸焚化的库房，故名“字库”。20 世纪 50 年代字库被拆毁。今仅存烧字纸的石香炉。右厢是禅房，原为瓦盖，后盖为草房，现为庙里的两个和尚居住。山门楼阁于 1967 年被作为“四旧”毁坏。

（二十）兴隆寺

位于大方县城南，民国《大定县志》载：“兴隆寺在城（大方城）南波罗箐，距城 50 里。栋宇三重，清顺治间（1644－1661 年），如松和尚募建。岁收田租数十石，光绪二十三年（1897 年）提二十三石充甘荫塘学校经费。”现庙已全毁。

（二十一）隆兴寺

位于织金县城东北面，距城仅 300 余米，乾隆《平远州志》卷之十三载：

“隆兴寺，又名水月庵，在州东，康熙六年（1667 年）通判查函、居民共建，前殿三楹、东西厢房四间，山门一座。康熙三十一年（1692 年）兵民重修后殿五楹，常住田二所，一在慕恩里七甲，一在向化里十甲。”初建成时，通判查函题匾额为“濬灵祥院”。道光十八年（1838 年）又重修。庙宇由前殿、后殿、左右偏殿、山门组成。后殿并排 3 间，有明间、次间，殿脊顶正中是罗汉、罗汉下端有“顶上圆光”4 个阴文泥字，殿左右挡山为 3 级塔形砖砌风火山墙，明间正面有防梯，两旁是鼓形踏墩，殿左侧是石拱小山门。前殿前排 3 间，有明间、次间，殿右侧是石拱大山门。左右偏殿均为并排 3 间，系僧人所居禅房。前后殿间的天井面积为 143. 77 平方米。1953 年，前殿和山门被拆去修县百货公司。现仅存后殿和左右偏殿。隆兴寺布局紧凑，环境优美，其所临的 3 潭（猪巴巴潭、瓦窑龙潭、黄泥龙潭）之水四季不涸，夏涨冬瀛，水色忽清忽浊，凡遇气候变化，或久雨转晴，潭水会变成褐色。1980 年 9 月，织金县革命委员会公布其为县级文物重点保护单位。现寺内有比丘尼 1 人，有正常的佛教活动。

（二十二）观音阁

位于织金县城中。道光《大定府志》卷之二十一载：“观音阁一，在州城中月华桥前，康熙六年（1667 年），兵民共建。前楼三间，中殿五间，后建斗姥宫一间。石山叠砌，阶梯天然。乾隆十八年（1753 年），士民以斗姥阁为学宫拱卫，重修楼阁三间，宏敞巍峨，俯视郊原，历历在目。知州李云龙捐资告竣。有常住田四所：一在向化里八甲；一在州东八十里虎场；一在州南六十里熊家场。又一在崇信里六甲，武举杜芳捐置。”观音阁年久失修，早已被毁。

（二十三）东山寺

位于织金县城东门外 0. 5 公里的东山西侧。据乾隆《平远州志》载：“东山寺在城东。康熙八年（1669 年）副将霍维鼎及兵民共建上殿三楹。康熙十年（1671 年），游击赵印昌、董率重修。前楼三楹，东西厢房六间，僧房六间，崖畔钟鼓楼一座。今前殿三间改五间，绅士、兵民共修。有常住田一所，在向化里七甲。”康熙二十一年（1682 年），通判黄元治题额曰：“东山寺”。光绪五年（1879 年）重建。到 20 世纪 60 年代仍有和尚住寺。寺庙依山而上由山门、前殿、正殿、钟楼、鼓楼及观音阁组成梯级建筑群。一级为山门。二级是前殿，并排五间。三级是正殿，又名梵帝宫，并排五间。正殿前左厢为钟楼，楼亭中央悬挂着铸造的铁钟 1 口，钟上刻着捐资修建东山寺的善男信女姓名及所捐银两数字。落日西下，钟声悠远，可达 20 公里外，故称“东寺晚钟”，属织金县八大景之一。后遭兵燹，钟楼毁塌，古钟弃于荒郊，击之已不复有声。右厢为鼓楼，统称钟鼓楼。四级为观音阁，建于山顶西面慈云洞口。慈云洞内有钟乳石形似观音大士，故名观音阁。观音阁内正中供奉观世音塑像。两旁供奉十二觉圆。阁左是读书楼。在寺前南侧60米处，原有10余座和尚墓塔，现仅存二座。20世纪20年代初观音阁及读书楼已被毁，东山寺前殿和后殿20世纪50年代后期改为县食品公司养猪场。20世纪70年代中期作县鞭炮社生产防雹器材场所，因发生爆炸，毁坏严重。1980年，织金县革命委员会公布其为县级文物保护单位。1982年，省、县拨款1万元抢救维修。1985年11月2日，贵州省人民政府公布其为省级文物重点保护单位。2001年，省文物局批准复修钟楼，县钟楼领导小组积极配合社会各界人士募捐资金，于2002年修复了东山寺钟楼。

（二十四）回龙庵

位于织金县城南郊，清康熙八年（1669年）兵民共建，光绪十三年（1887年）续修，20世纪50年代初还有尼姑住寺。庙宇由前殿、后殿、左禅房、右山门及得月楼组成。前殿内明间供释迦佛，右次间供观音，观音左右是十二觉圆，左次间塑天、地、水三官像。后殿主要供奉神像，后廊是须弥座神龛，神龛正中供奉斗姥，左右供奉诸仙。右厢房并排3间，明间供奉送子观音，左右次间为僧人住的禅房。20世纪20年代初，将山门移于后厢，山间原有金桂1株，现已无存。得月楼为两层，一楼为前后廊，左右双廊，供奉龙神；二楼供奉关羽。20世纪20年代初，民国织金县政府在回龙庵创办第二男子小学，将前殿移与右禅房并排。20世纪50年代土改时，将前殿分给贫民居住，今成为私人所有。后殿于20世纪50年代收归县财政科作为职工宿舍，现明间和左次间前已配上砖砌的“偏厦”，装上木楼地面，成3户人家居住的民房。得月楼保存较为完整。现一楼四廊的中壁改用砖砌，分为前后左右4间，二楼前后六合花窗改为前后四花格窗。得月楼整幢建筑内部奇特，外观优美，为织金城内一游览景点。现为县粮食局职工宿舍。

（二十五）白衣庵

亦称白玉庵，位于织金县城东南隅。《平远州志·古迹篇》载，白衣庵始建于清乾隆六十年（1795年），嘉庆七年（1802年）重修。中华人民共和国成立至1957年仍有尼姑住寺。庙宇是由前殿、后殿、左右厢房组成的四合天井。主要供奉白玉观音，左右供十二觉圆。山墙仿明代“一顶一丁”方法砌成。最大的金柱直径为33厘米，后廊深122厘米，原为须弥座，1953年被拆毁，1983年，寺庙住持用碎石砌成宽95厘米、高105厘米的长方形神龛。白衣庵从布局到结构，在毕节地区的寺庙中均别具一格，颇有观赏和研究价值。1953年，白衣庵为县文工团占用。20世纪50年代初，前殿被拆毁。1981年，东山公社将原址建办公楼，现仅存后殿和左右厢房。

（二十六）紫竹庵

位于织金县城南门外西侧虎丘山上。《平远州志·古迹篇》载，始建于康熙四十六年（1707 年），道光十九年（1839 年）重修。庵后有紫金花 1 株，庵前上 9 级石跺入廊，院中有石雕化钱炉 1 口，1960 年被毁坏。庵内正堂供奉观音，左右塑善财童子和龙女真人；右次间正中供三官，左次间为住持禅房；明间二楼正中塑文昌帝君和三丰祖师，左右塑捧笔、捧薄侍神，后槽金柱间下部中央供魁星；廊左奉土地，右奉龙神。紫竹庵清幽俊秀，外势美观。20 世纪 50 年代初塑像毁，1976 年翼角又被毁，现正堂六合门改为板壁中开双扇门，左右次间以砖砌至檐柱顶，无廊。现庙内有尼姑 3 人，有正常的佛教活动。

（二十七）高岩寺

位于金沙县城西南大定坡，全称为高岩老祖寺院。据寺里所藏“护国明禋”碑文记载，可知为清乾隆十五年（1750 年）建造。寺依山傍岩，坐南朝北，为砖木结构歇山式顶垂檐式建筑。面阔 4 间，分正殿与偏殿。占地面积 400 平方米，因年代久远，圆木已朽不可支，于 1980 年改为方形砖柱。寺左侧山墙有一门通正殿，供游人进出。正殿右墙壁有一偏殿，殿内置神龛，供奉观音像。偏殿旁便是斋房、禅房。寺正殿内设有神台。上塑高岩老祖诸神像。神台前两侧竖立碑刻数方。外廊右端悬挂古铁钟 1 口，专作报警之用，镇上失火则鸣，其音宏亮，远传数十里。1981 年 9 月，金沙县人民政府公布该寺为县级文物重点保护单位。

1993 年，经有关部门批准，高岩寺进行扩建。1994 年 4 月，金沙县人民政府批准开放高岩寺为佛教活动场所。新扩建的“大雄宝殿”在古寺西南侧 100 米处。新建寺庙占地 1000 平方米，气势雄伟，金碧辉煌。内供释迦牟尼等神像 20 余尊，体态丰满和蔼，形象高大庄严。庙内设施完善，有禅房、斋房。大殿前为一院坝，可容纳千人，院坝边缘高坎上造就水泥护栏 50 余米，坝子正中置高 2 米的三鼎铁香炉。站在坝内栏边，大半个金沙城一览无余，城关街道尽收眼底。大殿边栏高坎下为 2003 年新建的观音殿，系重檐歇山式古寺庙风格建筑，建筑面积 600 多平方米。第一至第三层开间均为 18 米，进深分别为 10 米、12 米、14 米。殿前为一水泥院坝，面积约 900 平方米。这既是一处新辟的旅游休闲圣地，也是善男信女朝山拜佛的活动场所。现该寺常住人口为 3 人，其中比丘尼 1 人，沙弥尼 2 人，住持寂静。

（二十八）九龙山寺

位于黔西城东 30 余公里的素朴镇牛场九龙山上，清乾隆时，当地人集资兴建。寺庙由观音殿、大佛殿、下殿等组成，中供释迦、观音等佛像 50 余尊，扣留和尚任住持，晨钟暮鼓，香火旺盛。咸丰年间，寺庙毁于战火。民国6年(1917年)，川人邓洪安入黔来山倾资重建，塑佛像百余尊，恢复香火，自己亦于此出家当和尚，法名明安。寺庙于20世纪50年代至70年代被毁，现仅存一偏殿。

（二十九）寿福寺

位于黔西县城中街，即今城关第五小学处，始建于清乾隆年间（1736－1795年）。寺庙由前殿、正殿和左右厢房组成。前殿面阔3间，占地面积117.6平方米，门面用耐火砖砌成。青石拱门3道，均刻有阴楹联，其中一楹联为“佛门大启，重瞻盛世衣冠，寿案宏开，喜集同人觞咏”。横批为“冠冕通南极”。从正中拱门进前殿，左阁置大鼓，右阁置大钟。对面台沿浮雕“荆柯刺秦”“杨广逼宫”“刘禅哭庙”“三关折书”等历史故事，雕刻精湛，形象逼真。民国27年（1938年)，寿福寺改设醒群小学，后改为中正中学。左配殿和正殿于20世纪50年代初拆毁。现仅存右配殿、前殿及万年台。1981年9月，黔西县人民政府公布其为县级文物重点保护单位。

（三十）寿福寺

又名三楚宫、三楚会馆，位于织金县城内南大街西面。始建于清初，乾隆五十六年（1791年），由原址城南关外移建现址，道光二十一年（1841年）重修，道光二十五年（1845年）修成，为湖南、湖北、江西一带落籍织金的人士集资所建。庙宇由大殿、戏楼、左右厢房及牌坊等组成。大殿并排五间，有明间、次间、稍间。左次间六合门上有“信海禅宗”扁额，右次间六合门上额有“齐宝庄严”匾额，皆为行书体，现俱毁。寿福寺平面形似“三井”，中轴线上是牌楼、山门、戏楼、大殿。大殿、左右厢房、戏楼组成大天井。戏楼左右是配房，和戏楼成“丁”字建筑，再和左右厢房、左朝门、右山墙构成二个天井，造型美观。左右厢房于20世纪50年代被拆毁，县印刷厂在此地基上已新建砖房。戏楼面对大殿，左右配房并排3间，各有楼廊，与大殿、左右厢房相通，俗称“走马转阁楼”。寿福寺原四周围墙的方整石头上是石刻花草鸟类，牌楼左右是透雕石狮，山门顶上是石刻阳文“三楚宫”3个楷字。山门为方整石捲拱，20世纪50年代初被毁。原址被修建成现代砖房，现为县五金公司门市部。寿福寺在民国年间为国民党织金县党部住所。20世纪50年代起为织金县印刷厂使用至今。现除大殿部分柱子及结构尚完好外，其余大部已残破不堪。戏楼的右递雀梁及右额坊朽坏，后金柱、檐柱已被虫蛀朽，并于1991年倒塌，县印刷厂已在此址上修建厂房。

（三十一）水口寺

位于金沙县岩孔镇老桥，始建于清嘉庆九年（1804年）前。据1985年初该寺庙住持邹元清徒孙汪某某言：水口寺历史悠久，后遭火焚，真人邹元清时重建，重建时间最晚在光绪三十年（1904年）。原有前殿、正殿及左右厢房，构成四合院，后屡遭损坏，现仅存正殿。其建筑结构为上下两部分组成，下部分正殿面阔3间。上部分设有神龛、香案，顺左侧木梯而下即是正殿。水口寺建筑具有民族传统风格，造型独特，古朴庄严。1986年，金沙县人民政府公布其为县级文物重点保护单位。

（三十二）回龙庵

位于黔西县城中心西部1公里处，玲珑洞（中华人民共和国成立前为道教活动场所）对岸右上方（西门河上游），系清嘉庆初年之前一些信教人士所建。寺庙与玲珑洞隔河相望。当时，寺与洞之间，诵经之间彼此相闻，晨钟暮鼓相互应合，香火鼎盛，繁华一时。据传，僧尼们还在寺侧缓坡上建有苗圃，将玫瑰与茶叶间作，茶叶具有天然的玫瑰香味，曾盛名一时。回龙寺已早毁，仅存遗址。

（三十三）清泉寺

位于大方县达溪镇，始建于清代，宣统元年（1909年）正月，设北二区区立第二初级小学于内，途中停办，在民国8年（1919年）续办，民国12年（1923年）停办，寺庙早已被毁。

（三十四）观音阁

位于毕纳公路的纳雍县维新镇总溪河万寿桥头独峰上，始建于道光十八年（1838年）。下面是总溪河碧绿的湾潭，地形十分险陡，阁于1966年至1976年的“文化大革命”中被毁。1993年，乡人集资4万余元，于1996年10月修复。现为一楼一底，屋内依自然岩溶洞设立观音堂，堂前高约9米，依石壁迂回凿石级，阁上层青屋飞檐，蔚为壮观。平时人流如织，每逢佛法会日，附近各乡数万人云集此庙，十分热闹。

（三十五）保安寺

位于织金县城东北12公里处的三甲白族乡所在地，始建于清道光二十四年（1844年），曾几次重修。庙宇由保安寺、观音阁、地母庙3级建筑物倚一独秀石峰建造组成。石峰中空成洞。保安寺建在西洞口，并排3间，四周回廊，档山盖二重檐，木雕撑拱。观音阁建在南洞口，封住洞口约三分之一，由三层楼组成。阁后洞厅设佛龛，龛上供奉观音。地母庙建在观音阁上首，并排5间。

1964 年，织金县农业局曾拨款维修。1972 年，中共织金县委再次拨款维修。1982 年，贵州省人民政府又拨款 1000 元维修。保安寺与观音阁同洞连成一体，名“慈云洞”，与地母庙合称“云洞天开”，是织金县八大景之一。1980 年 9 月，织金县革命委员会公布其为县级文物重点保护单位。

（三十六）凤鸣山寺

原名大包庙，亦称杨家祠堂。位于金沙县城西北 61 公里的清池镇中普杉树坪山脉的延伸点“飞凤点水”的山梁上，故名凤鸣山寺。曾为中普大石包杨氏供奉其历代祖先神位和观音像的古刹，占地 300 平方米，始建于清咸丰六年（1856 年）。中轴线上自东而西依次为香花台、观音殿、玉皇殿、南北配两厢连结，呈四合小院，四方均有门栏出入。前殿面阔 3 间，明间内整齐排列普陀观音等 15 尊木镌偶像，两间各设一格花窗，列为僧伽住舍。后殿 3 间，殿内正向排列“玉皇大帝”等木偶 19 尊；北向供奉杨氏历代祖宗牌位。1952 年土改时，拆除杨氏历代祖宗牌位。现存原寺有 14 尊偶像。1986 年 10 月，金沙县人民政府公布其为县级文物保护单位。

（三十七）金沙观音洞

位于城关镇县人民医院西北侧大定坡，始建于清同治年间。据观音洞碑文《黔西新场观音洞浮图园记》载：同治间，蜀僧净普来此，计无宿钵地，以是为人之所弃也，于是丐而营之刹，题曰：“观音洞。……迨僧北海，加造浮图，构为园亭，遂觉山庙崒然，若踏閰阁而起。每坐刹阶，市声如河。阛阓居廛之家，屋脊钩连，交角相压，当履可蹴。椒甍飞角，瓦垩生姿……。”

（三十八）准提阁

位于威宁县城文化路，始建于清同治年间（1862 - 1874 年）。民国 19 年（1930 年）前后，庙内仅有比丘尼 1 人。新中国成立前后，庙内住寺 6 人，均为女性。庙宇坐北朝南，为砖木结构封闭式四合院，硬山式屋面，前殿翼角飞檐，均长 3 间，占地 548 平方米，建筑保存较好。1982 年，威宁县人民政府批准开放准提阁为佛教活动场所。1982 年至 1983 年，县人民政府拨款 6200 元进行维修。1984 年，信徒捐资修复佛像 20 余尊，正殿为释迦牟尼，左右分别为准提、观音。1988 年前后，住寺 12 人，随着时间的推移，年龄大的尼姑逐步圆寂，现住寺仅 5 人，但香火保持不断，每逢观音会，城乡善男信女前往供奉。

（三十九）金龙寺

位于金沙县城北 2 公里的油沙坡上，原为古庙，始建于清代，庙宇早毁。20 世纪 80 年代末至 90 年代初，善男信女集资新建。寺庙坐西向东，占地面积 1340 平方米，建筑面积 800 余平方米。由老殿韦驮殿（即山门）、大殿、观音殿组成。从山脚走完数百级水泥梯坎就到老殿，老殿依山建造，建筑面积约240平方米。由财神殿、饭厅、伙房、禅房等组成。财神殿供奉着财神、观音、药王、地藏、东岳大帝、文昌等神像。从老殿右边环行走完92级梯坎，左转直上28级梯坎进入韦驮殿，殿内正中供奉弥勒佛像，两边供奉四大天王。从韦驮殿后向上走完5级石梯即到寺庙院坝，院坝可容纳近千人，坝左侧置报时钟1口，金龙寺碑记1方，右侧院坝正中置1化香炉。院坝后，大殿前的左右两边各有一座4米高的功德碑塔。从院坝后上完11级石梯，就是大雄宝殿，宝殿屋顶置3米高的宝顶3个，大殿正中门额上悬挂一横匾，匾上镌刻“大雄宝殿”4个大字。大殿高6米，开间26米，进深13米，建筑面积338平方米。殿内供奉着如来、普贤、弥勒、观音等28尊菩萨，形像高大庄严。紧靠大殿左侧为2003年底竣工、坐南朝北的观音殿，系宝塔式，古寺庙建筑风格。殿高11米，第一层开间、进深均为11米，其内供奉观音、善财、龙女、觉圆等15尊塑像。第二层开间、进深均为10米，称钟鼓楼，内置大钟1口，大鼓1个。站在院坝前俯视，金沙县城尽收眼底。现寺内有常住人口3人，其中大和尚1人，沙弥1人，居士1人，住持通维。

（四十）大佛寺

位于威宁县城关文化路，始建于清同治年间（1862－1874年）。大佛寺建成后，第一代住持为曾到四川文殊院学习受戒、影响较大的威宁人氏牛昆（女性，法名元心），第二代住持为牛昆的徒弟刘广成，民国19年（1930年）前后寺内常住僧人5人，均为女性。根据该寺僧尼所念经书、所行戒律及纪念节日，该寺和威宁城关的其他佛教寺庙均属临济禅宗，其字辈是：智、慧、清、静、严、明、真、如、信、海、寂、照、普、通、兴、元、广、续、本、觉、昌、龙、能、仁、胜、果、长、演、宽、宏。中华人民共和国成立后，寺内常住僧人4人，均为女性。庙宇坐北朝南。四重殿宇，占地680平方米。殿内供奉释迦牟尼、弥勒、十八罗汉等泥塑群像。现存左右两厢和前殿残宇，为城关第一小学职工宿舍。

（四十一）观音洞佛寺

位于金沙县岩孔镇西北白云山脚下，始建于清同治年间。据传，佛寺系当地一个名叫胡应奎的捐资组织修建，经100多匠人12年的努力，观音洞佛寺终于告成。佛寺以石窟为第一殿，第二殿在洞顶平面上，瘟、火二神泥塑全身坐于大殿神龛中，姿态自然，神态逼真。从第二殿登过14级台阶到第三殿。观音洞佛寺楼阁轩榭依山而搭，雕塑依石而刻，使之具有自然美；壁画、装饰、池塘、花圃、别具匠心。佛寺建成后，本县各地及云南、广西、湖南、四川等省都有游客到此观赏。20 世纪 40 年代，佛寺还是一个供人游览宴聚的胜地。现三殿楼台全毁，岩壁上所搭楼台、檩子洞眼尚存。石壁上雕刻的 8 幅佛像，现有 3 幅还完整保存。1982 年 9 月 8 日，金沙县人民政府公布其为县级文物保护单位。

（四十二）寿福寺

位于金沙县安底镇街上，清道光年间（1821－1850 年）广东人修建，规模较大，寺内供有佛像。后广东人陆续撤走，留下庙及庙产，有专人看护。民国 9 年（1920 年），王聘三先生等捐献私产，利用庙产建成“致用学校”，并于民国 29 年（1940 年）在侧面建成土木结构房屋为私立致用中学。民国年间，县政府动员建设体育场于校后小坡，伐古木、平场地建成大操场。中华人民共和国成立后，人民政府接管。1957 年新建安底中学于小学后。20 世纪 80 年代后，中小学开始改造，原庙宇全部拆除建成现安底镇中学、小学。

（四十三）大佛寺

位于赫章县野马川镇西南约 1 公里的河坝中央，约建于清光绪年间（1875－1908 年）。寺内外围以两层墙，外墙周长 1200 米，内墙周长 600 米，紧挨外墙，两墙之间挺立株株古松、古杉、古柏，形成四季常青的树墙。入山门，先过花园，再入前殿，前殿正中巍立 3 米高的大佛。两厢房一供土地之神，一作客房。前殿后为正殿，正殿与两厢、前殿组成四合院。正殿供奉如来、观音及十八罗汉。正殿后院为禅房，院内称后花园。大佛寺已于 20 世纪 50 年代初被拆建为小学。

（四十四）观音阁

位于毕节市长春镇街上，始建于光绪二十九年（1903 年）。全殿占地面积 350 平方米，阁内有残碑 1 方，字迹难辩。除四周门窗有所改动外，其余均保存原貌。1983 年 3 月，毕节县人民政府公布其为县级重点文物保护单位。现为长春小学校舍。

（四十五）乘龙寺

位于纳雍县城关镇西北 4 公里的拉戛坝，始建于清光绪二十五年（1899 年），系当地王姓所建。占地 2000 平方米，正殿三楹，侧有厢房，今修葺一新。为县级文物重点保护单位。

（四十六）观音庙

位于黔西县城东街雪光坡，始建于清代。庙由戏楼、钟鼓楼、观音洞组成，上石阶 13 级到戏楼，经石板路进山门。再上 13 级石阶到“观音洞”。洞左是钟鼓楼，洞右是戏楼，戏楼为二层，进深均为 4 间，通高 10 余米。钟鼓楼面阔亦为4间，观音洞为“南北向”，分进口和出口，最长38米，最宽8米，最窄处2米许。洞内原设有观音座堂，两边是十二觉圆，地面是石狮1尊。北口上端原有一歇山式小亭，亭内石刻：“募化塑三圣目录于后。”洞额原有菩萨1尊，并石刻：“婆伽婆静化处，落款为‘嘉庆王眉敬书’”。观音洞旁有一小洞，人称“送子娘娘”。因年代久远，观音洞名实皆亡，唯洞内古迹斑斑，钟乳倒悬，气象万千，以其不朽的魅力招来游人。因此，人们已直呼“观音洞”而不称观音庙。洞外两楼保存基本完好，早已改为职工宿舍。

（四十七）白云寺

位于金沙县西洛乡小河村，离县城5公里。寺庙建在猫猫山半山天然岩洞中，依岩洞自然走向雕塑成各式兽像，人工装成神龛，并以石木结合构成寺庙。民国27年（1938年）10月，中共贵州省工作委员会负责人秦天真到新场（金沙）吸收李绍夫（后成烈士）、兰云富（现名兰芸夫）、林正良（后成烈士）等20余人入党，由秦天真主持在白云寺洞中举行集体入党宣誓仪式，并建立中共新场总支委员会。白云寺成为金沙县范围内革命纪念地之一。20世纪80年代中期，中共金沙县委员会为此纪念地新立了纪念碑。20世纪90年代初期，当地的一些佛教信徒组织筹资重建白云寺，有关部门于1996年批准其为开放的佛教活动场所。现该寺庙建筑面积为400多平方米，常住僧人1人。

（四十八）玲珑洞

位于黔西县城中心西部1公里处，原为道教活动场所（详见道教篇），在1966年至1976年的“文化大革命”中遭到严重破坏，道教活动停止。1978年后，宗教政策得到落实。1981年9月，黔西县人民政府公布其为县级文物重点保护单位。1991年，黔西县人民政府批准开放玲珑洞为佛教活动场所。1993年5月，一批佛教信士积极筹集资金8万余元，恢复和开发玲珑洞。他们从美化环境开始，修复通往洞口的石梯小径，沿途补种花木，清除洞中垃圾杂物，浇灌水泥地面，并从洞口河底用石头修筑一道长21米、宽8米，与洞口下沿连成一片的长方形廊台。请进释迦牟尼、阿维、迦叶、观音、玉佛、韦驮等佛像供奉。现玲珑洞香火袅绕，灯火通明。信士们将继续从各种渠道筹措资金，争取贵阳黔灵弘福寺和尚慧海法师的赞助，兴建一座高8米、建筑面积300平方米、钢筋混泥土结构的大殿，供奉弥勒佛塑像。在滴水桥上游300米处修筑1.5米高的拦河滚水坝，提高水位，使玲珑洞上游五把本至滚水坝约3公里河段平均水深增高2米，在水上建造楼台亭阁，增设游乐设施，让玲珑洞重铸辉煌，再展雄姿。现玲珑洞常住僧人10人，均为居士。

（四十九）宣慰庙

位于纳雍县乐治镇杨家湾村，始建于康熙四年（1665年）。这年，水西战争平息，宣慰使安坤阵亡，乡人感其德，聚众筹资修建，庙为宫式建筑，计5间，正中3间为正殿，左右两边为挂耳，分上下两层，下层大门9扇，窗子9洞，取99之意，体现彝族以9为最吉利数字的文化内涵。正殿右侧有3间瓦盖木房仓库，左侧为庙园。正殿上层供奉观音及五百罗汉诸菩萨，并放置大钟大鼓；下层供安坤夫妇及四十八土目塑像；庙门前有韦陀、金刚，手执金鞭，守护庙宇，震慑诸邪。神像近百尊，高者2米以上，矮者身不盈尺，大小不等，油漆涂金，雕刻精细，工艺巧妙。两边挂耳，左住和尚，右供云游僧、道寄宿。每逢二、六、九月做庙会，乡人云集。庙早已毁，仅存遗址。

（五十）观音寺

原位于纳雍县城中心，建于清道光年间。“文化大革命”中佛像被毁。1994年初夏，观音寺住持周玉荣及其徒释果慧等发起重建该寺，并移庙址于县城东南面的猴子坡（雍熙公园处）。1996年建成大雄宝殿，之后又建成左右两厢禅房。寺庙占地面积5亩，建筑面积450平方米，总投资30余万元。观音寺为三合院，坐南朝北，大殿为仿古建筑，建筑面积为120平方米；殿前为院坝，坝内能容纳500余人；院坝左右为一楼一底的禅房，左禅房建筑面积为120平方米；右禅房为210平方米。现观音寺为纳雍县佛教管理小组驻址，寺内常住僧人4人，其中比丘尼1人，沙弥尼1人，居士2人，住持释果慧。

（五十一）万年寺

万年寺系1982年政府批准开放的威宁城关文化路准提阁所辖的扩建寺庙。位于县城东北面2公里处的草海镇塔山村九台山，寺庙占地10余亩，坐东北向西南，于1996年开始筹建，2003年竣工，总建筑面积1800多平方米。寺庙由大殿、东单房、西单房组成。大殿前面为长25米、宽20米的水泥院坝。东、西单房均为3层，每层240平方米，共1440平方米。院坝正中置一荷花池，池后置高5米的圆形宝塔式铁香炉、石香炉各1个。从院坝正中上19级石梯转弯再上9级石梯就到大殿，大殿前置长方形铁香炉1个。大殿高12米，开间25米，进深11米。大殿正中供奉释迦牟尼，左右分别供奉阿蓝、迦叶，靠后的左面供奉坐立在青狮上的文殊，左面供奉坐于大像上的普贤，东西两壁供奉十八罗汉，背靠释迦牟尼正中供奉西方山神，左右分别供奉观音、大势至。

寺庙为古寺院建筑风格，结构紧凑，气势雄伟。站在寺院前，整个威宁城，威宁火车站、草海、远方巍峨的群山尽在眼前。

现该寺庙有信徒500余人，常住僧人8人，其中比丘2人，沙弥5人，居士

1 人。住持通净，为临济宗贵阳弘福寺会海法师弟子，赤松亲订黔灵法脉传承谱系，其字辈为："道净德圆普广宗，性明妙悟永传通，祖师心印真玄指，万里黔灵正法隆"。

（五十二）天灵寺

该寺坐东向西，位于金沙县城东 1.5 公里的城关镇合理村龚家湾子。民国以前为山王庙，后被毁坏。20 世纪 90 年代初一些佛教信徒筹资在原址上新建该庙，改名为"大灵寺"。天灵寺占地 15 亩，地形为阶梯形，建筑面积约 1100 平方米。

到庙前上 8 级水泥梯坎转右再上 10 级梯坎至山门。进入山门后是第一个院坝，院坝长约 38 米，宽约 10 米。第一个院坝右边上 10 余级梯坎即到第二个院坝，院坝长约 30 米，宽约 20 米，院坝最左边为伙房，开间 14 米，进深 3 米，伙房侧前为钟楼；最右边为会议室，开间 15 米，进深 9 米，会议室前为鼓楼。钟楼、鼓楼边长均为 3.3 米。院坝正中（大殿前下完 11 级梯坎处）为长 4 米宽 1 米的花笼，花笼前为高约 6 米的宝塔式铁铸化钱炉。院坝正中上完 11 级梯坎到大雄宝殿，殿高 10 余米，长 34 米，宽 18 米，为二重檐歇山式古式庙建筑。大殿左侧和右侧为 5 棵板栗色钢筋水泥圆柱撑顶歇山式殿檐，殿前为 8 根猪肝色钢筋水泥圆柱直撑歇山式檐顶，殿堂正中为 4 根板栗色钢筋水泥圆柱直撑大殿。大殿内供奉着高大的释迦牟尼、阿蓝、迦叶、普贤、消灾延寿药师父、地藏、观音、文珠、阿弥佗佛、十八罗汉共 26 尊佛像。大殿左侧为接待室，开间 7 米，进深 10 米。大殿右侧为儿童殿，开间 3 米，进深 4 米，殿中供奉着少年时的释迦牟尼佛像。紧靠儿童殿右边为休息室，开间 6.5 米，进深 4.5 米。大殿左侧、接待室右侧为一通道，从该通道上 28 级梯坎，转左再上 4 级梯坎进入大雄宝殿后院坝，后院坝长 12 米，宽 8 米。院坝左为经房，开间 6 米，进深 4 米。右为师父休息室，约为 24 平方米。从后院坝左面上 13 级梯坎就到正在筹建的千手观音殿，观音殿基脚开间为 16 米，进深为 8 米。

庙内周围为菜园。院坝四周种有枇杷、樱桃、石榴等 10 余种果树及柳杉、桂花、玉兰、金枇杷、白香等 10 余种风景树和法国兰等花草，是一处花园式的旅游休闲地和善男信女拜佛的活动场所。现该寺常住僧人为 2 人，其中比丘尼、沙弥尼各 1 人。住持心妙，为临济宗贵阳弘福寺法师弟子，赤松亲订黔灵法脉传承谱系。

（五十三）紫云寺

位于毕节市城东南方向约 5 公里的鸭池镇庙脚村圆坡顶上，原为母亲庙，始建于清乾隆四十八年（1783 年），光绪年间改称地母庙，因年久失修，庙宇早已毁。1992年，庙脚村的部分佛教信徒开始组织捐资在地母庙原址上修建紫云寺。现紫云寺占地面积1000多平方米，建筑面积1000平方米。寺庙坐西南向东北，由大殿、东单房、西单房组成。大殿于1998年竣工，共两层，每层建筑面积120平方米，为仿古建筑。第一层供奉释迦牟尼、阿蓝、迦叶、药师、阿弥陀佛等菩萨。东单房、西单房分别于1999年、2003年竣工。东、西单房为三层，最底层为附属工程，建筑面积均为100平方米；二层、三层建筑面积均为140平方米。大殿前，东、西单房之间为水泥院坝，约300平方米。紫云寺结构紧凑，小巧玲珑，独具风格。现住寺僧人5人，其中比丘尼1人，居士4人。住持释演月，为贵阳弘福寺圣宗法师一宗，其字辈为“能仁圣果、常演宽宏、惟傅法印、证悟会融、坚持戒定、永纪祖宗”。

第三节 佛教法器文献

毕节地区山川险阻，交通闭塞，许多佛教寺庙留下的文献、法器不少，但历经沧桑，所剩无几。此时若不搜集，以后将会消失。因此，经搜集整理，择其要者详述之，次者略述之，对于比较突出的，虽不存，仍录备考。

一 佛经佛像佛塔

（一）佛像

1. 黄铜观世音铸像　黄铜观世音铸像是一件小巧玲珑的精致佛像，高15厘米，宽6厘米，重480克，黄铜质地。整个铸像造型美观，面部丰腴，慈眉善目。两耳丰润垂肩，有耳眼，两眉之间有佛印，头顶挽有道结，发丝细文皆见。头载高宝梭形冠，有云纹花饰；身披宝缯，皱文飘洒；宝缯下垂至脚，两手作佛家无畏诀，指如纤箭，菌瓣微伸，可惜有两指尖断落。该佛像直立赤脚，比例匀称，关节协调，比例适度。该艺术品于1985年4月9日在纳雍西郊复烤厂建筑工地出土。1985年5月送省博物馆初步鉴定，为明朝以前作品。见《毕节文物·三》。又据《毕节地区志·文化艺术新闻出版志》载，经贵州省博物馆有关专家鉴定，该佛像暂定为一级文物，唐代时期的作品，其名为“观音说法铜造像”。现藏于毕节地区博物馆。

2. 观音铜像　铸于清乾隆甲戌年（1754年），早年藏于威宁县城文昌阁内，现已无存。

3. 观音洞摩崖佛像　位于金沙县岩孔镇西的学校处，学校左侧有一个面积约10平方米的岩穴，俗称“观音洞”。因明代佛教盛行于此，前人于洞前修建观音庙故名。观音洞内西面岩壁的平行线上自北而南依次镌有“释迦牟尼、观音、文殊”三面佛像，佛像距地面约3.8米，各占0.6平方米，盘坐于莲台闭目合掌，手托圣瓶，或立于云端手持拂尘。“三佛”构图严谨，线条流畅，形像生动，肃穆泰然，是金沙县境内唯一留存的古代摩崖艺术。现保存较为完整。1986年底，金沙县人民政府公布其为县级文物保护单位（见《毕节文物·三》）。

4. 石雕观音佛像　系清咸丰十年（1860年）雕塑，为送子观音，佛像线条匀称，高100厘米，重百余斤。膝上之婴儿头被打落。现保存于纳雍县维新镇河畔桥边群众家中（见《贵州省文物概况一览表》）。

（二）佛塔

1. 观文塔　原名观音塔位于黔西县城水西公园前左面绣球山顶。清雍正四年（1726年）僧人天安募资修建，其后8年不断增修。塔身用规整料石及青砖砌成。塔共7层，高约25米，下大上小中空，呈八方翘角宝顶状。底层高348厘米，宽412厘米，门高272厘米，宽272厘米，2层至7层有楼板、楼梯及拱窗各3扇，空间及拱窗大小随塔身递减；第三层上有修塔记事小方碑4块，第六层上有“文笔峰”3个阴刻字。募修之初名为“观音塔”。知州陈德荣《募修观文塔小引》载：“……余甫下车月余，有僧名天安者，持钵至署，以修塔募化。问其名，则曰观音塔……。越数日，而余往观焉。……盘桓久之，乃嘱僧天安曰：有志者事竞成，尔切毋堕尔志，使功亏一篑也。但塔建州治巽方文明之地，供奉观音，不若兼奉文昌之为善，现名观文塔……。”民国时，塔内第一层塑有千手观音佛像，当时观音像前香火不断。后无人管理，楼板、楼梯和观音佛像遭到破坏。1955年和1965年，塔遭雷击，塔身出现裂缝。1981年9月，黔西县人民政府公布其为县级文物保护单位，随后拨款维修加固，并增修山顶四周围栏。

2. 东山佛塔　《织金县志》载，东山佛塔即和尚墓塔，又称和尚塔，在织金县城东门外东山寺南侧60米处。原有墓塔10余座，现仅存2座，分南北并立。墓无封土，塔下砌有墓穴，两座佛塔均坐东向西，结构相同，为七级白绵石塔，表示佛教称颂的“七级浮屠”之意。每层形状各异。北塔保存完好，全塔高约290厘米。塔基为整块打成3层6方台，1、2、3层边长分别为61厘米、51厘米、42厘米；高均为4厘米。1级为正方柱体，边长34厘米，高58厘米，2级为上大下小，中间大的3层6方台，上下两层边长及高分别同为41.5厘米，6厘米，中层边长49.5厘米，高14.5厘米；3级为鼓形，上围、下围均为140厘米，高57厘米；4级为6角攒尖式翘檐，边长33厘米，高34厘米，上围115厘米；5级为坛罐形，下围115厘米；上围107厘米，高52厘米；6级为6角攒尖式翘檐，边长31厘米，高30厘米，上围91厘米；7级为葫芦形，高21厘米。该塔建于清嘉庆二年（1797年）秋七月，第三级石鼓正中凿碑直刻“传临济正中三十八世上存下寂慈老和尚之灵塔”，为存慈和尚的师弟存忠、徒发玉及徒孙等所建。南塔建于清乾隆三十八年（1773年），塔形与北塔相同。第1级右侧一方上刻有和惺和尚的法兄石静和尚题诗：“屡次修寺莫远求，内藏纳子一比丘，弥陀宝塔三千界，永垂东土万古流”。第3级石鼓正中凿碑直刻：“传临济正中三十七世上慧下参和惺老和尚之塔”，为和惺和尚的徒弟性宗、性慈、性忠及徒孙海成、海棠、海兴与徒重孙寂修所建。该佛塔系省重点文物保护单位东山寺的一部分。

（三）钟

1. 大方成化钟　铸于明成化二十一年（1485年）。系彝族默部74世、贵州宣慰使安贵荣偕妻奢脉与子安佐为祈福捐资铸造。钟原置于大方城东北角的永兴寺，使之“早晚撞鸣，以镇一方”。该寺后改为马王庙，又再改为武侯祠。钟于1938年移至今大方县城关一小，作学生上下课鸣钟之用。1981年，大方县人民政府行文加以保护，并交文物管理所作水西罗甸国文物收存。

钟体为铜、锡合金铸造。钟高135厘米，口径110厘米，腰径8厘米，厚1厘米，重约300公斤。钟顶部高36厘米，有一只六角钟耳，耳两面钟柱脚均铸有饕餮头形。钟耳两旁原名有钟脚1只（半折），已被拆毁。钟身上部高18厘米，四方各有一幅八卦铭文。钟耳两旁各有两对“日”“月”图案。钟身中部高56厘米，四方上下有8块彝、汉铭文，间铸4支直书联语。“月”字图案下联语为：“皇图巩固风调雨顺”。乾、坎卦下两块铭文：上块汉文阳铸为“大明国贵州宣慰使司，水西日革信官宣慰使安贵荣、同缘夫人奢脉、男安佐。伏为贵荣叩承世禄，职守边疆，扪心有志，报谢无由。是以夫妇谨发诚心，就于本境内之永兴寺一所，喜舍资财，装塑佛像，铸造钟1口于本寺，朝暮声鸣，以镇一境。尚祈保佑，俾我子孙代代”等103字。下块为彝文，已模糊不清。次左联语为“帝道遐昌国泰民安”。艮、兑卦下两块铭文，上块前段为汉文，为续前铭文字，有可识者为“锦远。宗亲、目把，世□宁，风调雨顺，五谷丰登。民□安生。成为□□王，瞻仰万古，德谨意。成化二十一年乙巳月十五日丙寅吉旦。舍银一百两，罗铜三斤，花锡一百六十斤，工匠银二十两”等68字。后段有彝文20字；下块为汉文，因钟受挫，仅余一“代”字。再左，“日”字图案下联语为“佛日增辉天下太平。”巽、离卦下两块铭文，上块为彝文，有112字；下块为汉文，仅存“目内信士头目庆福、□福、安泰、陈童、陈伯李、曾方明。引进人刘敦举、李由、云南大理府水西就古村田人氏李□□□□艮三”等44字。又再左联语为“法轮常转丰盈吉庆”。左坤、震卦下两块铭文，上块为彝文，下块为汉字。各仅 10 余字可认。全钟可认文字除八卦外，共有彝文 142 字，汉文 262 字。钟身下部有一撞击圈，在法轮常转位置下，有长 55 厘米，高 17 厘米的一块损坏缺口，系 1966 年所损。

钟上彝文经毕节地区彝文翻译组汉译为“畅垦默纳（安贵荣妻奢脉名）与贤嗣（指安贵荣）归来，不是立祠庙，而是铸钟以安慰祖灵。权士悬念已久，伏惟天祖降寿福于纳娄（地名，在威宁县盐仓），立其福庙，安氏若不修祀于祖宗昭穆，恐其不获庇佑（是习汉俗的一个部族）。诸陀尼，皆欣愿为安氏塑佛铸钟，钟是他们所造。用锡百六十斤、铜□斤，信银一百两，掺合铸钟。付技师工价银二十两。时当阿基君长执政十二年，岁在□已，四月十五日丙寅吉日。”

2．黔西正德残钟正德残钟　古名为安贵荣铁钟。《贵州通志·金石志》载：“安贵荣铁钟，在黔西县东门外观音阁，口径 6 尺，高 5 尺余。正书‘贵州等处承宣布政司、土官、右参政安贵荣、宣慰使安万钟，国子生易名；把事二人名，气脉三人名，白么一人名，裸所三人名，董督者老人一人名，头目四人名。正德庚午（1510 年）冬长至节后三日造’”。安贵荣铁钟在清咸（丰）同（治）年间遭火而损口部，光绪时复修观音阁后仍置阁中。后民国重修观音阁时，在阁侧修小亭悬置。主持铸钟的安贵荣为当时水西彝族首领，该钟系彝族先民笃信佛教文化的代表之一，年代较为久远，具有较珍贵的历史文物价值。1981 年 9 月，残钟与观音阁一起被黔西县人民政府列为县级文物保护单位，改名为“正德残钟”，随之拨款在观音阁左侧增修“残钟亭”，将该钟悬挂其内，加以保护。

3．金沙高岩寺铁钟　现仍悬挂于金沙县城西大定坡高岩寺外廊右端，钟高 110 厘米，口沿直径 100 厘米，钟身四周铸有铭文及铸造人姓名，并饰有花纹图案，但因年代久远，锈迹斑斑，无法辩认。据传，此钟不为祭祀，专作报警之器，镇上失火则鸣，其音宏亮，远传数十里。至今仍保存完好。

4．纳雍武佐大小铁钟　大小铁钟均系清道光年间铸造。大钟生铁质地，高 118 厘米，底部口径 90 厘米。顶端有 4 根兽足形挂钮，高 26 厘米。挂钮下的钟顶有直径为 20 厘米的 1 圆孔。钟身自上而下有 9 道间隔距离不等的线圈环绕，其中，自钟顶沿口到第二道线圈内有 4 条竖线从每根挂钮向下将钟体上部均衡地分成 4 份，二至四线圈、五至六线圈、六线圈至钟脚沿口处，分别有 8 条竖线将钟体平分为 8 块，3 组竖线相互错开。钟顶圆口至第一道线圈距离 11 厘米，并与 4 个直径各为 7 厘米的圆孔相接，每个圆孔均在挂钮之间，似回音孔。一至二线圈间距 9 厘米，其中间有 6 片莲花瓣图案，每瓣图案上有一朵小花，花分两层，底层 6 瓣，上层 4 瓣，二至三线圈间距 6 厘米，上有“佛日增辉、法轮长转、皇图巩固、帝道遐昌”16 个字均匀分布，并有花文装饰图案。三至四线圈间距 22 厘米，为捐资者姓名及所捐银两数目和“大定府儒学训导段德，教授刘钟盛，解元杨齐楷、举人杨齐中、生员饶钟体”等字。四至五线圈间距3.5厘米，仍为捐资者姓名及所捐银两数目，并有4个浮起的直径12厘米的向日葵图案，图案与“佛日、帝道、皇图、法轮”8字相对，并在一块上书“金火匠刘仕贵，道光二十二年十□□住持僧，……”等字，七至八线圈间距6.5厘米，八至九线圈间距5厘米，均有花纹图案，第九道圈上有112颗直径7厘米的凸起小圆钉。九线圈至钟脚沿口间距4厘米，无花纹图案。现钟脚沿口处有宽27.5厘米，长177厘米的1小块被打损。钟原为川全庙内祈祷所用，现存于武佐小学。

小钟通高58厘米，顶部有4根足形挂扭，挂纽间为钟顶圆孔。钟底口径53厘米，钟身从上到下有5道线圈环绕，一至三线圈及三线圈至钟脚沿口处各有4条纵线均衡对错，将钟体分成四份。一至二线圈间的4块上分别有“风调”“雨顺”“国泰”“民安”字样，并有图案将字嵌起。二至三线圈间为捐资者姓名及所捐银两数，并在一块上书有“大清道光三十年谷旦，四川匠士刘兴顺”字样。三至四线圈之间为波浪文图案。四至五线圈为棱形图案，并在每块棱形图案内刻有一朵小花，形成一道古朴典雅的图案花纹。五线圈至钟脚沿口有许多向外凸起的小圆钉。现除一道有30厘米长的小裂缝外，其余尚完好。小钟现存于武佐乡惠珉宫（川祖庙内）。

5. 大方东山寺钟钟系民国7年（1918年）铸造。民国《大定县志》载，东山寺钟上所刻文字内容为：“东山寺废置既久，得梅荣先生、欧佩九、陈以欣、王问樵四君经理，乃滮漫一新。今更谋铸钟，以备器物。将铸之前十日，属余记数言于上。余考之刘熙《释名》：‘钟空也，内空受气多，故声大。’以谓万物于天地间，皆气为之通，而声为之应。其在人也，气聚于胸，发而为声。扩而充之，足以成天下之事业。盖一吞吐间，而变化常若无穷。故山川人民之气，混合坱然于城郭间，而不能无所记，恒思假物焉，以寄之。自寺观、浮屠以至树一木、立一石，而钟者其最著者，举无寄之之具也。钟之内空无所鸣，而声之大小清浊，往往一成而不变，由其所为吞叶者有以限之也。钟之内空无所有，而气则流动充满，故叩之以大，则大鸣，叩之以小，则小鸣。其为吞吐，不尤令人深省也乎。钟之成，计身高若干尺，口圆径若干尺，重若千斤，费所自出，县长以下捐各有差。民国七年岁次戊午秋九月，县人王宝珩记。”

（四）炉

1. 黔西宣德香炉该香炉通高18厘米，重260克，厚0.4厘米，腹周长28厘米，口径7.9厘米，内高3.7厘米；圆底，径9厘米，连三足蹄足，足高7厘米，足间距均为4.3厘米，两耳呈桥洞形对称地置口沿之上，耳穿亦桥洞形，高1.9厘米，底有楷书“大明宣德年制”（1426－1436年）印记。明宣德炉：

“以铜经精炼，色泽极为美观，为明代著名工艺品”。此炉为1983年8月由黔西县财政局捐献。现藏于黔西县文物管理所（见《毕节文物·三》）。

2. 黔西罗汉炉　该香炉为红石打磨精雕而成。炉身平底长176厘米，宽85厘米，厚17厘米，炉身长162厘米，宽75厘米，高48厘米，壁厚18厘米，整炉体积约0.79立方米。炉外壁浮雕的罗汉头像近千个，大小如核桃，神态各异，慈眉善目。故名罗汉炉。惜时间久远，炉沿及四角均有损坏。此炉系黔西县开元寺的香火炉。开元寺已毁。系1983年在开元寺遗址处发现的，现保存在黔西县水西公园内。

3. 织金县熊家场观音阁石香炉炉呈四角鼎形，高42厘米，长63厘米，宽58厘米，正中熔化香纸面积为深15厘米，长46厘米，宽18厘米。现仍存于该观音阁。

（五）证章

中国佛教会黔西僧尼抗日救国会证章　该证章系抗日战争时期（1937－1945年）制作。铜质，圆形，径3.3厘米，厚0.1厘米，净重32克。章面为彩色烤漆，蓝底，面有“中国佛教会”和“黔西州僧尼抗日救国会证章”字样，章背面阴刻“职”和阴刻编码“68”字样。此证章系1940年化觉王龙江入会时颁发的标志。现藏于金沙县文物管理所。

二　诗　文

（一）佛经

毕节地区一些规模较大的佛教寺庙，如黔西开元寺等均有专用的藏经楼，藏经楼藏有不少经书，但历经变乱，原经书早已无存。清光绪年间，威宁县城凤山寺藏有方洪和尚从四川峨眉山带来的《大报恩经》《大乘妙法莲花经》《三昧水忏》佛教三大经书各1部，也年久失散殆尽。现毕节地区仅有佛事活动常念诵的《大乘金刚经》《地藏菩萨本愿经》《大悲咒》《陀佛经》《大乘妙法莲华经》《药师经》《大乘无量寿庄严清净平等觉经》《大佛顶首楞严经》《无量寿经》《弥陀经》《般若经》《心经》《大方广佛华严经》等佛经，至今还未有大型的藏经。

（二）僧侣著述

钝锋和尚：《迎朝科》一部

嵩目和尚：《语录》八卷

（三）诗词

1. 僧侣诗词

利根（继庆）:《霜柏诗文》，杨文骢为之序。

利根（继庆）：存诗于《黔诗纪略》3 首

嵩目:《嵩目诗集》

加渺（明僧）:《赞黔西后朴古胜城》1 首，诗曰：“九龙卷沙州，一江水倒流，栈行悬崖处，城台眼底收。”

苍遥:《黔西东山寺新构禅房落成》赋诗 2 首（详见《东山寺诗碑》）

2. 各界人士咏寺庙

毕节灵峰寺

林　晟:《灵峰》1 首

刘明儒:《游灵峰寺》1 首

李云沾:《灵峰斋》1 首

路斯京:《投宿灵峰寺》1 首

高仕征:《灵峰道中》1 首

黔西城观音阁

张　琚:《黔西城东观音寺小集咏怀古迹》1 首

威宁凤山寺

苗勃然:《登凤山大观楼》1 首

威宁涌珠寺

姚柬之:《葡萄泉》1 首

张吉熙:《涌洙泉》1 首

余达父:《涌珠寺观井》1 首

织金东山寺

黄元治:《东山寺》1 首

王之邻:《东山寺》1 首

詹　彬:《游东山作》1 首

陆幼新:《登织金东山》1 首

大方西山观音阁

刘玉泉:《游西山观音阁》1 首

大方东山寺

刘玉泉:《东山寺》1 首

黔西东山寺（开元寺）

赫霖泰:《游十柏禅房用徐明府韵》1 首

德　隆:《游东山次孙陈二学使原韵》1 首

任镇及:《游东山》1 首

刘永安：《游东山寻菊步德野溪原韵》1首
姚柬之：《游黔西开元寺十柏山房有怀前刺史吴兰雪》1首
毕节蟠龙山
吴　纪：《题蟠龙山盲僧禅房》1首
大方上龙寺
俞汝本：《宿上龙寺》1首
织金保安寺
易吴刚（易凤庭）：《三甲保安寺题壁》1首
金沙高岩寺
金志湘：《清明节登高岩寺》1首
金沙白云寺
蓝云夫：《白云寺遗迹摄影》1首

（四）碑记

1. 灵峰寺碑记　据现场调查，该寺现存碑记17块，均为青石质，大多镶嵌在原村民组公房（现为寺庙房产）石墙中，其中明代1块，清代12块，民国1块，有3块因年代久远，风雨侵蚀，碑文已无法辨认。现根据碑文内容，部分碑文全录，部分摘录，部分简要介绍如下：

（1）万历灵峰寺碑记该碑系从地下挖出，碑为明万历四十一年（1613年）所立，碑文为几年前毕节第一卫校吴长生老师所拓印，现该碑仅存一截，碑眉正中题“□□碑记”四字，碑正文为：“……帘住山地又……呈相仍如昨，宝珠远隐他方……入山之后，朝课曰诵，晨钟暮鼓。朔望祝廷殷勤寸不育，或有余赀，无非修补。常住傅庀木石之费，更不□□僧者害成而不坠，释氏家声者也。因本寺茴存亩……，是举也。岂为今计也哉，西竺遗风，自此阐扬东土祖也。□□浅浅也，余因如鉴之请，故延访颠末书文以为记云：□□皇明万历四十一年二月上浣之吉，掌前广西梧州博白县佛学教□、大雄殿致政指挥孙勇建，观音殿教官徐绍尧建，左倭僧人宝珠建。”（以下有240余字，主要记载灵峰寺地界及捐银捐物人员姓名和所捐数目）。最后内容为：“施财造碑：信士成可忠四□□□，捐资僧真徐忠江，韩秉仕。”

（2）万古流芳碑记　该碑为四楞碑，碑高142厘米，第一面宽30厘米，第二三面在石墙中，第四面宽32厘米，该面碑文为捐资居士姓名，多为女性，姓名为：“某门某氏”加法名，如“王门张氏宗福”、“陈门李氏正真”等。碑文每排书12人，共九排书108人姓名；第二三面碑文估计也是捐资居士姓名。现仅第一面碑文抄录如下：碑眉正中题：“万古流芳”四个大字，碑正文为：“灵峰寺□廷前启碑记：峰以圣人、昔人言之祥矣。后人□前□慎能无待焉。适有滇僧宗映者，衣破衲□食山苓，不事浮华，勤耕诵扬□□有居士承□承钵，于雍正十年，住之暇觇其土物而秀，然觅其碑籍，而森然聪其宇舍而萧萧颓然，喟然叹曰：吾师辛勤竞成荒刹，实为通邑恨邑。美不为踵，将昔之开此山者，能不心赴东流，爰为聚众鸠工，增其前数丈土，其余石培其缺，备后□敞卉，再造前殿，乘嘉木偕修。林因山□踞高峰间，清雅体制形势，遂在放□□之上，阅年告成。余因□为盘登曲□旋峰上，雕虎勿涌，新气迎人，舍亭廊出之意外□与僧携手过青林□古木立竹露，疴石显矣。曾鼎革之几□而增花，已非前人曰也。余曰：噫嘻，双□不出数十年矣。克厥美人、山川、佳色不至终湮。侧境嵯峨，□为图昼咸僧之□□不及此。映赴谢曰：僧不敏，敬承旧绪，实不忍。今梵萧条，先机埋没，好事增慧，高人愀目，耳所赖□□千方君子共成志，僧何居为？古人云：谁非造化转水光山色于眼前，□此人功，留雪月风花于本土，僧固窍比前人，抑□兹举之年也。爰快述其良图，因求以石为记。雍正十年(1732 年) 季夏月谷旦邑中居士洪楷撰并书丹。”

(3) 新建观音阁两廊碑记　该碑高 73 厘米，长 113 厘米，厚 13 厘米。碑文为：“新建观音阁两廊碑记：书此向以书，乐观劝果诚始而成终也。灵峰寺仍毕邑胜景，阅数百年□，兹佛宝仙井兮：说古之君子，载在其□□序，补葺之文者多，不一而焉，庚午（1750）秋，值宗映禅师归来，□□礼拜之下，恍然有指引再造之思，似觉其山门近促而无暇，□□远接而气阔。默度其形胜家相其几宜，概然新建观音阁于大雄殿之后，爰诚县主凌公□福因广种，叩祈钱局募化，南北善人拍赀赞助。□□□义□□。后日□□□，□□而正殿佛像辉煌，两□禅堂、客厅焕彩，大功得以告竣，勒石以垂不朽。虽曰灵峰天造地设，岂非人功之力有以至之载，自是而知□兹云济美□罔非行阴布□□，法海渡众，乐善好施，后之君子来游于斯者，极目逞怀，怡情凭□胜，众始基叹焉。是为记告。大清乾隆十有八年（1753 年)，岁在癸酉孟夏月谷旦，镇南刘琬琢之氏序。嗣曹洞正宗三十四世弘法沙门宗映率徒：正心、正修、正悟、正□、正志，徒孙：教训、教言、教谕、教说、教谱、教诗、正求、照阔，重孙：密慧、密传、密松（以下为捐资人姓名及捐资数目略)”。落款为：“昆海乞士身修人士书丹。”

(4) 灵峰寺告示碑记　该碑为正方形，宽 75 厘米，厚 11 厘米。碑文分为右边和左边两部分，因碑的右边部分已残缺，碑文前部分的内容部分也残缺。碑右边的碑文为：“□□□ 月拾柒日。重修寺宇设立碑记□□□□□□□□□□□□□□□□□□□□□□□山并发烈山顶，西至干燕塘，北至吊马岩□□□□□□□□□□□□□□□□□，相连混入，被人累年混占。僧若不请照□□□□□□□□□□□□□□□□□□□常住佃无赖，只得开具四至禀乞莹前俯准楼悯赏给□□□□□□□□□□乱侵占矣等情据此随批乡保。□乡确勘去后，旋据樊以淳，彭毕，恩惠□□□□□称蒙恩批。据灵峰寺住持僧宗映具禀前事情由，奉批仰乡保确勘，禀□□□该约等遵即至彼，查勘得灵峰寺额，有灵峰寺常住地土，山场碑记刹载：东至加担湾、毛家岩、凤凰嘴，南至白虎山伞发烈山顶，西至大寨干堰塘抵王宅地，北至吊马岩山岭为界，并无异姓诸人地土。□□□亦非虚侵占情弊，兹奉批查理，据实粘连原批一并禀报，伏乞莹前俯赐查夺，赏给执照，庶免奸豪混占，求杜事端矣。等情前来合行给示，为此，示仰灵峰寺附近居民知悉，几系灵峰寺碑载：山场毋得妄行侵占，其庙内务宜清肃，不许群众叫跳、饮酒、赌赙、践踏山门。如逢□住持僧人据实禀报，以凭拿究，该住持亦不得借端滋事，致于未便，慎之禀之，特示。”

印　乾隆元年（1736 年）柒月

碑左边的碑文为：“告示□□押发灵峰寺”

晓谕：灵峰寺西抵大寨干堰塘之山场，地土累被豪强侵占，未清，不得已，其程大爷莹前，承恩金批，仰乡保查明：四至界无牵混。现乡控土，不得徇私偏袒，奸唆使，玖干究处。本年三月内具禀教谱（本城乡保 21 人姓名、士退人 5 人姓名略。）

大清乾隆十九年（1754 年）五月浣立石

嗣曹洞正宗三十四世沙门宗映，徒：正修、正心、正悟、正□、正志、正蕊，徒孙：教一、教洗、教谕、教训、教谱、教言、教宏，重孙：密慧、密传、密松。

（5）新开灵峰寺泉凿池建桥碑记　该碑文系毕节进士路元升所撰，碑文前一部分主要记叙董朱英莅任毕节知县后的政绩，在此仅摘录后部分于下：“……偶过灵峰古寺，知寺僧远水三四里汲取，寺前田亩，稍旱则槁，候鸠工向寺后凿山得泉，砌石沼于寺，开沟引泉入沼，使之流出寺前灌溉；沼上架石桥往来；又重拓山门山径甚备。噫！侯之眷眷于毕邑，何其不遗余力也。盖侯以仁存心，且家素晓裕，每遇公用，取家资从容处置，如水顺流，不疾而速。是以莅任三年，毕节气象甲于通省……。予叨居治下，辱蒙为书院之长，目见耳闻，至详且悉。今寺之僧得侯之疏凿山泉，勒碑灵峰，求予为计。予思侯之善政，由巨及细，自本及末，以至释氏亦不忘于心。洵乎无一人不得其所，无一人未合其宜，治一邑如治一家之兼尽，此岂易得之当世哉！爰诠述种种，俾镵诸石上。”

（6）灵峰纪胜碑记　该碑长 193 厘米，宽 83 厘米，因嵌在墙壁之中，厚度未能测量。碑眉正中阴刻“灵峰纪胜”四个大字。碑文开头为：

灵　峰　纪　胜　并　序

已卯（1759 年）秋八月上浣安顺吴纪序

邑人洪楷赋诗书丹

传曹洞正宗第三十四世洪发沙门宗映

正文的第一部份系吴纪所作的序文，序文近1500字，文章用对比的手法，畅述他两经灵峰切然不同的感慨，介绍了灵峰古刹的风景名胜，赞扬了灵峰的倡导者和培植者；第二部分为邑人洪楷礼赞灵峰胜境的二十八句律诗，其诗对应工整，朗朗上口。兹抄录序文中的一段内容如下：“……一日过灵峰眺望，慨名胜之零落，命寺僧募修。寺宇外，捐资修凿山泉，上开天池，中开莲池，下开月池，引泉入池，迭流至寺下，灌溉田亩；池各垒石，围以朱栏，莲池上架桥梁登殿”；殿前悬额曰：“南天瑞霭”题曰：云影水光，象外机缄自远；松声竹韵，个中消息难添。寺前狭隘，筑石扩其基址，绕以白墙，墙户五牖，两旁立势；中庭建高坊，悬灵峰寺额；东庑外建鹤亭，题曰：千翠风来舞，一曲瑶琴鹤欲鸣。西庑外建鹿苑，题曰：松生灵境涛声静，鹿到仙源兰草多。卷石磊落处，删削芜秽，筑亭曰：“法华长映”。东山门外绿荫一带，不劈双井，建慧泉亭；由东亭出路转处，立坊曰：“仙境无双”。又曰：“白云深处”。自门处迤逦至此，共列栏杆七十余丈，茂树荫翳；坊右筑玩月崇台，石床石座毕备，壁径通法华亭。峰顶建白塔曰：文笔峰。前后鸠工几三载。公之培植名胜，可谓尽情尽致而无遗恨矣……！”最后落款为：住持僧教训立石

（7）刘延诗重修灵峰寺碑记　碑高101厘米，宽68厘米，厚10厘米。碑文为：“吾邑刘延诗，号颖轩，孝义士也。其母陈太宜积德好施。本于至□凡邑中建神祠、修桥、逢者倘与闻之，无不乐输匪懈，岁辛巳（1821年），酹愿□弥勒轩息兹寺，瞻庙貌之倾颓，有意培补而未明言。壬午岁（1822年），颖轩自川归。承欢之暇，与二三人同揽胜灵峰，见大殿金碧辉煌，焕然一新，而前弥勒殿仅数椽支立，观堂门屏朽败，神像不免风雨之侵□焉。兴怀奋然，自任即日庀材鸠工，亲为监理。凡四喻日而佛龛，神□，上栋下宇雕刻，彩与大殿稍为焕发。甚盛举也，夫太宜人夙有经心而未以是，命子颖轩举□乐修焉。隐与太宜人符合所谓；亲于无形，听于无声者。非与欠抑又闻之。兹寺创造甚远，□中得邑任董公（知县董朱英）重修，始成名胜。后人不善守成，倾覆圮坏，并前人所经营缔造者，亦湮没不彰之举也，颖轩独能访求前迹。如鹤亭、月池、寺外碑楼以及匾对之存者，□□□其故胜□□，不自以为名，□其表彰前贤之功，视掩人扬已者有间矣。然颖轩不自以为功，而兹役予亦得与其事，身目击乌得不表白之。以为孝义者，劝子时有好义乐施，助成善举者，并谨列芳名于后（以下为捐资捐物者姓名与其所捐数目略）。”

落款为：兰齐吴定芳谨序，时滋肖逢澎拜撰，住持僧密涵、徒孙祖印监修。

道光三年岁次癸未岁月上浣之吉后学刘延诗重修碑记。

(8) 重修灵峰寺弥勒殿碑记　碑高116厘米，宽76厘米，厚15厘米。碑文近800字，兹摘录部分内容于下："重修灵峰寺弥勒殿碑记：……距道光壬寅岁（1842年），邑绅士杨佩芝、糜肇瑞等随喜于寺，目击心恻，慨然协图兴复焉。先捐赀重建观音院一堂两庑，落成时镌石，纪庸极为详核分明。但寺之体势粗备，而弥勒殿之卑庳，并山门之倚于一偏者，未为峻整，首士等思补其缺略，更募化饬材庀徒，揆日，经始于甲辰（1844年）之春王月，次第改作□阙丰堂，殖殖其庭，有觉其楹。另构钟鼓楼于殿旁，如鸟斯革，如翠斯飞。山门则柱以石，而壁以砖取其坚也。移其向以同于殿轨于正也。其他客舍、僧寮、鹤亭、鹿苑、香积之厨、籓溷之所，俱埽而更之，八阅月而后成。无者，使有缺者，以弥典廊□窕修弄逶迤缭墙四匝，庙貌浑坚完固，而□神佛于焉……。"

落款为：皇清道光贰拾肆年（1844年）岁次甲辰九夏月王海镜书丹并序。

(9) 灵峰寺印照碑记　该碑高70厘米，长119厘米，厚14厘米。碑文如下：

此寺本朝自康熙庚子年（1720年）重建，请县尊柯公天健撰文勒碑原委较明，嗣后历有兴革，而唯董公朱英尤有惠于寺，特给印照，今刊于石□以垂久远。特授贵州大定府毕节县正堂董为勘断赏照，杜患事，乾隆二十年（1755年）11月18日，据灵峰寺住持僧正修禀前事，禀称缘灵峰寺毕邑古刹，主山溯明戊午（1618年）万历年间有夷目灼苴杨保所施。山场地土并本寺四围，常住四至刊载碑上，不意年远，有王问浩等霸占。西至杨保舍寺内地一概占去控，经天台蒙恩赏，临亲勘照碑界断归，常住取王宅遵依结状在案。恐日后无凭，估心復萌禀恳，仁天赏给，遵照照界管业。庶贪占者不得混争也。伏祈台前俯准赏照施行等情，据此，查该寺常住田四至，已于乾隆元年（1736年）七月间经前县葛（荃）任内照碑载：四至给有印照。在卷迨□，本县莅任复据，该僧与王问浩等互控，前来当经亲履踏勘其地，确在常住四至之内。原系王问浩等借界侵占，断令退出给僧管业。在案兹据该僧具禀前情，合行给照。为此，照给主持正修□遵照后开四至管业□，附近居民不得越界侵占。如有故违，该僧立即指名具禀，以凭重究□，该僧亦不得借端越占民业，□滋事干咎须照。计开东至枷担湾、毛家岩、凤凰莺哥岩，西至大寨干堰塘横路老鹰岩为界，南至羊发烈山顶，北至吊马岩山顶。右照给灵峰寺住持僧正修。准此。大清乾隆二十年（1755年）11月26日县照□给照。原灵峰寺一山门改正辛山，乙辛卯酉分金。一伐去山门口大杉树，二章因其心空，仅卖九良平四拾两添入修寺（以下为捐资重修弥勒殿人员姓名及所捐数目略）。在捐资人员中，"住持悟影助银陆拾两正。"

监修：王泽涔、宋光远、住持悟影，协同监修：沙弥祖材、祖柏、祖槐、师源。

大清道光二十四年甲辰巧日上浣之吉日王海镜载笔。

（10）重修灵峰寺记　该碑为四楞碑，碑高90厘米，第一面宽30厘米，第四面宽29厘米，第二三面嵌在墙壁里面。碑嵌在墙壁的最下层，挖土拓印未到碑脚，估计每竖行要少3到4个字。兹将第一、第四面碑文抄录于下：

重修灵峰寺记：城西灵峰寺创自有明，迨天启壬戌（1622年）毁于兵燹，荡然无存者。同朝康熙乙卯年（1675年），邑绅樊应兰慨焉，当仁募金重建、香费、灯费有资，更置田以赡僧。寺优婆塞李奕熼复捐巨产为助，招僧普纯及徒通修供奉佛龛，世世承袭将□□□年，弗斋嵌尘，周梦兆引。柯邑侯侠记犹摩挲可考焉。咸丰辛酉年（1861年）发匪炬火，灵峰寺□墟，寺僧逃亡，独瞽僧祖材跏趺坐守，豢食寺租，垂二十年难兴庙貌。光绪乙卯（1879年）□□僧卒，应兰裔孙樊明荣抱绳武志，谓灵峰为：毕邑发脉有关阁，邑文风未可废，而弗举，询谋佥同力任工董，余是备查诸户，详载□□□□为□卖立案准行，都人士之捐资助工者不少余六拔文。华典公银贰拾两……。（以上为第一面碑文，以下为第四面碑文）……公钱叁拾千，以□□役抑，谓一县人文，所非徒壮瞻恣游聘已耳。乃议□□□□突有游僧思礼。匿樊应兰、李奕熼等善行，自讬为瞽僧徒裔，谓业皆僧置向□□□□外人不得干与阻扰搆讼上渎。大府并控赴滇。钦使经余缕晰陈情而讼寝，仍以初议立案为者为断。余卸去在即，咸请序其源流。助□□□许不禁慨然曰：夫利弊易乘除也。今昔难逆亿也。世创于明□，其如天启之火何□□□，于后其咸丰之火。何僧搆讼而得来者，私也。僧搆讼而卒，不得业者，公也。其长此不弊，唯大公无私。匪唯有以社僧□且可以杜，非僧者之众口也。否□□□其利者，独僧也与欠哉？举一概三，寺犹显焉者也。

光绪六年庚辰夏蜀綦陈昌言禹门氏撰

（11）民国五年重修灵峰寺碑记　该碑高144厘米，宽74厘米，厚17厘米。碑眉正中撰有“同结善缘”四个大字。碑文的主要内容为捐资重修灵峰寺人员姓名、捐资数目、捐资总收入，重修灵峰寺的各类支出及支出总数目。落款为：住持僧：妙莲，徒：理馨，理宣敬书，徒孙：洪开。

中华民国戊午年仲冬月下浣日吉旦立。

注：除以上碑记外，存于寺内的还有《宝黔局众姓碑记》、《合郡善士匠人等碑记》、《相□家寿》捐资功德碑3块，《重修灵峰文塔记》碑1块，已无法辩认字迹的石碑3块。

（12）开元寺碑记　开元寺位于离黔西县城1公里的东山，康熙三年（1664

年），知府王命来、总兵李如碧创建。碑记为知府王命来撰写，全文如下：

黔西王命来《开元寺碑记》："按水西为黔藩篱，自济济火随丞相亮有功，封罗甸国，历唐宋及明，始伐山开道，置邮传。迨后酋长恣杀戮，肆攻掠，服食僭侈，廷议大出师声罪致讨，乃献水外地赎厥辜，而六广迤西，声教犹未施也。恭维大清定鼎，统一海宇。康熙甲辰（1644 年），吴三桂奉简命专征伐，率诸大将军讨平之，分郡其地，设置文武守臣，圣天子乾断，谓黔西为都督李公手柘，即以公镇焉。维时骨骼满野，燔燧相望。公歼渠魁，散胁从，饥者饲，寒者襦，苗民咸就约。丙午岁，余奉守是邦，道皆榛芜，虎豹交错。乃披蒙茸，据形势，即故址垒筑岿雄之雉堞，克有宁宇。城东二里许，岗峦耸峙，逶迤蟠结。公谓余曰：'是天辟祇园地也，宜建梵宫为祝厘所。'顾飞锡（佛教名词。僧侣游方之称。相传唐元和，高僧隐峰游五台，掷锡杖飞空而去。故称僧侣游方为飞锡）无其人。时嵩目大师，源出破山，于法初三车（佛教名词。佛教宜称人有三种根器，因此有三种修持途径。三车即比喻三种修持途径），结合贵阳之祥麟庵，拈花一笑，诸大宰官咸执弟子礼，公折柬敬屈数四，遂毅然来主是山。爰诹吉鸠工，庀材鞭石，构大雄宝殿、藏经阁、大士阁、天王殿，两庑廊舍，凡若干楹，固绕差备，金碧丹垩，宏敞焜耀，费计万金。阅十五月而告成。置田百余亩。勷是役者，黔镇偏裨，诸君暨缙绅衿耆捐施力居多。而规划布置，则雄师之慧心法眼。于黔西为壮观，于贵筑称结构焉。公暇日偕士大夫往游，千峰万壑，飞青拥秀，春花秋月，雨树晴烟，光景莫可名状。或进而贺曰：'以公之志而师克成之。且昔僻寂而今林总，昔椎结而今冠堂，昔侏禼而今礼乐，昔擎搼杯饮而今几筵揖让。千余年负隅梗化之区，一旦隶天朝而登衽席，非佛慈启佑不至此。'公准唯曰：'余志毕矣。'继公而莅兹士者，有都护王大将军，萧规曹随，一以清静拊循为务。雕瘵日起，生齿益繁，浃肌沦髓，声教四讫，千万世称西鄙雄藩焉。而大师卓锡，泉涌法象，全貌与斯郡并垂不朽矣。予不敏，适承乏与其事，故弗揣谫而记之。"

（13）涌珠寺碑记位于威宁县城东凤山脚下，始建于明代，碑文为总兵朱万年撰写。全文如下：

总镇朱万年《涌珠寺碑记》："自尼山逝而佛老兴，数千年间，排之者固多，羽之者亦众。而神州赤县，名山大川究非翟昙黄老，即函谷青牛，飞楼联阁，丹垩盈眸，时势相沿，若有沛然不容已也，非二三儒生所妄议而灌之者也。夫尼山道大德尊，帝王将相，莫不仰为师表，入宫则端肃，朝谒者有时，而匹夫匹妇，呆女痴儿概不得窥其堂奥。彼梵刹珠宫，士女如云，任其瞻眺，虽灿丽煌煌，适是以彰尼山之道盖大且尊矣。入世出世，并行不悖，未为过也。予自承乏是邦，拮据诸务，自愧才庸。三年以来，粗有绪。偶游东北，得清泉半亩，泉从地涌，宛若贯珠，士人谓其地旧为涌珠寺。近而目睢之，泉为土壅，涓涓不畅，稍掘，得甃痕，泉始大涌。与诸寮采谋，欲庵其上，而一时善士同心响应，不日落成。今易寺名庵，虽规模褊隘，有愧内地招提，然荆棘瓦砾之中，一旦忽现化城，亦足为万里蛮荒大开生面。庵中供大士送子像，为合郡人民祈生生之福。他日比屋而封，生齿殷繁，大士有灵，应亦色喜。况蛮巢甫辟，未能尽消犷悍，既凛之以进朝赫濯之威，复示以福善祸淫之戒，此古圣人以神道设教，用警愚顽，非徒饰土木而娱游观也。昔之九鼎，俱载百灵，千古以下，未闻以荒诞议之。是举也，或一谓世人心之一助云尔。”（见《大定府志》卷之二十一）

（14）募修观文塔（观音塔）小引碑记　观文塔位于黔西县城水西公园前左绣球山上。小引为黔西知州陈德荣撰写，全文如下：

黔西陈德荣《募修观文塔小引》：“黔西郡，古罗甸国也，旧属鬼方，城郭不完，赖四围山川形势以包罗之而成州制。爰考开疆辟自三藩，甫六十年，其间，天挺秀，地钟奇，人呈瑞，文经武纬者，不下数十人，皆由狮山耸翠，龙水澄清，有以致之也。独是桂子飘香，喜巍科之屡掇；杏花黯淡，慨雁塔之无名。或者山川缺陷，甲第难登，不得尽谓风水之无征也。余甫下车月余，有僧名天安者，持钵至署，以修塔募化。问其名，则曰观音塔。问其地，则曰郊外离城里许。越数日，而余往观焉，登其台，其址轩昂，宏敞可爱。观其势，众山拱向，风景宜人。又其间烟云缥缈，莫可名言，有令人心旷神怡，流连而不置者。盘桓久之，乃嘱僧天安曰：有志者事竟成，尔切毋堕尔志，使功亏一篑也。但塔建州治巽方文明之地，供奉观音，不若兼奉文昌之为善，更名观文塔。于是捐薄俸以勷盛举，更愿阖州绅士兵民共助厥成。行见此塔一建，则文峰特立，秀极天表，且关锁一带山水，诚为州城巨观。将来黔西人士，必炳炳蔚蔚，捷南宫而直上矣，宁仅月殿生香已哉！是为引。”（见道光《大定府志》卷之二十一）

（15）建翔龙寺碑记　翔龙寺位于现毕节市城五龙桥后山，明季始建，乾隆十九年（1754年）重建，寺早已毁，碑也早已无存。其碑记为邵熙载撰文，全文如下：

毕节邵熙载《建翔龙寺碑记》：“毕城南里许，有五龙桥。其水源发于龙洞冲，自城北隅，瀑叠三下，走城东，逼南隍，左折，顺流直下。前辈建五洞以锁之，旁建大寺院，非徒为观美也，盖亦见于风水之说焉。乾隆辛酉（1741年），堪舆氏为言：水口如砥，宜树笔峰立于鱼矾烟水之上，以耸其势，宜光楼阁置于长桥垂虹之间，以壮其威，则地方人文蔚起。此意殆与建桥之意隐合，时邑侯谢公（谢国史，乾隆四年至八年任毕节知县）以澄海名进士牧兹土，甫下车，除苛政，育人才，存心风教。闻堪舆言，遂捐俸六十六金以为倡。无如木石之费约计千金，非一时所能办，于是绅士以捐项择老成人分掌，越数年。生息二百余金。甲戌（1754 年）秋，绅士吴子应微，谢子岱、秦子学瀚、章子康、盖子天章、刘子士忠等相聚而谋曰：树峰兴阁，今兹未能；然谢公之意不可止，分掌之例不可恃。不若将历年生息，先于桥旁旧基建翔龙寺，左立观澜院，右立君子祠。其所捐资本，仍留俟日树峰兴阁之用。众谋既办，鸠工庀材，不数月而告成，以记嘱余，余进诸子而语之曰：风水之说，虽难尽信，然吾乡自辛巳（1701 年）建塔，丁酉（1717 年）建阁以来，科甲蝉联，历有明验。今寺与奎阁掩映，以辅文庙，前人既开基以待之，后人又何不踵事增华欤？余年老，恐不及见笔峰于楼阁之成并人文之盛，窃愿继起英贤，仰体谢公栽培地方之意，读书砥砺，实践躬行，不第以荣为名为兢兢，俾德业文章彬彬称盛，我毕邑边陲，可与中州文明之地相埒也。诸子皆以余言为然，爰笔之而为记。”

（16）黔西东山寺诗碑记 东山寺亦称开元寺，始建于康熙三年（1664 年）。诗碑在民国以前镶嵌在东山寺（初创时名开元寺），20 世纪 50 年代庙毁后，就移于水西公园镶嵌于残钟亭小院壁上至今，1981 年被列为县级文物保护单位。碑为青石质。长 131 厘米，宽 68 厘米，厚 14 厘米。诗碑全文如下：

东山寺诗碑

东山寺僧苍遥，新构祥房落成，予以相屏其额，兼赋二律，以记胜迹。

自笑探奇孰与俦，闲寻古寺柏偏幽。
参天直干苔痕老，近露繁枝日影稠。
钟鼓歇时声寂寂，烟云幻处景悠悠。
山僧亦是绕清兴，新起禅房为客留。

禅室清幽幽境多，柏树屏到翠交柯。
河边绰约风翻蓼，亭外萦洄水侵荷。
掷植松楸增黛色，更栽桃李待春和。
从今处处堪图书，好与诗人妙笔摩。

徐荀龙题

胜境寻芳喜结俦，东山古刹柏清幽。
绿荫环绕苍烟秀，翠霭氤氲玉露稠。
爱护筠天情白切，栽培黛色兴何愁。
开然屏嶂无穷趣，僧构禅房好景留。

山阿古柏历年多，雨露生成连理柯。
劲节漫夸三径竹，青枝偏称半庭荷。
当前点缀增春色，到此逍遥养太和。
客里恰逢名胜地，篇章歌咏入神摩。

袁落孙和

览胜东臬爽气多，山房恰称碧枝柯。
繁荫低映庭前竹，密叶斜遮水面荷。
最爱秋来寒色尽，更看春到暖风和。
徘徊住处题难进，也学诗人着意摩。

乾隆乙酉（1765年）仲秋浙西袁落孙书于黔西官署。

尊僧苍遥立石

周士乾　镌刻

（17）重修东山开元寺碑记　为黔西知州赫霖泰撰文。兹摘录碑文的后半部分如下：

黔西知州赫霖泰《重修东山开元寺记》：“……夫何岁月推迁，风雨剥蚀，檐牙牟而毁落，廊腰折而欹颓，琉璃半琐于游云，赑屃久埋于荒草。寺之废矣，非一日矣。今湖南大中丞先抚粤西，以读礼归，时一往过，目击心恻，思所新之。于是饬工师，庀材石，阅数月而告成。琳宫宝刹，焜耀依然，金容月相，圆满如昔。不有废也，何以兴乎？惟是佛氏之于经为甚相远。公以正谊明道，为朝庭股肱心膂，方持正经以翼世，又何于寺乎留意？虽然，吾闻之陈眉公曰：西方之教，可翊经而行。宗门，《易》之旨也。译书之法也（宗门：佛教名词。宗：宗旨，门：法门。易：《易经》。译：古代解释义叫译，解释经义的书，叫译书）。戒律，礼之卫也，果报《春秋》之赏罚也，甚也，佛之教，经之教也。其可以翊经者，即可以翊世也。惟公翊世之心，无所往而不寓。则夫宏佐命之道，造邦国之福，国以缮其疆圉，整以辑其纲维，于是役推之矣。某不敏，承乏兹士，窃有喜乎寺之废而兴，而穆然乎公之翊世之心，因是役而益见也。爰记诸石，以垂不朽云。”

（18）威宁观音寺重修碑序　碑序为徐子京（威宁人，道光己酉（1825年）拔贡）题。全文如下：

观音寺重修碑序

徐子京　题

吾乡有观音庵，比丘尼主之，里中善女人礼佛于此。余童子时嬉嬉与之游，距舍下不百步许，甚熟也。庵虽小，斋鱼粥鼓，庄严毕具，近年风雨漂淮，殿堂倾圮，土坦露庄落索有声。广修寺中优婆也心悯之，悲生悟中，誓修兹寺。既而扬善唱缘于前，诸檀挪布全于后。而上殿、而外殿、而廊，焕然一新。功成乞序于余，余为观士音菩萨从声闻入道。……（见民国《威宁县志》卷之十八）

（19）威宁西鹿洞碑序　碑序为徐子京题。全文如下：

西麓洞碑序

徐子京

将欲礼琳公梵宇卿邑之中，则必𪩘岩沟涧壑，陵绝险阻，疲极人力，乃可以为也。然求天造地设之境，或往往难之，度其地，全其天，得其人，昔之所难。今于是手在。赫章为乌撒之名区，而西山之麓实为赫章之胜境。夫者之也。山有足为麓，林属于山亦为麓。三国华仙曾降鸾于斯，谓其林木翳蓊，山足截业，而又托气于西方也，故谓之西麓洞云。洞与赫章相隔数百里，津水北二水交流，潆洄左右。有谷焉，岩相青，有泉焉，风相涣。蛇虺之所蟠，狸鼠之所游，藏树恶木，野草寒花，乱杂而争发者以万计。法师广玉，邹姓也。中年落发，住持文昌宫，礼藏探径，法华在手。无事飞锡来游于蚕丛乌道间，忽逢一洞，始芟其芜，辟其涂，积之邱如，捐之浏如。鬼斧神工，而圜圆之像奇出。法师虑辛宝刹之左望，转而虑布施之无人也。悲生悟中，泪下如雨。遂布衣如一食，誓修兹寺。既而袁善士薙草开基，石沙弥沿门托故。音能胜世音能加之以观，则以耳治目。其义有不可思议者矣。经所谓真观，清净观，广大智慧观，悲观及慈观，应作如是观，而况以大士而现女人身，而欲为诸比丘说法，则一切众生诚不可以色相求，而欲即声闻以观之手，今幸矣！于若兰得观之地，花鸟识观之物，而又以衣钵所积，重装香像。钟于斯，鼓于斯，岁时顶礼，与其徒诵陀罗尼咒，求脱苦难，以报今之修观音庵者。为之记，且为颂曰：

象教既阐称檀生香龙折马鸣幽赞空王
泥不度水木不度火作如是观观人观我
五蕴非有四大皆空花兮月兮镜中水中
我来琳宫默参微旨菩萨不言笑视童子

钵刘君，糜君舍布地之金，种菩堤之树。而两廊，而上殿，而外殿，次第鼎新，微法师至诚之感不及此。嗟呼！吾人读书数十年，尚欲得取一官，抚一邑，治广厦万间，为天下寒士欢颜。而师顾以寂默一僧，造营室，戒器具，得尺营尺，得寸营寸，使灵祇得所栖止，亦足难也。今幸矣！鸡园鹿囿，似是真如翠竹黄花，无非盘若。而又以衣钵所积，装成佛像，钟于期，鼓于期，岁时伏腊，男女烧香赛酬垂垂于期师。此日不可告功成于我佛乎。乃师恐以居者之逸，忘作者之劳，命予志其因缘，勒之贞石，以示不朽。

（20）黔西净莲寺和尚墓碑记　净莲寺（原开元寺，又称东山寺）位于黔西县城东郊东山，寺左侧不远处为铁舌和尚墓，墓前所立青石质墓碑高60厘米，宽43厘米，厚10厘米，墓碑正中碑文为："开山祖师传曹溪正脉第三十六世示寂本脉上铁下舌大和尚，"左面为"贵太岁庚戌年季冬月念六日立"，右面为"开山祖□□□，孙□□□□，曾孙智□□□□□□□□□□□"。

（21）金沙水口寺和尚墓碑记　水口寺位于金沙县岩孔镇老桥，在寺庙正殿前方不远处土坎下，有和尚墓数冢。兹抄录其中二墓墓碑碑记如下：

墓碑一铭文灵山墓志：净翁长老乃豫章人，来黔入遵（注：水口寺所处之地于1941年金沙立县以前为遵义所辖），今五十年矣。历年来，重修殿宇，开垦土田，真佛骨之薪灯，振祖堂之钟鼓。是叙。临济正宗圆寂恩师上口下念净公之墓。

徒：普源、普溶　孙：通明、通乾、通广　曾孙：戒、参、亮

大清嘉庆九年（1804年）二月初五谷旦立

墓碑二上镌刻："龙门羽化恩师邹元清大真人之墓"，其侧有诗一首："川主年历在戊戌，后投永先把家出。癸卯茅庵水口寺，创业宝山是在吾。"据碑末记载，真人邹元清生于清道光丙戌年（1826年）年冬月初三，殁于民国壬子年（1912年）腊月二十。

（22）金沙高岩寺碑记　该寺位于金沙县城西南郊大定坡上。寺庙神台前两侧竖立碑刻数方。右侧有一块清道光年间（1821－1850年）碑刻，上面记载寺庙原地产地界，现已断为两截，另一块碑为清咸丰元年（1851年）雕刻，高153厘米，宽78厘米，碑面精工细錾，异常精美。碑额横题"观音碑记"四字。其下铭文"圆通胜会小引"。并刻有捐资办会、维修寺庙人氏姓名。碑书刻工整、端庄、隽永。碑四周饰以5厘米宽的几何图案。左侧碑系清嘉庆元年（1796年）刊刻，

高138厘米，宽70厘米。碑首题“护国明禋”四字。碑下半部分铭文虽模糊，然上半部字迹仍依稀可辩，以此可推测其内容为修建高岩寺之原委。

（23）毕节惠泉寺碑记　该寺位于毕节城东北约2公里东关坡顶的陡坡上。寺内原有明代孙隐、林晟撰写的“游惠泉记”和清代罗英撰写的“游惠泉寺”石碑两方，早年已被毁。现在殿前左右两侧各有石碑1方。左侧1方为光绪二十年（1894年）所立，碑高144厘米，宽73厘米，厚约13厘米。碑文如下：

永垂万古

建修观音阁序：盖闻有功则祀不立异，以矜奇明德惟馨，匪骇俗而动众，所以勤事宜劳百代。文丞罔替御灾捍患，千秋之俎豆常新，诚自古□□然亦。于今而维烈若夫，佛自西来，教传东土，功超四大果，证三乘说我法，以无边观此心兮，自在无量。恒河沙数，第一波罗，□□相于孤云片石，色色皆空。映禅心于皓日，清池头头是道。涌莲花之世界，藏芥子于须弥，延东渡之达摩，迈西方之衲子，开维□□室，启弥勒之香龛，得大解脱。说菩提偈于宗门，放好光明，现释迦身于法座。此中妙未可明言，孰吾法门清静，世间人谁堪与，□□觉道玲珑，唯有甚解不求等，诸姑妄言之数一辞，莫赞同于莫须有。世之说而已然，而精诚亥隔感悟，非虚结因缘于三生。□□机关于一转，躬居弟子之斑，一切能能度，领受大师之偈，如是我间，则虽直四百八十寺，而跌佚（士居：忽志也）基超三万六千场，而证道垂浮图而建树窣堵以凌云，布金文常宽，吹水之不阇（城门上的台）黎之机锋自远檀，越之布施休悭，骑来白象坐偈谛，以三千护定神龙烈罗汉于八造琼楼兮，玉宇置全阙，以三千护定神龙，列罗汉于八造琼楼兮！玉宇置金阙，与银宫，众合掌，以和南光生玉镜，咸祖省，而顶礼彩耀昙花，冀精之可格固顺兴情，期祷祈以必灵□过举。毕邑，乌蒙古地，赤水名区，当三省之冲，甲全黔之秀。螺峰近接，雁塔高标，耸北镇之雄关，挹西山之爽气。翠屏屏列，隐约旭日东升，则灿烂朝霞。两峰夹，水涌千滴之波浪，双开城天，映满庭之苍翠，虎踞龙蟠，文字得江山之助，魁垣桂籍，人材皆灵秀所钟。名胜既住，神迹更异。则有东阁之东，文峰之右，先农坛畔，惠泉井边，旧有观音阁，由来已久。后因屡经兵燹，倾塌有年。甲午冬，邑人立谋：垂之东善者，据金创构于乙未（1895年）春初，仅成正殿壹阁。于时，神果显应。有求皆灵，祈祷者扶老携幼，挈女提男，塞苍衢于络泽不绝。而地隘狭恒苦憩息之无所，众首士商议，拟再建旁殿数间，并筹长素招僧敬礼，以为久远之计。唯是大厦非一日之全，裘必众脉，集伏冀。缙绅巨族，阀阅名门，良贾富商，高人逸士不惜倾之助，共成结局之功。则将来求子得子，求寿得寿，功名富贵能有成。凡有所祈，如愿而获。天之所佑，人实为之，夫岂同石言于晋，或为鬼物之凭。神降于姿冀土田之赐也哉！是为序（以下共360多字，内容为捐款捐物人员姓名及所捐数目略）。

落款为：住持尼僧陈道真存

殿前右侧一方石碑立于1927年，碑高132厘米，宽71厘米，厚12厘米。碑文所记内容全为维修寺庙及道路捐资人姓名和捐资数目。落款为：中华民国一十六年岁次丁卯六月十九日。

住持金德全、金德玄率徒吴圆清、刘圆法存。

（24）威宁城郊和尚墓碑记　位于县城北郊约两公里的和尚墓地碑文多遭破坏，现仅较为完好的3块墓碑碑文摘抄如下：

党兴全和尚墓碑碑文墓碑正中为：“临济正宗三禅第十五代丘尼法上兴下全党老和尚墓”。左面为：“大清光绪十六年（1890年）庚寅□□立”。右边字迹因风雨侵蚀难以辩认。

刘广德和尚墓碑碑文墓碑正中为：“圆寂恩师上广下德刘老和尚西莲位”。左面为：“僧威宁人氏刘公之女，幼入空门，为城隍庙住持。生于光绪丁亥年（1887年）六月十九日，死于民国庚午年（1930年）四月十九日”。右面为：“孝徒：续明、续周、续能”。下有孝孙“本字辈，再下有重孙觉字辈，”但因字迹不清，难以辩认。两内侧碑文系图案书词。左内侧面为：“宏法为事业，皈依万众心，歧徒欢弟子，空仰白云深”。右内侧面为：“仰百川圆一轮天上月长，苦宏宗道盖深整制心愈”。正两侧有对联，左面是：“长松细草荫慈云。”右面是：“翠竹黄花沾法雨”。

朱本悟老和尚墓碑文正中碑文是考证临济正宗可靠依据。碑文为“临济正宗圆寂伯伯上本下悟朱老和尚墓”。其余碑面长久被风雨侵蚀而难考。

（25）金沙观音洞碑记　金沙县城关镇县人民医院北侧大定坡观音洞旁，立有石碑1块，碑高217厘米，宽102厘米，厚17厘米。碑面分上下两截载文，上为《无著亭题诔》律诗10首，款末置“伯鸾”“方人凤”阴阳纂刻方章各1枚；下系《黔西新场观音洞浮图园记》散文，款末为“匈珠”“方人凤”阴阳纂刻方章各1枚。碑文均系当时观音洞白海和尚请清光绪进士方伯鸾先生撰书。碑文如下：

无著亭题詠碑文

僧正传一营浮图。观音洞就山为园，倚石为亭。他日请题，命之曰：“无著亭”。

莆团飞下向天亲，我在佛车第几轮？梦到月中无色相，笑看珠里有胎身。

大千菩萨同悲路，终古英雄尽恼人。满地种莲开未得，结跏草石莫今瞋。

大悲大难来天国，谈苦谈空数海沙。蝴蝶飞飞恋冢草，杜鹃急急踣山花。陀罗不被君王骨，荦韭犹沾儿女牙。想韭冥虫齐度尽，人生得母是摩耶。

袈裟天子度生还，鸠译重开济火关。佛坐荒岩成小苑，僧营弃地便名山。便抛舍利辉三界，愿听华严跪一班。莫到昆仑寻极乐，诸方罗汉有悲颜。

金山如凤势飞翔，三百年来此辟荒。篡竹白云开旧殿，黄沙赤水抱新场。樵苏久辨峨眉路，斋供不须鹫岭香。若与释迦论富贵，玉屏风景胜西方。

打包流落问乡都，净饭山川卧狻狐。千叶莲花千叶露，一沙金粟一沙珠。经残无字叫鹦鹉，道阻如来唤鹧鸪。化苇化舟著邦去？只凭合眼共模糊。

此僧得地当乘莲，此是西南一胜天。早露半河千亩绿，夕阳双塔万家烟。紫山如与青山笑，仙馆遥同佛馆连。最爱风光来好树，虹岩十里翠联娟。洞雨犹沾盘古声，苍寒凝落似天惊。洪荒人远春流转，山墓月高宇天明。世再百年知几变，客来相晤说三生。日间嫌得谈埃及，小鸟衔沙石卧晴。

中原到此已天崖，流寓儿孙恋望奢。循良凡几通京筑，词翰莫多数洛沙。父老年年夸子弟，衣冠岁岁过僧家。忽忆我乡先辈事，人才如笋散如花（平坝为西洛河流域，新场为沙溪河流域，乾嘉数代科名甚盛，皆江、楚、蜀各省徙入之子孙也。吾师仙樵先生与凤言先辈事，文献沦没，鲜有存也）。

寒山拾得木常僧，破念能参最上乘。布露无遮甘露果，终年合掌辟支灯。心中芥子三千世，足底浮图几百层。想与净公俱入壁（谓净普浮图），问师问我不顺应。

群祖家风好缔存，君当智慧瞿昙孙。问诗得解东坡笑，捧露同参南海尊。会彻六通无碍石，难云入垢不留根。花飞洞水逆流日，随定随空莫问门。

天徙长江入此游，衣冠门籍载中州。累朝佳士出沙路，一带名山进鼓楼。子弟如林皆笋立，英才易世几风流。想寻雁塔书报国，选佛无声月在秋（由沙洛至乌江统为鼓楼河流域。鼓楼以涛声得名）。

民国六年阴历丁巳夏月黔西新镇平洛伯骞方人凤赋律并书石。

黔西新场观音洞浮图园记

黄沙，当贵州乌江之中流，北迤三百里而近于赤水。其间风景之佳，有似江南者。曰西洛河域：平坝、里毛也；曰沙溪河域：新场也。关道相望，千马衔蹄。寖为贵州西北之要冲地。侪斯场者，恋地营家，枧壁相籍，度河而来去者五里，盖丰乐之境，已为世俗所有而无遗也。大定坡者，兀环如几，新场之墦间也，荒绿蓁蓁，众鬼之哉，坡麓杳空如啸，谷含谷牙冷然，盖游人所不至者。同治间（1862－1874），蜀僧净普来此；计无宿钵地，以是为人之所弃也，于是焉而营之刹，题曰："观音洞"。天下名山如名士然，方其未达，若有蒙焉。及其运至，因一二人偶然綣睇，乾坤住胜，随指而并，逐使众目惊华，增其价赏。夫物之晦启昌明也，固有时哉！净普之世，此山虽营，美实未章。迨僧北海，加造浮图，构为园亭，遂觉山庙崒然，若踏闾阎而起，每坐刹阶，市声如河。阛阓居廛之家，屋脊钩连，交角相压，当履可蹴。椒甍飞角，瓦垩生姿。瞰谛山川，土耕田足。紫山排嶂，覆釜缭结，有塔如鸿，随指而左回；青山如帷，有塔有杙，联嵌曳蹇，随指而右旋。紫山之下，市转若城；青山之下，水萦若带。河出林间湾口，即沙溪山，面亭而峙者，有紫玉屏、紫三台、紫钟峰。此峰文塔为端秀，矗天遥峙者，适当入鼻而起，令人意眺遵义，一鸟之翔如可至者。自沙溪山十里而而逦近，树屋相资，浓密如锦，屋在树间，树在田间，田在桥间，桥在山间，山在河间，河在屋间。诸山阜之临河起者，势若木鱼。诸楼阁之在山者，拥树而起。朝宜露霞，暮宜烟月，天之好景莫美于云，地之好景莫美于树。虹岩风景，在僧眼中皆可画也。时当盛夏，禾菜悦人。耕者自静，游者自乐。因笑语诸游行：若使欧美人盛界黄金，买我新场，其予之乎？方清乾、嘉数代，跄跄仕甲，英表有声。今则锦丽河山，常山堪舆者论其不足，父老亦日怨其不灵。然自吾侪视之，不谓光景之似江南，不可得也。北海曰：吾之营此，亦属不意。自顾僧伽，苟能与人以乐，则为之。人间世无我著地，吾求之山，园无著地，著之荒山产；亭无著地，著之坳壁。人凤曰：北海得之矣！天下之境，尝有于此。视之为美者，于彼居之，非俗则荒。善营所弃者，必得天地之所不弃。释有无著者，宏大乘业，与天亲为兄弟，仁教以昌。子无著乎，吾以名汝亭，子有浮图，吾以名汝园。异日者，吾乡之土，苟有能文如梅伯言，吴挚甫之徒，当必更有佳记以为斯园鸣者。今吾与子之所为，特其先祝耳！

民国六年丁巳夏月平洛匋珠，方人凤制记并书石。

（五）钟　记

大方东山寺钟记　钟系民国 7 年（1918 年）铸造。民国《大定县志》载，东山寺钟上所刻文字内容为：东山寺废置既久，得梅荣先生、欧佩九、陈以欣、王问樵四君经理，乃漶漫一新。今更谋铸钟，以备器物。将铸之前十日，属余记数言于上。余考之刘熙《释名》："钟空也，内空受气多，故声大。"以谓万物于天地间，皆气为之通，而声为之应。其在人也，气聚于胸，发而为声。扩而充之，足以成天下之事业。盖一吞吐间，而变化常若无穷。故山川人民之气，混合块然于城郭间，而不能无所记，恒思假物焉，以寄之。自寺观、浮屠以至树一木、立一石，而钟者其最著者，举无寄之之具也。钟之内空无所鸣，而声之大小清浊，往往一成而不变，由其所为吞叶者有以限之也。钟之内空无所有，而气则流动充满，故叩之以大，则大鸣，叩之以小，则小鸣。其为吞吐，不尤令人深省也乎。钟之成，计身高若干尺，口圆径干尺，重若千斤，费所自出，县长以下捐各有差。民国七年岁次戊午秋九月，县人王宝珩记。

第二章　道　教

第一节　道教传入及其活动

一　道教传入及分布

道教在中国已有一千八百多年的历史。在其发展中形成“全真道”“正一道”等派别。道教的基本信仰是“道”，认为一切教理教义都是由此而演化产生。“道”与“生”相守，“生”与“道”相保，得“道”即得“长生”。“道”无所不见，无所不在，是一切的开始，有了“道”才生成宇宙，宇宙生成元气，从元气构成天地，阴阳四时，从而化生万物。明朝初年，道教传入毕节地区。据《织金县志》载：明初，就有道人（全真道）在今织金城东山上结茅建造智琼祠修炼，宣传道教“斩邪留正、惩恶扬善”的教旨。相传，明建文帝失位后曾到此避难隐居。据《威宁县志》载：位于威宁县城东凤山山腰的真武观（后来一个叫如际的和尚来观住持，真武观改名凤山寺）始建于明代初年，建成后殿内祭祀玄天真武大帝。黔西县城关的武庙、毕节城关的武庙（现毕节三小处）、东岳庙（现毕节卫校处）等道观均建于明初，是道教传入毕节地区的佐证。

二　道教徒及活动

明初，全真派道人在织金县城东山修建智琼祠后，就开始进行全真派道教活动，除传播全真派教旨外，还用符篆法水给人驱邪治病。民间称智琼祠为娘娘庙，每到会期，百姓上山聚会，开始要唱“迎神曲”，结束要唱“送神曲”。清乾隆年间（1736－1795 年），黔西县人马通茂在贵阳学道，回乡后，在县东南一带传播全真道，其教徒遍及今金沙县县境。民国 3 年（1914 年）全真派清静道弟子于明福由四川到大定（今大方），重整大定道教教务，此时，道徒发展到 150 余人。又据《织金县志》载，康熙五年（l666 年），城关道人郑国书还俗应试不第，作“怅怅还怅怅，神仙遗榜上”的《怅怅歌》狂叫于世，世人称其是张三丰一类的仙人。嘉庆年间（1796－1820 年），织金城关郭道士在西山脚下结茅修炼，因给人预测吉凶祸福很灵验，世人称之为“郭仙人”，并把西山改名为“西灵山”，建天驯宫于茅庵旧址，山顶建三清宫和药王庙。咸丰年间（1851－1861 年），织金境内大多全真派道徒参加反清起义，咸丰三年（1853 年）梅道人、萧山等起义，职任军师；光绪九年（1883 年）道人童元辅、童念青参加李苗五起义。起义失败后，为首参加起义的道人均被杀害。其余道徒因怕受牵连，纷纷远游他乡。道势大减。清朝末年，织金西灵山住持肖道人兼营陶器买卖，以盈余来维修庙宇，肖道人之后，住持庹几禅也很重视庙宇各方面的建设，使全真派道教又有新发展。民国 26 年（1937 年）统计，织金全县有全真派道徒 33 人。抗日战争和解放战争后，全地区全真道徒大减，据 1950 年的登记织金县仅存道徒 6 人，毕节县仅存 1 人。

据《大方县志》载：“明朝中叶，正一派自江西传入大定，由正一派道教 9 世弟子周金玉传道，自此，正一派道教在大定境内广为传播。”明万历年间（1573－1620 年），正一派道士陈国良（法名洞清）遂在今织金境内传播正一派道教。天启年间（1621－1627 年），贵州同知安邦彦反明，明王朝派兵讨伐水西，道士助军，随军而来的王佛性等解甲在黔西、金沙一带传教，随后正一派教徒不断得到发展，其教徒及正一派道教活动分布于毕节地区全境。清光绪二十四年（1898 年），大定 50 余名道徒分别在斗姥阁、三楚宫做 7 天道场，为道徒万应堂等度职。宣统三年（1911 年），道徒发展到 80 余人。民国 27 年（1938 年）“七七”抗日纪念日，大定道教在大定县城建醮 7 天，超度抗日阵亡将士。此时，大定的教徒发展到 340 余人。民国时期，织金县道教也举办过 3 次大型的合城醮，其中民国 32 年（1943 年）农历癸未年举办的一次特别盛大。那一年，天旱到农历四月还未下雨，全真派道长庹几禅主坛、正一派道士王绍忠行坛，县长王佐临坛忏悔，办法事 7 天，正街上扎有魔王、灵宫、水神等神像，各户门前设供焚香，还扮演放五猖捉旱魃，由主坛道长手持扶尘，背背法剑领队，抬出城隍菩萨塑像，由“无常大爷”和“鸡脚大神”押解旱魃游行示众。若是因疾病流行而打醮，则烧纸扎龙船“送瘟神”。毕节县西里（毕节市杨家湾一带）的正一派道士明尧、明道、明远、何先生等于光绪二十三年（1897 年）在七星关街上做过冥阳二仪扶狱开方，燃烛大醮道场 9 天；这一时期，这一带正一派的教职人员发展到近百人。民国初年，智明穆先生掌醮在撒拉溪做寄杠道场 7 天、智清谭先生掌醮在七星关土地庙做道场 9 天。民国中后期，教职人员仅 20 余人。民国末期，道教逐渐走向衰微的状态。因正一派道教不仅用符箓法水给人驱邪治病，还在民间搞诵经、礼忏、超度亡魂、遇丧人家相请择吉、做道场、念经、安葬，以及建醮消灾等活动。如“四季天星顺，八节永长春”，“风调雨顺，五谷丰登”，“天垂甘露洒乾坤，地长秧苗养万民”；“锦秀中华国内人、干戈永息镇乾坤”等拜忏唱词，寄托着百姓的美好愿望。这些活动内容很容易被群众接受，故正一派活动发展很快，遍及城市乡村。境内除开展教事活动外，还参与一些公益及慈善活动。一些道士（道人）把公益及慈善活动作为自己的一项重要任务。清道光《大定府志》卷之五十三载：“今有桥曰七星桥，明嘉靖年间（1522－1566年），道人黄一中建。”明崇祯元年至清顺治初年（1628－1644年），白云山道人黄一举率众凿井，化缘修筑金沙县岩孔镇堰塘。到清康熙初年（1662年），山洪暴发，田园淹没，吴朝龙等乡民及牲畜死伤无数。在黄一举道人的影响下，岩孔人开始进行长达11年治水的工程，终于疏通擦耳岩垭口直贯南北之溪沟，兴修东西的九条堤坝，水稻种植得以恢复，并不断发展。

民国初年，织金县城鱼山黑神庙道长庹几禅化缘二千银圆，新建黑神庙。相继不久，大达图书局（一说为交通书局）发行储蓄奖票，十元一张，一年抽签还款。中奖者，奖给该店曾发行过的图书各1册，如某种书售完，该店还必须另买给获奖者。庹几禅购买一张奖票，侥幸中奖。他雇用数十匹马，将这批图书运回织金。随后，在他的倡导下，鱼山新建了典雅的藏书楼。以后他还把这些书转赠给县民教馆，庹几禅还精通岐黄之术，尤善外科，他自筹资金加工药丸散，送给穷人。凡有上门求诊者都会满意而归。数十年，在医药方面受其惠者不下千人。至今，民间仍留传有他的一些外科处方。最使人感动的是庹几禅生前曾将自己的积蓄近千元的小洋借给鱼山附近及小东门一带的贫困群众，多则数十元，少则数元。庹几禅去世的前几天，他把数十张借据交给一个叫鲁满荣的，请他将借据逐一退还给借贷户，说明不要他们还钱了，并要他们把借据烧掉。很多人为此感动得留下眼泪。

1950－1966年，道教在毕节地区境内仍有活动。据1951年12月毕节专署民政科的不完全统计，仅威宁、金沙、大定、黔西、纳雍五县就有道士584人，其中威宁18人（督公2人、毫师2人、未着装14人）、金沙401人（其中道士370人、道姑31人）、大定72人、黔西38人、纳雍55人。中华人民共和国成立初，全地区进行土地改革，道教宫观地产没收分给农民，毕节地区以往从事宗教职业、收取宫观地租、宫观香火钱和从事道教活动为生的道士纷纷改行，自谋出路，宫观寺庙基本上为机关、学校、工厂所用，加之各种政治运动，群众信仰道教的思想逐步淡化。据威宁、织金两县1962年2月的统计，两县城关仅有道士27人（均属正一派）。据纳雍县的统计，1965年，纳雍全县有道士45人（属全真派）。1966年以后的10年，所剩道教宫观又遭到严重的破坏，道观内的全真派道人绝迹，正一派的道教活动也一度停止。

1978年以后，正一派世居道士的宗教活动逐步从隐蔽活动转为公开活动。

据纳雍县统计，1981 年，全县有道士道姑 32 人。1982 年后，大方县城关、双山、达溪、坡脚、理化、鸡场等地，经法师王少成设道场度职的达 20 余人，至 1987 年底，道徒已达 250 余人。1988－1991 年，大方县正一道火居派又有所发展，在农村居住的道徒以农副业生产为主，除给群众念经、荐亡、做斋时吃素外，其他生活习惯与普通人一样。教徒依照道教宗旨，拥护中国共产党和人民政府的领导，遵守国家法律法令，不参加反动组织。1991 年统计，有道教徒 240 余人。到 1992 年初统计，有道士（掌坛师）101 人，徒弟 500 多人。毕节市道徒也有所发展，道教活动具有一定规模。2001 年，毕节市杨家湾镇的罗祥、罗谟（授箓法名，2000 年在贵阳仙人洞道观皈依，并取得皈依证）周先生掌醮、20 余位道士参与，在杨家湾街上及太平桥做冥阳二仪燃烛寄杠，禳灾祈福大醮道场 9 天。2002 年初，据不完全统计，当时全区有从事道教活动的专职道士 232 人。2003 年底，威宁县有专职道士 100 人，毕节市杨家湾镇一带有专职道士 30 余人（在贵阳仙人洞道观拜师皈依 23 人，有 11 人已获得皈依证）。2003 年 8 月，罗谟、三奉、三跃等 5 人又先后到江西龙虎山天师府皈依，并取得皈依证。罗谟先生于天师府参师学习结业传度正一职牒，天师府授给其结业资格证明，正一传度识牒证书、符箓、印剑、天蓬尺、张天师像及有关科仪符箓经典。道教活动以汉族为主，其参与活动者比较广泛，信仰道教的人数难以确定，但绝大多数并非真诚信仰。在全区范围内，目前道教教务活动主要是“超度亡灵”“消灾避难”。除白事之外，一般不请道士，平时也不信教。求道者无论信与不信，多数只图热闹、吉利，以求一时的心灵慰藉，而施道者大多不懂道教经典规戒，不熟悉各种斋醮、仪式、诵经、礼忏、祭祷等。因此大多表现为游离、松散、不规范的状态。

三、主要道人简介

贾仙姑　明代道姑。清道光《大定府志》转《毕节县志》载：“贾仙姑，莫知所自来，自称贾姑，不知其为姓为名也。栖于殷官屯之石洞，且数十年亦不见烟火，不知其何食也。后忽去，不知其何往也，久之，有人见之于云南鸡足山者，人谓其为仙，因名其所居曰：‘贾仙洞’云。”

米家翁　明代毕节人。道光《大定府志》转《毕节县志》载：“米家翁，毕节人，百二十岁。炼药洞中，日与樵牧友，世莫之识也。同知杨以成遇之，予之锦衣，使易其纳，笑而不答，后不知所终。”

蒋奇淳　道光《大定府志》转《威宁州志》载：“蒋奇淳，入道名自杰，乌撒（今威宁）人。壮时与一道人遇，授之丹诀，乃自炼真于家。隆、万之际（1567－1620 年），年已百三十矣，道人过奇淳家，与之棋酒无虚日，家人厌之。一日奇淳出，道人袖米酬酒货，索巨器以盛，随倾随多，满十余器，家人始异之。道人去，家人尾之至一楼，忽不见，唯壁上有纯阳像一幅，视其状即道人也。俄而奇淳亦卒，后复有人遇之于陀关及可渡河，或乘马，或步行。又自可渡寄帚于其家，始之奇淳化去也。"

周金玉 明朝中叶人，正一派九世弟子，系把正一道从江西传入大定（今大方）最早的道士。

黄一中、高谊、王阳玄 明代四川人。《贵州名胜志》载："…过涉以舟，道士黄一中、高谊动万山之渊，胜缘集三胜之钱……"而修建七星关桥。《大定府志》又载："……今有桥曰七星桥。明嘉靖年间（1522－1566 年）道人黄一中建。"《贵州旅游文史丛书·毕节卷》说："明代嘉靖年间，四川道士黄一中云游四方，来到七星关，见过渡艰难，洪水常溺死人，便四处募捐修建石台木面桥。墩台完工，砍伐木料之时，洪水暴涨，冲走木料。黄一中下水抢救打捞，不幸被洪水溺死。他的徒弟王阳玄继承遗志，续建完成。"

熊珊珊 明嘉靖年间人。《贵州通志·古迹志》转《嘉靖通志》载："崇真观在毕节卫城南，嘉靖戊子（1528 年）芒夷叛，毁。甲午（1534 年）道人熊珊珊募工重修。"

陈国良 法名洞清，明万历年间（1573－1620 年）率先在织金境内传播正一派。

王佛性 正一派道士，明天启年间（1621－1627 年），随明军来水西地区，到水西后，解甲在黔西、金沙一带传播正一派。

黄一举 金沙岩孔白云山道人。据《金沙县志》载："……明崇祯元年至清顺治初年（1628－1644 年），白云山道人黄一举率众凿井，化缘修筑堰塘……。"

郑国书 织金县城道人。康熙五年（1666 年），还俗应试不第，作《怅怅歌》狂吟于世，世人称其是张三丰一类的仙人。

马通茂 黔西县道人。清乾隆年间（1736－1795 年）到贵阳学道回乡后，在县东南一带传播全真派。

郭道人 织金城关全真派道人。清嘉庆年间（1796－1820 年），在城关西山脚下结茅修炼，给人预测吉凶祸福很灵验，世人称之为郭仙人。

梅道人 织金城关全真派道人。咸丰三年（1853 年），参加萧山等起义，任军师，起义失败后被杀害。

童元辅、童念青 织金城关全真派道人。清光绪九年（1883 年），参加李苗五起义，起义失败后被杀害。

何光廷 法名明尧何先生，毕节县杨家湾七星关人，正一派道士。八代祖传，继承上三代教法何先生“正一符箓”和“祈晴祷雨”之神术，祈福祛灾之道法，甚传民间，常以画符敕救济人。光绪二十三年（1897 年）在七星关街上主持做冥阳二仪，禳灾度亡寄杠，燃烛大醮道场 9 天。

谭光斋　法名智清，道光年间生，毕节县人，其教门兴旺，道规严肃，法事周全，行持严谨，道法高妙，允恭允让，厚德待人，待徒出其善言，百里而从。

赵遇征　清末道士。民国《大定县志》载：“赵遇征，字聘之，格左人。少时云游胜地，得异人传授符诀，归家后，持诵特勤，以济人利物为己任。有人踵门求方药者，辄先知之。可救者予之药，罔不验。不可救者不予药，亦不言祸福。病愈者酬以金，拒弗纳，惟鸡子、干腊、蔬果之物则受之，然须出自家园，若乞诸邻，则彼亦摈还。尝有携鸡卵投赠者，纳其七而拒其三，远近咸称为神。光绪三十三年（1904 年）4 月，遇征尝语人云：‘国家冠制将大变更，官绅学界礼帽，通称博士，制高数寸许’。至数年后，一一符合。殁之前 3 月，先嘱其女媳等云：‘予以某月日时告终。’至期果然。遇征殆之吐纳之术而尸解者欤?”

肖道人　一称肖师会，织金城关全真派道人。清末民初任西灵山住持，兼营陶器买卖，以盈余维修庙宇。

庹几禅　全真派道人。《织金文史资料·第二辑》载：庹几禅，重庆巴县臭皮街人，早年曾在四川军阀部队当过幕僚，因谏得罪上司和同行，被通缉。逃黔后在贵阳老君庙化名蓄发出家为道。后又逃到织金，拜西灵山肖道人为师，称几禅道人，几年后，经肖道人推荐和一些地方人士的赞许，当上鱼山住持。庹几禅博学多识，对《道德经》等道学道典很有研究。他熟悉词格律，绘得一手好画。他为人谦恭，崇尚劳动，精心培植鱼山，把鱼山培植得宛如仙境。化缘新建鱼山寺庙，随后又建藏书楼。庹道人还精通医术，尤谙外科跌打损伤，他自筹资金，自制中药丸散施济穷人，远近群众多有受惠者。庹道人临死前，把自己生前借给鱼山周围群众的银圆（近千元）的借据逐一退还给借贷户（每户的借据少则数元，多则数十元），不要他们还钱，并要他们把借据烧掉。

王礼玄　又名王理玄，黔西县全真派道人。民国 25 年（1936 年），任距黔西城中心西部 1 公里处的神仙洞（玲珑洞）住持。他精通医术、药理，常上山采集药草加工泡制药丸，为人治病，名声远扬。王道人集行医收入和信士功德钱修整神仙洞，进行精心培修，使其更加玲珑秀雅，信士众多，香火长久旺盛不衰。民国 29 年（1940 年），黔西县清虚派教会成立，王道人任主席，主持黔西道教事务。

于明福　清静派弟子。民国 3 年（1914 年），于明福从四川到大定再振教务。民国21年（1932年），大定道教会改选，于明福任理事长。民国31年（1942年），道教会又改选，于明福又继任理事长。

周训祥 法名宗祥，外号大法师，1929年生，毕节市人，正一派弟子。16岁度职，17岁专职修炼，18岁掌教，精心研读《道德经》《黄庭经》，随时以符箓敕水救济庶民，十有九验。

第二节 道教组织机构

一 明清时期道教的组织机构

道教组织机构及道官于隋朝开始设置，但只在京师设立威仪道官。唐朝道教事务则由皇族的正宗寺管理。宋朝设立宫观吏，以离职或现任宰相担任，实际上是借名食禄，故叫“祠禄”。金朝在帅府置司，正曰道录，副曰道正。

明洪武十五年（1382年），中央、府、州、县设四级道官制。中央设道录司，置左右正副、左右演法、左右至灵各1人，府设道纪司，置都纪、副都纪各1人，州设道正司，置道正1人，县设道会司，置道会1人。道教组织及道官的设置，清道光《大定府志》卷之十也有记载：“凡民有出家为僧道者，置首领以约束之，府曰道纪，州曰道正，县曰道会（均未入流）。府有2人，州县各1人，由省咨部给扎，均择其朴谨者为之，仍服方外衣冠，不得与职官并列。”

据《英宗正统实录》一六六卷载：“正统十三年（1448年）五月壬子置贵州道纪司。”贵州宣慰使安珑富（水西彝族土官）举荐云游道人戴雪隐为都纪。天顺元年（1457年），戴雪隐进京，领得印箓回来，道纪司正式理事。当时，现毕节地区的大方、黔西、金沙、织金、纳雍、毕节市的部分区域均属贵州宣慰使司辖地。而贵州宣慰使司则是水西彝族土官安珑富担任，以上各县（市）的道教事务理应由贵州道纪司管理。而毕节地区的道教组织及道官，从明代到清代中晚期文献均无记载。光绪二十四年（1898年），大定府道教会成立，由刘灿章、符庆云、周应友等负责。

二 民国时期道教的组织机构

中华民国建立后，管理道教的官署被取消，道教事务由各级政府机关管理，中央为民政部，省为民政厅，县为民政科。抗日战争时期，中央为社会部，省为社会处，县为社会科。当时的宗教团体和民众团体一样，既要接受上级各级政府机关的管理，也要接受国民党各级党部的指导。全国为中央党部组织部、省为省党部组训部、县为县党部组训科。毕节地区的道教组织始于清光绪年间的府城大定道教会。民国 21 年（1932 年），大定道教会改选，从四川到大定重振道教教务的清静去世后，由其弟子于明福任理事长。民国 31 年（1942 年），大定道教会再次改选，于明富继任理事长，谌少荣、崔诚祥任常务理事，明确道教宗旨为“增进中国文化，发扬民族精神，促进社会进步，遵奉总理（孙中山）遗教，维持固有道德，矫正弊端”。

民国 29 年（1940 年），黔西县成立清虚派教会。毕节地区黔西、金沙等县全真派原属内丹派，主张清虚养性，全神炼气，故黔西等县的全真派自称清虚道教，王理玄任主席，陈兴全任理事，袁相华任监事。制发证章、证书，收救国费和会费，办理道教事宜。

1949 年后，全区各县（市）虽然仍有道士、道徒从事道教活动，但至今仍没有一个统一的道教组织，道教活动呈放任自流的状态。

第三节　道教宫观

一、神祇与宫观

道教系中国固有宗教，是世界上著名的多神教。道教把各种神分别安排在天上和地下，在天者称神，在地者叫祇（地神）。《道教大辞典》曰：“神祇谓天神地祇也”，“神祇谓合言天神与地祇也”。《现代汉语词典》曰：“神指天神，祇指地神，神祇泛指神明（神的总称）”。毕节地区道教神祇虽多，但经常供奉的不到三十个，其他的小神大都附设在大神的宫观之内。织金城关玉皇阁，除供奉玉皇大帝之外，还供奉三清四帝；大定（现大方）城关斗姆阁，除祀奉斗姆外，还供奉药王、老子、吕祖。道教宫观的特点是以神名命名，灵官庙（殿）供奉灵官，斗姆阁供奉斗姆，财神庙供奉财神等；或以神的封号命名的，如毕节、大方、威宁城关的天后宫，供奉南海女神林默娘。因明成祖晋封林默娘为“普弘仁济天后”。

长期以来，毕节地区的道教宫观与佛教寺庙相互之间有一些混淆。一是自佛教传入中国后，就与本土的道教发生争夺信徒群众和社会地位的矛盾冲突，两教一直存在着矛盾，有时因封建统治者对道教或佛教的崇信或偏向而使两教的矛盾激化。二是佛教寺庙住进道人后，增设几尊道教之神，有的宫观住进僧尼后，增设几尊佛像，导致两教神的混淆。三是过去的史志及官方对两教道观寺庙的统计均未作细致的区分。中华人民共和国成立后，地区及各县的宗教工作部门对寺庙的统计也是如此。

本节根据毕节地区的实际情况，提出以下的具体区分办法。一是道教宫观历来都是以供奉神祇的名字或封号命名的，如供奉玉皇者称玉皇阁、供雷神者称雷神庙等。凡符合这一标准的，就视为道教宫观，个别命名特殊的，必须有依据才收入。如大方县城关的太平阁。二是道人住进的佛寺不列入道观，不因道人入住而改变佛寺性质。三是宫观性质发生变化的，如威宁城关的真武观，原为道教宫观，自如际和尚居于真武观坐禅念经后，真武观就正式改为凤山寺。此类宫观不列入道观。

对供奉儒、释、道三教主的神庙，三家都可以认为是自已的神庙。这与全真创始人王重阳提倡："三教圆融"，主张三教合一有关。他的主张被其弟子所推行。为反映这一特点，以体现在毕节地区的宗教史上曾出现过三教合作的这一史实，本章将三教寺搜集整理单列一节。

二　中华人民共和国成立以前的宫观

中华人民共和国成立以前，分布于毕节地区各县城区的道教宫观128座，分布于乡（镇）的179座，共计307座。

从各种宫观的比例看，比例较大数量在10座以上的有以下几种。万寿宫24座（城区7处，乡村17处）；黑神庙20座（城区6处，乡村14处）；文昌阁含魁（奎）阁25座（城区10处，乡村15处）；关帝庙（武庙、关圣殿）19座（城区6处，乡村13处）；财神庙18座（城区5处，乡村13处）；梓橦阁（帝君庙）15座（城区6处，乡村9处）；龙王庙13座（城区7处，乡村6处）；真武庙（祖师庙、崇真观）13座（城区3处，乡村10处）；山王庙11座（城区1处，乡村10处）；玉皇阁11座（城区6处，乡村5处）；城隍庙12座（城区5处，乡村7处）。

三　中华人民共和国成立后的宫观

1949年10月1日，中华人民共和国成立。1949年11月25日至1950年1月8日，黔西、大定（现大方）毕节、威宁、赫章、金沙、纳雍、织金相继解放。1951年6月，全区开始进行土地改革运动，到1952年，土地改革运动全部结束。毕节地区各道教宫观地产，全部按政策分给农民，宫观内的道人（道士）纷纷改行，道教活动停止。据20世纪50年代中期的不完全统计，全区尚存宫观124处，其中城区54处，乡村70处。

20世纪50年代"大跃进"时期实行"大炼钢铁"，一部分宫观遭到严重破坏，特别是1966年5月以后的几年，提出"破四旧"的口号，对一切旧东西都要破除，道教宫观被认为是旧东西，是封建迷信的场所，因此，一些有艺术价值、文物价值的道教宫观在这场运动中遭到不同程度的破坏，有的宫观被全部拆除。1978 年以后，毕节地区的各级党委、政府认真贯彻落实党的宗教政策，支持有关部门对残存的道教宫观进行认真清理登记，对破坏宫观的行为进行制止，对部分有较高文物价值的宫观进行修复，有的宫观被列为省级、县级文物保护单位。现将现残存的 46 处宫观（详情见宫观简介），名列于下：

纳雍县武佐河乡武佐河村祖师庙；黔西县城关武庙；毕节市城关关圣殿；毕节市层台镇关圣殿；赫章县白果镇关帝庙；赫章县姑基乡关帝庙；赫章县罗州乡关羽庙；金沙县安底镇三官楼；威宁彝族回族苗族自治县城东北凤岭山灵官殿；织金城关双堰塘梓橦阁；毕节市长春镇帝君庙；威宁彝族回族苗族自治县城东北凤山三清殿；威宁彝族回族苗族自治县城民享路万寿宫；织金县城东街万寿宫；金沙县茶园乡万寿宫；金沙县清池镇万寿宫；毕节市小坝镇万寿宫；织金县城关四方井龙王庙；威宁彝族回族苗族自治县城东凤山下龙王庙；织金县城内龙潭南岸龙王庙；金沙县城关龙王庙；毕节市王张胡家院龙王庙；金沙县原干田乡龙王庙；织金县城中心财神庙；织金县城东鱼山黑神庙；威宁彝族回族苗族自治县城东北黑神庙；金沙县岚头镇高粱寨黑神庙；金沙县茶园乡石钟村黑神庙；织金县城东北斗姆阁；大方县城北斗姥阁；织金县城南炎帝庙；毕节市杨家湾镇周驿村玉皇阁；威宁彝族回族苗族自治县城关文化路玉皇阁：织金县城北龟山上玉皇阁；织金县城东文昌阁；织金县阿弓镇文昌阁；威宁彝族回族苗族自治县城关江西街天后宫；毕节市原王张乡陈家寨村圣母庙；威宁彝族回族苗族自治县城东三圣宫；毕节市城关双井路三义殿；织金县城关武侯祠；毕节市清水铺镇官田村中立山庙；金沙县原干田乡药王庙；黔西县城西玲珑洞；纳雍县王家寨镇居仁雷神庙；织金县城关三皇宫；黔西县素卜镇龙泉阁。

以上现存的 47 处道教宫观中，有 29 处在城区，18 处在乡村；有省级文物保护单位 5 处，县级文物保护单位 10 处（城区 6 处，乡村 4 处）。

各县（市）城区宫观简介：

（一）真武庙（祖师观、崇真观）

祀玄天真武帝君。玄武为古代神话中的北方之神。毕节地区的县（市）城区现已查明的真武庙（祖师庙、崇真观）有 3 处。

（1）威宁彝族回族苗族自治县城郊真武观，位于城东凤山之腰，始建于明代初年，由正殿、配殿、下殿构成四合院。建成后观内前殿明间两扇大门各刻一尊护法神像，正殿内正中置须弥一座神龛，供有真武神神像，仪表威严。以后道教衰退，真武观由佛教僧尼管理，并改称凤山寺（详见佛教篇中的凤山寺），成为佛教寺庙。

（2）毕节市城关真武庙，亦称崇真观、祖师庙。据嘉靖《贵州通志》、道光《大定府志》、光绪《毕节县志》载，真武庙在城南关，前明所建，嘉靖七年（1528年）芒夷叛，毁。十三（1534年）道人熊珊珊募工重修。乾隆二十年（1755年）知县董朱英改建，又修葺两廊，凿水池，建观音阁，用银一百两市房三间，以供祀事。路元升《重修真武庙碑记》载，真武庙重修后"殿堂巍焕，神像辉煌，增廊阁以壮其威，凿水池以溥其用，告竣之日，复念常住持艰难，每岁禋祀之需，不免缺略，复捐俸百两置买市房三间，按季取租，以供祀事，自是香烟缭绕"。咸丰十一年（1861年），发逆倾毁过半，后维修。

（3）黔西县城关真武观。据《黔西县志》、民国《贵州通志·秩祀志》载，真武观"在南门外"。其建筑年代不详，早已无存。

（二）关帝庙（关圣殿、武庙）

祀三国时蜀将关羽，道教称关圣帝君。宋以后因历代帝王都把关羽树为效忠皇室的典型，以激励将士，把关羽庙定为武庙，与文庙同享春秋祭祀。宋徽宗崇宁元年（1102年）追封关羽为忠惠公，宣和五年（1123年）封义勇武安王。明万历三十三年（1605年）加封三界伏魔大帝神威远镇天尊关圣帝君、协天护国忠义大帝（见《宗教词典》）。毕节地区的关帝庙有6处。

（1）毕节市城关关圣殿（武庙），位于箱子街。大殿原系明洪武年间（1368－1398年）修建，后殿于雍正十三年（1735年）增建。乾隆二十二年（1757年），知县董朱英捐修东、西庑六间，厢房二间，又改建大殿前轩，建戏楼，增建坊表。原建筑已拆尽，现为毕节城关三小所在地。

（2）织金县城关关帝庙，又称武庙。民国3年（1914年）又将岳飞合祀，故又叫关岳庙。此外，庙内还供奉着中国历史上一些名人，如宋代唯心主义理学奠基人程颢、程颐等。关圣帝君左有周仓、右有关平侍立。庙位于城南门外。乾隆《平远州志》卷之十三载："关帝庙旧在州署侧，康熙四年（1665年）知府刘勇移建于南关外，毁于兵燹。康熙二十八年（1689年）副将雅什泰捐修大殿五间，后楼五间，阁城。文武官员、绅士、兵民共建正殿五间，棚五间。雍正八年（1730年）知州介锡周、副将刘成谟、吏目戴光祖捐修。有常住田二所，一位于庙前，一位于泰平里二甲"。乾隆五十八年（1793年）副将胡坦重修。道光二十一年（1841年）孙淇重修后殿。庙宇由前殿、正殿、左右厢房组成。殿前的日月台原为如意踏跺，月台前左右两旁是透雕双狮，艺术精美，1967年被毁。1981年，织金县城关二小在庭院上新建四层教学大楼，1987年，因殿宇建筑工艺一般，无力维修，经县文物管理委员会现场查勘，决定拆除。

（3）黔西县城关武庙，原称关圣庙。位于黔西县城中街，最早修建时间无史记载。该庙原建于西关古佛堂，故地地处荒郊，祠宇冷清。康熙二十九年（1690年）黔西知州穆成周、协镇王凤迁建于州署之右（即现址）。雍正八年

(1730 年）知州鲍尚忠增修。乾隆七年（1742 年）知州冯光宿增修，增修后的武庙分正殿和东西厢房及戏楼，前面筑有月池，池上砌有石桥栏杆。称一步三洞桥。据说该桥平时不开放，若有武举人朝拜关圣人时，方能从桥上经过，所以也称状元桥。正殿回廊前有四根红色大理石浮雕龙柱及奠基石狮。龙柱置于石狮背上，柱上端二龙间设有神龛，上供佛像。殿内置关云长高大塑像。嘉庆道光年间进行增修和维修。今厢房正殿和后殿、殿门和其他部分基本完好。1981 年 9 月，黔西县人民政府把武庙列为重点文物保护单位。1991 年省文化厅拨款 6 万元维修。

（4）毕节市城关关圣殿（陕西庙），又称陕西会馆、春秋祠。位于城中心中华南路中段，国营三旅社驻地。始建于清康熙年间。庙宇形状原为仿唐建筑风格的正方形群体建筑。乾隆二十二年（1757 年）知县董朱英重修。庙宇由戏楼、大殿、正殿、钟楼、鼓楼及厢房组成，布局为中轴对称的三重殿。进大门便是戏楼，前殿为关圣殿、供奉关羽神像。左右为厢房，后殿为观音殿。周围有 5 米多高的青砖围墙维护，占地面积 1700 平方米。中间为院坝，演戏时可容纳千人。该庙是民国时期毕节城关唯一的文娱活动场所。大殿自 1950 年起，一直为公安局宿舍，正殿及后殿分别于 1950 年初、1954 年失火焚毁，钟鼓楼和神像早已被毁坏。今仅存戏楼，大殿和在右厢房。1983 年 3 月，毕节县人民政府决定将戏楼作为重点文物加以保护。

（5）威宁彝族回族苗族自治县城关武庙，位于解放路北侧城隍庙旁，建于清代，1956 年为税务局办公地点，现已无存。

（6）金沙县城关关圣殿，位于城关罗马街，建筑年代不详，现已无存。

（三）三元宫（三官庙）

祀三官。三官亦称“三元”。道教所信奉的神，即天官、地官、水官。传说天官赐福、地官赦罪、水官解厄。它是我国古代人们对自然的一种崇拜。后道教再把其人格化，说三官都有生日。道教又以三官配三元。谓上元天官正月十五日生，中元地官七月十五日生，下元水官十月十五月生，故三官庙又叫三元宫。旧时各地有三宫庙（殿、堂）。毕节地区境内的三官庙有 4 处。

（1）威宁彝族回族苗族自治县城关三官庙。明嘉靖《贵州通志》载：“三官庙在卫治南关内，嘉靖三年（1524 年）本卫善士新建。”庙已毁，遗址尚存。

（2）毕节市城内三官庙，建于明代。明嘉靖《贵州通志》、《毕节县志》载：“三官庙在卫治内东”。庙早已无存。

（3）黔西城关西门外三官殿，建于清代。民国《贵州通志》有记载。

（4）大方县城三官殿。民国《大定县志》载：“三官殿在北门得胜坡下，正殿三间，对厅三间，庙门一间。”庙已消失。

（四）灵官殿（庙）

祀王灵官。王灵官亦称玉枢火府天将，道教奉祀的护法神。姓王名善。宋徽宗（1101－1125年在位）时人。曾从蜀人萨守坚受符法，为林灵素再传弟子。其死后由玉皇大帝封为先天主将，司天上、人间纠察之职。明永乐（1403－1424年）中封为隆恩真君。道观内塑的王灵官像为赤面、三目、披甲执鞭，为镇守山门之神。毕节地区境内的灵官殿共有2处。

（1）威宁县彝族回族苗族自治县城关灵官殿。民国《贵州通志》载："灵官庙在卫治北凤岭山中，嘉靖三十九年（1550年）指挥陈谟建。"1985年，威宁城东北凤山寺建筑群被评为省级文物保护单位，政府拨款、群众集资、开始修复被毁坏的建筑。最先修复了灵官殿。殿内塑有一尊身披银甲、手持金鞭，圆睁双目的神武将军（护法神）。

（2）大方县城关灵官殿。民国《大定县志》载："灵官殿在南门外。正殿三间，厢房三间。庙旁方池一亩，旧在玉皇阁下，后移建今地。所置田土及纳粮手续均有碑记。"宣统三年（1911年）正月在此办官立初等农业学校。

（五）城隍庙

祀城隍。古代神话中守护城池的神。后为道教所信奉。毕节地区境内有城隍庙5处。

（1）毕节城内城隍庙。位于今毕节地区财校前。据《毕节县志》载："城隍庙旧为广惠祠，明指挥柳楫建。乾隆十五年（1750年）知县凌均修。二十三年（1758年）知县董朱英创修改建。庙内塑有李老君神像。"吴纪《重建毕节县城隍庙碑记》载："…隆万间（隆庆、万历年间）大为修葺，至本朝乾隆庚午（1750年）后又颓废。邑令凌君捐俸鼎新，上舍刘琪等相互劝捐，共得银若干，重建山门、鼓楼、拓地改建后殿，增置两庑。无如，大殿之风甫漫漶已深，栋梁朽蠹者半，非苟且涂饰可以塞责。甚擢改建，则工费耗大，因循，则旦夕倾圮。正在踌躇审顾间，顺天董公来治兹土，捐赀为倡，刘琪等益踊跃从事，募众庀材。丁丑（1757年）冬，大殿落成，殿前两廊，亦添补具备。丙子（1756年）秋，筑周围墙垣。戊寅（1758年）夏，新八角亭及庙房市屋。由是，庙貌巍焕，神像辉煌，较旧制更为宏壮……。"民国时改建法院，新中国成立后改为居民宿舍。

（2）大方县城城隍庙，康熙七年（1668年）知府宁云鹏建。民国《大定县志·秩祀志》载："在南门内，系三教寺遗址改建。正殿五间，左右两厢房各五间，后殿三间，戏台一座，左右配房各一间。基址纵三十丈，横八丈。祀典在神祈坛，兹为万缘香火。唯旱涝祈报，官绅率于此行礼。"已被拆废。

（3）织金县城城内城隍庙。据《平远州志》载：“在城中，康熙八年（1669年）知府邱业鼎建，与文庙连为古建筑群，雄伟壮观。毁于兵燹。康熙二十四年（1685年）兵民重建。戏楼三间，知州介锡周捐建。常住田土一所，位于向化里八甲。嘉庆五年（1800年）知州周景益重修。道光元年（1821年）知州富勒明安重建。”现改成看守所。

（4）黔西城关镇城隍庙，建于清雍正十年（1732年）已无存。

（5）威宁县城城隍庙，明洪武年间建于今解放路北侧，县银行处。

（六）梓橦阁（帝君庙）

祀梓橦帝君，又称文昌帝君，为掌握禄籍之神。毕节地区内梓橦阁共有6处。

（1）毕节市城郊梓橦阁，位于城外东西山顶，始建于明代，重修于清代。民国19年（1930年）被破坏。抗日战争时期曾设防空设施并筑兵营于此。民国29年（1940年）被全部拆除。

（2）毕节市流仓桥办事处德厚小桥梓橦阁，始建于清康熙年间（1662－1722年）。原大殿前是魁神楼，二殿有周仓、关平塑像，正殿为观音殿，院内有大小亭子数座与楼阁连接。今二殿、戏楼已毁，正殿仅存屋架，已改成牛圈，为毕节地区牧科所所用。

（3）毕节城关天河村梓橦阁，建筑年代不详，已废。

（4）织金县城东门外梓橦阁，建筑年代不详，早已被毁。

（5）织金城关双堰塘梓橦阁，建筑年代不详，现保存完好。

（6）毕节市东郊望城坡（现流仓桥办事处）帝君庙，建筑年代不详。1958年改为流仓小学，原建筑全部被拆除，在此基址上新建毕节市流仓办事处中心小学校（即毕节九小）。

（七）三清殿

祀三清尊神。指居于三清天、三清境的三位尊神。即居于清微天玉清境的元始天尊（亦称天宝君），居于禹余天上清境的灵宝天尊（亦称太上道君），居于大赤天太清境的道德天尊（亦称太上老君）。谓此三神主三天三仙境，为三洞教主。毕节地区有三清殿仅1处，位于威宁彝族回族苗族自治县城东郊凤山寺建筑群的最高处。殿的正中供奉着元始天尊、灵宝天尊、道德天尊。三清的两边左为观世音菩萨，右为全真龙门派创始人丘处机。1985年，凤山寺建筑群被列为省级文物保护单位，政府拨款、群众集资修复被破坏的建筑，三清殿也随之被修复。

（八）万寿宫

祀东晋道士许逊（239－374年）。曾为旌阳县（今湖北板江县北）令。晚年居南昌西山，创道教中的净明派。宋代封为神功妙济真君。世称许真君或许旌阳。江西人多祀，故万寿宫多建于江西会馆内。毕节地区境内有万寿宫7处。

（1）毕节城关万寿宫，位于城东南小横街东关桥侧，又名晏公庙。始建于明朝末年，清雍正年间重修，后多次维修。民国时期由预章小学扩建改归学校。中华人民共和国成立后，原有建筑全部被拆毁，在原址上修建了毕节六小。

（2）大方县城关万寿宫。康熙《贵州通志》载："万寿宫在大定州南山，清康熙六年（1667年）建。踞层峦，瞰层波，颇称胜境。"道光《大定府志》载："万寿宫在城中街，江西人建，祀许旌阳。"民国《大定县志》载："江西会馆（万寿宫）前庙门由西南街入，石牌坊、戏台各一座、左右走楼各五间，过厅、一字楼五间。正殿五间、两廊各二间，左右观音阁三间，对厅三间。天井中方池一亩，中建六角亭一座。后庙门通北大街。"

（3）威宁城万寿宫，位于县城民享路。建于清康熙（1662－1722年）初年。分上中下三殿，构成两重四合院，均为硬山顶式。正殿祀许逊，左右分别为观音殿、地藏殿，有围墙。山门前有戏楼及牌楼，牌楼"万寿宫"三字传为吕洞宾书。道光四年（1824年），修缮碑碑文记载："累遭兵变，宇遭破坏，云南淌塘李小五在威宁开设银铺，捐资协助重修。"原为江西会馆。1950年后设城关粮管所至今，内部改装为仓库，上、中两殿和厢房尚存。

（4）织金县城东街万寿宫，又名江西庙，始建于清乾隆六年（1741年）。20世纪50年代初期拆庙修建县粮食局仓库，今为县粮食局。庙宇系木结构古建筑，戏楼照壁上有浮雕龙凤图案。正殿及盘龙已毁，配殿及戏楼尚存。

（5）金沙县城万寿宫，位于城关紫金街，与城关镇政府相邻，建于清代中叶。三院两厅全毁，现为城关电影院。

（6）织金城南万寿宫。清乾隆六年（1741年）建。道光《大定府志》载："万寿宫在州城南门外。戏楼三间，正殿五间，后殿三间。江西客民新建。"已不存。

（7）黔西城关镇万寿宫，建于清道光二年（1822年），已不存。

（九）龙王庙

祀龙王，传说中龙王是司兴云降雨之神。毕节地区境内有龙王庙8处。

（1）毕节市城关龙王庙，始建于明代。《黔记》载，在城东三里，旌忠庙后，早已消失。

（2）织金县城关四方井龙王庙，位于城南门小街上，坐南朝北，面临四方井。由大殿、观音阁、山门等组成，始建于清初。大殿为悬山式结构，并排三间。20世纪40年代，庙里的住持在大殿后配了三间偏厦，现为和尚居住，其中二间20世纪50年代已为居民使用。大殿正中供奉龙王，左供三官，右供赤脚大仙，观音阁主供观世音，左右供十二圆觉。20世纪50年代初神像遭到毁坏，庙宇逐年被破坏，无人管理。先后被城关农具厂、管训队、工商联、城关镇、建筑社、航测队等单位使用，未加修理，甚至拆改，今无门无装修，多用砖砌取代板壁。观音阁为歇山式建筑，并排三间，建在四方井边缘。阁的第一层以后墙为壁，方整石神龛，供奉水神；第二层楼正中供观音，右次间供灶神，左次间为花窗。山门门前是12级踏跺。原井边立有四楞碑1块，记建庙之事。1958年掏井重修时，将碑作为旧石，掀埋在沟里作基石。

（3）威宁彝族回族苗族自治县城东凤山下龙王庙，建于清代。民国《威宁县志·古迹志》载："龙王庙在城外龙潭，知州程正坤建。"庙宇坐北朝南，由一殿和两厢组成。祀供水符龙王、风伯雨师、雷公电母。民国时期为陆军医院办公地点。中华人民共和国成立初期尚保存完好，后改为县酒厂。大殿和一厢已拆毁，现仅存残宇一厢。

（4）织金县城内龙潭南岸龙王庙。道光《大定府志》载："龙王庙在平远城中，雍正八年（1730年）知州朱灿英、介锡周、吏目戴光祖同建。""乾隆五十九年（1794年）知州曹麟、道光十八年（1838年）知州谭炜皆重修。"《大定府志》又载："龙王庙在城中，大门三间、正殿三间、得月楼三间，知州朱灿英、吏目戴光祖及绅士同建。"现《织金县志》说，龙王庙由大殿、左厢、山门组成。石门为石拱卷，20世纪50年代被毁。全庙为县建筑公司使用至今。1979年将左厢房三间改成办公室，将山门改成砖砌双扇门，左右次间新建二层砖楼房，与左厢房相对。龙王庙原是织金胜境之一，现已面目全非。

（5）金沙县城关东南龙王庙，始建于清光绪六年（1880年），民国27年（1938年）扩修，占地面积350平方米。坐东南向西北，依龙潭而建。庙堂为一楼一底。底层面阔五间，第二层为大厅，原为祭祀供奉神像的场地。原庙中共有神像8尊，铁钟1口，今荡然无存。庙的后壁紧靠一溶洞，洞内现存泥塑佛像3尊和地圣母碑1块，常有人到此烧香祭奉。碑高1.57米、宽0.29米，碑正面阴刻"雕塑地母像纪念碑"。下文刻捐赠银两和塑地母像的人员名单、时间。背面阴刻楷书："永垂不朽"四字。右下角刻："建于中华民国二十八年"。该庙曾改为金沙县印刷厂宿舍、仓库。1982年金沙县人民政府公布为县级重点文物保护单位。

（6）大方县城关水井龙王庙，建筑年代不详。

（7）大方县城关新庄龙王庙，建筑年代不详。

（8）黔西县城关龙王庙，建于清道光六年（1826年），现已无存。

（十）财神庙

祀赵公明。亦称赵玄坛、赵公元帅，道教所信奉的财神其像黑面浓须，头戴铁冠，手执铁鞭，身跨黑虎，故又称“黑虎玄坛”。毕节地区境内有财神庙6处。

（1）织金县城中财神庙，始建于清初，后因年久失修，破烂不堪。乾隆四十八年（1783年），平远州民捐资重建。庙的设计建造系当时的彝族建筑师设计及施工，工程未完，建筑师就与世长辞。技艺高超的女儿继承父亲遗志，竭尽全力，使财神庙顺利建成。财神庙为水西地区彝族建筑物中水平最高的典型。庙按照彝族崇尚虎、珍视黑色，并以九为最吉利的数字等民族传统文化特点进行设计建造。例如庙有36条屋脊，18个翼角，18个铜铃，都是九的倍数，体现了彝族以九为最吉利数字的文化内涵，具有浓郁的地方特色，在中国古建筑中独树一帜，绝无仅有，在外国类似建筑也只有已经毁坏掉的日本名古屋和天寿阁。庙为宝塔形状，共四层。庙左有偏殿一间，庙右围墙上原建有土地庙一座，旁边是大钟和庙碑。碑上记有修建财神庙的历史。1966年，庙碑被毁，大钟也不知去向。庙正面是石拱山门，置木门关闭，正对大街。庙内第一层供财神，顶上一层供魁星。所雕魁星系修建庙宇时先用丁木在顶楼上雕塑而后建成，无法取下楼来，后庙被雷击，魁星被击倒在院子中。1952年扩建北门大街时，财神庙右间被拆一角。1967年，财神庙改为红旗大楼，庙上的木雕和石雕遭到严重破坏，翼角上的吻兽，脊檐上的鳌头，各层楼的花窗被拆毁、打坏。花窗改为玻璃窗。1980年9月，织金县革命委员会把财神庙公布为县级文物重点保护单位。1985年11月2日，贵州省人民政府公布其为省级文物保护单位。1989年正式收归文化部门管理。1991年，省文化厅拨款32万元按“修旧如旧”的原则维修。维修后，财神庙又重放光彩。

（2）黔西县城关镇财神堂，建于清代。

（3）毕节市城内财神庙，建筑年代不详，已改为居民住房。

（4）毕节市城中心财神庙，建筑年代不详，民国时设商会于内，新中国成立后改为人民剧场至今。

（5）毕节市城内财神楼，已废，早已改为居民住房。

（6）大方县城南门内财神庙，建于清代，光绪三十一年（1905年）10月，将财神庙改为初、高等小学堂。

（十一）东岳庙

祀中国五大名山之一的东岳泰山。泰山曾被封为东岳天齐仁圣大帝，简称东岳大帝。古代封建帝王多往祭祀。毕节地区境内有东岳庙3处。

（1）毕节市城关东安路现毕节第一卫校处立过东岳庙，建于明代，清代重修。民国29年（1940年）改办弘毅中学。原有建筑已全部被拆毁。

（2）威宁城内东南面东岳庙，建于清代，庙内有铁钟1口，铸于乾隆四十一年（1776年）。曾为叙昆铁路总局，卫生院驻地，现荡然无存。

（3）大方县城关东岳庙。民国《大定县志》载：“东岳庙一名东山寺，在东门外里许。庙门一字楼，正殿三间，周缭以垣。旧为总兵李超建。后有高楼一座，民国八年（1917年）募建，现无存。”

（十二）黑神庙

祀唐殉节将军南霁云、张巡等。后人赞扬他们忠勇，立庙供奉。毕节地区境内的黑神庙有6处。

（1）织金县城关黑神庙，位于城东鱼山山顶中央平地上。原叫智琼祠，始建于明末，后被毁坏。清朝初年改建黑神庙。光绪十六年（1890年）重建。由正殿与对厅组成。正殿为并排五间悬山顶式木结构建筑。明间大门上悬挂清代贵州名书法家严寅亮书“惠此南国”横匾，檐柱上挂木枋阴刻楹联，“有唐大将军，烈烈轰轰，德与山河并寿；全黔真福主，铮铮皎皎，业同日月齐辉”。正殿之前为对厅，又名“碧琉精舍”，紧靠山首绝壁丁缘，系云南人吴树松劝合邑民众捐资于民国6年（1917年）4月修建，殿厅之间为石坪院坝。黑神庙右稍间后面为藏书楼，系民国初期黑神庙道人（住持）化缘募捐修建。在鱼山之巅系济赈亭，于民国初年建。1980年9月，织金县革命委员会公布鱼山建筑群（含重要组成部分的黑神庙）为县级重点文物保护单位。1982年，省、县拨款维修，山上建筑焕然一新。1985年11月，贵州省人民政府公布为省级文物保护单位。

（2）威宁彝族回族苗族自治县城黑神庙，位于城东北尚官岭，清初所建，砖木结构。由三重殿两厢房组成两天井封闭式四合院。山门前有“黑神庙”匾。三殿屋顶及山墙系原建筑，殿前砖墙照壁保持原状。民国时期为监护大队驻地，新中国成立后至今庙内改作粮食局仓库和宿舍。

（3）纳雍城关雍熙镇黑神庙。始建于光绪九年（1883年），现已改建为雍熙小学。

（4）毕节市城关黑神庙，位于清毕路大校场口，建筑年代不详。民国时长期驻兵。新中国成立后，1950年改修为毕节县粮食局及仓库至今。

（5）大方县城中街黑神庙。民国《大定县志》载：“忠烈宫，在中街，俗称黑神庙。正殿三间，左右两厢各五间，庙门一间。基址纵十二丈，横八丈。”

（6）金沙县城关黑神庙，建筑年代不详，早已被毁，现为城关三小。

(十三)斗姆阁

祀道教所信奉的最高女神。传说是北斗众星之母，故名。道教宫观常建斗姆室，斗姆阁，其像为三目四首，左右各四臂。毕节地区境内的斗姆阁有4处。

(1)织金县城东北部月华桥东南侧小石山上斗姆阁，始建于清康熙六年(1667年)，乾隆十八年(1753年)重修。庙宇由阁、左右凉亭、正殿、武侯祠、偏殿依山势组成阶梯布局的建筑群。阁为木穿斗式结构，三重檐、六角攒尖顶。阁前左右为一座四角攒尖顶凉亭，二亭正中为十四级上阁石踏跺，二亭前为正殿，分明间和左右次间。明间前为十四级上殿石踏跺，踏跺左右为石砌花台，左花台前为武候祠，右花台前为偏殿，偏殿前为石拱牌坊形山门。各层翼角翘首鳌吻已被毁，改成石灰糊陵翘，雕花窗已改为方格窗。左前四角攒尖凉亭已于20世纪60年代初毁，左前凉亭移建于阁左侧。正殿木板已改为砖砌，作为县政府招持所用房。武候祠已于1982年由县政府拆迁于东山。偏殿及山门均拆毁，县政府于1985年3月在此三址上修建招待所餐厅。1980年9月织金县人民政府公布斗姆阁为县级文物保护单位。

(2)大方县城郊斗姥阁，位于原大定县城北门里许，系大定县最为壮观、精美的古建筑。此间原有庙宇紫微垣，毁于兵燹。后由地方有名望的绅耆筹集银两新建斗姥阁。建阁时间约在清道光末期至咸丰年间。民国《大定县志》载："斗姥阁在北门外，距城二里。庙门三间，第一层五间，祀老君、药王。第二层方池一亩，中有庆云楼，清宣统辛亥年(1911年)知府陈庆慈建。第三层斗姥阁，正殿五间，左右两厢各三间，后客房三间，左右方池各一亩。第四层大佛殿五间，中为三尊大佛，两旁为十八罗汉，后为普陀岩，有阁一座。第五层回龙阁，正殿五间，祀吕祖(吕洞宾)。周缭以垣……。登上钟鼓楼等，可环顾全城。"宣统三年(1911年)1月曾在斗姥阁内办官立初等农业学校。20世纪50年代初，绝大部分建筑已被毁，今仅存庆云楼，已摇摇欲坠。

(3)威宁彝族回族苗族自治县城斗姥阁，位于城南，建于清代，道光《大定府志》有载。

(4)黔西县城关斗姥阁，位于县城东隅凉风洞上，建于清代，现已无存。

(十四)马王庙(天驷宫)

天驷本星名，古人用它比喻神马。天驷成了养马人供祀的神。毕节地区境内有马王庙4处。

(1)织金县城马王庙。乾隆《平远州志》卷之十三载："马王庙在城西，康熙九年(1670年)兵民共建。前后殿各三间，厢房六间，山门戏楼六间。常住田一所，位于太平里六甲。"

（2）毕节市城关马王庙。道光《大定府志》载：“马王庙在城内鼓楼上。”

（3）大方县城马王庙。道光《大定府志》载：“马王庙在府城东北。”

（4）黔西县城马王庙。《黔西州志》载：“马王庙在城内。”

（十五）炎帝庙（火神庙）

炎帝庙俗称火神庙，祀炎帝。炎帝为上古神农氏。以火得王，故称炎帝。相传炎帝制作耒、耜，教民农作，又称神农氏。毕节地区境内有炎帝庙5处。

（1）织金县城南门炎帝庙，又名南林寺，靠近古城墙。《平远州志·古迹篇》载，炎帝庙始建于清康熙十年（1671年），游击王耀麟捐修，前后殿各三楹，左右厢房共六间，准提庵三间，山门一座。常住田一所，位太平里十甲。康熙二十八年（1689年）重修。庙有五间并排的大殿和戏楼，建筑具有浓郁的地方民族特点。庙正中供奉炎帝，左次间供奉黑神（相传黑神即唐朝的张巡），右次间供奉灶神，左次间为住持居住的禅房。自1953年庙中神像被毁后，原城关区将大殿六合门拆毁改作粮仓，后被县农具厂作锻铁、铸造车间，除屋架尚存外，其他已面目全非，现为农具厂仓库。

（2）威宁城关火神庙，位于城北威昭路。威宁知府佟铭（康熙四十七年至五十年在位）建。晚清时期重建。民国时期为加油站，中华人民共和国成立后为马车工人宿舍，现已荡然无存。

（3）大方县城西街炎帝庙（火神庙、祝融宫）。据道光《大定府志》载：“在城内，知府苏霖弘（雍正初年在任）建。”又据民国《大定县志》载：“在西街，孔子庙左侧。正殿五间，后殿三间，庙门一间。基址纵三十丈、横八丈。清光绪戊子（1888年）知府程荣寿重修。”据程荣寿《重修火神庙碑记》载，重修火神庙时，“见火神庙仅存正殿，栋梁摧折，风雨飘摇，观其中，装塑神像，端冕而凝，则是炎帝也。庙额亦署炎帝。经始于戊子（1888年）5月，越辛卯（1891年）5月而告成，计用费千余金”。在庙宇开始修复前，已将庙额炎帝庙改为祝融宫。光绪三十二年（1906年）11月曾在祝融宫内立官办第二初等小学堂。

（4）金沙县城关镇紫金街火神庙，位于城关镇政府驻地700米处，建筑年代不详，早圮。

（5）黔西县城关火神庙，建于清代，已无存。

（十六）五显庙（华光庙）

祀五显灵官。道教传说，玄武太子到武当山修道，一去不返，五员将官封为“灵官大圣华光五大师”，简称五显灵官，庙称五显庙或华光庙。毕节地区有五显庙（祠）3处。

（1）毕节城内五显庙。民国《贵州通志》载："五显庙在卫（毕节卫）治内谯楼（旧时城门上的了望楼）东。"《毕节县志》载："五显庙在儒学左。"

（2）毕节市流仓办事处杨家塘华光庙，建筑年代不详，中华人民共和国成立后分给农户居住，现已改为佛教活动场所净心寺。

（3）威宁城关五显祠。《黔记》载："五显祠在卫（乌撒卫）治西。"

（十七）玉皇阁

祀玉皇。玉皇即"昊天金阙至尊玉皇大帝"的简称。毕节地区境内有玉皇阁5处。

（1）威宁城关玉皇阁，位于文化路中段一侧。始建于清顺治末年至康熙初年（1660年左右），乾隆末年（1793－1795年）知州程正坤重建。庙宇由正殿、左右配殿和前殿构成封闭式四合院，外有山门，占地1500平方米。正殿分上、中、下三层。据民国《威宁县志》载，正殿宝顶为紫铜，铸于清康熙初年。上层檐下有横匾，镌刻"万神朝礼"四个字。左右配殿面阔三间，为过去僧侣禅房。前殿面阔五间。清道光十三年（1833年），以铁铸成钟鼎1口置阁内。1965年，翼角被破坏，宝顶和山门被拆除，主体建筑梁架保存完好。现玉皇阁为威宁城关一小教职工宿舍。1982年威宁县人民政府公布其为县级文物保护单位。1985年，贵州省人民政府公布为省级文物保护单位。

（2）织金县城北龟山上玉皇阁，又名迎祥寺。据乾隆《平远州志》卷之十三载："有常住田一所，位慕恩里一甲。"据现《织金县志》载，玉皇阁始建于清康熙二十九年（1690年），嘉庆、道光年间两次重修，民国29年（1940年）又重修。由阁楼（即山门）、前殿、后殿及禅房组成。玉皇阁建筑壮观雄伟。阁楼正中塑观音，左右塑十二圆觉。正殿塑玉皇大帝。后殿塑三清四帝。前后殿右厢为禅房，供僧人居住。阁楼前是十五级踏跺。在第九级踏跺上发现有32厘米×33厘米的残碑，上雕圆形文字图案。第十一级踏跺上发现残碑一块，上刻"重修玉皇阁佛殿……特授大定府平远州正堂……平远协左营都司……平远州儒学"等捐资人员名单阴文。在十二级踏跺上有35厘米×39厘米的残碑，上刻："住持僧……悟源"及捐资名单，还有"道光十二年六月立"等阴文字。这些残碑系1967年打碎作踏跺，已不能复原。除此之外，现各幢建筑基本保存完整，仅前殿左山墙前后倒塌，后殿踏跺改为水泥斜坡路面，左厢空地及右厢改建为仓库。

（3）毕节城郊玉皇阁，位于今中华路山上。道光《大定府志》载："毕节玉皇阁在奎文阁之最后，康熙年间建。乾隆十五年（1750年），知县凌均修葺，供奉天后于阁下。二十二年（1757年），知县董朱英改建阁上四围窗储，并建东壁轩四间于阁前左偏，与观音殿，三圣庙接壤，筑墙数十丈围之。势亦秀丽。”光绪《毕节县志》载：“咸丰十一年（1861年）发逆毁。”

（4）大方县城玉皇阁。道光《大定府志》载：“玉皇阁在城南二里文笔山前，楼五间，供玉皇，下祀文昌帝君。两旁钟鼓楼各一间。庙貌崔巍，远近皆见。登临其山万山屏列，一郡人烟，了然在目，实属雅观。乾隆十五年（1750年），知府王允浩建”。民国《大定县志》载：“玉皇阁，在南门外奎峰塔下。有阁二层，上祀玉皇，下祀文昌。地势雄伟，俯视城中，万户在目。”现仅存遗址。

（5）黔西县城玉皇阁，建于民国时期，二殿二舍。已被毁。

（十八）文昌宫（阁）

文昌宫亦称魁阁（奎星阁），祀文昌星。文昌本星名，亦称文曲星、文星。中国古代对斗魁（即魁星）之上六星的总称。古代星相家认为它是吉星，主大贵。后被道家尊称为主宰功名利禄的神。全区有文昌阁（魁星阁）10处。

（1）毕节市城西郊文昌阁，位于现市西办事处翠屏村安家井，建于明洪武十四年（1381年），早已被毁。现在原址上修复大雄宝殿、东厢房共500多平方米，称文昌寺，为佛教活动场所，市佛教协会办公地址。

（2）毕节市城内奎文阁，亦称奎星阁、魁星阁，在五龙桥翔龙寺后山。清光绪《毕节县志》载：“奎文阁乾隆邑志在城东蟠龙山上，祀文昌。康熙年间建，乾隆二十一年（1756年）知县董朱英重修，增设文昌阁坊二、文光普照坊一，又建成戏台一座，东壁轩三间，筑山石路二百丈，植杏、桂20株。咸丰十一年（1861年）发逆窜境被毁。同治七年（1868年）邑人建大殿三间，十三年（1874年）邑人增修七曲门，上建奎星阁。”道光《大定府志》载：“乾隆二十三年（1758年），知县董朱英捐银若干两给绅士，令建阁。阁凡三层，上设奎星像，岁贡吴应征作记”。由于年代久远，早已被毁。

（3）织金县城内东面文昌阁，又名梓橦阁，康熙二十七年（1688年）兵民共建。原址在县城东门外，后被毁。嘉庆七年（1802年），知府周景益移建于双堰南面的文昌宫后。光绪九年（1883年），举人谢钟良捐资重修。庙宇为三重檐八角攒尖顶木结构建筑。三层楼的正面花窗上方挂着“文昌阁”横匾。门前的文昌宫，始建于康熙初年，山正殿、天赐台、左右配殿和山门组成。左配殿建于民国15年（1926年），为织金县同善社全体社员出资建造。1963年，织金县城关三小修建操场，将左配殿移于正殿左前方，并将天赐台拆毁。现山门和移建的左配殿已拆毁，并在此基址上建亭楼式幼儿园。1981年，省、地、县拨款维修文昌阁。1985年11月，贵州省人民政府公布为省级文物保护单位。

（4）黔西县城内双狮山文昌阁。《黔西州志·宫建志》载：“文昌阁在东门城楼上，康熙四十四年（1705年），知州穆成周建，置田60亩祀香火。乾隆七年（1742 年）知州冯光宿重修。五十三年（1788 年），阁学绅士创建于双狮山顶。”今废。

（5）黔西城内魁星阁，位于城关第一小学。雍正二年（1724 年），知州鲍尚忠建。乾隆七年（1742 年）知州冯光宿重修。中华人民共和国成立后，黔西文教局（教育局）办公室设内。

（6）织金县城北奎星阁，又名昌圣阁，始建于清道光十八年（1838 年），光绪十三年（1887 年）重修。阁分三层，建筑结构与织金城内文昌阁相似。顶层塑点斗魁星，中层塑文昌帝君，底层明间塑仓颉圣人。中华人民共和国成立后，织金县人民政府曾两次拨款维修，先后作织金县中学图书阅览室、县总工会办公活动地点。1974 年，织金县革命委员会批准拆除，在原址建广播电视办公楼。

（7）纳雍县城东南文昌阁，一说为清光绪初年，穿青十八寨头领郭书奎建，一说为守备刘庭章捐资，于光绪十年（1884 年）兴建。文昌阁由山门、大殿、文阁三部分组成。山门过道有神像三座，脸谱各异。走过山门，登上二十余级踏跺便是大殿，殿高约三丈，四列。大殿正中三座塑像，各高八尺，神像前又各有五六个小神像。左边挂有千斤大铁钟，右边设有牛皮大鼓。文昌阁的阁楼高五丈，阁楼中间悬挂着“粒食万方”金匾一块。阁楼分三层。一楼前堂正中置文昌帝君，左为龙王、右为神农。后为观音殿，龛上坐着莲花观音。莲花下为雕刻精细的龙女。二楼左为孔子、右为苍颉。三楼为魁星神像。现已改建为纳雍县电视差转台。

（8）金沙县城关文昌宫，位于紫金街，建筑年代不详，已无存。

（9）威宁城关文昌阁，在城内东南隅文庙左，建筑年代不详，早毁。

（10）大方县城南文昌庙，清乾隆十五年（1750 年）建，已不存。

（十九）太乙祠

太乙又作太一，本星名。《史记·开官书》：“中宫太极星，其一明者，太一常居也”。后被视为天上的尊神。织金城关太乙祠，据《平远州志》、民国《贵州通志》载，太乙祠在关外，耸秀山顶，奉文昌、真武。同朝知州介锡周（雍正七年，即 1729 年任，1731 年离任）、副将刘成谟、吏目戴光祖同建。

（二十）天后宫

祀南海女神林默娘。俗称妈祖娘娘，宋都巡检林愿第六女。常采药为乡人治病，救助海上遇难船民。死后，人们在其家乡福建省莆田县眉州岛上建庙祀之，称妈祖庙。毕节地区境内有天后宫 3 处。

（1）毕节市城关天后宫，位于威宁街，清代建，中华人民共和国成立后，改建电影院，现撤建成电信大楼。

（2）威宁城内天后宫，位于江西街。始建于乾隆年间（1736－1795年），分上下两殿，左右两厢，为福建客民所建。正殿有“环宇镜清”横额。民国时期为镇公所驻地，中华人民共和国成立初期为城关区驻地，现为城关镇驻地。殿宇尚存，两厢完好。

（3）大方县城天后宫。民国《大定县志》载：“天后宫在城内东街，民国三年（1914年）建。”

（二十一）五岳庙

祀五岳神。五岳为中国五大名山的总称，即东岳泰山，南岳衡山，西岳华山，北岳恒山，中岳嵩山。传说群神所居。古代封建帝王多往祭祀，后被道教祀奉。毕节地区境内有五岳庙2处。

（1）黔西城关五岳庙，位于北街，建于清代，早已消失。

（2）毕节城关五岳祠，建于明代。《黔记》载：“五岳祠在税课局左。”早已消失。

（二十二）南岳庙

祀中国五大名山之一的衡山。大方县城内有南岳庙。民国《大定县志·秩祀志》载：“南岳庙一名南山寺，距城里许。正殿三间。后有高楼一座，周缭以垣，庙侧有碑，乾隆间吏员王希古捐建。”

（二十三）西岳庙

祀中国五大名山之一的西岳华山。毕节城内有西岳庙，建筑年代不详，中华人民共和国成立后驻扎军队，现已无存。

（二十四）圣母庙（娘娘庙）

祀西王母。亦称金母、王母娘娘或西姥。中国古代神话中的女神。威宁城关娘娘庙，建筑年代不详，早被毁。

（二十五）三圣宫

三圣宫亦称三圣庙、三义殿，祀刘备、关羽、张飞。毕节地区境内有三圣宫3处。

（1）威宁城内东门外三圣宫，位于县城民享路53号，建于清乾隆年间（1736－1795年），由正殿、中殿、下殿组成。迎门外有戏台。中华人民共和国成立后仍保存完好。后作粮仓，现存上殿，其余拆毁改建。

（2）毕节市城关三义殿（三爷殿），位于双井寺后，建于清光绪年间（1875－1908年），正门有如意踏跺九级。现存五楹正殿。两侧厢房各三间（已换砖壁）。院内残碑以及雕花石碑数方。除部分较小建筑不存外，基本保存原貌。现为毕节市医院宿舍。

（3）金沙县城关镇罗马街三圣庙，建筑年代不详，现为城关镇教辅站驻地。

（二十六）四圣庙

祀四圣。神名，道家以天蓬、天猷、翊圣、佑圣称为天府四圣。为后天有五行之精气，上应昊天，而为之辅也。毕节市城东关坡有四圣庙，建筑年代不详。早圮。

（二十七）五圣庙

祀五圣。亦称五通，旧时民间传说妖邪之神。毕节市城南门外五圣庙，建筑年代不详。早被毁。

（二十八）禹王庙

祀夏禹王。道教传说，禹有道术，步行江河中，能测深浅，使大石翻动，其步行有一定规律，称“禹步法”。设坛建醮，法师在祭坛上礼拜星斗，必须走禹步，名曰“步是罡斗”（载《抱朴子·登涉篇》）。威宁城关有禹王庙，建筑年代不详，早已被毁。

（二十九）老君庙

祀老子。老子，春秋时期思想家，道教创始人。道教祀为道主。唐高宗乾封元年（666年）封老子为太上玄元皇帝，宋真宗大祥符六年（1013年）加封太上老君为混元上德皇帝。黔西县城关镇有老君庙，建于清代，早被圮。

（三十）八腊庙

祀八腊神。八腊庙是我国古代崇拜大自然而流传下来的最早神庙。《礼记·郊特牲》及民国《贵州通志》载：“八种神一曰先啬，祭神农；二曰司啬，祭后稷；三曰农，祭古时田官之神；四曰邮表啜，祭创始田间庐舍、开路、划疆界的人；五曰祭猫虎，因其能捕吃野鼠、野兽，保护庄稼；六曰祭堤防；七曰祭水庸、祭水沟；八曰祭昆虫、祈免虫害。”毕节地区有八腊庙仅1处，在织金县城。《平远州志》、道光《大定府志》均有记载。现已无存。

（三十一）雹神庙

祀雹神。大方县城有雹神庙。民国《大定县志》载：“在中街，附龙神祠内”。民国《贵州通志》载：“在大定城内大街，庙早已毁。”道光《大定府志》载：“大定雹神庙在社稷坛旁。”早已被毁。

（三十二）雷神庙（殿）

祀雷神。雷神又称雷公、雷师。古代神话中司雷之神。道教认为雷公可以为天代言。毕节地区境内有雷神庙3处。

（1）毕节市城关雷神庙，中华人民共和国成立初尚存，现已被毁。

（2）威宁城关雷神殿，位于城东凤山脚下涌珠寺内的左前院，建筑年代不详，殿内供奉着神像二尊，即雷公、电母。庙宇早已被毁。

（3）黔西县城关雷神庙，始建于清代，已被毁。

（三十三）龙神庙（祠）

祀龙神。毕节地区境内有龙神庙2处。

（1）威宁城关龙神庙。道光《大定府志》载："龙神庙在城外龙滩，知州程正坤建。"庙早已消失。

（2）大方县城龙神祠。民国《大定县志》载："龙神祠在中街，忠烈宫左侧。正殿三间，庙门一间。"早已被毁。

（三十四）武侯祠

祀诸葛亮。诸葛亮，字孔明，三国时蜀汉人，精通天文、地理、兵法，以及奇门遁甲、术数之术。佐刘备定益州，与魏吴三分天下。刘备即帝位，拜为相。备死，辅后主，封武乡侯。毕节地区境内有武侯祠2处。

（1）大方县城关武侯祠。民国《大定县志》载："在拱极门内。旧为马王庙，马王罢祀，即其庙改为武侯祠。正殿三间，左右配房各一间，过厅三间，其址纵八丈、横四丈。"

（2）织金县城武侯祠。原位于城内东北部斗姆阁处，1982年由县政府拆迁于东山。

（三十五）土地庙（祠）

祀土地神。毕节地区境内有土地庙（祠）2处。

（1）威宁城关土地庙。建筑年代不详，20世纪60年代遭到破坏，1990年，地方群众集资修复。

（2）织金县城土地祠。道光《大定府志》载："土地祠在州署内，知州俞九成创建。"

（三十六）玄天庙

祀玄天上帝。织金县城有玄天庙，建筑年代与规模不详。20世纪50年代改作西附郭乡乡公所。

（三十七）药王庙

祀孙思邈（581－682年）。唐代著名医学家，道士和道教学者。华原（今陕西耀县东南）人，通老庄百家之说，精医学及阴阳。长期居终南山，与名僧道宣友善。不慕名位，山居著述，为人治病，后人尊之为“药王”。宋徽宗追封为“妙应真人”。织金县城关西山药王庙，始建于清嘉庆十三年（1808 年），建筑雄伟，现庙全被毁。

（三十八）地母庙

祀地母。原始社会农耕民族所信仰的神灵，是大地之女神。农耕民族感觉大地是其最根本的依靠者，并觉得万物都由大地产出，并受其抚养，因视大地为万物之母。毕节地区境内有地母庙 3 处。

（1）纳雍县城地母庙，建于清光绪十三年（1887 年），现已拆建为纳雍县人民医院。

（2）织金县城关地母庙，在东门外。中华人民共和国成立初期保存较好，现已毁。

（3）威宁城关地母庙，建筑年代不详，早被毁。

（三十九）吕祖殿（庙）

祀吕洞宾。吕洞宾是唐末道士，号纯阳子，自称回道人。传说咸通三年（862 年）64 岁进士及第。元代封为“纯阳演正警化孚佑帝君”。全真道奉为北五祖之一，通称“吕祖”。大方县城有吕祖庙。道光《大定府志》载：“吕祖庙在北郭外斗姥阁后。新建。”民国《大定县志》载：“吕祖殿，一名回龙阁，在北门外。清光绪甲午年（1894 年）建。”

（四十）太平阁

祀土地、财神、观音。大方县城关有太平阁。民国《大定县志》载：“太平阁在太平桥上，祀土地、财神、观音。宣统元年（1909 年）建，有记勒石。”

（四十一）山王庙

祀山神（即山君）。据说山神可镇山，镇住野兽出没伤人。纳雍县城雍熙公园山王庙，清宣统二年（1910 年）建。已被拆毁。

（四十二）关岳庙

祀关羽、岳飞等。大方县城内有关岳庙。民国《大定县志》载：“在东门内。文昌罢祀，将其宫改建，正殿五间，后殿三间，过厅三间，左右配房各一间，基址纵三十丈，横六丈。”已被毁。

（四十三）青社

祀牛王、马王。大方县城有青社。民国《大定县志》载：“在东门外，祀牛王、马王。民国 5 年（1916 年），城东农人建。”已无存。

（四十四）神仙洞（玲珑洞）

黔西县城西有玲珑洞，原名神仙洞。1936 年，道人王礼玄住持此洞，供奉神像，焚烧香火。王道人精心培植洞的周围环境，上山采药为人治病，名声远扬。使得神仙洞香火鼎盛，信徒众多。他集信士功德钱和行医收入修整洞府，于洞中设经房、玄房；洞前建造石梯，洞内前厅装修彩壁，使神仙洞更加玲珑秀雅。民国 28 年（1939 年），乡人安畲书题“玲珑洞”三个大字镌刻于洞口岩壁上，珑珑洞从此而得名。中华人民共和国成立初期，洞内仍香火旺盛，信士集结。1966 年后的几年以破“四旧”为名，使洞内的神像及其设施遭受严重破坏，信士离散。1979 年后，玲珑洞得到恢复和开发。1981 年 9 月被黔西县人民政府公布为县级文物保护单位，并作为政府批准的佛教活动场所（详见佛教篇）。

（四十五）福禄宫

大方县城有福禄宫。民国《大定县志》载：“城南门内，旧为武庙遗址，两廊，一字楼各五间，后殿三间，戏台一座。”

（四十六）玉虚宫

供奉玉虚尊师。玉虚为仙人名。毕节市城关有玉虚宫。民国《贵州通志》载：“玉虚宫在毕节城关，乾隆邑志在城外东南地，乾隆二十年（1755 年）知县董朱英修。两廊对面捐建观音阁，并置市房三间，取租永供祀事，咸丰十一年（1861 年）为发匪毁。”

（四十七）轩辕庙

供奉黄帝。黔西有轩辕庙，在城北隅，建筑年代不祥，早已被毁。

（四十八）三皇宫

供三皇。织金城关有三皇宫，建于民国年间，尚存。

各乡（镇）部分宫观简介

（一）天神堂

祀天神。天神又称天神火神，或火神天神。据《金沙县地名志》载：“天神堂位于沙土镇天堂村，地处小山堡上。该庙建于元朝，附近有一摩岩记载了明万历年间（1573－1620 年）的河酋大叛。”中华人民共和国成立后，庙改成天堂小学，现学校已搬迁另建，庙堂成危房已被拆。

（二）祖师庙

有 3 处。一在纳雍县老凹坝乡武佐河村，建筑年代不详，有正房和厢房两间。正房有3处，正房现为武佐河医院。厢房为木房盖瓦。庙至今保存完好。一在毕节市吉场镇，建筑年代不详，现改为小吉场镇中心小学校。一在毕节市赤水河，始建于明景泰四年（1453年），已不存。

（三）关帝庙（关圣殿）

有7处。（1）毕节市层台镇关圣殿。建于明洪武年间，殿宇坐北朝南，背与官厢城垣对应，殿堂结构为三合院建筑，占地3000平方米。殿内围墙砌在2.7米高的基石上。围墙长71.2米，墙上部分砖瓦至今仍可看到有模糊的“关圣殿”字样。正殿在三级踏跺上。正殿六合院面阔五间，与迎面厢房对称，厢房面阔三间。左右厢房第三架梁上题有“皇图巩固，佛寿延龄”楷书，字迹清晰。关圣殿过去曾为江西、两湖会馆。中华人民共和国成立前后均在殿内办过学校，1958后办铁厂、农具厂，20世纪60年代初期为层台人民公社驻地，现为层台镇政府驻地。现关圣殿除1967年拆毁的魁星楼外，其余面貌完好，殿内存有乾隆五十六年（1791年）立的四楞碑1方，全文近千字，碑文记叙了关圣殿四邻沿革及部分史实。

（2）大方县黄泥镇甘棠村关帝庙，始建于清代。光绪三十四年（1908年）正月设南区区立第一小学于内，延续至今，现称甘棠小学。

（3）织金县熊家场关帝庙。位于熊家场江西会馆左侧，建于清初。1949年改为校舍。20世纪50年代初，学校将庙锯矮，面目全非。庙前石狮一对，雕刻精湛，于1966年毁坏，现为熊家场小学校舍。据道光《大定府志》载，仅织金乡村就有关帝庙8处。《大定府志》转《平远州志》曰：“关圣庙一在州北五十里茶店场，一在州东七十里牛场，一在州东八十里虎场，一在州南五十里熊家场，一在州北九十里簸渡河口，一在州西三百二十里末倮，一在州北一百四十四里拉志兔场，一在州东六十里蛇场。”以上关帝庙除熊家场关帝庙外，其余早已消失。

（4）赫章县白果镇关帝庙，建于清代，面积200平方米，现尚存。

（5）赫章县姑基关帝庙，建于光绪十二年（1886年），面积250平方米，现保存完好。

（6）赫章县罗州关羽庙，建于清代，面积100平方米，现保存完好。

（7）毕节市杨家湾镇七星桥西岸关帝庙，始建于清乾隆二十一年（1756年），已不存。

（四）三官庙（堂、楼）

有3处。

（1）毕节市杨家湾镇七星桥西岸关帝庙后，乾隆二十二年（1757年）知县董朱英建。毕节县知县劳孝舆《七星关三官庙记》:“七星桥之东岸，旧有三官神古庙，不知创自何时，岁久渐圮，邑人因新建桥，以庙当桥冲，乃移建于岸西石坛之间，以期妥神。”因年代久远，庙早已消失。

（2）金沙县安底镇三官楼，位于解放街，清末建。供天、地、水神。为三层砖木结构房屋，高大雄伟，民国末年改为贫民学校，中华人民共和国成立后收作公房，1956 年为安底中学学生宿舍。1968 年学校换给安底供销社为生产资料门市至今。

（3）毕节市清水镇三元宫。清《毕节县志》载：“三元宫，康熙邑志，系赤水古刹。”庙早已消失。

（五）金沙县安底镇墓样村灵宫殿，系清光绪年间（1875 - 1908 年）所修建的一座大庙

中华人民共和国成立后曾办学校、商店、医院。现已被拆毁。

（六）城隍庙。有 2 处

（1）大方县东关乡大阁雅村城隍庙，始建于清代。宣统元年（1909 年）间设北一区区立第二初级小学于内，中途停办，民国 7 年（1918 年）又续办，民国 13 年（1924 年）又停办，庙早已毁。

（2）毕节市赤水河城隍庙，始建于明洪武年间（1368 - 1398 年），早已被毁。

（七）梓橦阁。有 2 处

（1）毕节市朱昌镇朱昌村梓橦阁，建筑年代不详。建筑规模宏大，中华人民共和国成立后改为学校，原建筑全部拆除，新建学校校舍，现为朱昌镇中心小学校驻地。

（2）毕节市长春镇街上帝君庙，建于清嘉庆二十五年（1820 年），现仅存四柱三间房一栋，作小学教室。

（八）万寿宫

有 5 处。（1）金沙县茶园乡街上万寿宫，建于清光绪十五年（（1889 年），庙宇仿《封神演义》的故事建造、殿堂宏伟，结构严谨。民国 33 年（1944 年），中共川南地下党以此为活动中心创办永达小学，利用学校开展革命活动直至中华人民共和国成立。以后继续办学校至 20 世纪 80 年代新建茶园中心小学。1988 年 7 月，金沙县人民政府公布其为县级文物重点保护单位。

（2）金沙县清池镇街上万寿宫，又称江西会馆，始建于清光绪十九年（1893 年），万寿宫原为宗教活动场所，每年正月初八至十五都在此举行玉皇会，六月初六进行圣地会，二月十九、六月十九、九月十九举行观音会。庙宇

占地2000平方米，自南而北依次为山门、戏楼、前殿、正殿、后殿。东面有僧庵、厢房，西面有斋房、厢房。四周围砌3至5米高墙，以封风火。内建有水井二口，鱼池和小巧玲珑的单拱桥一座。原有三幢楼阁毁于1965年。山门楣间阴刻“万寿宫”三字。现存的三重殿宇及厢房已改为农舍，大梁柱和脊顶、木刻部件等仍在。1988年7月，金沙县人民政府公布其为县级文物保护单位。

（3）金沙县安底镇街上万寿宫，清光绪年间江西人建。民国时期曾为国民安底镇政府、保警队和监狱驻地。中华人民共和国成立初期改建成粮食仓库。1958年“大跃进炼钢铁”时庙宇部分被毁。1978年将其全部拆除改建成电影院至今。

（4）金沙县源村乡新农村万寿宫，建筑年代不详。民国时期兴办源村学校于宫内。1949年后，庙宇逐步被拆除，新建校舍，现仅存遗址。

（5）毕节市小坝镇万寿宫，建筑年代不详，现改为小坝镇政府驻地。

（九）龙王庙

有5处。（1）毕节市海子街镇胡家院龙王庙，建于民国年间，现尚存。

（2）织金县二塘镇龙王庙，位于二孔井泉之上，传说有神人显应，故建此庙，建筑年代不详。正殿供奉龙王、观音等巨大雕塑神像。1953年全部拆除，现仅存遗址。

（3）金沙县原干田乡龙王庙，始建于清光绪年间。1988年7月被金沙县人民政府立为县级文物保护单位。

（4）毕节市赤水河龙王庙，始建于明永乐年间（1403－1424年），已被毁。

（5）黔西县素卜镇龙泉阁，始建于清代，现为树丰民校。

（十）财神庙。有2处

（1）大方县鸡场乡鸡场村财神庙，始建于清代，光绪三十四年（1908年）正月设南区区立第二小学校于内，民国10年（1921年）停办，庙早已被毁。

（2）金沙县安底镇街上财神庙，为清光绪年间四川人修建，规模宏大。中华人民共和国成立初期为贸易公司酿酒房。1953年改为纺织社，后安底镇政府迁入。1978年拆旧庙新建安底镇办公楼。1992年后，改建安底镇职工宿舍。

（十一）黑神庙

有5处。（1）黔西县大关镇街上黑神庙，建于乾隆四年（1739年）3月16日。庙宇为砖木结构，古殿式样，由正殿、旁殿、禅房组成，殿前有石坎、院墙大门。正殿有关圣、关平、周仓塑像，黑神全身塑像突眼龇牙，面目狰狞，孩童不敢正视。正殿左角四柱木架挂有铁钟、大鼓，殿前有化钱炉。1952年拆毁建粮管所宿舍。

（2）金沙县安底镇街上黑神庙，始建于清道光年间（1821－1850年），民国时期曾为国民政府仓库，中华人民共和国成立后进行更新，并扩建为安底镇粮管所至今，为安底片区最大的粮油加工储运仓库。

（3）金沙县岚头镇高粱寨村黑神庙，系一大庙，由上殿、下殿四合大院组成。上殿建于光绪年间，下殿建于民国20年（1931年），历为大队、村驻地。

（4）金沙县茶园乡和平村黑神庙，建于清光绪年间。1968年拆除改建茶园公社机关住房。

（5）金沙县源村乡荣胜村黑神庙，始建于清末。神像加座高约10米，庙分上、中、下殿，配以山门戏楼，占地10余亩。中华人民共和国成立后，于此建荣盛小学。

（十二）威宁城关东北20公里原高峰乡四辅村马王庙，建于清嘉庆十七年（1817年）

原有两庙，分别供奉牛马二神，庙已毁，马王庙碑尚存。

（十三）金沙县西洛乡板塘村牛王阁，建于清初

民国年间曾在此举办私立完达小学，学校开支以庙产为主，先后培养数百名学生。中华人民共和国成立后至20世纪60年代前，在此基础上建西洛小学，学校于1970年迁走。

（十四）毕节市杨家湾镇周驿玉皇阁

坐北朝南，距城中心46公里，始建于元泰定元年（1324年），清嘉庆三年（1798年），当地群众捐资扩建，扩建后的玉皇阁由两楼一亭阁、左厢房、右厢房组成。玉皇阁上楼供奉三清神像，中楼供奉玉皇塑像，底楼为经堂，两厢房为道士居所。先后有张道士、刘启照、陈明海等15代道教门在此传经、传教、传法。现查明以该玉皇阁为中心的道教门字辈系元末时期由贵阳正一派传入现赫章县达依乡太元黄先生、太和王先生家，传至第五代的七星关道来谭先生，继传至第六代复恩何先生。至民国中期共有11代，即“道、复、本、和、教、永、光、明、智、礼、宗”。1966年以后的几年，玉皇阁被拆除，仅存一小间厢房。1999年，杨家湾镇退休干部金开运，退休教师常绍万、闵成诗、张永方等组织信教群众募捐维修和重建，至2003年底基本竣工。玉皇阁原占地面积626平方米，现占地面积441平方米。该阁按原样式设计维修重建，建筑面积共471.2平方米（含办公室、接待室134.44平方米）。阁为宝塔式仿古建筑，共4层，高4.68米，整个楼阁由4棵红色通天柱支撑到顶，第一、二层开间3.33米，进深2.43米，建筑面积均为122.2平方米，一至四层的窗户及大门均为万字格样式，第一层大门为6扇，第二层大门为2扇，每扇门的上部分四角各镶

嵌着一只蝴蝶，中间镶嵌着一朵梅花，门窗均为板栗色。第三、四层建筑面积分别为56.34平方米、36平方米。二至四层周围均为回廊，回廊边缘下为歇山式翘檐，第一、二层檐角为四面（四个角），第三层檐角为八方（八个角）、第四层檐角为六角，翘檐均盖琉璃瓦。每层楼的每个角均装饰着彩色瓷花瓶。二楼、三楼前面两角的花瓶下各有1莲花宝顶。第四层楼门额上悬挂着黑底、红边的横匾1块，扁正中书有镶金色的“玉皇阁”3个大字。六方檐角均为6条龙，每条龙嘴里均含着宝珠（电灯泡），阁檐周围边缘均安装着五颜六色的彩灯，楼顶中央的大灯泡安放在2米高的电灯杆上。傍晚，打开电灯所有开关，整个玉皇阁就像一颗闪闪发亮的宝珠，美丽至极。正厅（第一层）前立有4棵四楞石柱，中间两棵柱上分别为金龙抱柱，两边两棵石柱上各坐着1只雄狮。玉皇阁第一层为三官殿，殿中央供奉天官，其左右分别供奉地官和水官，左右壁分别供奉观音和财神；二楼为通明殿，正中供奉玉皇大帝，东面、南方、西方、北方、左后壁分别供奉青帝、赤帝、白帝、黑帝、黄帝及观音；第三层为三清殿，供奉玉清、左右分别供奉上清、太清。站在三清殿楼上，阁前万家烟火，远方高大雄伟的七星山、周围巍峨的群峰尽收眼底。

（十五）文昌阁

有8处。（1）织金县猫场镇文昌阁，建于清嘉庆三年（1798年），共三层楼阁，建筑雄伟。第一层供奉孔子、关帝、岳王塑像；第二层供文昌帝君，有“八文笔主”匾额；第三层供魁星，有“生死未有”匾额。正门悬着“文阁”二个凹雕大字。1935年，红军长征过猫场曾宿于此内。1966年被拆毁。

（2）大方县以列猫场文昌宫，建于清代。于光绪三十四年（1908年）正月设县立第四初、高两级小学校于内，中途停办，民国7年（1918年）又续办。庙早被毁。

（3）大方县理化乡所在地（清末名理坝场）文昌宫。始建于清代，光绪三十四年（1908年）年正月设置南区区立第二初级小学于内。庙早毁。

（4）大方县百纳乡所在地（清末称百纳场）文昌宫，始建于清代。民国2年（1913年）1月设东区区立第二小学于内，民国15年（1926年）2月又设县立第九初、高两级小学于内。庙早被毁。

（5）纳雍县乐治镇新厂擦耳岩文昌阁，咸丰十一年（1861年）建于擦耳岩上。阁已不存，残迹可见。

（6）织金县阿弓文昌阁，位于阿弓坝子中部。系阿弓高柏奎于光绪二十八年（1902年）劝民筹资建成。共三层楼阁，雄伟壮观。第一层为长方形，并排三间，明间阑额上有“天下文明”刻阴文木匾。第二层为六角形。第三层为八角形，正面窗额上悬挂“魁垣”楷书阴木匾。阁前左右偏殿为悬山式，明次三间建筑。1951 年至今为阿弓小学使用。1967 年被当成“四旧”，所有雕刻及工艺精美的翼角鳌吻均被拆除。1978 年阿弓小学作部分维修，已大体恢复原状。1980 年 9 月，织金县革命委员会公布为县重点文物保护单位。

（7）威宁县原十区新街乡文昌阁，建筑年代不详，中华人民共和国成立后改为小学校舍。

（8）毕节市赤水河文昌祠，始建于元泰定年间（1324－1328 年），早已不存在。

（十六）三圣庙

有 2 处。（1）金沙县安底镇新华街三圣宫，建筑年代不详。民国 15 年（1926 年）改建成“安底女子小学”，几年后，拆女子学校，改作致用学校教师宿舍。1956 年，中共安底区委、区公所迁入，后不断改造，1976 年修建成办公楼。1986 年改建成会议室、宿舍等。1992 年后改为新建安底镇政府办公驻所。

（2）大方县双山镇石板井三圣宫，始建于清代。民国 7 年（1918 年）设私立养正国民学校于内。民国 11 年（1922 年）停办。庙早被毁。

（十七）纳雍县王家寨镇（原居仁乡）雷神庙，建于光绪三十四年（1908 年）

年久部分倒塌。废墟中发现明版《指玄篇》经典一部。现存庙宇两厢。

（十八）毕节市杨家湾镇七星关武侯祠

道光《大定府志》载，武侯祠在毕节七星关，明副使毛科建。清康熙四十九年（1710 年），知府终铭重建。乾隆二十一年（1756 年），知县董朱英以基址狭窄，不成规模，复拓地改造，树立坊表，前建戏楼一座，大门三间；中建大殿，上、下两层，上奉三义（刘备、关羽、张飞）像，下奉武侯神像，额曰“功盖华夷”；左右俱建厢房。二十二年（1757 年），云贵总督恒文巡边，诣庙行香，题“千古师保”额，郡守题“伯仲伊吕”额。祠成，绅士为之立碑。因年代久远，祠早毁。

（十九）毕节市清水铺镇官田村中立山庙，祀赵公明等神

该庙属峨眉山设计修建的庙群之一，现峨眉山仍有庙的档案。该庙历经风风雨雨，至今仍保存较完整。

（二十）金沙县原干田乡药王庙，民国时期修建，三厅一阁，现存。

第四节 与道教有关的三教寺

把儒、释、道三教的始祖孔子、释迦牟尼、太上老君合在一座寺庙里供奉，或一个寺庙里供奉着三个教的神，这样的庙被称为三教寺。

现已查明的毕节地区三教寺有8处。（1）金沙县平坝乡平庄村三教寺，建于明代。1979年撤建成平坝中学。（2）金沙县茶园乡金凤村三教寺，建于清代，有正殿、玉皇阁等建筑。1949年后改作拥和乡乡政府、学校、分销店及乡机关驻地。1958年失火，所存房屋被拆除建公社、学校。现遗址为原拥和乡中心校。（3）金沙县石场乡青木树三教寺，建于清代。正殿供奉玉皇大帝，左殿供观音，右殿供孔子。民国时期为青木树保国民学校校址。1949年后为玉桥完小校址，已被拆除。（4）毕节城关三教寺。道光《大定府志》载："三教寺在马王庙之后，康熙间建。"寺庙早已消失。（5）原毕节县海子街区三教寺，建筑年代不详，20世纪60年代已被毁。（6）大方县城南门内三教寺，初建年代不详，清同治年间毁，光绪末年后重建，现已不存。（7）大方县城关南门内三教寺。民国《大定县志》载："民国三年（1914年）重修。有记勒石，勒石记曰：……其由来已久，不知其所自始。而大定之有此寺也，亦最早。清同治年间（1862－1874年）毁于贼，栋宇无存。光绪二十九年（1903年）冬，首事李寿川、杨济川领款重修，工未竣。而徐芸生、王玉成继后，又遭政变，中止。民国3年（1914年），坍塌殆甚，徐、王二君乃议募捐培修，适有南乡刘泉清慨捐数百金以为昌，和者遂众。7年（1918年）春落成，属余记。……县人王宝布记。孙家鼎书。住持保元。"现已无存。（8）黔西县沙溪三教寺。建筑年代不详，早毁。

第五节 收徒 受戒

毕节地区全真派收徒，男女皆可，年轻的较多，也有中年时才出家的。不管是年轻的，还是中年的，都须自愿申请，决心修道，经多方考察，方能接收。

入道手续程序为：先找一位介绍师介绍到某一小庙，请求道观里的一位道士做度师（即任师父），就成为道童。之后到法堂朝拜师父，自此蓄发，学道规，打扫庙宇卫生、挑水做饭等杂活。同时学习《早晚功课经》《三宫经》《玉皇经》《斗科经》，以及作道场的诸经，学满三年，就由师父选定吉日，请一位道士做冠中师、一位做梳发师念经上表，举行“冠中礼”，把道童的长发梳理盘成顶髻，戴上冠，摆一至二桌素席，请师爷、师伯、师叔到场，之后就可以跟着师父或道友参加做经忏法事。到著名丛林开坛传戒时，师父便介绍其赴丛林受戒。戒期为五十天至一百天，住在大丛林里过严格的宗教生活，在此期间要诵习全真三堂大戒的条文。传戒高道称为“传戒律师”，律师之下有证盟师、监戒师、保举师、演礼师、纠仪师、提科师、登箓师、引请师、纠察师、道值师等，他们共同主持受戒。道童受戒后便名入“登真箓”，取得戒衣、戒牒，就成为正式道士。入道的中年人，虽不称道童，但也须遵守与道童一样的规矩，参与劳动，学习经书，也需满三年后才能挽髻，之后受过传戒，才算正式道士。

十方丛林可传戒，但不能收徒。小的道观可收徒，但无权传戒。小道观收的徒，必须经过传戒仪式才能取得正式道士的资格。传戒仪式在大丛林（大道观，名叫十方丛林，十方指东、南、西、北、东南、东北、西北、上、中、下合为十方。这种道观其产业为道教公有，凡出家道士，都可居住）举行，开坛受戒时，各地小庙师父便可介绍其徒到十方丛林受戒，才能成为正式道士。明清时期毕节地区的道士，大多系在外省或贵阳受戒。民国时期传戒停止，毕节地区各道教宫观收徒只要三年期满，做盘髻仪式后，就可成为正式道士。

毕节地区的正一派，大多只传家中男性子孙，偶尔也收外姓弟子。大方县的正一派在明朝中叶由江西周金玉传入后，传了 13 世 300 多年后，传给现双山镇的胡清平。毕节杨家湾镇一带的何姓、谭姓正一派的传承至今已有十几代，周姓正一派的传承至今也有七八代人。正一派的收徒规矩为由道童先请介绍师向自已想投拜的师父征求意见，获同意后就定期拜师。在师父家中的神龛上挂上张天师像，请师伯、师叔到场作证，先向天师像叩头，再向师父、师伯、师叔、介绍师叩拜，拜师仪式就算完成。从此，弟子跟着师父在各种法事、道场听从指教，学习科仪，经书符箓、乐器。师父对徒弟进行长期的教育考察，看资质（智力）、德行（道德）、劳动（勤惰），观察时间不定，一般至少三年，直到师父认为德艺俱佳，才可出师成为道士。

明嘉靖二十二年（1543 年），湖南张道士从贵阳到现毕节市杨家湾境内传播道教。之后，现赫章县达依乡的太元黄先生、太和王先生到杨家湾境内传播正一派。从此，正一派在杨家湾境内代代相传。先后有第二代清玄黄先生，第三代一化苏先生，第四代元贞葛先生、元清郭先生，第五代道来谭先生，第六代复恩何先生（此时已是明末清初），第七代本敬谭先生，第八代和清、和通何先生、和信穆先生、和达刘先生，第九代教元、教崇、教法何先生、教兴谭先生（此时已是清乾隆中期，乾隆已亥四十四年，即 1779 年，教兴谭先生亲写扶科 1 本，现存无损），第十代永兴、永隆何先生、永忠、永祥谭先生、永勋穆先生、永德刘先生，第十一代尧发何先生、隆达、隆瑞谭先生，第十二代明远、明尧、明道何先生、国尧谭先生、明扬穆先生（此时已是清光绪中后期），第十三代智彰、智玄、智清何先生，智清、智忠谭先生，智明、智会穆先生（此时已是民国初期），第十四代礼智、礼仁、礼教、礼义谭先生、礼达、礼仁穆先生、礼德、礼祥、礼靖、礼智、礼光、礼和周先生（此时已是民国中后期），第十五代宗祥、宗灵（归依罗祥、罗谟）、宗发、宗达周先生、宗诚金先生（此时已是民国末期），1962 年至今，传至第十六代罗祥、罗谟、罗仪（受箓法名，下同）周先生、罗忠谭先生，第十七代，山举、山跃、山碧、三群周先生、三佑何先生、三钡刘先生。

第六节　斋　醮

毕节地区的斋醮，有规模大的，有规模小的；有超度亡灵的，有驱逐疫病的，有祈求丰年的等。规模较大的有清光绪二十四年（1898 年），大定 50 余名道徒分别在斗姆阁、三楚宫建醮七天，为道徒万应堂等度职；民国 27 年（1938 年），“七七”抗日纪念日，大定道教会在县城建醮七天，超度抗日阵亡将士；民国 32 年（1943 年），天旱到农历四月还未下雨，织金县城全真派道长庹几禅主坛，正一派道士王绍忠行坛，县长王佐临坛忏悔，办法事七天，挨家挨户扫火星，祈求风调雨顺。

除以上斋醮外，还有一种历史悠久，每年必做的经常性斋醮，即清醮。醮字上面冠一“清”字，表明是祈求清吉平安，因此又叫清平醮，或太平清醮。清平含义较广，包括无虫灾、旱灾、水灾、火灾、兵灾、无瘟疫等。民国及民国以前毕节地区各县城大街小巷，农村人口较集中的集场，每年都会根据各自片区的实际，在阴历正月至三月这段时间里，各自决定做醮的日期。这样做既可以避免各县城乡同时举行人力物力忙不及，又可相互观看，也可以避免道士人少、不能分身到各片区同时做法事的时间冲突。中华人民共和国成立后，境内打清醮的，做法事的逐渐减少，直至现在，全区范围内做清醮的活动也不多，较为正规的仅有毕节市杨家湾镇的道士，在近几年每年的正月初五至初九，在杨家湾镇周释村街上及周围做清醮，祈求来年风调雨顺，四方平安。

正一派道士为丧家超度亡灵，最长的超度时间为六天。第一天的程序为开咽喉（也称指路），开坛、朝幡、接亡、安亡、诵经、停餐；第二天的程序为开坛、请水、迎师、鉴押、发文、开启、生神、召孤、放焰（也称放灯）、诵经、停餐；第三天的程序为开坛升座道场、接驾、颁符、颁教、拜忏、诵经、接亡、安亡、绕棺、诵皇经、停餐；第四天的程序为开坛、转经、早朝、午朝、晚朝、诵经、停餐；第五天的程序为开坛、救苦、早朝、谈一时至六时道场、解食、发丧、拜十三（也称过殿）、拜忏、拜灯、午朝、拜忏（男拜丰都忏、女拜救苦忏）、超亡、烧包、赈济、送圣；第六天程序为谢师、安神。到此，整个超度亡灵的过程全部结束。

道士（正一派）做醮，最长的时间为六天。第一天的程序为开坛、朝幡、诵经、停餐；第二天的程序为开坛、请水、迎师、鉴押、发文、高功借地、教讲禁坛、诵经、停餐；第三天程序为开坛、火醮、表白、开启接驾、请班、朝幡、安监斋、安斋坛（以上为午饭前的程序）、启师、启玄、会光、谢玄、召孤、诵经、行夜香、停餐；第四天程序为开坛、预禳、早朝、朝谒、禳运、星宿、造船、诵经、停餐；第五天的程序为开坛、设天、镶荧、早朝、扫船、领符、拜忏、命魔、午朝、遣船（下河）、赈济、送圣；第六天的程序为送神、安神。至此，整个做醮的过程全部结束。

第七节 仪 范

仪范就是道教的礼节规范，包括烧香、燃灯、读经、礼拜、道人起居、法衣、行止、清规、戒律等几十个项目。随着时代的发展变化，有的项目已改变，有的完全淘汰。现仅举几个项目于下：

一 科 仪

其清规戒律繁琐，总的可分为戒律、斋戒、清规、禁忌四种。道教总称为科禁威仪，简称科仪。

（一）戒律

道教的戒律很多，律条有简有繁，有松有紧，少者五戒、八戒、十戒，繁者一千二百戒，普通的有三百条左右。并根据修真深浅，依次为初真戒（下品戒）、中级戒（中品戒）、天仙大戒（上品戒）。最基本的戒律为《老君五戒》，即（1）不杀生；（2）不偷盗；（3）不邪淫；（4）不妄语；（5）不饮酒。八戒就是五戒之外又加大戒，即（6）不得卧高广大床；（7）不得香油华饰；（8）不得耽著歌舞。十戒，即（1）不得违戾父母师长反逆不孝；（2）不得杀生屠害割宰物命；（3）不得叛逆君王谋害国家；（4）不得淫乱骨肉姑姨姊妹及其他妇女；（5），（6）不习污漫静坛单衣裸露；（7）不得欺凌孤贫夺人财物；（8）不得裸暴三光厌弃老病；（9）不得沉酒任性两舌恶口；（10）不得凶豪自任自作威利。除此外，还有一般道士都必须遵守的初真十戒，即（1）不得不孝不忠，不仁不信；（2）不得阴贼潜谋，害物利己；（3）不得杀生；（4）不得淫邪；（5）不得败人成功，离人骨肉；（6）不得毁贤扬己；（7）不得饮酒食肉；（8）不得贪求无厌；（9）不得交游非贤；（10）不得轻忽言笑。奉持《初真十戒》，经过一段时间的考验，修真进步，再遵守中级戒，要达到天仙大戒，须具有很高德行的道士。到清末至民国初期，毕节全区的全真派只能做到《初真十戒》。1949 年后，全真道人逐渐减少，到 1966 年以后，全区的全真派道人绝迹。

正一派系在家居道士，经常给人做经忏法事，接触面较广，难绝尘缘，无法遵守较多的戒律，对戒律较为松驰，只遵守《修复九戒》。

（二）斋戒

道教斋法略有三种，即设供斋、节食斋、心斋。各种斋法都有很多规定。其修斋的日期为：（1）六日斋，农历单月逢六即是；（2）十斋日，即每月初一、初八、十四、十五、十八、二十三、二十四、二十八、二十九、三十这十天；（3）三元日，即正月半（上元）、七月半（中元）、十月半（下元）；（4）八节日，即立春、立夏、立秋、立冬、春分、秋分、夏至、冬至；（5）甲子日，庚申日；（6）本命日，即每年自己的生日。其余的日期还多，不再一一列举。修斋的主观愿望主要为“积德解愆”“和神保寿”“夷心静然”“内处清虚”等。如祈福、禳灾、拔苦、谢罪、求仙、延寿、超度亡人等等都要修斋。因此，诵经、礼忏、祭炼、建醮等一切法事，都包括在修斋范围之内。

（三）清规

清规是各道观自己订立的对道徒犯过失的处罚条例，轻者罚跪、责杖、驱逐，重者则处死。清规中有开静贪睡不起者，跪香（就是罚跪，等一支香烧完了才准起来）；早晚功课不随班者，跪香；上殿诵经礼念，不恭敬者，跪香；本堂喧哗惊众，两相争者，跪香；出门不告假，或私造饮食者，跪香；三五成群，交头结党者，迁单；公报私仇，假传命令，重则迁单；毁谤大众，怨骂斗殴，杖责逐出；茹荤饮酒，不顾道体者，逐出。旧时的戒律、清规、凡与国家法律、法规相抵触者，现均已废除。

（四）禁忌

道教经书上禁忌条文很多，有些是医药卫生常识，有些是民间相传的迷信。这方面条文，口诀多，但大多不过是虚文，教徒并不重视。

二　早晚课

全真派道士，每日早晚课必须念经，念经叫早晚功课。只有一二人的小庙也必须早晚诵习，但时间较为灵活，可以自已安排决定。大庙则很严格，道观内以敲钟、击鼓、打云板为生活号令。每天五更就“开静”（打破黑夜寂静），敲钟起床，打扫殿堂，整齐冠服之后，道众由经师带领，齐集殿堂，念诵早坛功课经。早坛功课经包括《太上老君说常清静经》《玉皇心印妙经》《太上洞玄灵宝长玄消灾护命妙经》《太上灵宝天尊说禳灾度厄真经》等。诵毕用膳，自行研习教义，练习健身武功。天黑后，开上晚坛功课，念诵《太上洞玄灵宝救苦妙经》《太上老君说解冤拔罪妙经》《元始天尊说天得道真经》《太上三元赐福解厄消灾延生保命妙经》《祖师经》等。二更（晚上九点）起“止静”。每月的初一、十五为斋日，早晚功课还要念诵《玉皇经》《三官经》《真武经》等功课。经文不长，要求每个道士都要熟背。如此坚持朝夕诵经。据说：持诵万遍，妙理自明，人心皆散乱，一念便纯真。道士们一心钻在经书里，断绝尘缘杂念，才能安心修道。20 世纪 50 年代前，一些道士尚能熟背以上经书。

三、服饰行持

道服有以下几种：（1）日常服，即便装，分长装和短装，颜色为青色。正一派道服无短装，除青色外，也可以是黄色。（2）大褂，大褂袖宽 1 尺 4 寸，袖长随身，全真派的大褂为青色，正一派为红色。（3）礼服，全真派为蓝色，正一派除蓝色外，黄色、青色均可。礼服系重大典礼时穿。（4）戒衣，黄色，受戒时穿。民国时期，传戒停止，实际上已不用戒衣。（5）花衣，杂色，为外出念经用。中华人民共和国成立初期，毕节地区的全真派道士已很少，已无道士外出念经，既不穿花衣，也不穿礼服，穿的都是日常服装。正一派道士遇重大节日时穿红大褂。

头巾。毕节地区的全真派道人都蓄长发，挽成髻，别上一根木簪，用一块头巾来束着发。头巾有唐巾（因吕洞宾戴过，也称吕祖巾）、冲和巾（老年道人戴）、肖遥巾（青少年戴）、纶巾（天冷时戴）、浩然巾（下大雪时戴）、紫阳巾、一字巾（平时戴）、三教巾（受中级戒时戴）、九阳巾（杂入九流，非真修之士所戴）。前面八种头巾均用布缎制成，最后一种头巾用纱缎制成。正一派一般不用头巾。

冠，道人的帽。有僵月冠、三台冠、五岳冠、莲花冠、混元冠（青色、圆形、扁平的帽）。前四种冠按修真的深浅分别而戴，混元冠则不分道行深浅常戴。

鞋。有双脸鞋、云头鞋，全为青色鞋面，白色厚底，配上长筒或半长筒的白袜。

行持。即道士的言行必须遵守的规矩。如起立、坐卧、听法、作息、事师、沐浴、外出等都得庄重严肃。生活中有时要默念咒语。诸如闻钟声念“太音希声，能悟证真”等。而正一派道士在言行上并不受很多约束，无生活念咒。平时不戴冠和蓄发，不穿道服。做斋醮法事则必须戴冠，穿规定的道服。法师穿的道袍，有紫色的、有花色的，很讲究。

四　法器供具供品

法器，为两类，一是正一派设坛建醮时，法师使用的法器，这一类法器有宝剑、令旗、令箭、令牌、天蓬尺，摆放在道坛的法器架上，以备使用。二是做经忏时用的器乐，有钟、磬、铛、钗、竽、木鱼、鼓、饶、钵等9件。

供具，指香案上陈列的器具。有香炉、蜡台、花瓶、香筒、果盘、净碗等。在城镇，果盘须有五色，在农村，特别是边远的农村，因条件差，果盘不一定要五色俱全。另有神像前用的灵幡、桌围、拜垫，这些都是道教仪范必备的。

供品，系指摆放在神像前或祖宗牌位前的十样供品，即香、花、灯、水、果、茶、食、宝、珠、衣等。

五　道教节日

道教以神仙之诞辰为节日，届时要举行隆重的斋醮，包括祭星与设道坛诵经，有的节日还有庙会集市。神仙多，节日就多。全真派的节日主要有玉皇诞辰日（正月初九）、天官诞辰日（正月十五，上元）、龙门派祖师丘处机诞辰日（正月二十）、太上老君诞辰日（二月十五）、西母诞辰日（三月初三）、张天师诞辰日（三月十一）、地官诞辰日（七月十五、中元）、水官诞辰日（十月十五、下元）、全真派主师王重阳诞辰日（十二月十二）等。正一派除纪念上述神的节日外，还有很多纪念神的节日。正一派在家中居住，同信教群众接触机会多，常受信众请托做禳灾祈福法事，涉及信奉的神多。这些神有道教的神，有《封神演义》中的神，有民间的神，有七十二行的祖师。这些神的诞生节日有百余个。现仅有正一派纪念的节日有玉皇、天官、地官、水官诞辰日及观音诞辰日（农历二月十九日）、成道日（农历六月十九日）、涅槃日（农历九月十九日）。

第八节 庙塔、碑记文物

一、道教庙塔

（一）毕节萩山塔

毕节萩山塔位于城东北，现毕节市第一卫校后山处，塔共七层。明万历六年（1578 年），兵备黄谟建。塔东面有明代建的梓橦阁，又名文昌阁。塔因战乱毁。康熙四十年（1701 年）重建。康熙五十九年（1720 年）又建一石塔于山上。塔阁相连，甚为壮观。后塔被雷击顶，塔身稍裂。乾隆二十三年（1758 年）知县董朱英重修。20 世纪 50 年代初塔被毁，遗址尚存。

（二）大方奎峰塔

奎峰塔，又名玉皇阁塔，位于大方县城南玉文山上（又名青龙岗）。塔始建于明代。清乾隆元年（1736 年），大定知府李曜重建。乾隆四十一年（1776 年），大定知府姚学英重修。塔共七级，二、三、四级中空。各塔级门面都向着北面的大方城廓。塔为下大上小的六菱形。塔基每边高 3.54 米，塔身高 14.10 米。第一级高 3 米，第二级高 2.46 米，三级以上按比例次第减少。石塔第一级石门嵌有姚学英《奎峰塔碑记》一方。塔前原有始建于明代的玉皇阁，20 世纪 50 年代初被拆毁，现仅存遗址。石塔除顶部微损，基本完好。1981 年，大方县人民政府将塔列为县级文物保护单位。

（三）大方联壁塔

位于城东万松山上。始建于清乾隆年间，嘉庆二十三年（1818 年），大定知府普恩重修。普恩《联壁塔碑记》一块嵌于塔身。相传塔竣工不久，就遭雷击，毁其巅。是年，郡人有登贤书者，出资修补，又遭雷击，迄后塔顶秃然。1978 年，在联壁塔一侧建县电视转播台。1981 年，大方县人民政府把联壁塔列为县级文物保护单位。

（四）织金万魁塔

位于城北门。道光《大定府志》载：“平远万魁塔在城北门外，乾隆六年（1741 年），知州李乔林建。前有三元山，后为八哥崖，俱学宫后龙，知州冷宗昱刊碑，永禁不许取石。”现塔已无存。

（五）黔西文峰塔

位于县城东郊凉风洞（今师范后）双狮山顶。又名七层塔。乾隆四十年

(1775年) 兵部尚书李世杰、知州赫霖泰捐建。塔上原有木牌对联一幅:"塔影逝随流水去,钟声多在夕阳时。"该塔早年已毁。道光《大定府志》载有黔西州赫霖泰《初建文峰塔记》,黔西李世杰《水西新旧文峰塔纪事》。

(六) 黔西内庄石塔 (文阁塔)

内庄石塔位于黔西县城南白泥乡内庄文阁山上。文阁山除石塔外,还有始建于乾隆七至八年(1742-1743年)的文昌阁。石塔与文昌阁为姊妹建筑。文昌阁于20世纪60年代中期毁。唯石塔幸存。塔呈八面形,高10.2米,占地37.2米,共五层,中空,六角攒尖顶。头层内室约16平方米,以上层层渐小,墙厚底层约1.5米,均用规整石墩砌成,层层开有圆拱门。头层横额"浩气凌云",二层横额"诞启文德",三层横额"斯文真宰"。至今塔身正直,基本上无裂缝脱落痕迹。塔内神像早毁。重修碑记尚存。

(七) 大方扶风塔

扶风塔位于大方县城西牛头坡上。始建于清嘉庆二十三年(1818年)。原为圆锥体,民国7年(1918年)倒塌。民国11年(1922年)黔军旅长易筱南以县人彭少尧罚款2000元重修,次年建成。塔为四方形,共五层,高15米,塔脚每方宽为5米。塔腰部有"扶风宝塔"4个大字。下部有县人王宝珩撰写的《扶风塔记》勒石。塔面向城垣,除塔尖一角微损外,其余各部完好。1982年,大方县人民政府公布该塔为县级文物保护单位。

除此以外,与道教有关的石塔还有黔西的乾峰塔、莲峰塔、文明塔、文山塔、大方城关的文峰塔等。这些石塔《大定府志》《黔西州志》《大定县志》等志书均有记载,本节不再记之。

二 碑 记

(一) 道教宫观碑记

1. 重修万寿宫(毕节城关)碑记

毕节市城关万寿宫位于城南小横街东关桥侧,庙宇已被拆毁,在原址上修建毕节六小。现存乾隆十一年(1746年)"重修万寿宫碑"1块。碑高约1.8米,宽约1.1米。碑文近千字,主要记载了重修寺庙及江西省部分府县人士资助情况。碑刻完整,现嵌砌在墙壁碑龛之中。

2. 毕节城关城隍庙碑记(吴纪撰文)

吴纪(安顺人、毕节县教谕)《重建毕节县城隍庙碑记》:"国家设守土之官,即设守土之神。幽明虽殊,而皆为民救灾捍患,彰善瘅恶,是以间阎之事,与事长上并谨。毕节城隍庙,旧名广惠祠,明初柳揖指挥建。隆万间(指明代隆庆及万历年间)，大为修葺，至本朝乾隆庚午（1750 年）后又颓废。邑令凌（均）君捐俸鼎新，上舍刘琪等相互劝输，共得银若干，重建山门、鼓楼、拓地改建后殿，增置两庑。无如，大殿之风甫漫漶已深，栋梁朽蠹者半，非苟且涂饰可以塞责。甚擢改建，则工费耗大；因循，则旦夕倾圮。正在踌躇审顾间，顺天董（朱英）公来治兹土，捐赀为倡，刘琪等益踊跃从事，募众庀材。丁丑（1757 年）冬大殿落成，殿前两廊，亦添补具备。丙子（1756 年）秋，筑周围垣。戊寅（1758 年）夏，新八角亭及庙房市屋。由是，庙貌巍焕，神像辉煌，较旧制更为宏壮。前后悉赖上舍诸人为之经理，工乃完善。……则可知，隍之神有功毕邑甚伟，董（朱英）之率家建庙，为至善也。戊寅九月，董公内升部郎，百姓感其爱民如子，祈雨求晴，诚无不格；免耗贱粜，惠无不周。欲将大殿后左庑三间，为公生祠，立碣悬额，以志不朽。……惟含毫濡墨，诠次作庙颠末以及建祠之故，该诸石，俾后人景仰焉尔。"

3. 织金城东街万寿宫契约碑记

碑为二块，原立于县城东街万寿宫（今县粮食局）正殿前。20 世纪 50 年代初拆庙建粮食局仓库，将碑掀倒移放于院坝两侧当洗衣石桌。第 1 块立于道光年间，碑高 1.635 米、宽 0.765 米。顶部刻有"百事不易"4 个大字。碑文内容前部为序，序文的部分内容是："事有创于前者，以开其先，尤赖以继于后者，以要诸久。如我平阳万寿宫，自乾隆年间五府人众倡捐资建庙于城之南，其赢余悉以为福主香火费，所以妥神灵宾，所以重本原也。……当事者恐积久蔽生，议将产业契据刊碑庙右，缕析条分昭昭兹来许嘱序于余，余思古人有云；莫为之前虽美弗彰，莫为之后虽盛弗传。是举也。既有先哲以为之前，又有诸君以为之后，不诚足以彰其美而传其盛。欲是为序。吉泰弟子拣选儒学胡曰纯敬撰，中间部分的内容是田文忠等兄弟三人及侄六人卖房屋地产给该庙的契约，后为落款。后面部分的内客是乡约谌守斌等六人、五府值年周锦镒等八人、凭中王辅清等九人、吉府王齐伸等十八人、原合胡怀忠等三人、代笔田明忠的姓名及大清道光二十六年（1846 年）一月二十七日立"。"杜卖田文忠等弟兄三人及子侄田厚富等 6 人同押"。该碑已移放织金城郊东山寺保存。第 2 块碑立于清咸丰年间。碑为白绵石偵，高 1.65 米、宽 0.80 米，碑顶刻有"万古维新"4 个大字。碑文的前一部分内容系张王氏及其张连科等四子于清咸丰十六年（1856年）卖地一幅 8 处及房屋、畜圈、山林水车给万寿宫为庙产的地块坐落名称四至。后部分为乡约谌忠贵等 4 人，五府值年杨绪清等 7 人、凭中人李春荣等 4人、吉府周梅由等 39 人的姓名。卖主张王氏、张连贵等 4 子同押，吉泰值年弟子胡承仁敬录。咸丰八年（1858 年）岁次戊午小阳月。

4. 织金城关城隍庙碑记（周景益撰文）

《城隍庙记》："古者，为民立社而已。后世郡县天下，筑城浚隍，保卫居民，设神以尸之（此指为塑神像）而建之庙，载在祀典，春秋匪懈，所以调燮阴阳，捍御灾害，而佐长吏之不逮也。《传》云：'先成民，而后致力于神。'……顾惟建庙以来，多历年所，岁时瞻拜其下，规模略备，栋宇无存，每岁庙坛前，所谓寺卫文具，荡然无有。虽俭民之欲，不必与江湖等，而吾州人所以奉神明答宠绥者，无乃太简乎？岁已未（1799 年），钦逢皇帝亲政之初，布告天下；凡民祈福。……愿各输己财，倡率父兄子弟，共襄斯举，不敢以帑渎也。余以疮痍未复为辞，而悃款吁之再三。既重违其请，乃解一月廉以授主者。未及两旬，得六百余金，适会农隙，庀材鸠工，若门、若庭、若庑、若寮，若泡湢之所芜者辟，庳者崇，鲜不顿易旧观而于前轨无越。若夫大神出游，冠袍之节，仪仗之卫，以至箫鼓旗帜之属，亦一一粗具，按册可齐。要以所入为度而经费无缺，所谓得奢俭之中者，是可以观礼矣。既落成，余深愧以兴作之事重烦吾民，而尤乐吾民之涵濡化泽，能知所报而可相与以有成也，乃识其梗概于右。是役也，典出纳者四人，倡率而赞襄之者，四十有八人，皆系名于末，其捐输各姓氏，则悉列诸榜以示无忘云。"

5. 重修毕节真武庙碑记（路元升撰文）

路元升（毕节德沟人，乾隆二年（1737 年）进士，官上杭知县）《重修真武庙碑记》："毕邑南市真武庙，地当滇、蜀、黔要冲，岁时禋祀，相沿已久。建竖以来，怠于整理。栋宇倾颓，门墙漫患，烈风淫雨，目击心伤。幸遇董（朱英）老父师宰我邑，立纲陈纪，百废俱兴。自文庙、武庙、忠节祠、官厅、书院、济院以及阖境古刹名梵，桥梁道路，或修或建，无不在鼎新。士民悦服，夷释欢忭。而是庙在公马足之下，尤加意兴扶。乙亥（1755 年）长夏，捐金鸠工，孜孜修葺。殿堂巍焕，神像辉煌。增廊郭以壮其威，凿水池以溥其用。告竣之日，群相瞻仰，固已无关不臻矣。近复念常住艰难，每岁禋祀之需不免缺略，复捐俸百两，置买市房三间，换季取租，以供祀事，自是，香烟缭绕，瑞气氤氲。神降之福，使我邑年谷顺成，疫疠不作，则神灵默右之鸿慈，即我公之栽培盛德也。公善政不可枚举，予作灵峰碑记，曾叙一二，兹不复赘。唯是住持僧恐捐助之物历久易为豪强所侵，爰立石于庙，嘱予为文以记之"。

6. 毕节奎星阁碑记（吴应徵撰文）

吴应徵《新建奎星阁碑记》："从来奎星之祀于郡邑，以攸系乎郡邑之人文，故或亭阁，必树之秀耸之区以崇奉焉。我邑奎星，向设像蟠龙山文昌阁，地非不善也，而阁下祀奉帝君，阁上祀奉奎宿，则位置犹未合宜。且阁之大只一间，上层最仄。即不得易帝君于其上，而下层又不能置奎宿于帝君之旁，是势必当选胜别迁者矣。乾隆甲戌（1754 年），董陶然文师宰我邑，和平宽厚，洁已爱民，凡地方所宜整顿之事，无不为之尽其心而竭其力，岁丁丑（1757 年），邑绅士请修奎阁，因余公事之余，留必名胜，见翔龙寺后山，对五龙桥下泉水，于县治则居巽方，于形势则甚壮丽，慨然有兴阁之思。公知前人久有此意，遂决计创建，道捐银给绅士率僧辈开基筑造。阁凡三层，奎阁像设最上一层，北座南向，凭山临水，浔文曜，兴吉壤，相得益彰，秀耸莫逾，于是非苟焉而已也。经始于丁丑（1757 年）孟冬，告成于戊寅（1758 年）季夏。邑中如黄子鉴、韩子干与杨子壬俊、吴子绍尧、靳子何平、陈子国贤等皆仰体我公扶植人文之心，而出重赀以捐助者也。磋乎！且兰僻邑，学业茫茫。贤廉方公捐于前，柯公与谢公栽培于继，允矣文风丕变，气象更新矣！并又得我公甄陶四载，将前任诸公所有志未逮之端，一一举修，无少缺略，行见文章科甲隆隆日起，岂非我邑之大幸，而为邑人士世世子孙之所永久不忘者乎？应徵是以乐得而志之。他如一切流连光景之词，恐无当我公作人意，概不敢赘。我公名朱英，字陶然，己未（1739 年）进士，直隶顺天府籍，本姓唐，原籍江南太仓州嘉定县。”

7. 毕节七星关三官庙碑记（劳孝舆撰文）

（1）劳孝舆（毕节知县，乾隆八年（1743 年）到任）《七星关三官庙碑记》：“星关桥之东岸，旧有三官神古庙，不知创自何时，岁久渐圮。邑人因建新桥，以庙当桥冲，乃移建于岸西石坛之间，以期妥神。初不知灵爽之式凭于斯桥也。岁甲子（1744 年）秋，大水泛涨，桥垂成而中墩坍其半。大宪以桥为西南要道，议续成其功，而县属铨尉，实承斯役。询之舆诵，佥以桥高水迅，所恃过江巨石为砥柱，非决水彻底而重建之；难为功。于是环筑重堤降江水，使东行。自冬徂春而不少涸，尉偕匠人走告余。余诣工所谛视，则水自溢出，决者日数百人，不逾时而漏如故，工匠袖手，无可如何。余姑勉之，尉益有难色。越旬日，水涸石露，桥墩乃建。尉复走告余曰：工成矣。先是，二月之望前夜，若有老人者三，指示决水之处，孝舆初未经意。越三日，复梦如前，乃随所指以塞之，则水涸矣。访之土人，始之桥之岸东地，向为三官庙故址，意者神其默相乎？嘻！异矣！余惟钜工之兴，固有非人力所能及者。况桥墩屹立于奔流，非有物以凭焉，尤难为力。相传蔡忠惠公泉州厂桥，以及余乡之湘子桥，皆称鬼工，颇近于吊诡。兹固未敢附会其说，然斯桥为武候经过之地，加以上宪利济之功，则神之相我，理由固然，无足怪者。记有之：德施于民，能施于民，能捍大灾，御大患者，则祀之。三官之式凭于兹，以庙食勿替也，益其宜哉！余忝守土，于事神治人之道，愧无所能；乃幸钜工之落成，而并嘉尉之能勤所事也，遂援笔而为之记”。

（2）陈瑜撰文《七星关三宫庙碑记》：“七星河有三官庙者，自唐公架木桥时，即与关帝、观音庙并置。适其后木架就圮，建木桥，离通已远，香水几成荒寂。关中土耆金泱国等因募众将此三庙神像移居桥左案。但一时难以完结，关帝、观音庙固以辉煌，而三官庙尚属不妥。贡生张士沐、王宽、生员邹之宗，缘于庙后炸基修建。奈工程浩老大，孤掌难鸣，而叹吾济济有志，未逮蹈人伏辙也。旁有金生、溢国为言，宝局炉着乐善好施，曷不以此福田请君种之。余国然援至毕邑，果慨然捐金共口口口口盛举目人神威赫，庙貌巍峨。往来行人孰文，心为恭之，然而其由来，岂容没手，援勤诸石，志不朽云。”

乾隆二十三年（1758 年）岁次戊寅年孟夏月、年家眷弟陈瑜、拜撰

书　丹：王生成

募捐人：刘文鹏、熊采元、朱永年、昌宏达、杨士俊、陈启国

8. 大方火神庙碑记（程荣寿撰文）

程荣寿（大定知府）《重修火神庙记》（并札）：民非水火不生活，故古者，因五行而为五祀，五祀之设，水神、火神其先焉者。余丁亥（1887 年）之夏来守土，体水官遗意，选龙神。工既竣，见火神庙仅存正殿，栋梁摧折、风雨飘摇，又其中，装塑神像，端冕而凝，则是炎帝也，庙额亦署炎帝，误矣。既考诸经史，札饬更正。乃捐廉筹款，拆而新之，增设殿前穿堂五间，以为祷、祀礼之所。围垣庙门，皆修葺完固，以肃观瞻。经始于戊子（1888 年）年五月，越辛卯（1891 年）年五月而告成，计用费千余金。不取民捐，免滋扰也。自今以往，人祀不僭，神享不忒，巍巍翼翼，赫赫明明，庶几保我黎明，受福无量矣哉！更正之札，附刊于左，俾后之人，得所稽焉。是为记。照得：定郡火神庙，旧署炎帝，相沿至今，实为错误。考神农氏以火得王，是为之帝。然火神之所自昉，实原于颛顼高阳氏，以五行立五官，因五官为五祀，颛顼氏有子曰黎，亦曰犁；为火正，曰祝融。《左氏传》蔡默对魏献子所谓：‘封为上公，祀为贵神，社稷五祀，是尊是奉’，论之详矣。《礼记月令》：‘其帝炎帝。其神祝融，祀典并重’。而炎帝为火德之君，祝融则火宫之神，查历代帝王居祀，载在会典，实为朝廷奉之也。且火官央臣子之分，炎帝乃帝王之尊，今像塑冕旒，临之在上，祝融不得夺其享，则火神竞失祀矣。本府修复庙宇前，已将庙额更正，而民间犹袭旧相称，牌位亦犹仍旧，殊属不合。除剀切晓谕外，合行礼饰更正。

9. 威宁火神庙碑记（佟铭撰文）

佟铭（奉天人，康熙四十七年（1708 年）上任威宁知府）《迁建火神庙碑记》：“威宁僻处边隅黔荒之西，万山丛中而为山城焉。南北平川，名曰海子。山多而海阔。然山多则巉石；海阔俱滥漫浸游。夏秋借淫雨以成波，冬春则涸澈以遨游。初非川泽可比，难施润物之功也。况风景萧瑟，更多火灾，兵燹之后，叠遭回禄（传说中的火神，此指代火灾）。故城乡寥落，人长枯槁。予自铨

曹荷蒙简拔，来守兹郡。下车之始，见此殊方异城。山水人物迥别，未免触目伤怀。询之土民，略悉大概。详观山城形势，起自离龙，而火神庙建于龙首。祝融得势。火灾难免，土民茫茫莫识。况东郊火星山在城东北隅，向赖沙龙潭之水以映之。后陂堤淤坏，以致历年受灾。遂携绅耆，单骑亲勘。山城不惟平畴荒芜，更令溪涧流润，幸有沙龙、涌珠二泉，相去里许，细流会合，纡徐绕城，滔滔不竭，四时一辙，足以御火煲，滋灌泄，供汲饮。而沙龙一泉，较珠泉犹巨。第居人不识，道跻岩深，无人疏凿，壅潴涣散，因而无裨润泽人。涌珠居招提（寺院的别称）之内，供人游览，不时淘汰，以极娱乐。若沙龙，则捍灾兴利，有大功德，何反过而弗问？且牛马践踏，污秽壅流，诚为可惜。予审顾再四，爰令乡耆、住持各自捐赀，先清沙龙之源，四围高筑石岸，以避牛马饮踏。涌珠亭前另凿一川，以导其流，以免无知洗涤，开饮长渠，会流绕城，城西北外，筑堤聚波，以映火星，更移火神庙于城北，庶几源清流洁，有火水既济之功，不徒永免荧惑（火星）之患已也。是举也，藉沛泽，和民物，因势开导，随地制宜，乃就天地自然之势而成之，或可与丘陆岗阜永垂无穷也。因勒石以记焉。”

10．威宁四铺马王庙碑记

碑立于威宁彝族回族苗族自治县原盐仓区高峰乡四铺村南。碑高 1.24 米、宽 0.72 米，碑帽呈扇形，眉间额书“经世犹留”四字。碑文为：从来庙宇的建立，非徒状一时的观瞻，原为人民祈祷也，培补风水地也。予自来此，每经父老谈曰：我境北有七星联合，西有双马朝天，东之左，玉壁峭立，南之右，金钟耸峙。其中烟火缭绕，树木崇扎，与日合矣。诗经吟诵，耕耘贸易，与心合矣。不口然有古风乎？或有告予曰：汝境人物繁昌，清俗美固美哉。犹有嫌者，南山之阳，有缺马，所宜培补也。余思之，赀无从出，忽想邑中有清醮会，可以筹集银两。自乾隆末年迄今，渐建三百余金，余甚喜言，谋议同会诸君；我境非耕耘为业，即建驼营生，切于民者，立牛马二神焉，何不立以俸之？皆曰甚善。又曰先生之意美矣，奈无其基址。余应之曰：古道之旁，吾有地共通，当其缺可筑。其基定，鸠工庀料，经年两庙立成。众皆悦之。然余意不在此也，我邑中风景之美，山水之秀，人物之盛，培补之功，耕者得尽其力，读者能奋其志，人杰地灵，比户可风，而庙宇亦为之焕然，天下之大观，不取于斯，以长鸣盛哉，余之意也。后之作者，其必又所兴焉。松堂学上鹏九舒以翔序，长男圣纪撰记，后学崔廷元书丹。修建首领舒以间、朱维仕、舒以长、赵成发、舒以仁、伍明德同会之。

11．大方太平阁碑记（唐楷文撰文）

择地而建都邑，则必有城隍，以资捍御；有社有庙，有廨有署，以治四方；

有学有校，经教多士；有市有廛，以聚万民；亦必有一二名胜，因势而培之，为亭阁，楼观，以供郡人之燕绥，留过客之鸿印。吾民终岁勤劳，日暇务闲，得优游其间，以涵豫其性天，增长其乐生之趣。年丰岁稔，四境安和，相与民乐业区之乐。观熙春台之盛，如永叙之记《醉翁》，东坡文记《喜雨》，两亭超然，名贤论述，既可征矣。大方之为郡，始于国初，康熙三年（1664年）黜宣慰而治以土官，于是城隍、社庙、廨署、学校、市廛靡不毕备。迩来二百有余年矣，繁富日增，蜕乔而文，经变乱不稍衰，固已蔚然名郡也……。府署之西有小溪，源清而流洁，建桥其上，名曰太平。土人曰：桥旧有庙，祀土地、奎宿，以培风水。自毁于兵焚，禓断碑残，遂莫知所建始。太守华阳陈公莅任之明年，政泱民和，百废俱举。署中司书，与夫庶人在官者流，趋公余暇，经过其间，访其遗址，欣然动复古之思，议醵金重建。禀于太守，太守曰：可。乃率吏役出其私财，鸠工将事，三月而成，为阁三重。计费千金，不假外筹。仍俗祀土神、财神、观音其上，以供祈赛。落成请名于余，余曰：桥名太平，而斯阁成，适当予备言宪，庶政维新。夫今时政府之忧勤，人民之狂热，非以求太平之幸福欤！因桥而名其阁曰“太平”，即以为今日之纪念，亦奚不可也……。登斯阁也，思前此开辟之艰难，深来日无穷之希望，无敢逸豫，以荒以嬉，则庶乎宪政可成，而太平可致也。但若以恣游观、工祈媚，岂名斯阁之意也哉！蜀人唐文楷为之记。

12. 黔西魁楼碑记（黔西知州鲍尚忠撰文）

黔西知州鲍尚忠《魁楼碑记》：“黔西沐浴于教泽者久矣。丁未（1727年）春，余奉命牧此。八年来，见其士习归醇，文风丕盛，登贤书而膺民社，内多隽才，惟是南宫殿策，久叹孙山。或曰：学宫后山。犹鲁泰岱也，巍峨耸翠，气象万千，若能上建高阁，庶文笔插天而玉堂可履也。予心切久之，然终以风水幻论不课。嗣闻州自建学多年，未尝获隽。后，穆君以城东冈居文庙之左，厥方隶巽，建帝君阁其上，自是宴鹿鸣者，始有其人。可知风水之论为幻矣。甲寅（1734年）秋九月，登临其巅，偕庠中之老人谋曰：魁星，奎星也。国家春秋两闱，悉资主宰，士子挥毫七艺，尤赖添花，诚地方所宜崇祀，而宫墙尤当尊礼者，易建阁焉？乃筮十月朔四日始其事。当兹冬令沍寒，和风日暖，百工鼓舞，不日告成，不或谓有神助。未几，而上魁纯阳降笔，交题联匾，词旨精湛，隐有期许之意。想从此甲第连绵，千秋鼎盛，毋乃后有明验欤？虽曰鬼神浩渺莫测，然人事尽者天必从。是役也，余无他望，惟期我州民子弟奋志鸡窗，联翩万里，以无负此举者，并无负于我也，诚厚愿焉。是为记。”

13. 黔西文昌阁碑记（黔西知州穆成周撰文）

黔西知州穆成周《文昌阁碑记》：黔西学宫建于东，而东城即左肱也。说者谓，其方属巽，宜峙高阁，而后有文笔插天之势，庶几多士凌云之藉焉。予然其言而信之。缘予向往玉田，留心文教，曾有事于培风之举，赓鹿鸣者，果多其人；宴琼林者，即有其事。而其响应也甚捷。可知文风之说，不为幻矣。予于黔士岂有异志乎？用是，不惜微俸，鸿工庀材，刻日建帝君阁于其上，以作一郡之雄观。是役也，正当大比之年，伫见人文鹊起，科第蝉联。人以地杰，地以人灵，相须而成，未秘无小补云。因泐石志之。

14．大方青社碑记（王宝绗撰文）

余读《七月》《楚茨》《信南山》《甫田》《大田》《思文》《丰年》《载芟》《良耜》诸诗，未尝不叹古昔农事之重，祈报有经，而百礼以洽也。盖其时有畯，保介董劝于上，而公卿，代夫之有田禄者，又复提倡于下，上以是为政，下以是为俗，故被之乐章而咏叹，淫泱如此。井田既废，一切通力合作，秋冬报赛之事，皆听民之自为之，而记载阙如。郡邑志乘，虽以风土为要，而往往详于奇异，而略于通显。故寺观佞佛之举，犹或过而存之，而方社田祖之祀，乃反习焉不察，农事之不进，其以此欤？清之末造，于各县城、镇、乡设农会，欧氏主伯亚旅及其疆域，乃于城东别业，讲求树艺文法。既崇墉比栉有年矣，今更修道路、开场会，创建青社，广古者五祀为尸之义，为像以祀牛马之神，以乐其岁功之成，以谓在昔螟螣、蟊贼之害田稚，有神焉以去之。则今牛马之降饮寝讹，生长蕃息者，倘亦有神焉以相之也。虽害物之驱除、家畜之饲养、皆有实验之科学，然因果相及之致，非农人思为之所能与。使所以然之理愈明，则所以行之为愈怠，悬一神以鉴临之，遂常若震动容与，而使之有百敬而无一忽，斯于群治未尝无补，是又明者之所共谅也。欧君字盈常，其子兆琼实董其事。青社之成立为民国五年（1916年）四月，县人王宝绗记。

除以上道教宫观碑记外，还有金淑国撰文的《重建七星关武候祠碑记》，吴纪撰文的毕节城郊忠烈宫的《忠烈南将军庙置祭田碑记》，知县罗英撰文的毕节城南《补修五龙桥庙记》，知府陈庆兹撰文的大方城关斗姆阁《重修庆云楼碑记》，黔西县原牛场乡境的九龙山《玉皇阁大佛殿碑记》，兵部尚书李世杰撰文的《重修魁阁序碑记》，黔西县原白泥乡内庄境的《重修黑神庙碑记》等。

（二）与道教有关的石塔碑记

1．大方奎峰塔碑记（知府姚学瑛撰文）

知府姚学瑛《奎峰塔碑记》：大方城之阳有青龙岗焉，俗名玉文山。登岗一望，凡城郭人烟，山川道路，毕陈于其前，如览图画，洵大观也。旧有玉皇阁，建于明代，年月弗可考。嗣闽李公潜尔权守是邦，以岗形位离，建塔峰顶，应文明之象；又建文明书院于麓，于是人文蔚起，士气振兴，至今四十年，蒸蒸然与中土同风矣。则塔之有关于斯郡者，不亦距哉。及余承乏是邦，而塔已毁，因率广文刘琦，黎浚（濬）及绅耆等，鸠工庀材而鼎新之。始之乾隆丙申(1776年）三月，五月而蒇事。爰刻其本末于石，俾后之君子有所考焉。乾隆四十五年（1780年）年八月泐石。按：李公潜尔名李曜，漳州海澄人，乾隆四十五年（1775年）以威宁州护府。

2. 黔西县原白泥乡内庄文阁塔碑记

文阁塔碑高1.64米，宽0.73米，厚0.21米，尚存。碑文为：万古流芳(碑额)；口文阁地处内庄、崇山矗匕，耸然而峙，无坦衢可通。创造之初，木石砖瓦，工程十倍。吾乡前辈，口生熊口口封重口合志经营，开力募口，四方君子口口口盛举，逾年落成。计所费不下数金。三十六、七年（1771一1772年)，因地势口高，风雨口口口年年，住持不得其人。未口口时修茸，渐次毁坏，失莫为之。前虽美口彰莫为之，后口盛口传，今口易以后工口永，不其工又倍于前，非群策群力无以观口成也。爰募远近口口随缘而施。口者无吝数金之捐，尚者不嫌一钞之助；务使集壤为山，会流成海，口前功不口于一旦。而帝君之烟祀口不口一隅，或谓先王之制，有功德于明者则祀之。口有口口其无敢举也。布思帝君一十七世为大夫，未尝口民酷吏。费世之婆心加已。靡不切于伦，曰：如晨钟暮鼓，智愚皆可口悟，口圣贤辅，世翼教之，事无从异是则功莫大也，德莫盛世；况口棠祥名子嗣又所福，口口口口口口口口奉口果报之悦，悟儒不道，然福善祸，经云修之言，而口之凶者未始不同，而其口此古人所由神道设教也。爰是同志君子，倾口相资，使庙维新则瞻，佛像之辉煌，益凛室训之谆切，于以澡身浴德，而绵福口于无涯也。记不休哉，是为志。（集资人姓名及石匠姓名略)。主持僧：月朗。乾隆四十三年（1778年）岁次戊戌孟月。

3. 大方联壁塔碑记（知府普恩撰文）

署知府普恩《联壁塔碑记》：城南玉皇阁山顶，旧有石塔七级。乾隆四十五年（1780年)，郡守姚君重为修建。迩来无恙，而阁就圮，定之耆士庶共建新之。因于城西增建塔曰‘扶风’，东南岭上当巽位建塔曰‘文峰’，当艮位建塔曰‘联壁’，并请叙赞于余。风水家言：三塔皆居吉秀之地，大有俾之风。理或然欤？余观定郡形势雄胜，山环水绕，固足以钟神异而产英奇。重建兹塔，譬如铸剑而淬其锋，行见曜星日，截云烟，人文蔚起，隐隐怪怪，绳绳翼翼，其与兹士共臻岩峣而昭郁律也必矣。抑又思之，地亦何灵，人杰则灵耳。人之生也，得其秀而最灵。夫人有贵于己者，果春奋焉以兴，必能拢奇山川之外，有非方隅所能限者。且三塔之建，期于不朽。士庶实能敦崇德义，勉为良善，方且足以振波靡，厚风俗，有与斯塔共臻不朽者也。是余所深望于士庶，亦士痒幸生重熙累治之世，斯宜勉力以图万一者也。因序焉，并为之铭。铭曰：敦良之吉，大易所占。成终成始，万物以兼。迎阴建塔，植之东崦。垣列天市，福禄永添，嘉庆戊寅（1818年）撰。

4. 黔西三塔碑记（李守矩撰文）

黔西李守矩《修建三塔碑记》：黔为古水西之壤，其东北诸山最秀。乡先辈培而植之，美且备矣。岂勤于东而略于西欤？抑谋其始以有待也。乡贤恭勤李公，于乾隆辛丑岁（1781年），创建文峰塔，重建文山塔。虽公之志，其落而成之者，州候赫公也。洎丙午岁（1786年）后，营于西南而建标者二，戊子岁（1828年），叙堂李公复建标焉，欲修塔未果，而公荣任松桃矣。癸巳岁（1833年），雨亭杨夫子欲捐书院脩金五十金以成厥志，而功果浩大，无有应之者。甲午（1834年）夏，州候兰雪吴公赈济饥民于三官殿，相阴阳，观流泉，谓守矩等曰：《内传》云‘乾山乾向水流乾’，其斯地也，惜无峰，故其地不显。若建一塔，其巨观也。因卜吉于孟冬，而告成于腊月底。越明年夏四月，而莲峰塔继莪成焉。夫乾、莲二峰，文明之左右也；于州城实右卫焉。州人士之欲建文明也，非伊朝久矣。特恐人之不逮，而权舆于乾峰，取径于莲峰，亦犹豳诗乘屋播谷之意也。幸而天假之缘，念義鲁公来牧斯土，倡首捐廉四十金，致阖州土官商民。悉踊跃倾囊相助，即于乙未（1835年）冬十月望二日，用牲于山，告厥成功。是年，合发会榜一，秋发乡榜二、大桃者三，岂会逢其适耶？抑亦有应验耶？莫为莫致者，天耶？嗟磋！恭勤李公，克慎厥始；叙堂兰雪，克图厥中；念莪鲁公，克成厥终。虽曰天事，岂非人力哉？后有作者，尚监兹哉！

除以上碑记外，与道教有关的石塔碑记还有王宝绗撰文的大方城西的《扶风塔碑记》、大方六龙《迴水塔碑记》、黔西知州赫霖泰撰文的黔西城郊的《初建文峰塔记》等。

（三）文物

1. 织金城东吕祖仙踪

吕祖（吕洞宾）仙踪位于织金县城东1公里。在一个溶洞口上端，自然形成一片宝盖似的石壁。面积约15平方米。传说壁上时现人影。人说乃吕洞宾化身。清康熙四十四年（1705年）知州泠宗昱、副将骆俨同遂行摩崖，将吕洞宾幻影镌刻于岩上，并题诗记其事，诗文现已模糊不清。吕祖仙踪为平雕石刻像。佩宝剑、执蚊刷、驾祥云。吕祖雕像高1.5米，离地面高约5米。像下面的大理石溶洞叫宾兴洞，洞额上有署名“老松”书的“宾兴洞”三个阴文石刻大字。吕祖仙踪是毕节地区境内保存得较为完整的摩崖造像。1980年9月，织金县人民政府将其公布为县级重点文物保护单位。

2. 大方城关城隍庙、三楚宫、马王庙鼎

民国《大定县志》载：“鼎以城隍庙鼎为最古，相传为三教寺遗物，明铸；

三楚宫鼎次之，马王庙鼎又次之，重各有差。鼎腹铸龙凤等物及捐资人姓名，无铭词。兵燹后，马王庙鼎失去。盖城隍庙鼎足脱落，承以石柱，惟三楚宫尚存全鼎。”

3．威宁城关玉皇阁宝鼎

民国《威宁县志·金石志·古迹志》载，玉皇阁宝鼎铸于康熙初年（1662年），紫铜合金，竟体成纯绿色，重达300余斤，有铭文，全城可见宝鼎五光十色。想有铸年，因绝高，莫能上升辨认。

4．威宁关帝庙关圣铜像

民国《威宁县志·金石志》载：“关圣铜像铸于清康熙六年（1667年），今祀武庙中，同时又铸有铜钟、铜鼎（俗称天炉）及铜磬，镌有字迹，日久不可辨认。”

5．大方县城万寿宫铜钟、马王庙铜钟

民国《大定县志》载：“钟之最古者，有江西会馆（万寿宫）铜钟，各重六百余斤。清乾隆初（1736年），铸自云南省城。其他寺观皆有钟，铁质，重各有差。凡钟皆铭‘皇图巩固，帝道遐昌’八字，余铸捐资人姓名及年月，惟斗姥阁钟……并以记代铭。”

6．威宁城城隍庙铁钟

民国《威宁县志·古迹志》载：“城隍庙铁钟，铸于乾隆十五年（1750年）。”

7．威宁文昌铜像

民国《威宁县志·金石志》载：“文昌铜像，在文昌阁内，铸于乾隆甲戌年（1754年）。”

8．威宁东岳宫铁钟

民国《威宁县志·金石志》载：“东岳宫铁钟，铸于乾隆十三年（1748年），鸣声清越，能彻二十里外。”

9．金沙县岩孔石匾

《金沙县志》载，清嘉庆年间（1796－1820年），以砂石制作的石匾，横长2.6米、宽0.84米，厚0.14米，净重约500公斤；花边内有横排柳体楷书“潇汀宛在”四个大字，径约0.5米，全匾花边及题字均系阴刻。据岩孔堰塘碑记及有关资料记载：明崇祯元年至清顺治初年（1628－1644年），白云山道人黄一举率众凿井，化缘修筑堰塘，到清康熙初年（1662年）。后山洪暴发，田园淹没，乡民及牲畜死伤无数。从此，岩孔人投入长达10年的治水工程，疏通溪沟，兴修堤坝，水稻种植得以恢复和发展。清嘉庆年间，岩孔人重新修葺街房和寺庙时，为纪念道人黄一举率众治水及其后的治水成就，特勒石为匾，嵌于寿福寺门眉。

10. 威宁文昌像

民国《威宁县志·古迹志》载：“‘文昌像'在文昌阁内，本为绘像，以石镌成，嵌诸墙壁。其上并刊有文昌孝感章，字体亦属工楷。”

11. 威宁玉皇阁钟鼎

民国《威宁县志·金石志》载：“玉皇阁钟鼎，均以铁铸成，时为道光十三年（1833 年）”。

12. 威宁万寿宫钟鼎

民国《威宁县志·金石志》载：“陕西会馆（万寿宫）钟鼎均以铁铸成，铸于乾隆十四年（1749 年），僧逢吉置”。

13. 纳雍县道教经典指玄篇

纳雍县居仁镇雷神庙，建于光绪三十四年（1908 年）。年久部分倒塌后，在其庙的废墟中发现明版《指玄篇》经典一部。

14. 大方县城斗姥阁铁钟

民国《大定县志·古迹志》载，斗姥阁原有铁钟一口，兵燹后，追蠡无存。民国 7 年（1918 年）又造钟一口。钟上刻有钟记，曰斗姥阁钟记：“钟之为器，击以报时者也。自齐武帝以宫内不闻漏鼓，置钟于景阳楼以应五鼓，后世寺观中多用之。斗姥阁定之名胜地也，旧有铁钟一口，兵燹无存。今得谢君克昌经理，复谋铸钟，以全庙器。县长以下捐各有差，阅月而铸成。有叩斯鸣。匪特可发警一世之众；抑亦可警一世之人也。兹记数言于上，亦欲此钟永垂不朽。五夜闻之，莫不鼓舞向善云尔。时民国 7（1918 年）孟冬，饶家琳记”。

第三章　伊斯兰教

第一节　伊斯兰教传入

一　传　入

居住在毕节地区的只有回族信仰伊斯兰教。回族迁入毕节的历史过程，也就是伊斯兰教传入毕节的历史过程。最早是在元朝，主要在明、清时期传播，随着回族人口的增加和迁徙而扩展。

元代的乌撒隶属云南省，回族政治家赛典赤·瞻思丁及其子纳速拉丁在云南省任平章政事期间，大兴屯田、驿道、卫所，时有回族人随军到达乌撒境。公元13世纪末期，元朝廷遣师征南，逐渐迁至乌撒，威宁西北一带，毗连滇之昭、鲁和威宁，多回族，其祖先皆来自甘肃和陕西，随元、明两代征西南，故移居于滇及黔之边地，伊斯兰教传入毕节。

明朝洪武十四年（1381年），因云南多事，明太祖朱元章命付友德为征南将军，沐英、兰玉为副将军率兵南征，征讨盘据云南的元朝梁王巴匝刺瓦尔密，由湖南进入贵州，兰玉、沐英率兵赴云南，付友德以数万众兵进乌撒，后沐英又分兵乌撒会付友德军，并建立乌撒卫，各设流官，驻军屯田，以助军饷。在乌撒内开垦四十八屯，在屯田处兴建清真寺，现威宁的下坝、杨湾桥、海子屯、马家屯等地形成了回族聚居的村落。

清雍正四年和八年，云贵总督鄂尔泰推行改土归流政策时，清将哈元生奉命征讨乌蒙土府，所带官兵多系回族，大部分都落籍于威宁和云南的昭通、鲁甸。

毕节地区其他各县的回族大部分是元、明、清时期随军迁入或经商落籍。元朝初年（1292年），织金三塘务卜一带，有部分回族随元军进入，后落籍于当地成为织金最早的回族先民。明清时期也有回族随军进入织金，1872年贵州兴义回族起义失败后，又有部分回族迁入织金。黔西回族系清康、雍、乾时，由陕、甘、湘等地游宦而定居于此。明末清初，又有部分从安顺、平坝经商迁入。赫章等县回族因躲避战乱或经商由威宁和其他地区迁入定居。中华人民共和国成立后，外省区回族因工作调动迁入落户于毕节地区。伊斯兰教在毕节地区各县市得到了传播。

二 分 布

毕节地区所辖毕节市、大方县、黔西县、金沙县、织金县、纳雍县、威宁彝族回族苗族自治县、赫章县等八县市都有伊斯兰教分布。在2003年的人口统计中，穆斯林人口与分布情况是：毕节地区总数8万多人，其中毕节市10人，主要居住在城关。大方县90人，主要居住在城关、坡脚、理化、六龙。黔西县180人，主要居住在城关、甘棠、林泉。金沙县25人，主要居住在城关。织金县925人，主要居住在城关、三塘、阿弓、珠藏、八步、猫场。纳雍县160人，主要居住在雍熙、鬃岭、百兴、张维等。威宁县83327人，主要居住在草海、二塘、麻乍、黑石、哈喇河、秀水、观风海、斗古、迤那、牛棚、玉龙、中水、黑土河、双龙等。赫章县1400人，主要居住在兴发、铅丰、双河、妈姑、可乐、古达。

毕节地区穆斯林人口，占全国穆斯林人口的0.41%。居住现状基本上以历史迁徙落籍为基础，威宁西北部较多，紧邻云南省的昭通市和鲁甸县。居住特点是大分散小聚居。全地区各县市均有穆斯林分布，与汉族、彝族、苗族等民族杂居。在各县乡镇又是相对集中居住，形成穆斯林村落。威宁县最为集中，人口占全区回族人口的96.3%，其次是赫章县，人口占全区回族人口的1.6%。回族较为集中的地方是在威昭公路和威宣公路沿线，村寨与村寨之间地埂相连，民族与宗教关系保持得比较密切。在穆斯林聚居的地方，多为坝子，土地肥沃，水源丰富，气候宜人，农业生产条件便利。作物以苞谷、洋芋、水稻、水果为主，畜牧业较发达，生活宽裕，伊斯兰教信仰具有稳定的经济基础。

第二节 清真寺

一 建筑风格

清真寺为伊斯兰教宗教活动场所。穆斯林的五时拜、主麻拜、聚礼、会礼、过宗教节日等都在清真寺举行。伊斯兰教劝勉穆斯林以求知为己任。清真寺是穆斯林求知的学府。穆斯林在信仰、生活、学习各个方面都与清真寺密不可分。穆斯林聚居区都建有清真寺。早在明朝就在威宁修建了马坡等清真寺。清真寺风格，属于中国式建筑风格。在不同时期和不同村寨，也有不同的特点。清真寺大多建于村寨集中的地方，又与住户相隔一定距离，以求清净无染。建筑规模，则因寺辖范围人口多少和经济条件而定，有宏伟与简陋之别。一般清真寺建筑构成，以礼拜殿为主体，配以厢房、宣礼塔、水房等形成建筑群。也有少数清真寺，只修礼拜殿，配一间厢房，比较简陋。礼拜殿是清真寺供礼拜的地方，坐西向东，正向位于礼拜殿中部，寺壁中央设有圆门型壁龛，书写着《古兰经》首章“法体哈”经文，叫做“窑窝”，指示礼拜正向，指引穆斯林朝向麦加的方向。窑窝也是阿訇领拜的地方，它被认为是清真寺内最圣洁之处，修建装饰都比较精制。礼拜殿内通常陈设简朴，墙壁以阿拉伯文书画装饰，地面铺以地毯或松针叶。礼拜殿宽敞明亮，殿内以支柱托起拱顶，支柱和拱顶外形多样，有亭阁式，也有圆顶式。宣礼塔是清真寺用于召唤穆斯林礼拜的高楼，一般都是两层楼以上，楼面门和窗一般都卷成马蹄形，楼顶也有亭阁式和圆顶式，其中圆顶式仿阿拉伯风格，拱为半圆型，顶部以圆锥体收顶，色彩为绿色，有的还配新月装饰。厢房置于礼拜殿两侧，与宣礼塔相连，供阿訇居住和教学等用。水房配有壶具和清洁的水，是供礼拜前大小净用的房子。建筑结构及风格发展变化，古老的清真寺，都为亭阁式建筑，礼拜殿、厢房、宣礼塔，构成四合院。改革开放以来修建的清真寺，多为砖混结构，中西式结合的圆顶式建筑，宏伟壮观。

二　老院子清真寺和城关清真寺

1. 老院子清真寺

老院子清真寺坐落于威宁县中水镇正山村二组，修建于1730年，是毕节地区最古老的清真寺之一。主体建筑由礼拜殿、左厢房、右厢房、宣礼楼形成四合院。土木瓦房。礼拜殿为四面水、起翘角，后座为亭阁式建筑并筑有葫芦顶尖；礼拜殿正门上方悬挂“清真古寺”匾额。左右两厢房为一字水瓦房；宣礼楼共三层，底楼中间为大门、两边为对厅，大门与对厅构成一字水瓦房，并与左右厢房相搭配，大门之上另升双层亭阁式小楼。整体外观，中国宫殿式风格，古朴雅致。1978年进行了修缮，礼拜殿部分推倒按原式样与规模重建，还拆除了右厢房，在礼拜殿右边增建了砖混结构的教学、生活等用房。现建筑面积1250平方米。院坝宽敞，院中有一棵柏果树，一棵桂花树，是由来自北京的一位阿訇亲手栽种，有200多年历史。清真寺建有管委会，开办经学，穆斯林3000多人口。有资料记载的历届执寺阿訇有：马田八、马同真、马明亮、王顺明、马明学、马明月、王绍美、所明道、余跃龙、段兴太、虎万真、马仲玉、马仲云、马能武、马仲仁、阮正义、马关仕、海阿訇等。

2．城关清真寺

威宁县城关清真寺　在威宁城关，明朝曾建马坡清真寺，1857 年被烧毁。直到党的十一届三中全会后，应广大穆斯林的要求，在省地县党政领导重视下，国家拨款 12.5 万元补助，由县委统战部和县宗教事务科牵头，征地修建于北门河侧面，建筑面积 800 平方米，风格参照西方式建筑，既吸收阿拉伯建筑特色，又保持中国式建筑特点，砖混结构，礼拜殿房顶为铜瓦镶边的亭阁式，宣礼塔则为圆顶型，礼拜殿、厢房、宣礼塔组成四合院，另有厨房、水房和一幢临街商业用房等。建筑造型、结构和装饰新颖，是“全国一百个著名清真寺”之一。1983 年底筹建，1985 年 8 月竣工，命名为威宁县城关清真寺。清真寺组建有寺管会，立有管理制度，经济采取“以寺养寺”的方式，出租寺属房产的商业用房，收取租金，维持需要。

三　分　布

毕节地区 114 个清真寺，其中分布于威宁彝族回族苗族自治县的有 113 个，赫章县的 1 个，具体情况见下表：

序号	名称	坐落位置	建成时间	建筑面积（平方米）	结构	人　口
1	城关清真寺	威宁自治县城关人民北路	1985 年 8 月	800	砖混	200 余人
2	下坝清真寺	威宁自治县草海镇下坝村	1949 年前	356	土木、砖混	2150 余人
3	杨家湾清真寺	威宁自治县草海镇卯关村	1949 年前	500	石木、砖混	2900 余人
4	海子屯清真寺	威宁自治县草海镇民族村	1949 年前	130	土木	850 余人
5	撒家院子清真寺	威宁自治县草海镇中塘村	1949 年前	170	土木	1400 余人
6	樱桃洼子清真寺	威宁自治县草海镇白岩村	1968 年 10 月	200	土木	950 余人
7	野窝坪子清真寺	威宁自治县二塘镇梅花村	1959 年 10 月	150	砖混	600 余人
8	双水井清真寺	威宁自治县二塘镇梅花村	1982 年 8 月	160	砖混	1000 余人
9	利坪清真寺	威宁自治县二塘镇梅花村	1998 年 5 月	170	砖混	500 余人
10	戛利清真寺	威宁自治县麻乍乡戛利村	1949 年前	600	土木	1430 余人

续表

序号	名称	坐落位置	建成时间	建筑面积(平方米)	结构	人口
11	大水井清真寺	威宁自治县麻乍乡箐岩村	1949 年前	400	砖混	600 余人
12	岩格清真寺	威宁自治县麻乍乡岩格村	1949 年前	300	砖混	610 余人
13	启沙戛清真寺	威宁自治县麻乍乡启戛村	1949 年前	400	土木	920 余人
14	小河沟清真寺	威宁自治县麻乍乡岩格村	1981 年 10 月	300	土木	200 余人
15	红岩清真寺	威宁自治县麻乍乡得坪村	1985 年 10 月	300	砖混	890 余人
16	尖山清真寺	威宁自治县麻乍乡戛利村	1995 年 5 月	200	砖混	200 余人
17	小银厂清真寺	威宁自治县麻乍乡岩格村	1997 年 5 月	200	砖混	50 余人
18	玉角清真寺	威宁自治县麻乍乡箐岩村	1998 年 10 月	300	土木	630 余人
19	启戛院子清真寺	威宁自治县麻乍乡启戛村	1998 年 3 月	300	砖混	690 余人
20	新房子清真寺	威宁自治县麻乍乡启戛村	1998 年 10 月	200	砖混	270 余人
21	塘上清真寺	威宁自治县麻乍乡箐岩村	1999 年 5 月	300	砖混	690 余人
22	龙街子清真寺	威宁自治县麻乍乡箐岩村	1999 年 8 月	500	砖混	880 余人
23	银盘清真寺	威宁自治县麻乍乡岩格村	1999 年 6 月	200	砖混	60 余人
24	老房子清真寺	威宁自治县麻乍乡箐岩村	2001 年 8 月	200	砖混	430 余人
25	黑石头清真寺	威宁自治县黑石头镇黑石村	1999 年 11 月	500	砖混	80 余人
26	夹马石清真寺	威宁自治县黑石头镇水平村	2001 年 1 月	210	砖混	430 余人
27	马脖清真寺	威宁自治县哈喇河乡马脖村	1949 年前	200	土木	3200 余人
28	小米行清真寺	威宁自治县哈喇河乡法沙村	1949 年前	120	砖石	500 余人
29	梨园清真寺	威宁自治县哈喇河乡法沙村	1949 年前	150	砖混	600 余人

续表

序号	名称	坐落位置	建成时间	建筑面积（平方米）	结构	人　口
30	甘河沟清真寺	威宁自治县哈喇河乡海外村	1949 年前	100	土木	470 余人
31	岔河清真寺	威宁自治县哈喇河乡六角村	1982 年 11 月	120	土木	530 余人
32	谢家院了清真寺	威宁自治县哈喇河乡六角村	1989 年 10 月	130	砖混	500 余人
33	小海清真寺	威宁自治县哈喇河乡海外村	1989 年 8 月	160	土木	300 余人
34	炉房清真寺	威宁自治县哈喇河乡河边村	1992 年 6 月	100	土木	460 余人
35	马鞍清真寺	威宁自治县哈喇河乡法沙村	1992 年 8 月	180	砖混	500 余人
36	中营清真寺	威宁自治县哈喇河乡河边村	1993 年 8 月	150	土木	300 余人
37	法沙清真寺	威宁自治县哈喇河乡法沙村	1994 年 1 月	100	土木	540 余人
38	坡上清真寺	威宁自治县哈喇河乡闸塘村	1996 年 9 月	120	土木	1000 余人
39	半山清真寺	威宁自治县哈喇河乡马店村	2001 年 12 月	120	土木	300 余人
40	摆布戛清真寺	威宁自治县秀水乡前丰村	1949 年前	180	土木	920 余人
41	秀水海清真寺	威宁自治县秀水乡大寨村	1949 年前，2001 年重建	150	砖混	780 余人
42	坚强清真寺	威宁自治县秀水乡坚强村	1949 年前	120	土木	530 余人
43	中心清真寺	威宁自治县秀水乡朝阳村	1989 年 2 月	250	砖混	2020 余人
44	龙潭清真寺	威宁自治县秀水乡高丰村	1992 年 1 月	120	土木	1060 余人
45	华丰清真寺	威宁自治县秀水乡华丰村	1992 年 2 月	110	土木	1000 余人
46	四合头清真寺	威宁自治县秀水乡坚强村	1994 年 4 月	190	土木	430 余人
47	银河清真寺	威宁自治县秀水乡秀水村	1995 年 2 月	180	土木	1510 余人
48	尖山清真寺	威宁自治县秀水乡坚强村	1998 年 1 月	110	砖混	420 余人

续表

序号	名称	坐落位置	建成时间	建筑面积（平方米）	结构	人 口
49	鸭子塘清真寺	威宁自治县观风海镇七舍村	1991年8月	300	土木	1440余人
50	果化清真寺	威宁自治县观风海镇果化村	1949年前	400	土木	1700余人
51	明星清真寺	威宁自治县观风海镇七舍村	1991年8月	300	土木	560余人
52	开丰清真寺	威宁自治县观风海镇勺口村	1994年10月	3350	土木	400余人
53	破沟清真寺	威宁自治县观风海镇七舍村	1995年11月	300	土木	310余人
54	勺口清真寺	威宁自治县观风海镇勺口村	1995年12月	300	土木	820余人
55	平和清真寺	威宁自治县观风海镇勺口村	1997年11月	300	土木	450余人
56	向前清真寺	威宁自治县观风海镇果化村	1998年8月	200	土木	250余人
57	七星清真寺	威宁自治县观风海镇七舍村	1999年8月	200	土木	400余人
58	妥摆姑清真寺	威宁自治县斗古乡水塘村	1949年前	180	土木	480余人
59	斗古清真寺	威宁自治县斗古乡松山村	1997年10月	200	土木	150余人
60	炭山清真寺	威宁自治县斗古乡水塘村	1998年11月	160	土木	440余人
61	营上清真寺	威宁自治县斗古乡斗古村	2001年7月	180	土木	480余人
62	大沟边清真寺	威宁自治县斗古乡水塘村	2001年12月	140	土木	450余人
63	野马海清真寺	威宁自治县迤那镇合兴村	1949年前	220	土木	600余人
64	麻窝清真寺	威宁自治县迤那镇双营村	1986年1月	200	砖混	970余人
65	茨营清真寺	威宁自治县迤那镇茨营村	1994年12月	170	土木	340余人
66	官寨清真寺	威宁自治县迤那镇茨营村	1994年2月	140	土木	630余人
67	迤那清真寺	威宁自治县迤那镇中心村	1986年11月	150	砖混	390余人

续表

序号	名称	坐落位置	建成时间	建筑面积(平方米)	结构	人　口
68	双龙清真寺	威宁自治县迤那镇茨营村	1997年11月	150	土木	130余人
69	营上清真寺	威宁自治县牛棚镇和平村	1949年前	160	土木	530余人
70	仙家平清真寺	威宁自治县牛棚镇和平村	1949年前	170	土木	450余人
71	烺沟清真寺	威宁自治县牛棚镇三河村	1949年前	280	土木	750余人
72	凉水井清真寺	威宁自治县牛棚镇红旗村	1962年3月	150	土木	850余人
73	苍银清真寺	威宁自治县牛棚镇三河村	1981年5月	150	土木	300余人
74	岩头上清真寺	威宁自治县牛棚镇新龙村	1979年3月	300	砖混	380余人
75	发吉清真寺	威宁自治县牛棚镇发吉村	1983年8月	150	土木	270余人
76	营上清真寺	威宁自治县牛棚镇营上村	1988年6月	150	土木	210余人
77	和平清真寺	威宁自治县牛棚镇和平村	2001年3月	250	土木	200余人
78	大梨园清真寺	威宁自治县牛棚镇红旗村	2001年7月	170	土木	170余人
79	小石桥清真寺	威宁自治县牛棚镇红旗村	2001年12月	180	砖混	250余人
80	新寨清真寺	威宁自治县玉龙乡新寨村	1954年6月	320	土木	450余人
81	沐营清真寺	威宁自治县玉龙乡新寨村	1980年1月	285	土木	390余人
82	江半坡清真寺	威宁自治县玉龙乡中营村	1987年10月	210	土木	420余人
83	老院子清真寺	威宁自治县中水镇镇山村	1949年前	1250	土木、砖混	3000余人
84	新院子清真寺	威宁自治县中水镇泉山村	1949年前	800	砖木	4500余人
85	雨多落清真寺	威宁自治县中水镇银水村	1949年前	1000	土木	850余人
86	后寨清真寺	威宁自治县中水镇前河村	1949年前	300	砖木	2800余人

续表

序号	名称	坐落位置	建成时间	建筑面积（平方米）	结构	人口
87	新街清真寺	威宁自治县中水镇新街村	1949年前	1500	土木	1700余人
88	后河清真寺	威宁自治县中水镇友光村	1949年前	600	土木	1400余人
89	石板河清真寺	威宁自治县中水镇石板河村	1949年前	200	土木	100余人
90	包包营清真寺	威宁自治县中水镇龙塘村	1949年前	1000	土木	1450余人
91	泉山清真寺	威宁自治县中水镇泉山村	1993年7月	250	砖混	20余人
92	出水洞清真寺	威宁自治县中水镇银水村	1996年10月	250	砖混	600余人
93	平台清真寺	威宁自治县中水镇锋火村	1998年1月	170	砖混	150余人
94	阳寨清真寺	威宁自治县中水镇新街头村	2001年12月	170	砖混	380余人
95	小营盘清真寺	威宁自治县黑土河乡龙潭村	1986年10月	170	砖混	720余人
96	清水清真寺	威宁自治县黑土河乡新华村	1989年8月	150	砖混	730余人
97	新街清真寺	威宁自治县雪山镇鱼塘村	1986年11月	100	土木	150余人
98	马家屯清真寺	威宁自治县双龙乡大地村	1949年前	590	土木	1000余人
99	妈撒迤清真寺	威宁自治县双龙乡高山村	1949年前	450	土木	1100余人
100	高枧槽清真寺	威宁自治县双龙乡高山村	1949年前	400	土木	750余人
101	河湾子清真寺	威宁自治县双龙乡双龙村	1965年5月	180	土木	400余人
102	双河清真寺	威宁自治县双龙乡江林村	1990年1月	120	土木	300余人
103	烂箐清真寺	威宁自治县双龙乡高坡村	1994年8月	130	土木	300余人
104	半坡清真寺	威宁自治县双龙乡高坡村	1996年1月	100	土木	280余人
105	陡坡清真寺	威宁自治县双龙乡高坡村	1996年8月	200	土木	340余人

续表

序号	名称	坐落位置	建成时间	建筑面积（平方米）	结构	人　口
106	董家沟清真寺	威宁自治县双龙乡高山村	1998 年 4 月	150	土木	330 余人
107	保米沟清真寺	威宁自治县双龙乡高山村	1998 年 10 月	150	土木	350 余人
108	洼子头清真寺	威宁自治县双龙乡凉山村	1999 年 1 月	180	土木	400 余人
109	凉山顶清真寺	威宁自治县双龙乡高山村	2000 年 1 月	150	砖混	350 余人
110	玉从清真寺	威宁自治县双龙乡江林村	2000 年 1 月	150	土木	400 余人
111	半山清真寺	威宁自治县双龙乡凉山村	2000 年 12 月	180	土木	400 余人
112	牧场清真寺	威宁自治县双龙乡高山村	2000 年 1 月	150	土木	350 余人
113	如海清真寺	威宁自治县双龙乡江林村	2001 年 12 月	150	土木	320 余人
114	野里清真寺	赫章县新发彝族苗族回族乡中寨村	建于解放前，1955 年被毁，1980 年重建	400	砖瓦	1400 余人

第三节　阿訇与穆斯林

一　阿　訇

阿訇是伊斯兰教教职名称。阿訇教职的取得，通常是穆斯林进入清真寺拜师就读，诵习经文，学制三至五年。首先学习《核提》等，接受启蒙教育，而后系统学习《古兰经》《圣训》和《满俩》《者俩来尼》《伟嘎业》《白亚尼》《尔歌一德》等五大教义教法读本，达到能背诵常用经文，能熟练念诵《古兰经》全文，能讲解基本教义，掌握基本教法，信仰虔诚，履行五功，品行端正，掌教阿訇按规定要求考核合格，由该寺举行“穿衣”仪式暨授予阿訇资格出学。毕节地区的阿訇，古代主要来自陕、甘地区及云南；近代以来主要是本地阿訇，也有来自云南、陕西、新疆、青海、甘肃、宁夏、河南各地的阿訇，同时也有部分本地阿訇到云南等地执教。中华人民共和国成立初期，毕节地区的阿訇百余人。2003年统计有阿訇564人，其中女阿訇10人。阿訇从职业方面分为执寺阿訇和闲职阿訇。被聘请到清真寺从事教务，接受寺坊穆斯林生活供养的，称为执寺阿訇。主持一切教务活动的称为掌教阿訇。一般一个清真寺都聘请一个阿訇执寺同时掌教，也有的清真寺或某一时期聘请一位掌教、又聘请几位阿訇从事教学。未受聘的称为闲职阿訇，不接受供养，生活自食其力。阿訇无论是否受聘执寺掌教，在穆斯林群众中都有较高的威望而受到敬重。

二 人 物

1. 阿訇刘吉。刘吉（1638－?），男，原籍陕西西安府人，自幼诵念真经，德备学优，仪型丰表，品节坚定，抱负才学，欲展布经纶以当年之志。1652年春从西安起程，游历滇黔。1659年秋，行抵威宁，拜访威宁镇标下游府冶大人，细述威邑教门，冶大人敬其所尊，受其所亲，传众议论，奉榆驻于北门外下坝传诵经典，阐扬正教，扫除异端，以正群述。凡正教中有坠者举而废者兴之，坍塌者补而失者增之。日用行习之间皆诱以正教，酬酢往来之际咸引以中道，谆谆教诲不倦。1665年改土归流，刘吉阿訇置业于杨湾桥，其严谨清真而教育人才者，尤胜于畴昔之在下坝也，盖经学渊源，后东宣威昭鲁属而教领各方者，皆其所传也。

2. 阿訇马江麟。马江麟阿訇主要活动于康熙年间（1662－1723年），男，威宁下坝人，精通古兰，达理明义，曾掌教于威宁下坝清真寺，弘扬主道，教化穆民，倡导一族之教，论清真则有念礼斋课朝，论民教，则有耕读与安分。耕读为衣食之源，耕不力则衣食无资，不免冻饿。不知读则胸腹固陋，而道理不明，不安本分则任意忘行，混争暴乱。众族务必坚定信仰，履行功修、勤耕、苦读、安分，则国泰民安。马江麟阿訇品学兼优，为人师表，被后人奉为“下坝大教长”，事迹载入下坝马氏族谱传世流芳。

3. 阿訇刘纲。刘纲（1662－1735年），男，威宁杨湾桥人，刘吉阿訇之子，自幼学古兰，学识丰富，温和正直，继承祖业，在杨湾桥执教培育人才。1715年荷蒙提升威宁镇等处地方总镇，都督府韩镇宪大人官印忠，“本镇莅威城乡，查得纲公品行端正，秉性温良，宽宏恭让、厚重严肃、学行兼全，有裨正教之任”。遴委宪牌给纲公，以为七姓亲友领袖，揽总教掌教之权，赐给鞭板二对，嗣后教内倘有不法之徒，败坏清规，立即指名报官法究，逐出境外，勿得苟情容隐，致于咎累，以后逐大展其平生之报负于斯寺。尝讲论条件断法，止人为非、诱人为善，稽其平生之为人，最乐与人为善者也，故其举善而教，不能不使众亲友悦之也深，其赏善惩奸之权，盖如此矣。然而本于学问善教之感化于人也深，故众亲友皆悦之亦也深。

4. 阿訇赛君美。赛君美（？ –1862 年），男，威宁人，曾执教于威宁杨湾桥清真寺。清朝咸丰七年（1857 年）间，同杨德民阿訇率领回民，在威宁与清兵和帮会进行反抗斗争。1858 年进攻威宁城，火烧东关上帝庙。赛君美以马家屯为大本营，同清军展开斗争，穆民称之为老帅。1860 年接受招安，为镇标左营守备。1862 年被杀害于守备署。

5. 阿訇孔宪祥。孔宪祥（？ –1868 年），男，威宁西凉山人，在杨湾桥清真寺念经穿衣，宣教于赫章野里。孔宪祥阿訇信仰纯真，五功端正。宣讲教义，劝勉穆民，要多做善功，维护公道，倡导两世吉庆。同治年间，回民反清起义时被清军闷死在山洞中，被当地穆民安埋在新发厂。

6. 阿訇李开双。李开双（1860 – 1916 年），男，威宁戛利人，幼习经文，出师云南，戛利清真寺掌教阿訇。弘扬主道，谨守五功，品行优良，德高望众。在光绪年间反对民族压迫斗争中，曾任威宁戛利等 7 个清真寺总帅。

7. 阿訇马福尔。马福尔（1886 – 1952 年），男，威宁哈喇河人。云南玉溪清真寺穿衣出学，先后掌教于威宁妥摆姑清真寺、马撒营清真寺、小米行清真寺、岔河清真寺。马福尔阿訇对经典教义学识渊博，掌教教学中，念诵经文语音念法好，讲经释义通俗明细。以念、讲方面出众超群。马福尔阿訇倡导两世吉庆，关心穆民生产生活，倡导因地制宜发展经济，动员穆民种植果木，培植黄梨，动员穆民家家户户养牛养羊，发展畜牧业，增加收入，倡导穆民子女学习中文，协助开办哈喇河中阿小学，深受穆民爱戴。

8. 阿訇所明道。所明道（1909 – 1962 年），男，威宁出水人。自幼学习阿文，造诣颇深，曾在云南昆明三迤多次穿衣毕业，在云南寻甸大清真寺和宣威水西营清真寺执教。回乡后，又曾先后在威宁老院子清真寺、雨多落清真寺执教。所明道阿訇除精心教学与掌教外，积极倡导学习中文，中、阿文并重，常教诲人们要懂得回族与汉族密不可分的关系，懂得回族在中华民族大家庭中的历史境遇与地位，必须加强学习中文。他说在万恶的旧社会，回回民族青年哪有学习中文的机会，为了生存，就只有习武买枪自卫，教满腹经文，识经文不多，说不尽世上的不平。解放了，才使他看到了平等与光明。他发人深思的话语，使他的学生学识精湛，凡与他接触过的人，都钦佩他的见识非凡，皆为众阿訇之楷模。

9. 阿訇张万恩。张万恩（1913 – 1980 年），男，威宁仙水人，属阿訇世家。1935 年 4 月，在云南昭通八仙营大清真寺穿衣毕业，在昭通宋家山清真寺执教。1938 年 9 月受威宁鸭子塘清真寺穆斯林邀请掌教，开办经学达 42 年之久，自学严谨，在 1943 年后的 7 年中，顺应国民教育的需要，兴办了中阿教学班，学生多达 150 人。1957 年至 1980 年，为威宁县第一、二、三、四、五届政协委员。1980年1月28日归主于聚礼拜中，享年67岁。张万恩阿訇，尊经执教，注重行为修养并以教化穆民，在“知、信、行、诚”四字中，尤重行为，常教诲学生和穆民，“知为信的来源，信为行的指针，行为知与信的目的”。他以身作则，尊行五功，凡熟识者，均叹服他的人品，掌教多年，请他应事者颇多，凡有请必应，先贫后富，所收“乜帖”，除生活费，均交寺内或救济贫苦穆民。他的学识品行，皆为阿訇之楷模。

10. 阿訇马学科。马学科（1901－1985年），男，威宁西凉山人，先到云南沙甸、南城等清真寺求学，又赴陕西、甘肃、宁夏等深造。1938年在宁夏穿衣毕业，自幼聪颖好学，博览群经，广读名著，对阿拉伯文和波斯文讲经流利，对伊斯兰教文、哲、理、法等理论掌握精深。1940年初，返回威宁。1947年10月至1959年先后在威宁马撒营清真寺和下坝清真寺任教，传经以《古兰经》宣讲教义，以《圣训》劝告穆民，倡导“伊赫瓦尼”学说，强调穆斯林律已的根本为《古兰经》和《圣训》。马学科阿訇是一位进步的民主人士，1957年当选为威宁县第一届政协副主席，后连选连任第二、三、四、五届副主席，直至归真。是贵州省人民代表大会第二、三、五届代表，威宁县第一至第八届人民代表大会代表，威宁县第二、三、四届人民委员会委员。1983年当选为贵州省伊斯兰教协会名誉主任。

11. 阿訇杨绍华。杨绍华（1927－1974年），男，毕节国营清真餐馆职工，原籍威宁杨湾桥，自幼学习经文，1949年出学于云南昭通大礼拜寺，后任威宁海子屯清真寺掌教。虔心为主，穆民爱戴。1957年，经推荐就职于毕节国营清真餐馆，经营清真饮食业，为穆斯林生活服务。杨绍华阿訇忠于职守，关爱客人，服务第一，合法盈利，方便了毕节和各地来往的穆斯林生活，深受顾客赞赏。

三 穆斯林

毕节地区穆斯林，就民族而言，只有回族。自元代开始迁入至明朝，人口较少。明末至清康雍年间，人口增长快，分布广。咸同年间，政府对穆斯林实行歧视压迫政策，威宁、赫章、织金爆发了多次反清斗争，国民政府也处处防范伊斯兰教，穆斯林负重自强，始终维护着自身的宗教信仰和民族尊严。中华人民共和国成立，国家实行宗教信仰自由政策，穆斯林真正享受到了民族平等，信仰自由，爱国爱教，谋求两世吉庆。

新中国成立初期，毕节地区穆斯林人口数25000多人。2003年统计为97676人。在广大穆斯林群众中，伊斯兰教始终影响和支配着人们的心理状态和生活习惯。信仰安拉，履行五功是神圣天命，是必须承担的义务，要求身体力行，不容许丝毫怀疑。长期以来，社会日新月异，不断发展变化，穆斯林对“六大信仰”“五大功修”一直坚守不变，对伊斯兰教生活规范一直坚守不变。清真寺的修建随着人口的增长而增加，突出阿拉伯建筑风格，雅致壮观。社会学习风气浓厚，讲究经书两全。有到云南、甘肃等省经学院和国外求学的经文学者，有考入国内各大专院校的国民教育学生，穆斯林适龄儿童入学率居地方之首。群众宗教生活正常，自觉服从法律法规管理。过宗教节日，政府十分关心，所用的牛羊政府一律免征屠宰税。开斋节被列为威宁自治县条例规定的节假日。有的阿訇加入伊协组织，参与学术文化交流。有的阿訇赴麦加朝觐。广大穆斯林安居乐业，带头学习科技，发展农业生产，涌现出大批勤劳致富的专业户；有的迁入城镇，从事商业贸易、客货运输、清真餐饮服务等个体经营。政府机关、事业和企业单位，有大批穆斯林工作者，其中部分人员成绩卓著。各行各业穆斯林人，有的被当选为国家、省、县、乡人大代表或政协委员，参政议政，代表性广泛；影响较大的阿訇还在政协机关担任领导职务。国家工作人员中也有众多优秀穆斯林人担任着部门的领导职务。毕节地区穆斯林在中国共产党领导下，同心协力，团结一致，为祖国繁荣昌盛奋发努力。

第四节 教义教派

一 经 典

《古兰经》，阿拉伯语为“古尔阿尼”的音译，是伊斯兰教的根本经典，是穆罕默德宣布的“安拉启示”的汇集。“古兰”意为宣读读物。共有55种名称，其中以读本、光、真理、智慧、训诫、启示等为世界穆斯林所常用。中国旧译称为《古尔阿尼》《古拉尼》《可兰经》，也有称其为《天经》《宝命真经》等。《古兰经》全部共计30卷，114章，6236节，全经以622年穆罕默德游麦加迁徙麦地那为界，迁徙麦地那前降示的称为“麦加篇”，迁徙后降示的称为“麦地那篇”。“麦加篇”有90章，约占全部经文的三分之二。“麦地那篇”有24章，约占全部经文的三分之一。《古兰经》主要内容包括：（1）基本信仰。阐述伊斯兰教六大信仰，其中以信安拉、信先知穆罕默德和信启示即《古兰经》为其思想的核心。（2）宗教义务。阐述穆斯林必须履行的宗教功修，包括念“作证言”、礼拜、斋戒、纳天课和朝觐，为保卫伊斯兰发展而对穆斯林规定的献身、圣战。（3）伦理道德。规范穆斯林处理个人生活及社会关系的道德标准，主张善行、公正、互助，注重礼节等。（4）宗教礼仪禁戒。包括婚姻、丧葬、净仪、修行、礼俗、食物禁忌、戒律和无息借贷法、遗嘱继承法等。(5)对阿拉伯半岛进行改革的主张。(6)为政教合一的宗教公社所确立的政治、经济、社会、军事和法律制度。(7)与异教徒及伪信者对伊斯兰教攻击的辩论记述。(8)故事。对《古兰经》的汇编，穆罕默德生前忙于传教和征战，没有编纂。他所传授的"启示"由圣门弟子默记或刻写在羊皮、骨片上，散存多处，形成片段的经文。穆罕默德去世后，第一任哈里发艾卜·伯克尔等决定由曾专司启示记录的栽德主持收集、整理、核对、缀辑成册，命名为"穆斯哈夫"，意为汇集本。哈里发奥斯曼时有统一《古兰经》的内容和章次编排，分送麦加、大马寺革、库法、巴士拉、也门和巴林群岛保存，销毁传抄本，定为"奥斯曼定本"，至今为全世界的穆斯林所通用。穆斯林人认为《古兰经》是安拉最后降示给人类的启示，是安拉的语言，是永恒的真理，是唯一神圣的经典。《古兰经》为伊斯兰教社会的根本立法依据，也是伊斯兰教的信仰学、法学、伦理学以致历史学等赖以建立与发展的基础，在阿拉伯文化思想史上占有重要的地位。《古兰经》语言凝练，音韵和美，节奏明快，铿锵有力，世人奉为文学典范。《古兰经》是每个穆斯林人的行为准则。诵习和奉行《古兰经》是穆斯林人的天职。《古兰经》文本原为阿拉伯文版，毕节地区穆斯林人，并不是都能诵习《古兰经》。大约在光绪二十一年（1895 年），阿訇们诵习经文，均为自己亲自抄录，且秘而藏之，防无知者污秽，穆斯林大众主要通过阿訇们口头讲经传授学习而奉行。《宝命真经》亦即《古兰经》，在滇南棋杨清真寺刊刻印刷后，一直是毕节地区穆斯林诵习的主要文本。《宝命真经》一部共分 30 册，由马启元哈旨倡首刊刻，田家培哈旨书写，马致本哈旨校对更正，马文源薰沐谨叙敬书，用上好优质核桃木制板，专雇刻工，常住滇南棋杨清真寺，每日责成马安义哈旨监督刻工净手刊刻，伊历至圣迁都 1310 年开工，1313 年完工。据记载，在雕刻过程中，先将经文粘贴木板，用布包严，露一行，令其刻就包好，再露一行，渐次放刻，不使以污秽之手，搽抹经文，工程亦良苦矣，所需刊资，捐资助刻者与经相传。刻版存滇省南城清真寺内，每部成书布面精装，购买只收取纸张印刷费，无大小净者不得翻阅。《宝命真经》书法大方、美观、流利、正规、音韵字母齐全，便于学习和诵习，深受阿訇学者喜爱和收藏，大部分清真寺都有收藏。

（二）圣训

"圣训"阿拉伯语称"哈迪斯"，意为言行，或称"逊奈"，意为行为、常道，是仅次于《古兰经》地位的伊斯兰教权威经典。

"圣训"是伊斯兰教先知穆罕默德在宣布安拉的启示外，随时随地就伊斯兰教的教义、教制、教例和有关现实社会生活所发表的意见和主张，也包括他的伦理道德风范。穆斯林学者按照圣训所涉及的问题，将其归纳为宗教义务、社会义务、道德修养以及教育与求学等类。

“圣训”的基本单位称作段，每段圣训由传述系统和传述正文两部分组成。伊斯兰教圣训学家将圣训分为三类：（1）言行的圣训，为穆罕默德有关宗教、社会等问题的论述；（2）行为的圣训，为穆罕默德的行为和习惯的记述；（3）默认的圣训，为穆罕默德默认的圣门弟子行为或习惯。穆罕默德的言行生前并无文字记载，他逝世80余年后，才有人开始根据传述着手记录，并出现了不同学派的圣训实录。逊尼派各种版本的汇录有多种，其中最著名的有六大圣训集，即《布哈里圣训实录》《穆斯林圣训实录》《艾卜·达乌德圣训集》《提尔米济圣训集》《奈萨仪圣训集》《伊本·马哲圣训集》。而什叶派其汇录也有多种。这些圣训中的内容主要是有关穆罕默德及其传教过程中的记事，以及对伊斯兰教的信仰、宗教制度和社会制度的阐述等。

逊尼派“圣训”的阿拉伯文本在穆斯林中广泛传播，在经堂教育中占有重要地位，汉译本《至圣宝谕》《圣谕详解》《布哈里圣训实录精华》等，是穆斯林学习的教规教义的重要经典。

（三）教材

1. 小学教材

小学教育是启蒙教育。初学者首先背诵“作证言”，然后学习阿拉伯语字母的发音及拼读，一般叫“搁字”。这阶段的主要课程是《赫提》和《杂学》。

《赫提》是云南马联元阿訇从《古兰经》中选出的部分篇章，伊斯兰教入门读本，穆斯林人俗称“十八段索勒”。包括首章“法提海”、“白格勒”章前五节、“雅辛”章、“姆勒克”章，以及《古兰经》的最后十多章。

《杂学》包括念、礼、斋、课、朝诸功的基本常识，以及祈祷的经文。启蒙教育以能够熟练背诵《赫提》《杂学》及拼读阿拉伯文，能念一至二卷《古兰经》等必修课程作为结业标准。

2. 中学教材

进入中学后开始“讲经”，就是将教材中的阿拉伯语或波斯语翻译成中文，学习其中的意思。

首先讲的是教规教义方面的《菲斯里》《穆希莫提》《尔母德》三本。《菲斯里》包括天方分信篇和四篇要道，前者简介伊玛尼的总纲和断法；后者分四篇：第一篇以问答的形式认识伊玛尼；第二篇是认识真主；第三篇是认识拜功；第四篇是认识大小净的种类。《穆希莫提》为伊斯兰教常识读物，分四门十一篇，扼要介绍伊玛尼的种类、条件、断法与当然；伊斯兰的总纲、条件、当然与教律；小净、大净与土净的成坏，以及拜功中的主命、圣行、当然、可喜与可憎之事。《尔母德》概括阐述了伊斯兰的诚信与遵行，包含了伊斯兰教的念、礼、斋、课、朝五大功修之精华，以及常见的和不常见的一些教律。

通过学习，在掌握伊斯兰教的教规教义、功修及常用阿拉伯语单词之后，就系统学习《赫窝依》等五本阿拉伯语语法。先背《赫窝依》及字法初程，这是进入阿拉伯语的一道难关，一般阿訇称“铁门坎”。通过背诵、强记，使学生全面掌握阿拉伯语的动词变化规律。而后学习《索尔夫》，即词法、词的分类、基本词形和派生规律；《木耳则》，即动词的门类、词形及变革规律；《赞着尼》，即详解单词中字母及音符的变换规律；《绥勒府·门特细格》，即字法程序。

在完成上述字法学课程后，接着学习文法学，教材有《纳哈五·门特细格》，即句法程序等，以求全面掌握阿拉伯文的词语变格规律。

修完上述课——字法学、文法学，中学阶段学习结束。

3. 大学教材

大学主要培养专门的宗教教职人才，毕业以后聘用讲经或任开学阿訇。大学学制无定制，以学成为准。大学经堂教育使用的教材，均为经久不衰的世界名著。经堂教育必修教材为“五大本”，即《者俩莱尼》《满俩》《伟嘎业》《白亚尼》《尔歌一德》。

《者俩莱尼》，又名《者俩莱尼古兰经著》，系麦哈里和苏尤蒂合著，是一部《古兰经》阿拉伯文检疫注释本，其重点在于词汇解释，所有注释均用阿拉伯语小字写于正文页面的边上，俗称边文。该书是经堂教学中必读的教材。

《满俩》又名《舍勒哈·卡菲耶》，是伊斯兰世界阿拉伯语语法理论的杰出代表作，阿拉伯语文法大全。作者系阿布杜·拉赫曼·加米。“满俩”意为盛满的、横溢的，是《斯拉夫》的延伸，也是《卡菲》的诠释。《卡菲》及注释本《满俩》不仅总结和发展了近五百多年的阿拉伯语语法现象和变化趋向，而且以《古兰经》、“圣训”作为语法标准和权威，使阿拉伯语进一步规范化、稳定化，成了阿拉伯语的显著特征之一。《满俩》注本较多，在经堂教育中流行最广的有《穆罕兰》《泰赫雷勒》两种。《穆罕兰》将《满俩》逐字逐句进行注释，并附有《满俩》全文，分上下两册。《泰赫雷勒》全一册，对《满俩》注释中的重点难字、难词进行补注，被人们称为《满俩诠释》。书中范例较多，有各家对于同一语法现象的不同看法，是一部著名的古典语法书籍。它不仅是经堂教育语法的必读课本，更是深入研究阿拉伯语语法及其历史的重要文献之一。

《伟嘎业》又名《舍勒哈·伟嘎业》，作者系欧拜杜拉。《伟嘎业》是一部哈乃菲学派的教法名著，在经堂教育里占有很重要的地位，共分四册，前两册是讲基本宗教功修方面的条例，后两册是讲商法、遗产继承法、婚姻法等生活中具有现实指导意义的教法问题。教学中一般向学员教授前面两册，后两册难度比较大，很少讲。

《白尼亚》，又名《泰勒黑苏·穆夫塔哈》，是一部以逻辑三段论为主轴的简易修辞学名著，作者系赛尔顿丁·台夫塔查尼。书中用大量的诗歌和警句来解释《古兰经》和"圣训"中的一些比喻，共三卷。第一卷为语境学，论述语言规律及利用语言表达思想的可能性等。第二卷为词格学，讲述各种修辞辞格所表达的不同修辞效果等。第三卷为意境学，论述语言和意义之间的修饰美化等。

《尔歌一德》，又名《奈赛斐教典》，是教义学哲学名著，通常也称作认主学。作者系奈赛斐，其内容正大光明，为学海明珠。共分若干章，都是伊斯兰教的基本原理。其中所引证的明文，乃信念的珠宝，且简明扼要，组织严密。它是教义学著作中流传较广的教义学教材。后世学者纷纷加以注释，已有14种之多。赛尔顿丁的注释本，名为《奈赛斐教典诠释》，是中世纪伊斯兰教逊尼派凯拉目学名著。该书自16世纪末传入中国以来，各地经师十分重视，并普遍作为经堂教育的教本。

除"五大本"之外，根据各自情况，尚可选学哲学、逻辑学、教法学、文学等。通过以上学习，对《古兰经》教义学、教法学、修辞学有了较系统的了解和认识，具备阿訇的条件，并举行"穿衣"毕业仪式。继续学习深造者，所选学的教材则为《嘎最》《凯俩目》《沙米》《虎忒布》等。

（四）汉译读本

经典汉译读本主要有王静斋翻译的《古兰经译解》，马坚翻译的《古兰经》，林松翻译的《古兰经韵译》，马联元翻译的《至圣宝谕》，李虞宸翻译的《圣谕详解》，马宏毅翻译的《布哈里圣训实录精华》等，尤其是马坚翻译的《古兰经》在大众穆斯林中都有收藏。

二　教　义

伊斯兰教的教规教义，博大精深，基本信条，通常归纳为"六大信仰"和"五大功修"。

"六大信仰"是信安拉、信经典、信天仙、信使者、信前定、信末日。信安拉，安拉系阿拉伯语音译，为伊斯兰教信奉的唯一主宰。中国通用汉语的穆斯林多译为"真主"。信仰真主是六大信仰的核心，穆斯林必须首重认主，主是独一的，是宇宙万物的创造者、恩养者、主宰者和受拜者。万物非主，唯有安拉，穆罕默德是真主的使者。信经典，经典是真主降示给使者的，是真主的语言而不是人类的语言，更不是任何人创造的，也不能创造。《古兰经》是真主的经典。信天仙，天仙是真主用光创造的妙体，天仙无性别无老幼，受安拉差遣，是安拉的奴仆。天仙遵照安拉的意志管理天园和监护人类。信使者，就是信圣人，信真主派遣封印的穆罕默德圣人，也信真主在穆罕默德圣人以前所派遣的各位圣人。信前定，就是信每个人生死祸福，世间的一切事物及其变化都是由安拉安排预定。信末日，就是信复生，宇宙终将毁灭，继之复生日来临，安拉使一切生命复活，作恶的人将驱入地狱，自食恶果；行善的人们将进入天堂，永享欢乐。

伊斯兰教规定，穆斯林不仅在认识上有“六大信仰”，还必须在行为上做到“五大功修”，即念、礼、斋、课、朝。念，就是庄重而严肃地用阿拉伯语念诵古兰经、作证言及清真言，其中清真言的意思是，我作证，万物非主，唯有真主，穆罕默德是安拉的使者。礼，就是礼拜日的五时拜。礼拜是面向麦加城的“克尔白”作祈祷的一种仪式，分为每日的五时拜，七日一次聚礼的主麻拜，每年两次的会礼和殡礼四种。斋，就是斋戒，每年伊历九月“莱埋丹”，封斋一个月。课，就是天课，也叫税捐，它是一种以安拉名义而征收的赋税。朝，就是每个穆斯林如果条件允许，一生中必须去麦加朝觐一次。

三　教　派

伊斯兰教从政治方面区分有两大派别，即逊尼派和什叶派。中国穆斯林绝大多数属于逊尼派，毕节地区穆斯林都属于逊尼派。伊斯兰教逊尼派，俗称正统派，是在第三任哈里发时期逐步形成的，该派在政治上承认艾卜·伯克尔、欧麦尔、奥斯曼、阿里四大伊玛目，即四大哈里发是穆罕默德的合法继承人，也承认伍麦耶王朝和阿巴斯王朝时期的所有哈里发。在经典上既承认《古兰经》，也承认“圣训”，认为《古兰经》是伊斯兰教的根本，“圣训”也被视为立法的主要依据之一。除《古兰经》以外，穆斯林必须以“圣训”作为言行的准则。

逊尼派在教法上，主张以《古兰经》和“圣训”作为立法的根据，当《古兰经》和“圣训”无明文规定时，可采用“公议”或“类比”的原则立法断案。由于对教法依据的解释和运用方法上的差异，逐步形成哈乃斐、沙斐仪、马立克、罕百里四大教法学派。中国穆斯林绝大多数尊奉哈乃斐教法学派，毕节地区穆斯林尊奉哈乃斐教法学派，遵行大伊玛目的行法。哈乃斐学派的基本特点是：在制定教法时，主张严格依据《古兰经》，并审慎地引用“圣训”，在创造法规和立法断案时，还着重运用“公议”（即穆斯林大众意见）和“类比”（即对经、圣的引申运用）。同时在无先例可择时，强调从实际出发，尊重执法者的个人意见，采取“择善原则”。

明末清初，伊斯兰教逊尼派及哈乃斐教法学派在中国的传播，一些学者在西北举办经堂教育，在南方倡导译经活动，形成了具有中国特点的伊斯兰教思想，与此同时，苏菲派的思想开始传入西北地区，逐步形成了许多门宦教派，产生了门宦制。伊斯兰教逊尼派及哈乃斐教法学派在中国的传播中，又逐渐分化形成格底目、伊赫瓦尼、西道堂等三大教派。

格底目在阿拉伯语中是“古老”的意思，格底目历史最悠久，格底目派是中国伊斯兰教最古老的一个派别，遍及全国，信众多。毕节地区穆斯林基本上都属于格底目教派，格底目在信仰上坚持“六大信仰”，在功修上坚持“五大功修”，格底目实行互不隶属的单一教坊制。清真寺既是宗教活动的场所，又是政治经济文化的中心。在教派之争中，一般情况下，格底目的立场比较宽容，世俗化方面比较重。

伊赫瓦尼派，在部分阿訇中也有主张，倡导“凭经行教”，“尊经革俗”，丧事不大办，在家不念经，主张按照《古兰经》和“圣训”原则，恢复伊斯兰教的原初精神。

第五节　节日活动

伊斯兰教的节日和纪念日很多，主要有八个，即开斋节、古尔邦节、圣纪节、盖德尔夜、姑太节、阿舒拉节、登宵节、白拉特节。通常称前四者为四大节，后四者为四小节。在威宁彝族回族苗族自治县条例中又将开斋节规定为回族的民族节日。这些节日的时间都是按伊斯兰教历计算的。

一　开斋节

开斋节又称“尔德·费特尔”或“尔德”节。时间是伊斯兰教历的10月1日。伊斯兰教历的每年9月称为“莱麦丹”，亦即斋月，斋月是一年中最高贵最吉祥的月份。

斋月前一至二天内，穆斯林家家户户都要给自己已归真的亲属（主要是直系亲属）上坟。到坟山念诵经文，感赞真主，求祈安拉赐给亡者、活人、所有穆斯林平安。查看或垒坟，修整坟堂。

斋月的第一天起，凡有义务的穆斯林即女年满9周岁、男年满12周岁者都要履行斋功，封斋一月，又称为把斋，即每天黎明至黄昏，不吃不饮。斋月的开始与结束以见到新月为准。

封斋月满的次日开斋，开斋节就是庆祝斋戒期满的日子。穆斯林群众要汇集到清真寺，参加会礼。在会礼日有七项加仪需要做到：（1）节日早起并抓紧饮用早点；（2）做大净；（3）刷牙；（4）用美香；（5）穿洁美的衣服；（6）赴清真寺参加会礼途中低念大赞词；（7）会礼前按规定交纳费特尔。群众交了开斋捐后，由掌教阿訇率领大家排班，掌教阿訇高声念十段“阿也特”。每念完一段“阿也特”，大家齐声高念“大赞词”，并向前迈进一步，全部念完后按秩序步入礼拜大殿，举行会礼。会礼毕阿訇宣讲卧尔兹，宣扬教规教义，乡老或寺管会负责人安排事务，公布寺内收支情况。然后就油香，互道色兰，互祝节日快乐。此外，根据阿訇人员多少，分工陪同各家各户到坟山上坟，为逝者祈祷。这一天是穆斯林隆重的节日之一。

二　古尔邦节

古尔邦节又称“尔德·艾祖哈”“宰牲节”“忠孝节”“尔德节”。时间是伊斯兰教历12月10日，在开斋节后70天。古尔邦节是纪念先知易卜拉欣及其子易司马仪忠诚安拉和感谢真主的节日，也是朝觐议程之一，是到麦加朝觐者完成最后功课的一天。

节日这天，穆斯林群众要到清真寺举行会礼，会礼前有七项嘉仪：（1）节日早起推迟吃饮到会礼后；（2）做大净；（3）刷牙；（4）用美香；（5）穿洁美的衣服；（6）赴清真寺参加会礼途中高念大赞词；（7）会礼后宰牲。穆斯林们齐聚清真寺后，有掌教阿訇率众排班，与开斋节会礼前一样，掌教阿訇高声念十段“阿也特”，共同高念“大赞词”，念完后进入大殿，举行会礼。会礼结束，听阿訇讲“卧尔兹”，互道平安词，祝愿吉祥如意，然后开始宰牲。

宰牲是这一节日的重要功课之一。去朝觐的人都要宰牲，不去朝觐在家里的人有条件的也要宰牲，宰牲的时间是会礼后三天内均可，即伊斯兰教历12月10日、11日、12日。按教义规定，每人一只羊，七人一头牛或一只骆驼，一生中至少做一次，祈求安拉饶恕平生之罪。所宰牲畜必须头角端正、体窍完整健壮，没有任何缺陷。如果是幼畜，羊羔须满一岁，牛犊满两岁，驼羔须满三岁。宰牲时自己能宰的应由自己宰，不能宰的请阿訇代宰，但本人必须在场，所宰的牛羊肉和皮都不能出售。肉分成三份，一份自食，一份馈赠亲友、邻居或阿訇，一份施舍给贫穷人。

三　圣纪节

圣纪节是纪念穆罕默德诞辰的日子，时间是伊斯兰教历3月12日。

先知穆罕默德生于公元570年4月21日，诞生在麦加城的一个古莱什族家庭中，公元632年6月8日，因病归真，终年63岁，葬于麦地那。由于穆圣的诞辰与逝世都在教历3月12日，因此，将生日与忌日合并纪念，故称“圣纪”，也称“圣忌”。

每逢节日，家家户户院落都打扫的格外干净。清真寺内张灯结彩，挂起横幅，有的村寨还搭起松门牌坊。这一天穆斯林群众聚集到清真寺，诵读《古兰经》，并由阿訇宣讲穆罕默德的生平、丰功伟绩、高尚品德，以及在传教中所受的种种磨难和许多智勇、巧辩、善战的生动历史故事。教育穆斯林群众不要忘记穆圣的教诲，学习先知无限忠于安拉的崇高品质与平等待人的美德，做一个真正的穆斯林。

这一天还要作“讨白”，这是穆斯林向安拉悔罪的一种形式。“讨白”一词是阿拉伯语的音译，意为悔过、忏悔等。伊斯兰教认为人有七情六欲，生活在世上，受情欲的驱使，每天难免要犯这样那样的错误或罪过，故要求穆斯林经常反省自己的行为，戒除所犯的错误或罪过，称之为“讨白”。作“讨白”时态度要严肃，知错认罪之心要彻底，要痛改前非，不能重犯，方能获得安拉的饶恕。“讨白”分为三类：一是一般的“讨白”，即对自己由于无知或不慎而犯的过失所进行的忏悔。二是特殊“讨白”，指对犯了教法所禁止的诸如奸淫、偷盗、严阵逃脱、饮酒、赌博等大罪而作的忏悔，这类忏悔还根据其犯罪严重程度处以必要的刑罚或罚金等。三是临终前的“讨白”，意在防止生前偶然疏忽、尚未来得及悔改的罪过。如果临终者不省人事，则请阿訇或掌教代念“作证言”和“清真言”，这称为念“实认”，这是一项重要的仪式，意在提醒临终者坚定信仰，死在“伊玛尼”上。要是死者没有得到“实认”，死后要出罚金，祈求安拉恕罪。

仪式结束后即行会餐，视人员多少，备好宴席，大家欢欢喜喜一起就餐。对于节前散了“乜贴”，捐散了东西，而没来进餐的，要托亲友、邻居给带一“份子”去，并道“色俩目”问好。

四　盖德尔夜

“盖德尔”是阿拉伯语的音译，是前定或高贵的意思。时间是伊斯兰教历9月，“莱麦丹”月的第二十七个夜晚，故称“盖德尔夜”，又称为“前定之夜”或“大赦之夜”。

在“盖德尔夜”，安拉曾将全部《古兰经》从“被庇护的天牌”之上一次性地降至接近大地的第一层天上，而后又通过哲卜利勒天使在23年中零星地降示给穆罕默德圣人。在这一夜，众天使和鲁哈（圣灵）降临人间为人们祝福。这个夜晚无比尊贵，《古兰经》谕示：盖德尔夜胜过千个月。在这一夜里，做一件善功胜似平时千个月所做的善功，可获取千月善功的报偿。穆圣说：谁使该夜充满生气，谁就有资格进入天堂，并能获得七十年善功的回赐。此夜清真寺里灯火辉煌，虔诚的穆斯林沐浴佩香，到清真寺参加庆祝活动，听劝善演说，诵念《古兰经》赞主赞圣，礼副功拜，通宵达旦，彻夜不眠，称为“守夜”“守盖德尔”。

次日，即伊斯兰教历9月28日，俗称“二十八节”，又称“亡人节”。

伊斯兰教认为，人一旦死亡，“鲁哈”即亡灵就离开了躯体，一月后“鲁哈”就各自归于应归之处。直到一年，经真主许可，“鲁哈”来到家中，接受子女的施舍。穆圣教诲：你们已施舍、祈祷、念《古兰经》慈悯你们的一切亡灵。之后“鲁哈”归于所归之处，直至世尽。只有主麻日和斋月，真主才允许亡灵出来。9月28日，斋月快结束了，亡灵就转回各自的处所去了。这是通常以清真寺为单位，宰牛宰羊宰鸡做油香，诵读《古兰经》赞主赞圣，作“讨白”，为各家的亡灵祈祷，祈求安拉饶恕一切亡人的罪过，也饶恕活人及所有穆斯林人的罪过。至中华人民共和国成立，组建人民公社生产队起到农村实行大包干前，“二十八节”均以生产队为单位举行，所用牛、羊、粮、油等全部由生产队集体承担，全体穆斯林放假过节。做完节之后，那些没有后人的亡灵就哭泣着转回，有后人的亡灵要到开斋节那天才转回。穆斯林在入斋月前一至二天内，要给自己已归真的亲属（主要是直系亲属）去上坟接斋，开斋节也要去上坟，其义在于接送亡灵。

五　姑太节

姑太节又称“法蒂麦节”或“法蒂麦忌日”，时间是伊斯兰教历6月15日。

法蒂麦是穆罕默德圣人与圣妻赫蒂彻之女、第四任哈里发阿里之妻，是伊斯兰教五大杰出女性之一。法蒂麦生于公元606年，病故于公元632年，在其父穆罕默德归真3个月之后，年仅27岁。6月15日，是她去世的忌日。圣洁的法蒂麦是一位端庄娴熟、道德高尚、深受穆斯林妇女敬仰的伟大女性，姑太节即为纪念法蒂麦女性楷模之节日。

忌日这一天，穆斯林妇女沐浴净身着装之后聚集到清真寺里，听阿訇讲述法蒂麦的懿德善行，学习她敬畏安拉、孝敬父母、忠于丈夫、培育后代、投身伊斯兰事业的各种优良品德。通过纪念活动，提高穆斯林妇女各方面的素质修养。纪念活动以清真寺为单位进行，如果本寺没有做，可以到其他寺去参加，这称为“搭节”。活动的内容有诵读《古兰经》，赞主赞圣，做“讨白”，听讲“卧尔兹”，捐献财物，宴请宾客，互相问候等。

六　阿舒拉日

“阿舒拉”是阿拉伯语的音译，意思即十，也就是伊斯兰教历的1月10日。曾在这一天，安拉创造人类、天堂与地狱；阿丹、鲁哈、易卜拉欣、穆萨、尔萨、尤努斯等先知得到拯救；优素福圣人和父亲叶尔古白团聚；苏来玛乃圣人王位福德；安优布圣人重病痊愈；穆罕默德的外孙及阿里的次子侯赛因殁于卡尔巴拉圣战中。因这一天与多项历史事件相关，就成为节日。穆圣定次日为斋戒日。

七　登宵节

“登宵”是阿拉伯语“米尔拉吉”的意译，愿意是阶梯的意思。时间是伊斯兰教历7月27日。

先知穆罕默德在52岁时即伊斯兰教历7月27日夜间，在哲卜利勒天使的陪同下乘骑布拉格仙马从麦加城的禁寺夜行到远在1200公里之外的耶路撒冷的远寺，在那里从一块岩石上登宵，遨游了七重天。穆圣升天后，凭借安拉的特慈，亲眼看见了真主的一切迹象和奥秘，并会见了古代的列圣，如阿丹、尔萨、耶哈亚、优素福、伊德里斯、哈伦等。还参观了天堂和地域的真实情景。安拉在此夜为众穆民规定了每天五番天命拜功。穆圣于当夜黎明时平安返回麦加的住所。从此，耶路撒冷并成了伊斯兰教的三大圣地之一。

八　白拉特夜

“白拉特”是阿拉伯语的音译，愿意是清白和赦免，又称“换文夜”或“忏悔夜”。时间是伊斯兰教历8月15日夜。

凡是在15日夜诚心悔罪求饶者，均可受到赦免，记录人类善恶的天仙，这一晚将换用新文卷来记录。安拉在此夜赦免穆斯林亡人的罪过。该夜，无论男女老幼均需沐浴更衣，前往清真寺参加礼拜、诵经，给清真寺布施财物，12点前均不入睡，祈祷安拉恕罪赐福。次日遵圣行封斋仪式。穆斯林在8月1日早晨至15日下午期间，请阿訇到家中诵念白拉特经，被称为“走节”。

第六节　组织制度

一　寺　坊

寺坊是毕节地区穆斯林通行的宗教组织。常以居住地缘为基础，一座清真寺为标志，区划范围相对独立。在寺坊中，清真寺不仅是宗教中心，也是穆斯林文化中心，是寺坊穆斯林行教宣教的场所。寺坊由掌教主持教务，乡老主持事务。坊界没有历史沿革局限。根据人口与居住区域变化，筹集和捐资增建清真寺，自然形成新的寺坊。寺坊范围有大有小，明清时期清真寺少，寺辖区范围广，金沙县、大方县、纳雍县都没有清真寺，织金县、黔西县各仅有一座清真寺，威宁县有22座清真寺。民国时期赫章县修建一座，全区增加到43座。寺辖区域逐渐缩小，寺辖人口密度逐渐增大。中华人民共和国成立以后，穆斯林人口增多，经济发展快，清真寺修建相应增加，寺坊区划范围，多者百余户人家；由于民族杂居，小寺坊只有三五十户。全区清真寺118座，每一穆斯林都隶属于固定的寺坊。寺坊与寺坊之间互不隶属，被称为单一寺坊制。同时，它不是地方政府的一级行政区划单位，与地方各级政府没有隶属关系。寺坊与寺坊的关系，不论清真寺修建时间先后，不论清真寺建筑规模大小，不论寺辖区穆斯林人口多少，关系地位一律平等。清真寺都是穆斯林的宗教场所，穆斯林都是主的仆人。阿訇掌教无地位高低之分，穆斯林无优劣之别。共同的信仰是伊斯兰教。寺坊与寺坊之间保持着密切的联系，宗教活动交往频繁。穆斯林婚丧嫁娶，常请多个寺坊阿訇参加，仪式主持，一般由本寺掌教承担，也有临时推荐共同公认有威望的掌教承担，和善友爱。单一寺坊制，从古至今，一直沿袭并保持稳定。

二 掌 教

掌教是伊斯兰教职名称，泛指宗教首领。毕节地区掌教就是聘请到清真寺执掌教务的阿訇。阿訇一经执掌教务，就是寺坊穆斯林的最高宗教首领。全面主持教务，掌管各项重大宗教事务，集主持、领拜、教学多项职权。代表本寺坊对外进行教务交往，拥有极高的权威。享受寺坊穆斯林群众的生活供养。阿訇受聘为掌教，不受籍贯的限制。毕节地区籍的阿訇有到外地任掌教的，外籍阿訇也有到毕节地区寺坊任掌教的。阿訇异地任掌教，古今都极为普遍。学识渊博、威望卓著的阿訇，各地寺坊争相聘任。便有不少异地阿訇轮流赴寺讲学，穆斯林无不引以为荣，优礼有加，备极尊重。掌教阿訇实行聘任制。选聘的基本条件：一是必须具备阿訇资格，有较高的伊斯兰教学识水平，品德优良，愿意执教，身体健康；二是必须在阿訇和穆斯林群众中有一定威望，受寺坊穆斯林群众的拥护；三是经知情人介绍推荐，乡老与其协商，谈妥坐寺掌教期限及生活待遇等，达成掌教共识，择日到任。届时，寺坊举行盛大的欢迎仪式，俗称接阿訇。聘约一般以口头约定认可，也有的以书面签约确定。每届掌教阿訇，任期一至三年。任期届满，可连聘连任。不连聘者，则举行欢送仪式，送阿訇归家，俗称送阿訇。

三 管理组织

（一）乡老

清真寺的管理组织形式和名称，各个时代有所不同。乡老是古老而普遍的管理组织形式，由穆斯林群众民主推选而产生，一般由三至五人组成。乡老人选，必须是寺坊区域的穆斯林，热爱教门，为人正派，能力超群，群众拥护。当选乡老，不享受任职补助，任期除特殊情况，相对比较稳定。主要职责是管理寺坊宗教事务，在听取穆斯林大多数意见的基础上，决定掌教阿訇的聘任，协助掌教阿訇管理教务，协调民事纠纷等。乡老行使职责，大多没有成文议事的规章，但是事务必须奉行经典准则，符合国家政策法律，遵守道德规范，尊重多数人的意见，注重公平公道。乡老只有义务，没有俸禄，没有特权，深受穆斯林群众所爱戴。

（二）寺管会

寺管会是清真寺民主管理委员会的简称。1993 年中国伊斯兰教协会第六次全国代表会议通过了《清真寺民主管理试行办法》，清真寺管理组织从乡老制逐渐改为寺管会。行使管理寺坊事务职能。

（三）乡镇伊斯兰教教务管理委员会

1. 1994 年 6 月，威宁县中水镇伊斯兰教教务管理委员会成立。冶敬芝当选为会长，马关爱当选为秘书。会址设于老院子清真寺。

2. 1997 年 7 月，威宁县麻乍乡伊斯兰教教务管理委员会成立。马贤举当选为会长，马永乖当选为秘书长，通过会议章程，会址设于戛利清真寺。

3. 2001 年 10 月，威宁县秀水乡伊斯兰教教务管理委员会成立。马六邦当选为会长，虎庆林当选为秘书。会址设于中心清真寺。

（四）出席贵州省伊协会议代表和出席中国伊协会议代表

1983 年 4 月 11 日至 14 日，贵州省伊斯兰教协会全省第一届代表会议在贵阳召开。毕节地区出席这次会议的伊斯兰教代表共 33 人，马学科当选为名誉主任，马永志当选为副主任。

1989 年 5 月 26 日至 29 日，贵州省伊斯兰教协会第二届代表会议在贵阳召开。毕节地区出席这次会议的伊斯兰教代表共 61 人，马鸿恩、冶敬芝当选为副会长。

2001 年 8 月 23 日，贵州省伊斯兰教协会第三次代表会议在贵阳召开，毕节地区的伊斯兰教代表共 41 人出席这次会议。会上，马鸿恩、马贤档当选为副会长，冶绍繁当选为副秘书长。

1953 年、1957 年、1961 年，中国伊斯兰教协会第一次、第二次、第三次全国代表大会在北京召开，毕节地区的伊斯兰教代表马学科出席会议并三次当选为全国委员会委员。

1980 年，中国伊斯兰教协会第四次全国代表大会在北京召开，毕节地区的伊斯兰教代表马才辉出席了此次会议。

1993年，中国伊斯兰教协会第六次全国代表大会在北京召开，毕节地区的伊斯兰教代表冶绍繁、马鸿恩出席了此次会议，冶绍繁当选为第六届委员会委员。

1999年，中国伊斯兰教协会第七次全国代表大会在北京召开，毕节地区的伊斯兰教代表马鸿恩、冶绍繁出席了此次会议。

四　生活制度

穆斯林人在整个人生过程中，虔心信主，坚持五大功修。在各生活阶段，出生、成年、婚配及亡故，都要举行种种不同的仪式。遵行伊斯兰教生活制度。

婴儿出生，其父母或其他亲人，要在耳旁轻声念诵“邦克”词。三至七日内，要为婴儿取一个美好的名字，通常称为取“经名”。取名仪式，首先主持取名者怀抱婴儿，面向天房克尔白站立，先诵《古兰经》首章，继诵忠诚章。然后分别在婴儿的右耳、左耳旁各念一次“邦克”，表示婴儿已接受召唤，皈依到先知绿旗之下。诵念毕，凑近婴儿的耳朵，轻呼为婴儿选定的美名，为在末日真主呼唤。

生活饮食，穆斯林食用合法而佳美的食品。非礼禁用，禁食自死物、血液、猪肉以及诵非安拉之名而宰的动物，也禁烟、酒。遵循经典饮食规范，维护身心健康。

学习是每个穆斯林的天职，求学从摇篮到坟墓。掌教和阿訇们，利用聚礼、会礼、节日等穆斯林群众集中的时候宣讲“卧尔兹”，内容涉及宗教信仰、人伦道德、生产生活等。联系实际，有针对性，启发群众。讲“卧尔兹”是家喻户晓，古今通行的教学方式和制度。

婚姻对每个有条件的穆斯林男女是天职。身体健康的穆斯林男女都必须结婚，一夫一妻。结婚的条件和程序主要是：一是未婚，通常由男方正式提出；二是允婚，被求婚的一方接受求婚，表示允诺；三是证婚和聘礼，婚姻须有媒人作证，男方馈赠女方适量聘礼；四是结婚，举行婚礼，邀请阿訇念尼卡哈即证婚言，结婚即为合法。国家婚姻法颁布实施后，还依法办理结婚登记手续。家庭关系中，夫妻男女平等，尊老爱幼，团结和睦。

生老病死人之常理，穆斯林丧葬，实行土葬、速葬和薄葬。穆斯林死亡称为归真，在临终之前，阿訇在身旁提念作证言和清真言，务使患者心存于主、勿系于尘世。停止呼吸后，亲人将顺其肢体，整理其容发，停放在洗床上，头北，脚南，面向西，遮盖洁净白布单，放置清洁房间，三天之内必须安埋。具体葬礼：一是浴洗。尸体严禁火花，必须清洗洁净。二是穿卡番。卡番用白棉布缝制，无论贫富亡人，一律用三层白布，一层一层裹好即可。三是转罚赎。阿訇们传递赎金并念诵经文，为亡者求赎罪过。四是站拜，即殡礼。站拜一般由掌教阿訇主持，殡礼程序是举意、抬手、大赞，大赞四次后向右左道“赛俩目”，接堵尔，殡礼完毕。五是安埋，殡礼后就入土安埋，葬不择时。坟墓南北朝向，鱼脊形土堆，美观简朴。

第七节　寺产经济

一　经济权属

寺坊作为穆斯林宗教组织单位，具有经济收支职能，拥有寺产经济。清真寺经济权属所有，具有广义狭义双重性。广义上皆为穆斯林所共有，穆斯林捐献财物，无论放在任何一个清真寺，具有同等善功。从狭义方面，各清真寺经济相对独立，经济的支配管理权属本寺乡老。寺产经济，取之于穆斯林，用之于穆斯林。收支准则皆出于经典教律。财富是安拉赐给人类的恩惠，然后又以功课与善行的方式考验人类，并给施舍者以加倍的报酬和回赐，使他生活在安拉的关怀和恩泽中。敬畏真主，洁心向善，合理使用和施舍财物，服务大众，是穆斯林的人生准则。清真寺各种集资募捐，穆斯林十分热心，自觉自愿量力奉献。随着经济社会的发展，穆斯林经济收入不断增加，清真寺经济基础相应雄厚，公益事业兴旺，穆斯林社会充满友爱与和谐。

二　收支项目

清真寺经济收入主要来源于八个方面：

（一）房屋及其用品等

清真寺的修建，以当地穆斯林人捐资为主，同时向社会穆斯林募捐，寺产归于本寺穆斯林管理使用。新分寺坊，被分出者不得与原寺分割财产，新老寺坊互不隶属。

（二）穆斯林的课税收入

缴纳课税，是伊斯兰教的一项基本经济制度。天课是安拉对穆斯林的特慈。交付天课对穆斯林来说是主命。其目的是济困扶危，养成乐善好施的美德。按教法规定，交付天课的人是有一定条件的，不是人人都得交纳。其条件是每年除正常开支外，其余财产包括动产和不动产，按2.5%交付天课。

（三）供养阿訇的收入

各清真寺供养掌教阿訇，是穆斯林的一项责任。数量标准，通常参照当地中等生活水平，聘任掌教前协商而定，由本寺坊穆斯林户均承担。分年征收，一般以粮食收取，大多数穆斯林都会自愿超额供给。

（四）开斋捐款

开斋捐款是穆罕默德奉主命的制定。对于每个穆斯林男女、大小人口均为当然义务。斋戒者在完成“莱麦丹”月的斋戒以后，于开斋节会礼之前或开斋节前一天，有应纳课限额财物的穆斯林，按照家庭成员人口总数，按规定的份额缴纳开斋节的捐献，施济贫困者，以补偿斋戒期间所存在的不当行为和言语差错。开斋捐款的数额及捐物，一般为一升粮食。

（五）“乜帖”收入

乜帖是穆斯林出自各种心愿举意的施舍和对宗教的捐赠。来源广泛，时间不限，数量不等。捐物为钱、粮及清真寺用品，是清真寺经济收入的主要来源之一。

（六）“索得格”收入

穆斯林请掌教及其他阿訇念经酬散的一部分经济收入。

（七）“以斯科特”收入

穆斯林举行葬礼时，丧主拿出交给清真寺施散使用、以为亡人生前罪过的赎金。各寺收取数额不完全一致，通常为总赎金的20%。

（八）其他收入

威宁县城关清真寺，率先采取以寺养寺的方式，出租街面商业用房，收取租金，维持本寺基本开支。

支出主要包括：供养学生、供养掌教阿訇、济贫扶危及宗教活动等。

三　财务管理

清真寺对经济管理由乡老分工承担。遵循教规教义规定的原则办理，对穆斯林群众负责。管理方面，收入支出均定期在节日人员集中时宣读公布和书面张榜公布，实行广泛的群众监督，清真寺经济收支管理，古今各寺均为完善。

1982年制定的《威宁县城关清真寺经济管理制度》，是由穆斯林自己制定的第一份寺产经济管理文件。明文规定，经济财务收支管理：收入部分，对租金收入、功德收入、乜帖收入、其他收入等，一律分别登到收入账；支出部分，各项支出均由集体决定，管委会主任审批签字支付，各项财务收支账目，将定期公布。

第八节 文物文献

一 清真寺

马坡清真寺，在威宁县城关马坡上，修建于明朝，清雍正十二年（1734年）维护修建。咸丰七年（1857年）被清军烧毁。光绪初年重建。但限于经济条件，终未成规模。民国时期在威宁任职的刘君芝、金白渊出面集资方得完成。1966年后遭严重破坏，并被拆除，地基改作他用。今存一厢、墙垣、殿基，1982年被列为县级文物保护单位。

织金县城清真寺，清朝时期，织金穆斯林在人人山修建清真寺一座，寺址在今客车站内。咸丰时期，穆斯林遭受迫害，清真寺在城外，失守而被烧毁。继后，在西后街又修建了一座，即西后街清真寺，今支前路165号。1951年清匪反霸时被损，族中人出卖，原建筑主体结构尚存。现经他人维修私用。

黔西县城清真寺，寺址城关西门幸福村，清康熙年间修建，毁于民国，后未修建。

二 碑 记

威宁县下坝清真寺记事碑。碑文二道，其中一道记录穆斯林迁入威宁的历史及其政治经济文化状况，另一道记录穆斯林守清规事宜。较早以文字形式综合记录民族社会生活，为后人保存了重要的民族学史料。威宁总兵、阿訇韩忠亲自参与，知名人士同立。

威宁下坝马氏祖茔坊族谱记。石坊建于清乾隆三十六年（1771年），1966年被炸毁。石坊位于威宁西北文峰山脚。建筑四柱三间，现存石坊残基、次间上的栏额坊一块。栏额坊有铭文一篇，题为“马氏公建茔坊并镌族谱记”。记文是研究穆斯林迁入威宁的历史参佐证实物。

黔西回民坟墓地修复碑记。黔西穆斯林集资、黔西县人民政府拨款资助，立于2000年斋月。位于黔西县城郊回民墓地。碑文详实记录了穆斯林迁入黔西的历史。为后人保存了一份珍贵的史料。

三 经文书画

穆斯林生活中，常用于清真寺、家庭、工艺品等。阿文书法是阿訇学者的一项基本功，书法艺术多有练习者。阿文书法笔，古朴别致，是以木条或软竹片削制的硬笔。书写与点线变化搭配，在形质和神采上形成独特的造型美。阿拉伯书法体主要有库法体、誊抄体、波斯体、行书体等。毕节地区以行书体流行。威宁彝族回族苗族自治县城关清真寺中，李仕朝书写于窑窝上的《古兰经》首章“法蒂海”、马武臣书写于望月楼的“真主喜悦伊斯兰教”等经文书画，各具艺术造型和书法规则，发挥了阿拉伯字母净化的线条美，有其代表性和典型性。有的书法作者将经文用草书写成吉祥的汉语字形，具有地方特色。穆斯林居室悬挂经文书画，以知感真主至仁至慈；清真餐馆悬挂经文牌子，顾客方感正宗；清真寺饰以经文书画，使之庄重、典雅、明净。

第四章　天主教

第一节　中华人民共和国成立前的天主教

一　天主教的传入

19世纪开始，天主教陆续传入毕节地区。道光二十至二十八年（1840－1848年）云南省彝良县一吴姓和一黄姓两户天主教徒迁入威宁县集发乡发枝窝（现属赫章县财神镇家竹村）居住，天主教由此进入威宁县境。咸丰四至五年（1854－1855年），法国籍孟姓神父从贵阳到黔西传教，并把毕节县列为黔西教区之一，天主教开始传入黔西、毕节县境。数年后，天主教传教活动中断。光绪年间（1875－1908年），黔西县乡绅袁宝珍等从修文引法籍陈神父到黔西传教，光绪十四年（1888年），法籍孟姓神父由黔西到毕节传教，此间，毕节县城关人裴润生到贵阳参加法国教区势力创办的贵阳天主教总堂教会后，光绪二十年（1894年），贵阳教区主教易得谦（1841－1913年，法国人，外文名（Cuichard）派传道士到大定府城（今大方县城）布道，发展教徒。民国17年（1928年）黔西天主教堂神父袁思忠到今金沙县城发展天主教徒，天主教由黔西传入金沙。至此，境内的毕节、大方、黔西、金沙、赫章均有天主教活动。

二　教堂、教产及教牧人员

（一）赫章县发枝窝天主教支堂、教产及教牧人员

天主教传入赫章（原属威宁）县境后，约在19世纪60年代，云南省天主教派李神父（外国人，国籍不详）到赫章县发枝窝（建镇并乡撤区前属财神区集发乡，现属财神镇家竹村）主持教务，并修建木结构的300平方米发枝窝天主教堂，购置土地50余亩作教产。随后有黄神父、秦神父（均系外国人，国籍不详）、张神父到过发枝窝教堂传教。民国29年（1940年），发枝窝天主教堂转归贵阳天主教教区领导，由贵州教区派毕节天主教堂的段神父、周文明神父定期到该堂主持教务。民国末年，该天主教堂由黄维强负责。

（二）黔西县天主教支堂、教产及教牧人员

黔西县天主教堂位于城关西正街（现城关镇政府处），占地面积1700平方米，堂房、宅基地占地676平方米，建筑面积1155平方米。系光绪三十四年（1908年）在黔西传教的法籍陈神父强占西正街土地修建，属贵阳教区北天主教堂管辖。教堂建成至中华人民共和国成立时，历经陈神父、洪神父、翟神父、冯神父、漆神父（以上神父具体情况均不详）、秦裴伯神父（1886－1966年，贵州安顺人，自幼在教会学校读书，经小、中、大修院毕业，曾任贵阳六冲关修院教员，黔西、仁怀的二朗坝、赤水、桐梓、贵阳等天主教堂神父。1949年在惠水天主教堂任神父）、袁思忠神父（1889－1980年，桐梓县人，宗教职业者。1927年大修院毕业后，历任黔西、金沙、惠水、广顺、遵义、绥阳、桐梓等地天主教堂神父。于1980年病故于贵阳。）、任培才神父（1899－1957年，又名任世光，贵州湄潭县人，宗教职业者。自幼进入天主教堂学校读书，先后在小、中、大修院毕业，1927年升任为神父后，历任贵定平伐、修文扎佐、关岭、黔西等地天主教堂正副本堂神父，1952年7月在黔西被逮捕，1957年死于狱中）。在任培才任神父期间，杨维新担任会长。此间，法国神父依仗势力，为非作歹，曾发生张姓妇女被虐待致死，16岁少女被奸污等事。教堂招留清镇的陈达三等为所欲为，坑害百姓。教徒严道舟诱导治中的李占清，李明安打土地官司，严从中作祟，迫使李将土地“捐献”给教堂。这些行为引起群众反对，部分教徒退教或不参加活动。

（三）毕节天主教教堂、教产及教牧人员

毕节天主教堂位于城关和平路，占地面积2208平方米，建筑面积885平方米，经堂1幢，附属房屋13间，田10亩6分。系1907年由贵阳教区委派神父杨骏（1854－1940年，具体情况不详）来毕节创办，到民国16年（1927年）正式建立该天主教堂，隶属黔西天主教堂和贵阳天主教堂管辖。天主教堂的管理范围为毕节本城及毕节所属的糜冲（现鸭池镇的草堤冲），民国29年（1940年）后又兼管赫章县所属的集发乡发枝窝天主教堂。该堂正式建立后，历任神父为罗伯雍（1887－1967年，具体情况不详）神父、段神父、周文明（1893－1962年，又名周保禄，贵阳市人，教会大学毕业，八年大学生活，其中在英国滨榔大学就读三年半，在神学院就读四年，曾任司铎26年，中华人民共和国成立后，被选为毕节县第一届政协委员。1959被捕，1962年去世，1984年后平反、恢复名誉）等4位神父。教堂内设有辅祭、事务两机构，配有专职人员，除神父总揽教务外，下设长老1人（白泰昌曾任长老，白死后，肖洪儒任长老），司药1人（肖洪儒曾任司药），司教数人，裴真、陈书盖、黄雨秋（法国机械系毕业）先后任司教，书记员1人（黄正荣曾任书记员）。

（四）大定（现大方）天主教堂、教产及教牧人员

光绪二十年（1894年），贵阳教区主教、法国人易德谦（1841－1913年）派传教士到大定（现大方）府城，建立天主教堂。光绪三十年（1904年）贵阳教区主教、法国人施恩（1868－1942年）派神父外国人凤福居（1875－1943年）到大定主持教务。次年（1905年），大定天主教会在南街成立。光绪三十二年（1906年），贵阳教区聘贵阳路得医院医师李诚斋（？－1933年）到大定任天主教会会长兼育婴医院医师。光绪三十三年（1907年）在南街购置土地新建教堂、经堂、药房（现南街办事处）面积200平方米，教堂建好后，一直由李诚斋负责教务，民国22年（1933年），李诚斋病故后，由于各种原因，教务未能顺利开展。

（五）金沙天主教堂、教产及教牧人员

金沙天主教堂位于城关民族路185号（现罗马街），当时金沙未建制，属黔西县管辖，天主教堂全称为中华公教堂黔西天主教堂、新场附本堂。房屋共42间，总建筑面积782平方米（其中经堂278平方米，住房504平方米），土地20亩。教堂系民国17年（1928年）修建，隶属贵阳北天主教堂、黔西天主教堂管辖。1937年，金沙安底镇的黄镇初到黔西城关信天主教回到安底后，发展教徒，以其家作为教堂，并与新场附本堂取得联系，隶属金沙附本堂管辖和领导。1941年，金沙立县后，就正式改为金沙天主教堂，直接隶属贵阳北堂领导，同时管辖和领导安底天主教支堂。金沙天主教堂自建立以来，历经7任神父在该堂传教。第1任神父袁思忠，在任时间为1928－1931年；第2任神父杨天福（？－1980年，龙里县人，中华人民共和国成立初期在遵义任神父，1980年8月在龙里去世），在任时间为1931－1934年；第3任杨神父（具体情况不详），在任时间为1934－1939年；第4任神父秦西伯（具体情况不详），在任时间为1939－1941年；第5任神父李旭（1907－？，化名李明忠，仁怀县二朗坝人），在任时间为1942年4月－1945年6月；第7任神父鲁克渔（1910－1998年，化名鲁牧，修文扎佐人，拉丁大学文化，中华人民共和国成立后，一直在贵阳北堂任神父），在任时间为1946年5月至中华人民共和国成立，鲁克渔神父从贵阳到金沙天主教堂时，随其一起来的还有神娘熊俐玲。以上7位任神父除袁思忠、任培才二神父系黔西天主教堂来金沙天主堂主持教务外，其余5位神父均由贵阳天主教北堂派到金沙天主教堂任神父，主持金沙天主教堂教务。

神父下还有辅祭（男）、修贞（女）各1人，传教先生（教友中另选）、会长各1人，民国末年的天主教会会长为王义兴。

三、天主教教徒的发展变化情况

（一）赫章县（原属威宁县，1941 年立县）发枝窝天主教堂教徒的发展变化情况

19 世纪 40 年代，天主教传入赫章县发枝窝后，教徒的发展较为缓慢，到 1949 年，发枝窝天主教堂仅有教徒 30 余户，150 余人。

（二）黔西县天主教堂教徒发展变化情况

清光绪年间，天主教传入黔西后，天主教不断流传发展。到民国中期，有天主教徒 300 多名，到民国后期只有天主教徒 39 名。

（三）毕节县天主堂教徒发展变化情况

光绪十四年（1888 年）天主教再度传入毕节后，教徒人数逐步得到发展，曾有教徒 600 多人，到民国 16 年（1927 年）天主教徒达 1000 余人，后由于经费不足等原因，到民国 37 年（1948 年），仅有教徒 230 余人，且乡下人居多，城关教徒，原系到毕节经商的人，本地住户，信奉者只有 10 余户人。

（四）大定（大方）天主教堂教徒发展变化情况

光绪二十年（1894 年），天主教传入大定（现大方）后，随即发展教徒 10 余人。到民国初年，天主教信徒发展到 100 余人，分布在城关、响水、理化、鸡场、六龙、百纳等地。民国 19 年（1930 年），教徒发展到 600 余人，同年，召开 3 天天圣会，由神父主持弥撒，传播福音、领圣体，城乡教友参加者 500 余人。民国 22 年（1933 年），李诚斋病故，其后由于各种原因，教务未能很好开展，到中华人民共和国成立前夕，教徒仅剩 100 余人。

（五）金沙天主教堂教徒发展变化情况

民国 17 年（1928 年）天主教由黔西传入金沙后，天主教逐步发展起来。民国 26 年（1937 年），金沙安底镇的黄镇初到黔西城关信天主教回去后，以其家为活动地点，发展教徒，并接受金沙天主教堂的管辖和领导。这时金沙天主教堂共有教徒 121 人。民国 35 年（1946 年），共有教徒 120 人。

四　经济来源及产业

天主教的经济来源主要来自四个部分。一是贵阳教区拨给的津贴。如毕节天主教堂每年由贵阳教区给予司铎薪金 250 万元（旧币），赫章发枝窝天主教支堂经费来源的三分之一由贵阳教区拨给。二是房屋租金，如毕节天主教堂每年的房屋租金可收入大米二石。三是地租收入，如毕节天主教堂的地租每年可收入稻谷约 11 石。四是教徒自愿捐献。如赫章发枝窝天主教支堂的经费来源有五

分之一为教徒募捐。天主教传入毕节地区后，在教堂内创办了部分实业。如天主教传入大定的次年（1895 年），就在城关南街租房举办天主教育婴医院。光绪三十二年（1906 年），贵阳教区亲聘贵阳路得医院医师李诚斋到大定兼任育婴医院医师。次年（1907 年），在南街购置土地除修建教堂、经堂外，还专门修建药房。1927 年，毕节天主教堂正式建成后，教堂内设有施药所、小学校，免费治病、就读。肖洪儒曾任司药，裴真、陈书盖、黄雨秋（法国机械系毕业）曾任司教。

第二节　中华人民共和国成立后的天主教

一　1950 – 1976 年的天主教

1949 – 1952 年，农村全面实行减租减息退押和土地改革运动，对毕节、赫章、金沙等县的天主教影响很大，各天主教堂主要经费来源之一的土地被全部分给农民。同时，为防止外国教会从经济上对中国教会的渗透，政府对宗教团体接受外国津贴实行管理。这样，毕节地区各有关县的天主教会的经费来源仅靠教徒捐献和房屋出租租金来维持。

1949 年曾在金沙天主教堂任神父的鲁克渔离开金沙到贵阳参加“三自革新运动”。各教堂教徒经过减租减息及土地改革运动后，开始考虑自力更生、自食其力的道路。教徒根据自己的情况，在政府的帮助下自谋出路。天主教徒和农民一样分得了土地，大部分参加了农业生产劳动，有一部分参加了工作，如毕节天主教堂的教徒就有 2 人在农具厂、2 人在木工生产合作社当工人、1 人在县农业银行任出纳员、1 人任店员工会书记；金沙、黔西、大方天主教堂的部分教徒也先后参加了工作。又据 1983 年调查统计，毕节天主堂的 37 名天主教徒中，有 5 人为干部，19 人为工人，均为新中国成立之前入教的老教徒；金沙天主教堂尚在的 17 名老教徒中有 7 人参加过工作。这为天主教会独立自主，自办教会打下了良好的基础。

1949 年后，政府动员宗教人士“捐献”教会的房产，特别是 1958 年下半年“大跃进”运动开始，天主教会的房产先后被个人和单位占用。金沙天主教堂全被居民占用。黔西天主教堂被城关镇政府用作办公用房，大方县天主教堂被城关南街办事处用作办公地点，1956 年，赫章县集发乡发枝窝天主教堂被拆后，改修为集发小学，1959 年 3 月，毕节天主教堂被没收，后被县政府占用改建，保留 238 平方米旧房。全区的天主教堂先后被全部占用。

1952 年肃反运动中，黔西天主教堂神父任培才（又名任世光）于当年 7 月在黔西被逮捕，于 1953 年死于狱中。1955 年 10 月，金沙天主教堂最后一任神父鲁克渔（1946 年 5 月到任，1951 年离开金沙天主教堂后到贵阳天主教北堂任神父）也在肃反运动中在贵阳被定为反革命。在 1957 年的反右斗争中毕节天主教堂的神父周文明被划为“右派分子”，1958 年又被打成反革命。1959 年 2 月被判刑入狱劳改，1962 年病死于大方县硫磺厂劳改队。在神职人员先后被打成右派、反革命，逮捕入狱的情况下，天主教受到了一定影响。

20 世纪 50 年代初，全区共有天主教徒 946 人，其中毕节 291 人、大方 30 人、黔西 188 人、金沙 200 人、赫章 150 人、威宁 87 人。到 1960 年底，全区仅有信仰天主教的教徒 76 人。1966 年 5 月“文化大革命”开始，到 1978 年之前，天主教基本停止了宗教活动。

二　1977 年后的天主教变化情况

（一）天主教活动的恢复和发展情况

1976 年“文化大革命”结束以后，特别是 1978 年以来，中共统战政策和宗教政策得到恢复落实，天主教的宗教活动逐步从家庭活动走向政府批准开放的礼拜堂（点），天主教活动也逐步得到恢复和发展。

1982 年，中共中央 19 号文件下达后，毕节县城关天主教随即恢复了宗教活动。1983 年就成立了毕节县天主教教务管理小组，老教徒、县机修厂工人蒋大荣任教务管理小组组长，县水电局技术干部徐有信任副组长，胡素清等 3 名老教徒为成员。是年，毕节县天主教共有教徒 37 人，1989 年有教徒 61 人，1992 年有天主教徒 70 人，1994 年有教徒 170 人，1996 年有教徒 132 人，2003 年年底有教徒 112 人。县水电局女技术干部胡素清还当选为毕节县政协第五届委员会委员，第六届、第七届政协常委，徐有信当选为毕节县政协第八届、第九届，毕节市政协第一届、二届、三届政协委员。

1983 年底至 1984 年初，大方县的天主教徒自发组织大方县天主教爱国小组。1989 年，大方县马场镇一姓徐的基督教徒，并进行天主教传教活动，发展教徒数 10 人。是年 12 月，又在马场镇白泥村进行布道，发展教徒近百人。1990 年，省天主教会肖神父到白泥村，给 76 名天主教徒进行洗礼，这年共有教徒 264 人。1991 年 6 月，大方县宗教事务科帮助白泥村天主教会建立了天主教教务管理小组和财务管理制度，并由省天主教会资助白泥天主教会购买 1 栋房屋作为教会的宗教活动场所。1992 年，信教徒有所下降，仅有 188 人。1996 年年底，以白泥天主教堂为中心，下辖马场、牛场、鼎新3个乡（镇）6个活动点，共有教务组长6人、副组长3人、成员11人，信徒达414人。到2003年年底，全县共有信徒453人。

1976年以来，黔西城关建国路70号的老教徒詹显忠到贵阳和平路找天主教神父陈道南、伍光华、朱家陆联系，恢复黔西县的天主教活动。并与城关的老教徒杜月祥、严道舟、县林业局干部银熙国等联系，于1980年恢复黔西的天主教活动，当时有天主教教徒10人。1984年，黔西县宗教工作部门批准城关镇城东路111号严光权教徒的住宅为天主教临时聚会点。1989年有信徒48人。1991年，经批准成立黔西县天主教教务管理小组，组长詹显忠。1992年有信徒51人，到1996年年底，共有信徒63人，2003年年底，全县有天主教徒57人。天主教徒詹显忠还当选为黔西县政协第四届委员，杨启德当选为黔西县第五届、六届政协委员会委员。

1978年，居住金沙城郊的天主教老教徒丁景贤（女）就去贵阳参加占礼。1981年8月12日，金沙老教徒熊俐玲（1922年生，中华人民共和国成立前在贵阳进教会学校入教，取圣名为麦利加。1945年与鲁克渔神父一起到金沙天主堂任管事兼教经书，中华人民共和国成立后一直在金沙）去贵阳天主教北堂10余天，参加圣母占礼节，联系恢复金沙天主教活动和发展教徒事宜，与教徒、神父会面，听取原金沙天主教堂神父鲁克渔的指导。1982年，金沙已有天主教徒24人。1984年春天，鲁克渔神父还通过别人给熊俐玲带去《圣经要理问答》《袖珍瞻礼单》两本书。鲁克渔还通过迁居贵阳市沙港路28号的丁景德（原金沙天主教徒，1959年迁居贵阳）给熊俐玲带去耶酥、圣母照片各1张。由于天主教堂的房产已全部分给居民居住，金沙天主教缺乏活动场所和神职人员，金沙的天主教徒断断续续地自发组织到贵阳、遵义两地天主教堂过宗教生活，大部分教徒在这两地接受洗礼。1986年，在省天主教爱国会代表会议期间，在省天主教爱国会的指导下，经中共金沙县委统战部同意，成立了金沙县天主教教务管理小组，教徒、退休教师胡兴志任负责人，丁景贤、王兴伦、熊俐玲为成员。1991年，金沙县有关部门根据天主教的分布情况，经与教务管理小组商定，明确规划安底镇1处，城关镇2处家庭聚会点为天主教临时活动场所。天主教教徒在临时活动场所作一些简单的诵经、颂诗、祈祷、学习圣经等宗教活动。到1989年底，全县有天主教徒253人，1992年有教徒168人，1996年有教徒181人，2001年有教徒180人，2002年有教徒159人。

1986年，原纳雍县黑塘乡瓜仲河的黄兴等人到贵阳打工后信奉天主教，后回瓜仲河传教，天主教传入纳雍县境。1988年，省天主教神父王充一到毕节，黄兴偕同黄国义（原基督教徒）到毕节与王充一神父洽谈在瓜仲河设立天主教活动点的有关事宜。随后，从瓜仲河基督教会游说部分基督教徒转信天主教。1992年8月5日，以纳雍县化作乡双岩头中心天主教会的名义向村民组、村、乡和县宗教工作部门及公安机关写出申请登记注册备案，使天主教纳入合法的宗教活动管理程序。这年，天主教有信徒45人。1994年前，该天主教会由黄兴、黄国义自行负责。1994年后，全县进行宗教活动整顿开放工作，成立了纳雍县天主教教务管理小组，黄国义任组长，胡建材、龚吉群（女）任副组长，到1996年，有天主教徒50人，

1980年，赫章县财神集发村（现财神镇集发村）老教徒开始恢复天主教活动，并发展新教徒，到1984年，有教徒89户，447人进行集体宗教活动，曾向县宗教事务部门申请登记，但因无宗教活动场所等原因，不符合登记条件，至今未予登记，也没有正式的教务管理领导小组。到1989年底，有教徒190人，2000年6月，省天主教会神父、主教王充一一行等7人到赫章财神镇的集发村进行宣教活动（该村天主教活动一直未被当地政府认可），并在集发村民办小学举办有500余人参加的大型聚会活动，还给100余人洗礼，组建以黄得会等8人的教务管理小组，对集发一带的天主教活动进行管理，并向参加活动的信徒发放衣物和圣母像。到1996年，全县共有天主教教徒253人，2001年有教徒300人。2003年有教徒237人，这些教徒现分布于财神镇的集发、六曲乡的家竹、达依乡的海马及城关镇，各处都有活动点。

威宁彝族回族苗族自治县的天主教是近年传入的，有天主教活动点1处，礼拜天，集中在县城水井湾组41号（坪内）活动。2001年，有天主教教徒56人。2003年有教徒69人。

（二）天主教的房产落实情况

1983年初，毕节县（现毕节市）天主教徒要求归还房产，中共毕节县委、县人民政府十分重视，由中共毕节县委统战部牵头，对毕节县天主教堂的房屋进行调查清理，及时向中共毕节县委写出《关于天主堂房产调查清理情况及处理意见的报告》，很快得到中共毕节县委的批复，由于原天主教堂房屋已被县政府占用改建了1970平方米，仅保留了旧房面积238平方米，无法归还原房产。经县委统战部和天主教会协商，1984年，县人民政府拨款5.2万元，补偿原有天主堂，在城关惠泉路修建一座约210平方米的天主教堂，教徒认为已修建好的教堂不符合天主教堂的要求，教堂修好两年后，天主教会未接收该教堂，教堂门窗等处有所损坏，后有关部门建议对教堂进行改建，对改建的天主教房屋给予补偿，并归还保留的原天主教房屋，或由教会收取房租费，但一直未能达成协议拖延下来，十多年未能得到解决。鉴于这种情况，中共毕节市委、市人民政府非常重视，对天主教堂房产的遗留问题先后研究过几次，决定拨款7.5

万元作为教堂修建的征地费，责成市委统战部、市房产局具体落实。已与天主教会达成协议，正在积极选址，重新修建毕节天主教堂。

黔西县教徒一直要求归还天主教房产。当地党委、政府及有关部门也非常重视该房产的解决。1997 年 8 月，省宗教事务局局长柏怀思等人到黔西对宗教房产的落实情况进行调查，并到原天主教堂实地进行察看，1998 年 4 月，省人民政府办公厅提案信息处袁本代处长一行 4 人专程到黔西了解天主教房产落实情况，经多方协调努力，黔西县城关天主教徒已进入原来的天主教堂内进行宗教活动。遗留的问题当地党委、政府及有关部门正积极协调，尽早给予解决。

金沙县天主教信徒曾多次向县、地区、省和国家宗教局反映要求归还，省天主教爱国会负责人王充一作为省政协八届委员，直接通过省政协八届一次会议提案要求归还。赫章县财神镇发枝窝天主教徒也曾通过省有关部门反映归还发枝窝天主教堂房产，大方天主教堂房产产权因一直未认定，至今还未落实。这些情况复杂，难度较大的天主教房产遗留问题，当地各级党委、政府及有关部门正在积极努力，将恰当地尽早给予解决。

附　录：

天主教主要信条

天主教主要信条，即信经十二条：（1）全能的天主第一位圣父创天地；（2）天主第二位圣子耶稣基督乃我等主；（3）耶稣为拯救人类降世成人；（4）耶稣受难；（5）耶稣复活；（6）耶稣升天；（7）世界末日，耶稣重来审判万民；（8）天主教三位圣神启发人避恶从善；（9）教会的至一、至圣、至公和请圣相通功；（10）世人的罪恶能得赦免；（11）末日复活；（12）复活后灵魂常生。

教　规

天主教必须遵守的主要教规是十诫：（1）钦崇天主万有之上；（2）勿呼天主圣名以发虚誓；（3）守占礼之日；（4）孝敬父母；（5）勿杀人；（6）勿行邪淫；（7）勿偷盗；（8）勿妄证；（9）勿愿他人妻；（10）勿贪他人财物。教会逐步制定教徒应当遵守的规则共四条，也称四规：（1）凡主日及诸占礼之日，要参与弥撒。（2）遵守天主教所定斋期，斋戒分大斋、小斋，大斋早晚饭不吃饱，中饭吃饱，每年大斋只有 2 次，1 次为封斋期第 1 天，纪念并效法基督开始传教时在旷野里守斋，第 2 次是耶稣苦难日。小斋不吃热血动物的肉。主要斋期是四旬斋，即复活节前四十天的斋期，每周有两次小斋，一次大斋。此外在大占礼的前一天，也要守大斋。小斋一般定在每星期五为纪念耶酥受难日。近年来经过改革，斋期已大为减免。（3）告解、领圣体至少每年一次。（4）尽力帮助教会经费。

礼　仪

天主教的礼仪主要有七件圣事；即：（1）圣洗（也称洗礼），为天主教入教仪式。按教会习惯教徒的小孩子生下八天内就得领洗。（2）坚振，是坚定教徒信念的礼仪。（3）告解（也叫忏悔）是一种赦罪仪式。（4）圣体。把面饼和葡萄酒由主礼者在弥撒中祝圣，即为耶稣的肉体和血。教徒向神父办过告解（忏悔）后，才能去领圣体。据说教徒领了圣体后，就吸收了耶稣的血和肉和耶稣相结合，就能得到天主的宠光。（5）终傅，主礼者为垂危病人施行的礼仪。由神父在病人头上抹圣油，念经文，要病人忏悔帮助他灵魂得救。（6）神品，也称圣品，就是修道升为神职人员的礼仪。神品分七级，神父级为七品。（7）婚配，即由神父主持的婚礼。

主要节日

天主教主要节日，俗称占礼。分移动占礼和定期占礼，移动占礼以耶稣复活占礼作为推算标准。定期占礼即固定在一定日期的占礼。占礼按等级分大小，耶稣圣诞、耶稣复活、圣神降临、圣母升天为四大占礼；三王来朝、耶稣升天、圣母无染原罪、大圣若瑟、诸圣占礼等为八小占礼。八小占礼根据地区习惯，各有不同。天主教的主要节日为四大节日：

1. 耶稣圣诞节亦称耶稣圣诞瞻礼。纪念耶稣基督半夜诞生在巴勒斯坦白冷城的一个山洞羊栈内。天主教规定，每年公历 12 月 25 日守此节。12 月 24 日夜为平安夜。每逢圣诞节，有在堂内或堂外搭圣诞洞，装饰圣诞树，扮圣诞老人的习俗。

2. 耶稣复活节亦称耶稣复活瞻礼。纪念耶稣复活。据《新约圣经》载，耶稣被钉死在十字架上，埋葬后，第三日复活了。据尼西亚大公会议规定，每年春分后第一个月圆后第一个星期日为复活节。

3. 圣母升天节亦称圣母升天瞻礼。纪念圣母荣召升天。时间在每年公历 8 月 15 日举行。

4. 圣神降临节亦称圣神降临瞻礼。据《新约圣经》载：耶稣复活后第 40 天升天。耶稣升天后第 10 日，差遣圣神降临门徒领受圣神后开始传教。教会规定复活节后第 50 日为圣神降临节，又称五旬节。

天主教礼拜及活动

天主教礼拜也称圣日，《旧约创世纪》记载：天主在六天内创造天地万物。

第7天，天主停工休息，并定第7天为圣日（礼拜），也称天人感应日、天主与人们的交往日或天人团圆日。天主要人们特别归向他，一面领受之心，方能向上向善，防止罪恶，达到圣化的境界。同时天主也要人们忙碌工作六天后，要停工休息，方能恢复精神和体力。因此，在旧约圣经上称圣日为安息日，人们应严格遵守。到星期日，信徒们都到教堂去参加敬拜天主之礼，听弥撒。

第五章　基督教

1840年第一次鸦片战争后，中国政府与英、美等西方国家签订了一系列不平等条约，西方国家取得了在中国通商口岸建立教堂和传教的特权。为了积极配合西方列强实行殖民政策，基督教各“差会”纷纷成立组织，先后派遣大批传教士涌入中国的各个通商口岸，建立教会并进行传教。面对幅员广大的中国，侵略者们不甘心只在通商口岸建立教堂和传播福音，他们把目标转向中国内地。1865年，英国人戴德生在英国成立了向中国内地传播福音的“中华内地会”。1876年，中英签订了《中英烟台条约》，其中规定：“中国政府准许外国人在中国内地自由旅行”。此后各个差会以此为借口，纷纷向内地发展教会。1887年，英国传教士祝名扬和巴子成受内地会的派遣，由湖南进入贵州进行“开荒”（基督教称开辟新教点为开荒），在贵阳设堂讲道，传授基督教教义，后来买了车家巷地址修建住房和礼拜堂，设立贵州省基督教内地总会，开展贵州省的教务工作。1887年，英国传教士党居仁到安顺传教。党居仁到安顺后，由于基督教教规与当地民俗大相径庭，常常遭到群众的嘲讽，为了改变这种状况，党居仁边学习汉语汉文，边采访当地的民风民情，使自己尽快地被当地群众接受。1897年，又在安顺城内办“义学”，招收少数民族子弟入学，此后几年里，大定、织金等地的少数民族青年相继到“义学”学校里学习，这为以后基督教传入毕节地区埋下了契机。1899年，党居仁到织金熊家场传道，基督教内地会正式进入毕节地区。此后，“中华基督教圣道公会”（1932年改为“中华循道公会”）英国传教士柏格理于1904年到威宁石门坎创立教会。1912年，德国夏娃母亲组织的“姊妹会”传教士巴宽敬、鲍宽爱、苏宽仁、韦宽良等到大定（今大方）县城设堂宣道。1926年，“复临安息日会”华西联合会派遣美国传教士汪和仁与湖南传教士贺爱敦到毕节县道署街（今中山路）传教并建立“安息会”贵西分区。从19世纪末到20世纪40年代末，在毕节地区活动的基督教主要有以上几个教派。中华人民共和国成立以后，人民政府遣回外国传教士，在中国共产党和人民政府的领导下，基督教取消了同神异流的现象，使其走上了规范化和一体化的轨道，至此，毕节地区教派林立或班派林立的现象不复存在。

第一节 基督教各派的传入与分布

一、内地会的传入与分布

内地会的全称是“中华内地会”，是英、美等国基督教对中国内地派遣传教士的差会组织。它的创始人是英国人戴德生，创立于1865年，总会设在英国伦敦，在美国、澳大利亚、加拿大等国成立分会。中国上海设有办事处，管理内地会在华传教的具体事务。毕节地区是该会活动最活跃的地区。它的宗教主张是：信仰《圣经》全部是上帝启示的；情愿到中国考验其信仰，别无所靠，只靠《圣经》所给的保证；传纯正福音，而不致因良心见解之不同发生摩擦。该会宣称：“本会为联合宗派之组织。故其建设和发展本国通行基督教会之任何某项正宗教均可。在各宗派均能知晓和遵守本会宪法中所载之某项教义宣教方法而绝无抵触，则本会执行员对于各差会不须施行宗派统治之法权。各差会均可以自由采用方法以维持一切事务及管理宣教师与其工作或教会产业。”

基督教内地会传入毕节地区，最早可以追溯到1884年。中华人民共和国建立后修的《大方县志》记载：“清光绪十年内地会传入大定悦服里”。当时由于少数民族亲戚往来，这部分人信仰了基督教，这部分人主要居住在今天鼎新乡的一心村（即乌鲁垮和姚家寨）。这部分人主要是往安顺去信教的。1897年后，党居仁在安顺开办“义学”，招收少数民族子弟入学信教和学习，大定、织金和威宁部分少数民族青年慕名而前往安顺学习和信教，这部分青年有织金的李约翰、大定的杨保罗、熊腓力、熊彼得，威宁的张保罗、朱罗得、陶约书亚、王以西结等。这批青年学成归来，积极在本村本寨传播福音，大肆宣传党居仁如何体贴、仁爱弱小民族和贫民百姓。1899年，党居仁到织金熊家场传教，他的说教为在场人所折服，部分少数民族在李约翰等人的带领下，去安顺找党居仁学道，他们去的次数多了，去的人也就多了，这就引起党居仁的重视，党居仁考虑到织金离安顺较远，这样长期下去会影响群众信教的积极性，是年秋天，党居仁在李约翰等人的陪同下，来到织金白马洞开辟教会，创建了毕节地区第一个基督教会——白马洞教会。

1900年前后，党居仁又派李约翰、杨锡光、杨庆安等到大定西区开辟教会，建立支堂。党居仁又先后两次到大定西区，视察教会的发展情况。

1901年，威宁部分苗族群众不堪忍受当地土目、地主的统治，举家迁往安顺府郎岱县懒龙桥定居，依靠打猎度日。1902年，懒龙桥苗族张雅各、张约翰、潘罗得、杨西门等人打猎路过普定县等堆，时逢党居仁在等堆传教，党居仁热情地接待了他们，劝他们信仰基督教。在送他们的路上，吩咐说以后不管有什么困难，都可以到安顺去找他。此事过后几天，张雅各等人猎得一只野猪，被当地的恶霸强占去，张雅各等人就到安顺找到党居仁。党居仁得知情况后，立即赶到县衙，找县官评理，最后把野猪判给了苗民。事后，张雅各等人把这件事当作传奇般的故事，在郎岱一带传得家喻户晓。同年10月，张雅各回威宁兴隆厂老家，将其所见所闻向亲朋好友宣扬，并约张朝栋、张朝相、罗彼得到安顺去见党居仁。党居仁见他们慕道心切，特留他们学习一个月。他们得道后回到威宁，向戥慕坪子彝族地主安国光汇报，得到安国光的支持和赞助，于1902年冬建立了威宁县境第一个基督教会——戥慕坪教会。

1903年，威宁兴隆厂的罗亚伯家打牛祭祖，继子李马太（当年与张雅各一起打猎遇见过党居仁）由郎岱懒龙桥回来参与祭祀，又一次带来了党居仁在安顺传教的消息。通过罗亚伯打牛祭祖这次聚会，安顺洋人愿帮苗族的消息一传十、十传百在威宁苗族村寨传开了。罗亚伯又发动罗彼得、罗但以理、张保罗等十二人去安顺做礼拜。后来去安顺做礼拜的人越来越多，兴隆厂的罗但以理、葛布的张保罗等人与党居仁商议在葛布建立教堂之事，党居仁先派张保罗去葛布传教，再向省呈报在葛布建立教堂事宜，其理由是威宁距安顺遥远，长期派教士传道，困难很大，难以控制；让苗族长期去安顺做礼拜，若日久天长，信徒的热情就会消失。1904年，省指令安顺知府瞿鸿锡和威宁知州邓循卿武装护卫党居仁去葛布，党居仁等人从安顺出发，途经郎岱、大定、水城，进入威宁的色该古、板底。在板底住宿时，党居仁收了当地彝族同胞文亚当、李西门、李保罗、罗马可等人入教受洗，这是党居仁在威宁发展的首批彝族教徒。到达葛布后，由邓循卿召集地方豪绅以及乐母土目安七斤、朱歪土目安康宁等共同商议修建礼拜堂，最后指定王约翰家门前的麻园地为教堂地基，开始实施教堂建设，同时成立了葛布教会。葛布教会建立后，教徒发展很快，蔓延到黔西北、滇东北和川南十几个县，每逢大型聚会，数千人聚集葛布，教徒们拥挤在荒天野坝上，路程遥远的信徒夜间还要在深山野岭中露宿，晴通雨阻，困难甚大。经过多方努力，历时一年多，于1905年建成葛布教堂。

教堂落成后，慕道的人源源不断地来信教，据当时统计，来葛布的教徒中，苗族占40%，彝族占50%，汉族占10%。1908年在彝族地区的结构建立结构支堂。为了方便路远的信徒，教会决定选择信徒较为集中的四个地区先后建立4个支堂。到了1909年，4个支堂相继落成，它们是威宁县兴隆厂支堂、大松树支堂、鱼鳅湾支堂、新炉房支堂（属后析置的赫章县）。这4个支堂的历届负责人有：兴隆厂支堂的张马可、安天福、罗亚瑟、马文学、杨德光、马亮全等，大松树支堂的李亚撒、安以诺、杨彼得、张亚伦、陶桂芳、马亚瑟、马敬忠、杨国光、张惠仁等，鱼鳅湾支堂的王以西结、张所罗巴伯、罗所罗巴伯、王明德、朱腓力等，新炉房支堂的娄云波、罗但以理、陶桂芳、安以诺、罗所罗巴伯、朱明新等。葛布建立总堂后，教徒遍及威宁全县，在安顺教牧人员来不及布道和管理的情况下，葛布所属支堂选派一批有经验的长老和执事到各地开展教务工作，他们从葛布出发，先后到水城、大定、毕节等地布道。

1912 年建立合山寨支堂。鉴于大定和毕节两县成立了不少支堂，为了加强管理，1910 年，党居仁从安顺调德籍牧师巴宽敬、鲍宽爱、苏宽仁、韦宽良等到大定县常驻，管理毕节和大定的支堂。葛布和结构两个支堂只在威宁县范围内活动。

随着各支堂的建立，葛布总堂又指定王约伯、王约翰二人专门游历各支堂布道，推销经书，散发劝世文（传单）。由于少数民族地区交通闭塞，文化落后，大部分教徒不懂汉语和不识汉文，给教会的发展带来不少的障碍，为了解决这个问题，党居仁试图用拉丁文字母创制苗文，首先在安顺开办培训班，后又派孙成仁到葛布办培训班，并从事翻译《圣经》及诗歌等小册子，用苗语试行传教。为了吸引教徒，加深直观感受，还配用留声机、幻灯机播放诗歌唱片，放映《圣经》故事片，扩大宣传效果。

1913 年，又在赫章兴发的包包寨、野鸡苗寨和纳雍的倮布建立 3 个支堂。1915 年党居仁去世后，裴中谦继任，并于 1917 年进驻葛布，建立麻腮、水营两个支堂。裴忠谦见党居仁试行的苗文失败了，就采用伯格理在石门坎一带推行的苗文，从石门坎教会聘请杨荣先到葛布传授，石门坎苗文逐渐在苗族教会和学校推广使用。

1918 年，威宁、赫章一带遭受天灾，五谷欠收。冬季，裴中谦从各支堂抽调 24 名教牧人员，分赴妈姑的阿维寨、大板底一带彝族地区，以“教会赈济”为名，发放粮、盐、赈济款，大肆宣传入教的好处。当时杂俄（兴发雉街）土目与火抹戛（梅花山）土目为了争夺阻母戛（二塘）土目的绝产，连年械斗，强迫佃民充当兵丁，珠市一带的彝族同胞家家入教，寻求教会的保护。此后，赫章的阿维寨、诺素、板房、珠市、者老各、涝地、发窝寨、茶树、坪子上、马圈岩、龙井，威宁的大板底、倮布营、海戛、戛泥块、新官寨、木城、色该古等彝族地区都建立了支堂，这时教会由苗族地区向彝族地区扩展，并逐年有所发展。

1919 年，威宁、赫章出现大春荒，裴中谦于端午节在葛布宴请灾民，发放救济粮，基督教的影响进一步扩大，形成了入教高潮。秋天又在珠市召开了千人大会。1920 年裴忠谦回国，岳克敦（英籍）进驻葛布。随着教会的发展，贝尔克（加拿大）也相继来到葛布，由于彝、苗语言习惯不同，岳克敦和贝尔克于1920年春将教会划分为葛布、结构两个总堂。贝尔克进驻结构，分治彝族教会。贝尔克到结构后，召集千人大会，表示庆祝。从此以后，威宁、赫章的“内地会”形成不相隶属的两个体系，各自直接向“差会”联系。

贝尔克到达结构后，用200余两银子向当地安姓土目买了一片约为五亩的土地，大兴土木，修建小洋房和教堂，并利用教堂开办小学，取名为“私立明德小学”。由于教徒增多，原有的教堂容纳不下，1925年，在贝尔克的授意下，以安永清、安定光、安廷忠、安廷良、安文良等为首，并请四方井的王彼得牧师发动教徒募捐，出义务工，另修一栋长6.2丈，宽3.2丈，高2.5丈的大教堂。石墙瓦顶，可容千人。花去800多银圆。

1925年，贝尔克调离结构，文道成（加拿大人）接任。文道成到任后，每年游历各地彝族教会，学习彝语，了解彝族风俗习惯，于20世纪30年代初召集通晓彝汉两族语言的杨彼得、安文良将诗歌翻译成彝语，利用国际音标字母，采用声母重叠或加偏旁符号的办法，制成一套彝语声、韵母，编了一本彝语拼音赞美诗《颂主圣歌》送上海出版，供彝族教会使用。前后出了两版，第一版为60首，第二版增加到80首。

1927年，中国的北伐战争震荡全国，驻昆明的英国领事馆急电外籍传教士撤退，岳克敦离开了葛布。是年夏季，住贵阳的英籍教士吉厚安得到贵州省主席周西成的支持，通知全省各地教会推举代表到贵阳参加“全省基督教首次代表大会”。葛布派去的代表有王明道、王明伦、朱文正、张亚伦、罗所罗巴伯、马亚瑟、张熙和、安保罗等八人，结构派去的代表有安文良、罗德勋二人。王明道、安文良被推选为葛布和结构两个总堂的委办。大会进行了六天，前三天讨论教会事务，通过每三年召开一次全省性代表会议，将方进奎（独山人）发起的“循环信”改名为“灵通讯”，加强各教会的联系，各地教会设委办一人负责“灵通讯”的工作。后三天作大聚会，经过仪式，按立方进奎等人为贵州省第一批华人牧师。鉴于葛布教会无人协助，省办事处派陈知生（安顺人）与一位外籍传教士到葛布开了一次“奋兴大会”，以坚定教徒的信心。

1929年，中国基督教环游布道员薛孟则来葛布，召集各教会的负责人开了一个星期的“奋兴布道会”，薛孟则在讲道中批评葛布教会是“马虎教会”，滥用“先知”的“圣名”取教徒的名字，污辱了“圣徒”。各教会负责人作了自我检讨，振奋精神，争取“振兴”教会。葛布教会用“先知”使徒的名字给信徒取名，是有它的历史原因的。一是当时少数民族地区文化落后，有许多汉字写不了，只好用拼音文字；二是为了区分信徒和教外人员，信徒取圣经人物的名字，容易分辨。

1930年，在大定（大方）召开贵州省基督教第二次代表大会。由方进奎牧师主持会议，食宿由大定教会安排，内地会出席这次会议的有：葛布总堂王明道和安约瑟，结构总堂安文良和王兴举。会议确定第三次大会在贵阳召开。

由于内地会以葛布和结构为中心，迅速向川黔滇边境发展，总差会任命吉厚安为贵州省基督教监督。吉厚安接到任命后，于1931年来葛布视察，召开了3天大会，并抽空召集各教会长老座谈，当地信徒提出按立本地牧师时，吉厚安以经费困难为托词，未应允。是年，饶福康、周恒士（均为英国人）在平坝举办圣经短期学习班，开展“复兴”工作，葛布派王明伦前往参加，次年又在安顺举办，仍派王明伦和朱文正去参加。王明伦和朱文正回来后，以葛布为中心，掀起了“复兴”热潮，给基督教“灵恩运动”起到推波助澜的作用。

1933年，贵州省基督教第三次表大会在贵阳召开，葛布的王明道、王明伦和结构的安永清、安国正等人前往参加会议。

1934年，上海“差会”派总办唐进贤到贵州巡视，时饶福康为贵州教会监督，唐、饶二人到葛布，召集各教会长老、执事座谈，要求各教会奋发图强，巩固教会，进一步发展和建立新点。

1935年，西北神召会环游布道员梁鹏志到葛布召开了几天的“奋兴”大会，意在“振兴”教会，由于出现了“灵恩运动”，信徒们唱灵歌，跳灵舞，甚至有的不分男女老幼，同吃同睡，发生了许多混乱现象，梁鹏志对此表示不满，并作了指导纠正。

1940年，饶福康回国后，文道成继位贵州省教会监督，是年，文到葛布参加圣经学校第一届毕业生典礼，颁发毕业证书。事后取道威宁乘车返回贵阳，在妈姑榨子厂翻车而死，尸体运到安顺安埋。文道成死后，由贝德立（澳大利亚人）继位贵州监督职务，中华人民共和国成立后撤离贵阳。

1942年，罗伟德（澳大利亚人）从遵义到葛布，召集各教会负责人开了3天的“退修会”，让教徒祛退鬼邪，增强“灵性修养，诚心祷告，可使死尸还魂”。

1944年，葛布总堂和结构总堂“自立”，把“内地会”的名称更改为“华内基督教教会”，接着将葛布总堂所有房屋（包括洋房、礼拜堂及其他房屋共计16厢）划分为两部分；属于内地会差会的包括小洋房在内只有3厢，属于“华内基督教教会”的有礼拜堂、圣经学校、小学校、瞽目学校、教会员工宿舍等13厢，划分妥后，双方各自负责保管使用。

1945年，何嘉辙（新西兰人）带李既岸（中国人）到葛布。他们两人在葛布、结构分别召开了几天“奋兴大会”。每天约有五六百人参加，实行早、午、晚三堂聚会，两处聚会共有300多男女信徒领受洗礼。内地会从此出现了“复兴派”，进而发展成为“灵恩派”“圣徒派”等，种下了长期混乱的根源，而且蔓延到全省少数民族地区的教会，流毒无穷，害人不浅。

结构教会在文道成走后，由代安乐（新西兰人）接任，代安乐从1940年工作到1946年，1946年他离去以后，再没有外籍传教士到结构来过。同年，葛布教会的洋房倒塌，罗伟德重新修建，“华内基督教教会”由王明道负责，这时葛布教会各方面井然有序。

1949年，面临全国解放，加上地方社会秩序混乱，罗伟德不得不逃往贵阳。这年年底，赫章解放，外籍传教士控制赫章教会的历史也就结束了。

内地会在威宁、赫章迅猛发展之前，在织金和大定西区（今属纳雍县）也有发展。自1899年建立织金白马洞教会后，教会很快在织金珠藏少数民族地区发展起来。1908年又在黑土乡核桃寨建立礼拜堂，由杨凤山主持，1915年党居仁死后，杨凤山投奔安顺普定县的天主教，他所建的教堂被出卖拆毁，做礼拜的地点就迁往旮旯寨，织金又成立了旮旯寨教会。教会先后发展到海马冲、来昌、吹聋、大格支、支东等地，由于内地会把传教重心转移到葛布和结构，信教的人数渐渐稀少。1932年，到安顺负责教务的周恒士和贾席珍（前者为英国人，后者为美国人）到普定等堆巡视教会。看到了这种情况，于次年在安顺办“查经学道班”，培养人才，准备复兴教会。随后派杨德高、王德生、王志臣等人到普定和织金复兴所有教会，宗教活动由衰转盛。1935年，周恒士又到织金旮旯寨教堂开办以织金、普定为主的“查经学道班”，随后将织金、普定两县所有的教会建立为“锡安区会”。以郎岱、水城两县所有教会建立为“以马内利区会”，并议定，两区会的传道人员可以到对方辖区内参加宗教活动，发展教徒。“以马内利区会”包括今纳雍县阳长一带。

在大定县境内，清光绪十年（1884年）内地会传入悦服里。1900年至1903年，安顺基督教“内教会”先后派杨锡光、杨庆安、李约翰（李静忠）、张保罗等人入大定西区传教布道，1904年、1906年，党居仁在杨锡光、杨庆安、李约翰等人的陪同下，两次进入大定西区（纳雍），先后在以支达、老凹坝、猪场、七甲弯子寨、安乐坝、癞石关、阿叽咪、瓜仲河（纳雍未设制前属大定西区）等处聚会讲道。1904年，七甲弯子寨以罗撒该等80人为首批受洗，并确定弯子寨为大定西区教徒第一个中心聚会点。1906年内地会在大定县城关设立宣道所。1910年在东关、核桃坪、凤山、青山、中箐等地发展教徒建立教堂。1911年在城关核桃湾购得土地28亩，修建福音堂，在城关开始礼拜活动。民国元年以后，教会的规模不断扩大，增建了礼拜堂、圣经学校、治病室、宿舍等房屋23间。1912年，德国女教士巴宽敬、鲍宽爱、苏宽仁、韦宽良被党居仁派来大定主持教会，管理教务。以后，大定、黔西、毕节三县的教会属于德国

“姊妹会”管理。内地会只管织金和现今的纳雍阳长、威宁、赫章等处。“姊妹会”以大定为中心，迅速向毕节、黔西和后来设制的纳雍、金沙等县发展。

二　循道公会传入与分布

基督教循道公会系英国“差会”，传入毕节地区前称圣道公会，属于基督教卫斯理宗。其创始人是英国约翰·卫斯理，他原是英国国教安格理康教的教徒，因采用露天传教方式，与安格理康教不合而被排斥，于1738年正式脱离安格理康教成立新教。卫斯理原为英国圣公牧师，他在传教中，积极改变传教内容，竭力宣传社会改良，主张教徒要热诚、笃信、深修和厚爱，循规蹈矩地为人处事，故被称为“循道派”。意思是“循规蹈距的角色”。总部设在伦敦，1851年传入中国，1904年传入毕节威宁。

1902年，威宁搬往郎岱懒龙桥居住的张约翰、张雅各、李马太、潘隆碧（也称潘流）等人打猎路过普定县等堆，在等堆遇见党居仁，党居仁劝他们入教信道，事后他们到安顺信教学习，他们把消息传到老家威宁兴隆厂，威宁的群众成群结队去安顺找党居仁信教学习，党居仁感到群众到安顺信教很困难，就写一封介绍信给威宁的罗但以理，让他设法到昭通找到柏格理，请柏格理到威宁传教，因为昭通隔威宁较近。罗但以理接到介绍信后，约上张朝相、张朝书等一行四人，于1904年7月12日在昭通找到了柏格理，交了介绍信后，说明来意，柏格理听后热情接待他们，留他们学习了几天，对他们说：“回去对苗族同胞说，让他们来昭通信教”。找到柏格理的消息在威宁苗族村寨传开，威宁境内的苗族去昭通做礼拜的人逐渐增多起来，引起了柏格理的兴趣，是年秋收时节，柏格理带人从昭通取道去大官寨安荣之大土目家，目的是想寻找一个理想的地方建立教堂，但与安荣之未谈妥便回到松林寨，又到狮子洞住了一夜便回昭通去了。由于苗族去昭通信教的人数多，便引起了他族同胞的诧异，便造谣说：“苗族进昭通城，到洋人那里取药，拿来放在水井里毒死外族人”。又说：“苗族拿药去给人吃，人就会信教，如果不信教就要死。”地方防团派人监守道路，关押苗族。柏格理知道情况后，请柏格理的手下的汉族教徒王玉洁、钟焕然写禀告到威宁县衙门，并亲自带被打伤的苗族去官府告状，请威宁州官邓循卿出示告示，其告示说：“苗族信教，原属正道，并无异谋，不得干涉，倘有违者，以法严惩”。柏格理、王玉浩和钟焕然亲自去羊街张贴威宁衙门的告示。羊街团首李二林捆打苗族多人，柏格理前去讲理放出这些苗族，并叫他当众道歉，经过此举，捆打苗族的地主也就放出了被关押的苗族，扩大了基督教在苗族群众中的影响。

1905年农历正月，柏格理带领八位苗族和昭通汉族王老太爷、夏士元从昭通出发，去威宁大官寨土目大地主安荣之家找修建教堂的地基，通过交涉，安荣之同意出让狮子洞西面的一块地给柏格理修教堂。地基选定后，柏格理与教徒们商议，除了总会拨款外，教徒志愿捐款，有钱出钱，有力出力，不久修起了住房。1906 年又修起了学校，开始招收教徒子弟入学，学校称“石门坎光华小学”，以后各个教堂修建的学校就称“光华第几小学”。石门坎的教会用房修建由昭通王老太爷负责，木材向当地彝族地主购买，人力由教徒负责，教堂建成后，柏格理就选择一批热心教徒负责布道工作。由于教徒的增加，又在各地修建了一批支堂。

石门坎虽在 1905 年和 1906 年修了教堂和学校，但礼拜和学生宿舍还需扩大，1907 年又继续修建大礼拜堂和学生宿舍，劳力全部由教徒尽义务，不久就完全竣工。

1908 年，柏格理回国后，教会由张道惠（英国人）主持，张道惠主持期间，教徒猛增，威宁西北掀起了一股信教读书的热潮。

1910 年柏格理回国度假归来，组织教徒向各地布道，传播基督福音。由于“内地会”和“圣道公会”两会的势力迅速扩张，因其教政、教制和教义的不同，为了争夺地盘，不时发生冲突，要解决好这个问题，双方必须进行协商。1914 年，“内地会”的党居仁、裴忠谦和“圣道公会”的柏格理、王树德在大松树教堂开会协商划分教界领域，没有中国教牧人员和信徒参加，最后通过双方互相谅解达成协议，以勺圃梁子为界，勺圃梁子的东南面为“内地会”领域，西北面属于“圣道公会”领域。1915 年夏，党居仁在安顺触电而死。是年秋季，石门坎伤寒流行，柏格理和他的妻子尽力治疗和照顾学校染伤寒的师生，柏格理不幸染上伤寒，于 9 月 15 日病逝于石门坎。

圣道公会在苗族地区蓬勃发展时，部分彝族同胞也慕道前往学习信教，礼拜活动均在石门坎，由于苗胞文化落后，汉语文水平不高，礼拜活动均用苗语，而彝、苗语言又不相通，给彝族同胞信教带来很大的困难，经柏格理等人认真考虑，于 1907 年将苗、彝划分成两个教会，苗族以石门坎为中心，彝族以四方井为中心，分别组建两个教会机构，柏格理主持石门坎教会，柏格理派美论义（米弄一，英国人）主持四方井的教会工作。随着彝区教会的发展，1913 年，先后在威宁城关、三道河建立教堂，四方井还开办了教会学校，取名为“威宁四方井崇德小学”，以后先后在彝族地区办了 22 所小学，在威宁城关办了崇实中学。

柏格理在石门坎去逝后，1917 年，张道惠到石门坎主持教会工作，这时教会在苗族地区已经发展到了 30 多个支堂。1918 年石门坎附近收成大减，到了 1919 年便发生了饥荒，许多苗族无粮种，无饭吃，教会便设法购买粮种给苗族种下，实在没有吃的便到石门坎受赈，饥民近千人，教会以工代赈，兴修了一批公共设施，加大了石门坎地方社会的发展。1923 年，石门坎又发生了大饥荒，张道惠又采取措施赈灾，集中了一批饥民到石门坎修建麻疯院、孤儿院、医院等公益事业。1924 年张道惠回英国后，教会只能维持现状。这时，有顾征维、易理番（尹里凡）、王树德等人接管石门坎主持教会，但匪盗横行，拦路抢劫。昭通县政府负责保护洋人的安全，便通知圣道公会西南教区："为了安全，英人传教士应少离昭通县城，否则发生事故不予负责。"因此，20 世纪 20 年代中后期，外国传教士只住昭通城，很少来石门坎，石门坎和四方井教会主要由苗族和彝族自行管理。

1932 年，圣道公会改名为循道公会，按照信徒的人数多少分成教区、联区、堂区三级，把最小的分会称为堂区，隶属联区管辖，联区隶属教区管辖，石门坎当时成为中枢直辖机构。石门坎是苗族教徒的中心机构，居于石川联区。四方井是彝族教徒的中心机构，属于四方井联区。

1934 年，李正文在武昌华中神学院深造三年，毕业回到石门坎任牧师，这是石门坎第一个正式苗族牧师。

1935 年春节过后，中国工农红军一方面军经过贵州，蒋介石令川军郭勋祺师由镇雄取道昭通"堵截"，郭师路过石门坎，门窗桌椅板凳全部被毁光，职工学生数百人全部逃亡，教会遭到严重的打击，教堂很久没有做礼拜，学校到了五月份才开学。1936 年，王树德以其妻不能在艰苦的中国西南生活为借口，调往上海圣道公会工作，威宁汉彝苗教会主要由教会培养出来的当地人主持。

由于石门坎文化教育发展很快，引起了国民党的注视。1936 年，中国工农红军第二方面军经过滇黔两省，蒋介石令川军杨森到昭通"堵截"。杨森到昭通后，立即与洋人取得联系。洋人同意杨森派亲信住进石门坎教堂。后派白敦厚到石门坎督导一切，白敦厚到石门坎后，执行民族同化政策，更令人发指的是他们一伙强奸和诱奸女生及女教师，把整个石门坎弄得乱七八糟，秩序混乱，师生均无心教读。当时国民党在教会中建立的党组织，称"贵州省党部石门坎党务办事处"，后改为"第四区党部"，尽量拉拢教会的上层人物，但未能控制教会的一切活动。

正在石门坎教会走向衰落的时候，彝族地区的教会得到空前的发展，1910 年柏格理上书英国差会称"彝族众多，不下数万人，且散居各县，大多掌握土地权，不易受佃奴苗族的同化。原属强有力之民族，虽经蒙古人一度征服，然而在中国西南部，仍保护统治权。今值福音传入，该族无专门人才负担，恳求派员来华并接济经费，以资创办该族教堂"。继威宁城关教堂和三道河教堂后，自 1920 年止，先后建立了果河凹教堂、四十五户教堂、海戛教堂、狗街子教堂、哈喇河教堂和青木戛教堂。1932 年至 1940 年建立的教堂有烁多乐、大街子、锅底宕、砂厂、觉乐块、得姑鲁、顶拉、白岩脚、坝口、色居乐、卯大路等。这期间负责彝族地区教会的外国人有何永学、郜慕廉、高志华、伊里凡、马建忠、唐友德等人。

从20 世纪20 年代起，由于军阀割据，社会秩序混乱，石门坎周围，盗匪蜂起，闹得人心惶惶。抗日战争爆发后，社会秩序更是紊乱，1938 年4 月5 日夜，住在石门坎的英籍牧师高志华被匪首李国柱杀害，更引起人们的恐慌，使教会一蹶不振。这时石门坎教会虽由外籍人穆博礼和邵泰清主持，但已经没有往昔的风光了。到了 1948 年、1949 年，邵泰清和张绍桥离开了石门坎和四方井返回国。

三 姊妹会的传入与分布

姊妹会，也称女执事会，是德国传教士鲍宽爱和巴宽敬两姊妹创立的，传教士均为守贞女性，因在中国无此教派，由内地会代管，它的经费来源由德国“差会”筹给。

由于内地会不断向贵州西部发展，驻安顺的党居仁派牧师文藻于 20 世纪初来大定（今大方）筹措开办教堂事宜，文藻就租赁大定营盘街高家房子作为临时宣道所。1910 年，德国姊妹会鲍宽爱、巴宽敬、苏宽仁、韦宽良四人被派到中国贵州传教，鲍宽爱等四人先到安顺内地会学习汉语，于 1912 年到大定文藻租赁的房子里开展教会工作。鲍宽爱等到大定县城后，先是开诊所发药接待客人。城关附近东关林的罗文笔（彝族）先生第一个信教，在他的带领下，罗家寨许多彝族就进城信了基督教。不久就建立了罗家寨支堂，这是姊妹会在大定境内办的第一个彝族教会。罗家寨信教学习的热忱高涨，安乐的彝族杨罗以、黄文科、王路得也跟着进城信教学习，1915 年建立了安乐教堂。由于少数民族无文化，把“耶稣”误认为“彝书”，纷纷进城信教学习，不久就建立了核桃坪、公鸡山、中箐、法窝等教堂。大定西区“内地会”建立的十二个支堂也归姊妹会管理，基督教就传遍了彝村苗寨。1916 年，姊妹会购得廖百平和肖炳奎的核桃湾土地一片，建立了核桃湾教会，《大定县志·风土志》记载：“民国五年始有福音堂，聚会日人数达千余”。教会把男女分为两个客堂，男客堂由罗文笔先生负责，女客堂由贵阳人程绍光女士负责。1918 年建立了华西小学，由鲍宽爱任校长，鲍宽爱去逝后，华西小学改为宽爱小学。这时，内地会只管葛布教会和结构教会，其势力在现今的威宁、赫章和织金的珠藏、实兴、桂果一带。内地会在今纳雍办的教会点大部分转给姊妹会管理。1919 年，飘井六寨苗族杨凤祥、李易开、马义彩的土地被地主霸占去，进大定城起诉，投宿大定礼拜堂，皈依基督教，不久就建立了六寨苗族支堂。为了帮助六寨苗族理解教规教义，巴宽敬从大定西区调老传道士马焕南去六寨办理教务，之后又调张慕光到长石大山脚创立教会，张慕光到大山脚后，就以苗族较为集中的底胯建立教会，后把教会扩展到底卧、水牛沟、屯上、蓑衣垮、麻子寨、果邦等地。1921 年，张慕光与苏宽仁到毕节城关办教堂，底垮教会无人照管，后逐渐走向衰落。马焕南在六寨主持教会，距其家纳雍维新较远，要求教会调回大定西区，教会又派潘摩西主持六寨教会。由于当时社会秩序混乱，土匪横行，1925 年，六寨教会就冷落下来了。

1921 年，苏宽仁、晏玉英、海贞利（瑞士籍）与传道人员张慕光（苗族）、杨发光（彝族）等人到毕节城关办教会，先租道署街刘殿英公馆作临时宣传道，后租得百花山王姓一亩土地作为修建教堂的地基，1923 年宣道所迁于百花山，1927 年教堂完全竣工，姊妹会就形成了两个传教中心。在大定以城关总堂为中心，辐射到金沙、黔西、大定和纳雍，在毕节以毕节城关为中心，向毕节、镇雄、叙永等地发展。是年夏天，吉厚安在贵阳召开“贵州省基督教首次代表大会”，会后按立李尽忠为大定县内地会牧师，张慕光为毕节县内地会牧师。为了加强毕节教会的工作，毕节请来大定的王但以理、威宁的王以西结、云南镇雄的张剑魔等人，组织下乡游行布道，扩大对外宣道的影响。1931 年又从威宁请来了王自成、王自昌、张廷光等充实力量，开设杨家湾宣道所。从 1928 年到 1932 年，毕节教会除了城关和原来老教会岔河安多乐处，先后建立了摆溪、在块、熊家坟、官火地、乌佐五个教会，教徒达 800 多人。

自基督教传入大定、毕节后，信教几乎是苗族和彝族，在广大农村竟无一位汉族，为了使汉族同胞也信基督教，1928 年大定总堂派金路得等三位传教士到人口密集的瓢井街上租了几间房子开设宣道所，向汉族开展宣传工作。1932 年又派李多马夫妇和杨福安到西区大兔场街上租刘德成家房子开设宣道所，经过三四年的努力，收效甚微，每处只有几位汉族教徒，派出去的人员不得不先后撤离返回大定县城。

1923 年上海内地会“总差会”发出教会“三自”运动的通知，鉴于大定和毕节的具体情况：即开办时间短，教牧人员素质不高，教徒信心不够坚定，教会还不巩固，故暂缓实施“三自”运动，经过二十多年来的努力，外籍传教士看到条件已经成熟，就放手让华人自己主持办理教会。1938 年，经省内地会监督贝德立会同大定教会巴宽敬将教会全部房产移交给华人，外籍教士退居二线，大定教会由执事主任程绍光教士和王德生长老以及杨明德等接管，后经研究决定，为了便于管理，把教会辖区分为三大教区，一个教区包括许多教堂，由家在农村的老传道或长老执事负责，教区主任巡回视察工作。

教会由华人掌管后，教牧人员一时热情高涨，积极组织人员向四周传播福音。毕节教会的苏宽仁从上海买了一个能容500人的大帐棚，由曾志素、杨发光、李善达、张剑魔等组成环游布道棚，到四川叙永、云南镇雄、贵州赤水、仁怀、遵义等地进行布道。当时国难当头，农村社会治安状况极差，农村教会因无人负责而停止了活动。只有毕节城关和大定城关照常做礼拜。20世纪40年代末，为了挽回教会一落千丈的局势，大定教会又派程绍光教士、杨祖光、杨明德（女）、王德生长老和杨世光、杨德高去仁怀开创教会，但花了3年多时间，只收到教徒几人，最后无功返回大定。

姊妹会以大定城关和毕节城关为中心，除了在毕节和大定发展教会外，也向金沙、黔西、织金等地发展教会，金沙主要是在苗族居住的地区，即马路、契默等地；黔西主要是在城关，信徒来源于汉族同胞，建有教堂并创办了博爱小学。织金也只在部分汉族地区建立活动点。

姊妹会从1912－1949年，共办了几十个支堂，教堂教徒最多是大定、毕节和纳雍三县。

四　复临安息日会的传入与分布

随着内地会、循道公会、姊妹会的传入，复临安息日会也于1926年传入毕节地区。复临安息日会创立于美国，为基督教复临派和安息日派的综合派别，1861年正式称为基督复临安息日会。它在理论上注重宣传“末世论”，认为世界末日已近，基督不久即将降临，死去的义人必将复活，与活的义人一道升入天堂，享受千年幸福和快乐，撒旦统治的世界即将灭亡，基督和众圣一齐来临，消灭邪恶，人类将创造出一个新的世界。该派在美国华盛顿设立总会——“基督复临安息日会大总会社”。1926年“华西联合会”派遣美籍传教士汪和仁与湖南籍传教士贺爱敦来毕节道署街（今中山路）传教并建立“贵西分区”。分区会长为贺爱敦。机构设置后，在道署街修建教堂（今中山路12号），向四方传播基督福音，不久就建立了朱昌哈郎村和鸭池松林村少数民族教会。在20世纪20年代，教会发展到了大定的城关、锅厂、白泥窝、硝灰洞、中箐和今纳雍境内的安乐坝、七甲、义德等地。由于教会人力有限，在大定城南街开设的教会不久就并入姊妹会。

第二节　组织机构　教堂　教牧人员　教徒　礼仪　节日

一　组织机构

清末民国初年，由于中国政治腐败，帝国主义纷纷进入中国划分势力范围，使中国变为半殖民地半封建社会的程度进一步加深，外国教会有恃无恐地踏进中国的领土，它们的权力高于一切，中国政府无权过问教会的事务，由它们自由发展，各自划分势力范围，形成自己的管理系统，特别是在广大农村，教会无视国家的法律法规，自行其是，形成自己的管理机构。贵州曾几次建立基督教联合机构，均未成功。

（一）内地会的内部组织

内地会全称“中华内地会”，总会设在英国伦敦，在美国、加拿大、澳大利亚等地设有分会，由英语国家对中国派遣传教士，在上海设办事处，管理在华传教事宜。毕节地区的少数民族村寨是其主要活动范围。在贵州成立有“中华内地会贵州办事处”，负责全省内地会布道工作。贵阳车家巷福音堂为贵州省总堂，地方教会建立的为地方性总堂，地方性总堂之下是支堂，支堂下设传教点。毕节地区教会设有葛布总堂和结构总堂，葛布总堂管苗族地区教会，结构总堂管彝族地区教会。现将葛布总堂和结构总堂所辖的教会分述如下：

葛布总堂也称总教区，下辖总堂直辖教会、东区教会、中区教会、西区教会、北区教会。东区教会下设有今赫章的包包寨支堂和野鸡寨支堂；中区教会下设有今赫章的德幕坪支堂、滑石板支堂、岩头上支堂、刘家屋基支堂、凹多沟支堂、公鸡寨支堂、合山寨支堂、岩脚寨支堂；西区教会下设有今威宁县的大松树支堂、轿顶山支堂、鱼鳅湾支堂、以独支堂、马拉冲支堂、兴隆厂支堂；北区教会下设有今赫章县水塘子支堂、矮子坡支堂；东区教会下设有包包寨支堂、岩头上支堂、菜甘丹支堂、野鸡寨支堂；总堂直辖教会在今赫章县境内，有葛布本寨支堂、查罗支堂、杨家沟支堂、朵布块支堂、丫口上支堂、麻腮沟支堂、昔脚块支堂、模多沟支堂、沙卡寨支堂、野物厂支堂。葛布总堂总长老是朱文正（1934－1938 年任）和张永恩（1938－1958 年任），西区教会主任是马尽忠（1934－1946 年任）和朱提摩太（1946－1953 年任），北区教会主任是朱明新（1934－1958 年任）和张雅各。

葛布未划分教区之前，传教权实际掌握在外国传教士手中，教会行政事务由本地的总长老负责，历任葛布教会总长老为陈子明（安顺人）、罗所罗巴伯、王明道、朱文正。历任的差会代表为：党居仁（英国人）、裴忠谦（美国人）、岳克敦（英国人）、刘谷森（英国人）、艾文斯（澳大利亚）、罗伟德（澳大利亚人）。实际上是外籍人在控制长老或教区主任，长老或教区主任控制信徒。除了开展教务活动外，总堂下还设有附属机构，如瞽目学校、教会小学和各支堂办的初小、圣经学校、邮政代办所、药房等。

结构总堂也称结构教区，自从葛布教会分离出来后，独自处理教务事宜，1934 年，文道成将结构总堂所属支堂划分为 7 个教区，这 7 个教区是：（1）东部教会，下辖依姑、罩子沟、家竹园、妈戛箐 4 个支堂。（2）中部教会，下辖扯倮、罗那娥、蛇期戛、大毛姑、小毛姑、岩头山、色居河、以都戛、营盘、高坎子、嵩戛垭口 11 个教堂。（3）南部教会下辖 45 个教堂，其中：南一部支会辖得着沟、三望坪、甘燕塘、玩马坪、鸡骨寨、张家院子、以扒块、九谷寨、岩洞门前 9 个教堂；南二部支会，下辖板底、麻窝寨、裸布营、海子边、石垭口、扎都、海子头、九都、公贤、发戈、金钟（以上在威宁境内）；南三部支会，下辖珠市河、大坪子、霭禄、板房、诺素、捞地沟、马圈岩、茶树、杉木箐、坪子上、海子堂、顺马坎、大山脚等 18 个教堂；南四部支会，辖色该古（威宁境内）、以那、龙井、发达、登享、木城、左扭、龙泉（后五处在水城境内）等 8 个教堂；（4）北部教会，辖今赫章的色居河、甘河沟、辅处、周坡寨等 4 个教堂。驻结构教堂的外籍为贝尔克、文道成、戴安尔 3 人。结构总堂华籍负责人第一届为：安永清、王兴举、文约伯、安廷良等，第二届为安国正、文腓文、文德忠等，第三届为安成明、文正榜、张永学等。为了便于管理，总堂设总长老一人，由李朝阳担任。每部设长老一人，主持该部所属教堂的教务。当时各部的长老是：东部长老罗秀位，中部长老文正榜，北部长老罗才荣，南一部长老张德恩，南二部长老罗文兴，南三部长老陈孝昌，南四部长老李兴华。

结构教会总堂附属机构有邮政代办所、私立明德小学、药房。

（二）循道公会内部组织

循道公会的内部组织比内地会更为严密和复杂。柏格理把传教中心移到石门坎后，向四面发展教会。循道公会总会设在伦敦泰尔奔路 25 号，西差会总会设在香港，但中国西部南教区直属伦敦总会领导，不受西差会的领导。办公地点是威宁石门坎。1932 年设立地方总会、教区、联区，教会职称是教区长、联区长、传教士，职务分牧师、试用牧师、教区教士、联区教士、传道人员。西南教区在威宁县设有石门坎和四方井两个联区。20 世纪 30 年代，石门坎扩展成联区。四方井办公地点迁往威宁城关，组成了井宁区联区。这样，循道公会的组织系统从总会到堂区就形成了一套完整的管理系统，即伦郭总会—远东委员会（设在香港）—全国委员会教区—联区—堂区。

石川联区是苗族教会，办公地点设在石门坎，它包括威宁的石门坎、长海子，云南彝良的咪耳沟、永善大坪子和川南的苗族地区教会，辖有教堂53个。井宁联区是由彝族教会和少数汉族教会组成，办公地点迁移到威宁城关后，辖有23个教堂。

后又由于各个堂区的发展情况，部分堂区升格为联区，在贵州威宁就有7个，即石门坎联区、长海子联区、大桥联区、四方井联区、四十五户联区、大街子联区、威宁联区。

石门坎联区（苗族地区），办公地点设在威宁县石门坎村。柏格理之所以要把教会建立在这里，其原因是石门坎周围散布有许多苗族村寨，煤水较为方便，离昭通较近。在柏格理和他的后继者的努力下，石门坎建有医院、教堂、中学、小学、西人住房23幢。村东和村北还建有麻疯院、孤儿院等房屋12幢。另外还建有大小足球场和游泳池等运动设施。时被称为当地“小香港”。石门坎是苗疆部所在地，首任部长是柏格理。他领导川黔滇所有的苗族教会，后变为石川联区。王树德（英人，1933－1934年）和穆博理（英人，1935－1939年）任联区区长。1939年，堂区升为联区后，石门坎单独设联区，任联区区长的是邵泰清（英人1940－1949年）和朱焕章（苗族，1949－1951年）。所辖堂区有：石门坎、爱华山、木槽、大寨、天生桥、陆家营、罗布甲、马街、简角寨，教徒有7500余人。长海子升为联区，联区设在黑石的长海子，区长是张洪猷（苗族1939－1941年）和李正帮（苗族，1942－1949年），所辖堂区有：长海子，凌子河、切冲、龙井、上海枯、牛街子，教徒人数为6000余人。除了抓好教会工作外，石门坎教会下设有种子实验场、良种推广所、医院、麻风病院、孤儿院、邮政代办所、中学和小学。

四方井联区，设在威宁龙街四方井，是循道公会在彝族地区的中心教会。由于彝族信徒聚增，苗彝之间的语言不通，柏格理于1907年将苗、彝分成两个教会。彝族以四方井为中心，发展彝族地区教会。柏格理主持石门坎教会，派英国牧师美伦义到四方井主持教会，美伦义到四方井后积极着手修建教堂和学校。随着教徒发展，部分汉族同胞也皈依基督教，教会发展到威宁城关，遂以四方井和威宁城关为中心，建立井宁联区。各个堂区升为联区后，从井宁联区分离出四方井联区、大桥联区、四十五户联区、大街子联区、威宁联区（汉、彝杂居区）。四方井联区和威宁联区还是起着中心作用。先后驻四方井和威宁城关的外国传教士有美伦义、何永学、郃幕廉、高志华、尹里凡、马建忠、唐友德、张绍桥。

彝、汉堂区升为联区后，在威宁成立五个联区：1. 四方井联区，历任区长是陆寿珍（彝族，1933－1942年）和安启云（彝族，1942－1949年），下辖堂区有：四方井、锅底函、狗街子、勺乐多、海戛；2. 威宁联区（汉、彝杂居区），设在威宁城内，历任区长是安启云、王仕泉（彝族，1945－1949年），下辖堂区有：城关、卯大路、瓜拉、色木戛、三道河；3. 大桥联区，设在威宁小海大桥，历任区长是安朝宗（彝族，1935－1943年）和唐必贤（彝族1993－1946年），下辖的堂区有：大桥、色居乐、得姑鲁、哲觉、坝口；4. 四十五户联区，设在威宁观风海四十五户村，历任区长是金秉衡（彝族，1935－1942年）、王仕泉和安朝云（彝族，1946－1949年），下辖的堂区有：四十五户、果河凹、哈喇河、起模戛。5. 大街子联区，设在威宁大街的大街村。历任区长是聂光文（彝族，1935－1942年）和余世清（彝族，1942－1949年），下辖堂区有：大街、砂厂、觉乐块、拉八寅、白岩脚。

四方井教会自各堂区建立联区后，只负责四方井的教务活动。

（三）姊妹会的内部组织机构

姊妹会由内地会代管，它的内部组织机构类似于内地会，总会设在德国，在中国没有派遣机构，教会事务主要向内地会请示，经费由德国汇到内地会，由内地会转。鲍宽爱和巴宽敬等到大定后，在大定城关设立教会总堂，对大定（包括纳雍县，当时纳雍还未设制）、毕节教会进行领导工作，20世纪20年代后，苏宽仁带领张慕光等到毕节城关开辟毕节教会后，毕节教会对毕节县境内的教堂进行管理，大定总堂就把大定县内的教堂划分片区进行管理，全县分为3个区，即西区、中区、北区。每个区设区主任一名，对辖区内进行巡视指导工作，具体情况是：1. 西区（大部在纳雍境内）设在纳雍境内的阿叽米，主任杨保罗（苗族，1937－1946年）和杨兴邦（苗族，1946－1949年），下辖教会支堂有：阿叽米、木戛乐、吐补、赖石关、咪部、硝灰洞、岩口、海子羊场、呢界、瓜仲河、老凹坎、在块羊场等十余处。2. 中区设在大定核桃坪，主任是杨发光（1937年），下辖支堂有：核桃坪，白街、白岩脚、公鸡山、安乐、三元、普底、东关、海马、青山、法窝、白露、中箐等处。3. 北区设在六寨，主任是杨德高（苗族，1937年－？），下辖支堂有：六寨、果邦、底垮、箐麦沟、石格闹、海戛、犀牛岩、普宜等处。

姊妹会毕节教会没有划分教区，总堂设在毕节百花山，由曾志素长老主持，杨发光、李善达、张剑魔等配合工作，下辖教堂有：安多乐、摆溪、在块、乌佐、渭河等处。

大定教会除了对上面境内教会支堂进行教务指导工作外，还对今金沙岩孔的蚂蝗口、风吹坝、石场的清池、青麦井、茶园和黔西城关等处作巡视指导。

姊妹会除了有进行教务活动的组织机构外，下辖有学校、医院、撒拉溪麻疯院、孤儿院、圣经学堂、女子神学院等附设机构。

复临安息日会传入毕节地区较晚，少数民族地区几乎被内地会和姊妹会传遍。虽在上海设立“基督教复临安息日会中华总会”，在重庆设立“华西联合会”，1926 年在毕节城关设立“贵西会区”，但其发展的势力不大，1945 年“贵西会区”与“贵东会区”合为“贵州区会”，毕节地区复临安息日会只有零星的聚会点，各个教点和支堂统一由毕节教会派遣传道人员进行传道。除了传道，各堂也办了一些教学点，收益较之其他几个教会很不明显。

二 教堂（点）

（一）清末至民国时期的堂（点）

这一时期毕节地区基督教堂的分布主要根据各教派的势力而定，从整个地区的分布来看，内地会主要分布在织金的东南部和整个赫章县境内，威宁的东南部；循道公会主要分布在威宁县的西北部；姊妹会主要分布在大定、毕节和纳雍；复临安息日会来得较晚，只分布在毕节、大定、纳雍零星的地方，连不成片区。

葛布教堂　葛布教堂位于赫章县城西 75 公里的辅处苗族彝族乡葛布村民组。始建于 1904 年，1906 年建成。为木结构瓦房，长 27 米、高 7 米、宽 10 米，面阔 6 间。中部 4 间贯通，可容纳千余人。两端为小间，供教牧人员住宿。大间内备有上百条长木条凳。1910 年被火烧毁，1911 年重建，改为砖木结构，规模大小与以前一样。葛布教堂是差会拨款和教徒献工献料建成的。1917 年，美国传教士裴中谦增建传教士宿舍 1 幢，造型为西式砖木结构楼房，砖墙为双层。室内除了卧室、餐厅、客厅等外，还设壁柜、壁炉、壁橱。1968 年教堂被拆除，教士宿舍仍保留，现为葛布小学办公室和宿舍。落实宗教政策后，1985 年赫章县人民政府拨款 1 万元重建教堂。教堂为石木结构歇山顶单层建筑，屋面盖青瓦，内部以两排立柱支撑，增大了屋顶跨度。厅内设有讲道台，备有木条长凳数张，可供千余人参加宗教活动。葛布教堂是贵州省内最大的苗族基督信徒聚会点。

结构教堂　结构教堂位于赫章县城西 50 公里的结构彝族乡。始建于 1910 年，中西结合的石木结构教堂、宿舍各一栋。后因教徒增多，教堂被扩建，建筑上有人字形瓦顶挑额，下为立柱回廊，卷顶门窗，面阔 30 米、宽 10 米、高 8 米。两端为小间，中间为礼拜堂，礼拜堂内备有上百条长木条凳。“文化大革命”中教堂被占用并拆除。仅存外国牧师西式石木结构 3 层小楼。小楼 2 楼四周设有回廊并有木栏。内有卧室、餐厅、客厅等。墙为双层，壁上设壁橱、壁柜等。1981年，由赫章县人民政府出资，另选址重建一座300平方米土木结构教堂。1998年得到浙江省基督教人士资助，新建砖混结构教堂一座。新教堂面积为726平方米，为仿罗马式建筑，门窗为尖拱形，大厅内无柱，后部设有圣台。大厅内备长木板凳百余张，供礼拜时用。该堂为赫章县境内最大的教堂，也是毕节地区最大的彝族基督信徒聚会点，常有千余人到此参加宗教活动。

石门坎教堂　石门坎教堂位于威宁县城102公里的石门坎乡。始建于1905年，土木结构草房，面阔5间，约200平方米。由于教徒巨增，两年后另建一栋面积约400平方米大教堂，在大教堂周围建有数间土木结构草房，供远处参加礼拜的教徒休息。柏格理去逝不久，张道惠修了一栋花园式的牧师住房，此房砖墙瓦顶，一楼一底，上下各8个居室，有内外楼梯上下。楼上进门处有小洗澡间，前后屋间有通道。各室均有壁炉和高大的窗户，其旁有小花园，中为鱼池，紧邻是大花园。楼后有一排小砖房7间，供勤杂人员居住。建筑周围有高大的围墙，北口有大栅门，南口有石阶。石阶及道路两旁有花径，分植矮柏和四季常开不谢的杂花。1938年“石头房”落成，这所房子一楼一底，共8间，筒瓦重檐，石墙砖隔，布局合理，结构严谨。墙中有保温层、隔音层。通风采光良好。窗户由滑轮上下启闭，瓦顶回廊直通楼下厨房。朝南有外廊，廊柱矗立，朝北外墙呈两个半圆突出。大教堂在1948年毁于地震。小教堂维修时改为盖瓦，后因年久失修废置。现仅牧师楼保存完好。教堂还建有足球场、游泳池，开办过诊所和麻疯院，兴办过良种推广部、纺织推广部等。

毕节福音堂　毕节福音堂位于毕节城区百花路8号院内，1927年建成，占地面积为2000平方米。礼拜堂居中，其他建筑散布四周。计有大小房屋13幢。为中西合壁木架建筑。有礼拜堂、医院、宿舍等。1936年，中国工农红军二、六军团长征到达毕节；教堂成为中华苏维埃人民共和国川滇黔省革命委员会驻地。1986年被列为省级文物保护单位。1980年，省、地共拨款63.47余万元，在毕节城郊文笔山脚新建一座砖混结构教堂。教堂主体为灰白色，正门顶有尖塔一座，上旁有红色十字架，总高为22米。教堂为平顶，屋面四角有4座正方形尖塔，塔身三角形在外，由教堂墙面自然延伸，塔尖高出屋面5米左右，成为一个独立的整体结构。正面三层，二三层有弧形外走廊，两侧半圆形建筑突出于外。进门房入大厅，大厅面积为887平方米，内为正厅、楼厅和圣台。教堂左侧为庭院，植有花草树木，有附属房屋数间。1993年被列为全国重点教堂。

大方福音堂　大方福音堂在城关文星街。门厅和礼拜堂均为一层砖木攒尖结构，占地约250平方米。传教士住房为双重攒尖式砖木建筑，长11米、宽8米，占地约180平方米。1936年2月6日，中国工农红军二、六军团在大定成立中华苏维埃共和国川滇黔省革命委员会，办公地点设在福音堂内。1985年，政府拨款修缮福音堂，设为“中华苏维埃共和国川滇黔省革命委员会旧址”，被列为省级文物保护单位。为了给信教群众提供宗教活动场所，1990 年后，由广大教徒捐资，政府补助部分资金，买下了东门凤山制鞋厂作为礼拜堂，作为信徒的宗教活动场所。

毕节安息日会礼拜堂　毕节安息日会礼拜堂在毕节市中山路 12 号院内。始建于民国初年，占地面积为 560 平方米。正厅建在 1 米多高的石台上，面阔 5 间，长 24 米，前面带廊。左右厢房各三间，均设有前廊。院落四周以砖筑围墙。院内有花草树木及盆景、鱼池等。1936 年红二、六军团长征到达毕节后，中国工农红军二、六军团政治部就设立在此。1986 年全面维修后辟为地区博物馆，分别陈列展览红军长征在毕节地区的革命文物、毕节地区党史资料和毕节地区历史文物等。1991 年建成了毕节地区青少年爱国教育基地。1994 年被国家文物局评为全国优秀社会主义教育基地。

（二）中华人民共和国成立后的基督教堂

1950 年，毕节地区共有基督教堂（点）168 处（教堂 137 处，教点 31 处），分布于 7 个县，毕节 12 处，黔西 1 处，大方 19 处，织金 9 处，纳雍 15 处，威宁 56 处，赫章 66 处。按基督教的派别划分，则内地会 84 处（其中威宁 18 处、赫章 66 处），女执事会 46 处（毕节 9 处、大方 15 处、织金 9 处、纳雍 13 处），安息日会 9 处（毕节 3 处、大方 4 处、纳雍 2 处），循道公会 38 处（全在威宁县境）。随着一系列的社会改革，宗教活动一度消沉，绝大部分的教堂（点）停止了礼拜活动，只有少数秘密家庭聚会点。1954 - 1956 年，教堂（点）的宗教活动逐步恢复。1957 年以后，特别是 1958 年的大跃进，宗教活动场所被压缩，94% 以上的教堂被国家或集体单位使用，95% 以上的教堂（点）停止了礼拜活动，全区仅有教堂（点）9 处（赫章 3 处、毕节 1 处、纳雍 3 处、织金 2 处）有宗教活动，到 1960 年 12 月底，仅有 3 处（毕节的安息日会、纳雍的奶扒教会、织金的吹聋教会）教堂（点）有宗教活动。1961 年以后，经政府批准，部分基督教堂（点）得到开放并进行宗教活动，到 1961 年底，全区共开放基督教堂（点）39 处，1962 年达 72 处（其中威宁 26 处、赫章 29 处、纳雍 8 处，织金 4 处，大方 4 处，毕节 1 处）。1966 年“文化大革命”开始以后，全部教堂（点）被迫关闭，大部分教堂（点）被占用、毁坏。1978 年后，落实宗教政策，清理退还了一些被占用的教堂，对一些年久失修、在“文化大革命”中被破坏的重点教堂，各级政府还拨出专款进行维修，有的进行新建，如 1982 年至 1988 年初，省、地、县拨款 78200 元给威宁维修 29 个基督教堂（点），1989 年至 1994 年，省、地先后拨款 634717 元新建毕节市文笔山基督教堂。这些清理退还并经过维修或新建的教堂，经政府批准逐步开放。1982 年，全区开放基督教堂

30处（其中大方3处、织金6处、纳雍1处、赫章8处、威宁12处），教点51处（其中大方45处、纳雍6处）。1986年，开放基督教堂35处（其中威宁21处、赫章3处、毕节1处、大方1处、纳雍4处、黔西1处、织金4处），简易活动点93处（其中威宁6处、赫章43处、毕节12处、大方5处、纳雍12处、织金13处、金沙2处）。1992年开放教堂131处（毕节1处、大方8处、黔西1处、纳雍12处、威宁40处、赫章61处、织金8处），简易场所活动点135处（毕节13处、大方53处、黔西5处、织金12处、金沙4处、纳雍32处、赫章16处）。1996年开放教堂152处（其中毕节1处、大方8处、黔西1处、织金10处、纳雍22处、威宁43处、赫章67处），简易活动（聚会）点176处（其中毕节27处、大方70处、黔西5处、织金10处、金沙6处、纳雍37处、赫章21处）。2003年底，全区已有基督教堂（点）368处，开放303处（其中毕节25处、大方68处、黔西4处、金沙5处、织金14处、纳雍59处、威宁49处、赫章79处），未批准开放的有65处（其中毕节17处、织金10处、威宁13处、赫章24处）。附毕节地区基督教活动场所（开放的教堂、教点）情况一览表如下。

毕节地区基督教活动场所开放情况一览表

毕节市（25处）			
活动场所地址及名称	政府拨款（元）	建筑面积（平方米）	开放时间
市西办事处文笔组文笔山基督教堂	634717	1187	1996年12月
田坝镇先进村田坝基督教聚会点		36	1996年12月
岔河镇大土边村大土边基督教聚会点			1996年12月
岔河镇浅寨村一组浅寨基督教聚会点			1997年11月
岔河镇浅寨村十组安歹基督教聚会点		15	1998年12月
岔河镇桥边村岩头寨基督教聚会点		20	1998年12月
阴底乡水塘组水塘基督教聚会点			1998年12月
层台镇层台村层台基督教聚会点			1996年12月
燕子口镇小铺村小铺基督教聚会点			1996年12月
小吉场镇小吉街上小吉基督教聚会点		150	1996年12月
小吉场镇南山村南山基督教聚会点			1997年11月
大新桥办事处徐花屯村徐花屯基督聚会点		90	1997年11月
梨树镇廖家坝村廖家坝基督教聚会点			1997年11月

续表

活动场所地址及名称	政府拨款（元）	建筑面积（平方米）	开放时间
梨树镇二堡村二堡基督教聚会点		60	1998 年 12 月
野角乡元华村马路边基督教聚会点		220	1996 年 12 月
长春镇倮依村西拉组倮依基督教聚会点			1997 年 11 月
官屯镇官屯村人水沟基督教聚会点			1997 年 11 月
田坎乡田坎村田坎基督教聚会点			1997 年 1 月
朱昌镇宋伍村宋伍基督教聚会点		36	1998 年 12 月
八寨镇冷水河基督教聚会点			1999 年 11 月
海子街镇五十亩村五十亩基督教聚会点		35	1999 年 11 月
大屯乡雅木村雅木基督教聚会点			1999 年 11 月
青场镇青场村青场基督教聚会点		96	1997 年 11 月
龙场镇黄金村石头寨基督教聚会点			1998 年 12 月
田坎乡岩脚村上金井基督教聚会点			1998 年 12 月
大方县（68 处）			
城关东街基督教教堂		250	1982 年
城关镇元宝基督教聚会点			1996 年
城关镇新埔村落坡基督教聚会点			1990 年
城关镇龙井村垭口田基督教聚会点			1996 年
沙厂镇营华村白鹤基督教聚会点			1990 年
响水乡前进村以堵基督教教会点			1985 年
响水乡青山村小河基督教聚会点			1990 年
响水乡以拉村茶园基督教聚会点			1985 年
响水乡青杠村松林基督教聚会点			1990 年
响水乡官寨村塘坎基督教聚会点			1985 年
响水乡凉水井村凉水井基督教聚会点			1996 年
响水乡同心村同心基督教聚会点			1996 年
响水乡吊兰村基督教聚会点			1996 年
竹园乡黄泥塘基督教聚会点			1990 年
竹园乡显母村基督教聚会点			1990 年
竹园乡革新村基督教教堂		75	1990 年
东关乡罗寨基督教聚会点			1990 年

续表

活动场所地址及名称	政府拨款（元）	建筑面积（平方米）	开放时间
东关乡金坪村仓边基督教堂		80	1990年
文阁乡龙滩村杓底基督教聚会点			1990年
文阁乡常丰村垭口基督教聚会点		90	1996年
文阁乡安箐村画眉基督教聚会点			1996年
鼎新乡同心村垭口田基督教教堂		70	1990年
鼎新乡新场村落戛基督教教堂		80	1990年
鼎新乡黑泥村官寨基督教教堂		50	1990年
鼎新乡风景村乌沙寨基督教聚会点			1990年
鼎新乡和平村沙坝基督教堂	2100	60	1990年
鼎新乡长风村杨家寨基督教聚会点			1990年
绿塘乡后坝基督教聚会点			1985年
猫场镇中坝村麻窝寨基督教聚会点			1990年
猫场镇永乐村刘家垭口基督教教堂		55	1990年
猫场镇五垭村沙地基督聚会点			1985年
牛场乡乐公村乐公基督教教堂		85	1990年
牛场乡九龙村槽子基督教教堂		50	1990年
牛场乡新中村乌木寨基督教聚会点			1985年
牛场乡立新村岔河基督教聚会点			1990年
牛场乡黑仲村马家桥基督教聚会点			1990年
牛场乡黑塘村坪寨基督教教堂		70	1990年
高店乡石桅村半坡基督教聚会点			1990年
高店乡安新村新场基督教聚会点		70	1990年
马场镇马场村梁子基督教聚会点		55	1990年
马场镇新丰村水淹塘基督教教堂		85	1985年
马场镇螺丝村基督教聚会点		60	1990年
马场镇乐戈村牛吃水基督教聚会点		60	1996年
马场镇共丰村岩脚寨基督教聚会点			1996年
理化乡理化街上基督教教堂		60	1990年
理化乡长春村新庄基督教教堂		40	1990年
理化乡长春村法窝基督教聚会点		65	1990年

续表

活动场所地址及名称	政府拨款（元）	建筑面积（平方米）	开放时间
理化乡偏坡村金星基督教聚会点			1996年
羊场镇朱仲河马家洞基督教教堂		70	1990年
小屯乡法启村法路基督教聚会点			1985年
小屯乡大田村陡滩基督教聚会点			1996年
安乐乡安乐村新丰基督教教堂		80	1985年
安乐乡营脚村营山基督教堂		75	1990年
安乐乡平坝村和平基督教聚会点			1990年
安乐乡白公村新建基督教教堂		70	1990年
核桃乡核桃村官寨基督教教堂		105	1985年
核桃乡营光村老街基督教聚会点			1990年
六龙镇四方井村方井基督教教堂		65	1990年
凤山乡杉坪村基督教教堂		70	1990年
三元乡铧口基督教聚会点		40	1996年
凤山乡羊岩村大海基督教教堂		130	1990年
八堡乡桥边基督教教堂		70	1985年
八堡乡元宝村下坝基督教聚会点			1990年
八堡乡元宝村桃园基督教教堂		50	1990年
兴隆乡狮子村狮子基督教聚会点			1985年
大山乡松鹤村小寨基督教教堂	5000	70	1990年
长石镇红山村海戛基督教聚会点			1990年
星宿乡棕树村麻窝寨基督教聚会点			1996年
黔西县（4处）			
城关镇基督教教堂	80000	200	1997年
金坡乡街上基督教聚会点			1996年
钟山乡高峰村基督教聚会点			1996年
协和乡杨柳村基督教教堂		100	2002年
金沙县（5处）			
箐门乡庆丰村三锅庄基督教聚会点			1996年
马路乡金舟村基督教聚会点			1996年
岩孔镇新寨村基督教聚会点			1996年

续表

活动场所地址及名称	政府拨款（元）	建筑面积（平方米）	开放时间
平坝乡双星村基督教聚会点			1996年
清池镇中坝村基督教聚会点			1996年
织金县（14处）			
上平寨乡大格支基督教堂	3000	190	1992年
实兴乡新场村海马冲基督教堂	9000	230	1986年
黑土河乡花坡基督教堂			1990年2月
黑土河乡下来昌基督教堂			1991年
黑土河乡金鸡村黄泥路基督教堂			1991年
黑土河乡箐口旯旮寨基督教堂			1991年
阿弓镇依聋村麻地窝基督教堂			1986年
熊家场乡白马洞基督教堂	12000	110	1985年
自强乡支东基督教堂			1985年
纳雍乡爱国村河边基督教堂			1999年
大平乡大草坝基督教堂			1985年
八步镇沙冲村基督教堂聚会点			1999年
猫场镇大寨村基督教堂聚会点			2003年9月
猫场镇四甲基督教堂聚会点			2001年
纳雍县（59处）			
维新镇半坡基督教堂	500	80	1982年5月
维新镇咪布基督教聚会点			1982年5月
维新镇营盘山基督教聚会点			1982年5月
维新镇小河边基督教堂	1200	60	1994年9月
维新镇奢沟中寨基督教聚会点			1994年9月
维新镇邓家营基督教聚会点			1994年9月
董地乡硝灰洞基督教堂			1982年8月
董地乡奶扒小寨基督教堂	500	70	1982年8月
董地乡石关基督教聚会点			1982年8月
库东关乡中寨基督教堂			1982年8月
库东关乡李子基督教聚会点			1982年8月
阳长镇以支达基督教堂	2300	60	1984年9月

续表

活动场所地址及名称	政府拨款（元）	建筑面积（平方米）	开放时间
阳长镇小垭口基督教堂		70	1985年10月
阳长镇石板河基督教堂	2400		1985年10月
阳长镇石板河长箐基督教聚会点			1985年10月
雍熙镇海坝基督教聚会点		70	1985年10月
老凹坝乡箐脚基督教教堂			1994年9月
老凹坝乡明家坟基督教聚会点			1994年9月
乐治镇猫猫冲基督教聚会点			1994年9月
乐治镇化起河基督教聚会点		60	1994年9月
沙包乡马路坡基督教聚会点			1996年
水东乡小白岩基督教聚会点			1994年9月
龙场镇地尾基督教教堂	1300		1984年8月
寨乐乡马家坝基督教聚会点			1984年8月
化作乡瓜仲河基督教教堂	1000		1984年8月
化作乡耸古基督教聚会点		70	1984年8月
化作乡大竹林基督教教堂			1994年9月
化作乡倮都教基督教聚会点			1994年9月
姑开乡发珠寨基督教教堂	4900	70	1984年8月
姑开乡箐上基督教聚会点			1986年10月
姑开乡洪沟基督教聚会点			1986年10月
姑开乡引底在块基督教教堂			1994年9月
姑开乡仡佬寨基督教聚会点			1994年9月
姑开乡岩脚基督教聚会点			1994年9月
锅圈岩乡木下落基督教聚会点			1994年9月
姑开乡高平寨基督教聚会点			1994年9月
姑开乡岩头寨基督教聚会点			1994年9月
姑开乡龙塘边基督教教堂	800		1994年9月
姑开乡陶家寨基督教聚会点			1998年
姑开乡以噜戛基督教聚会点			1994年9月
姑开乡张家寨基督教聚会点			1994年9月
羊场乡戈乐坝基督教堂	1000	80	1994年9月

续表

活动场所地址及名称	政府拨款（元）	建筑面积（平方米）	开放时间
羊场乡白夹基督教聚会点			1994 年 9 月
羊场乡在块基督教聚会点			1994 年 9 月
羊场乡发科（鸠盖）基督教堂	1000	60	1994 年 9 月
羊场乡奢戛基督教聚会点			1994 年 9 月
锅圈岩乡拉尤凯基督教教堂	1000	60	1994 年 9 月
锅圈岩乡平坝基督教聚会点			1994 年 9 月
锅圈岩乡杜洛基督教聚会点			1994 年 9 月
锅圈岩乡驮鸠寨基督教聚会点			1994 年 9 月
锅圈岩乡土补基督教堂	1000	60	1994 年 9 月
锅圈岩乡秋呼寨基督教堂			1994 年 9 月
锅圈岩乡威冲基督教聚会点			1994 年 9 月
昆寨乡治落沟基督教堂	1200	70	1986 年 10 月
昆寨乡凹猪河基督教聚会点			1986 年 10 月
猪场乡岩口三家寨基督教堂			1985 年 12 月
猪场乡弯子寨基督教聚会点			1985 年 12 月
猪场乡小泥湾基督教聚会点			1985 年 12 月
左戛乡沙冲基督教教堂			1988 年 12 月
威宁县（49 处）			
草海镇人民中路城关福音堂	15000		1984 年
幺站镇抱都村抱都基督教堂	1000		1983 年 5 月
幺站镇新房村新房基督教堂			1994 年
金钟镇新金水村戛泥块基督教堂	2000		1982 年 6 月
金钟镇独榨村独榨沟基督教堂			1994 年
炉山镇勤光村凉水井基督教堂	2000		1983 年 4 月
炉山镇发乐村海戛基督教堂	2000		1985 年 6 月
炉山镇园林村园林基督教堂			1994 年
炉山镇茶园村炉山基督教堂			1993 年 6 月
东风镇营坝村木城基督教堂	2000		1982 年 6 月
二塘镇铁营村铁营基督教堂			1995 年
二塘镇艾家坪村油榨房基督教堂			1995 年

续表

活动场所地址及名称	政府拨款（元）	建筑面积（平方米）	开放时间
龙场镇龙丰村毛拉柱基督教堂	1000		1983年4月
龙场镇元山村灼开基督教堂	2000		1984年
黑石头镇开厂村长海基督教堂	3000		1989年4月
哲觉镇汜河村汜河基督教堂	3000		1993年6月
哈喇河乡牛街村牛街基督教堂	500		1988年12月
秀水乡新光村清水基督教堂			1995年
斗古乡三营村三营基督教堂	500		1993年
黑土河乡中坝村黑土河基督教堂			1995年
石门乡石门村石门坎基督教堂			1995年
石门乡年丰村苏科寨基督教堂			1988年10月
云贵乡平原村平原基督教堂			1988年10月
龙街镇银桥村天桥基督教堂	3000		1988年12月
龙街镇风光村风光基督教堂	3600		1988年9月
龙街镇大寨村大寨基督教堂	3000		1988年10月
龙街镇木槽村木槽基督教堂			1995年
雪山镇栽树村切冲基督教堂	2000		1988年5月
雪山镇红旗村灼乐多基督教堂			1995年
雪山镇妥打村启摸戛基督教堂			1995年
大街乡大松村大松基督教堂	10000		1980年5月
大街乡营中村慕其乐基督教堂	2000		1987年4月
兔街乡沙坪村鱼鳅湾基督教堂	2500		1982年4月
兔街乡花红坪村轿顶山基督教堂	3300		1982年1月
羊街镇兴隆厂村兴隆厂基督教堂	1500		1982年4月
羊街镇西华村马拉冲基督教堂	1000		1982年5月
羊街镇大洼塘村大洼塘基督教堂			1995年
小海镇松果村卯大路基督教堂			1995年
小海镇坪山村坪山基督教堂			1995年
板底乡板底村板底基督教堂	4000		1980年5月
板底乡新胜村新官寨基督教堂	2000		1986年12月
盐仓镇团结村枧马坝基督教堂	1500		1993年

续表

活动场所地址及名称	政府拨款（元）	建筑面积（平方米）	开放时间
盐仓镇可界村可界基督教堂			1995 年
龙街镇海龙村上海枯基督教堂			1997 年
猴场镇新建村妥乐基督教堂			1997 年
盐仓镇新发村泡姑基督教堂			1998 年
观风海镇野鸡河村野鸡河基督教堂			2002 年
观风海镇白沙村四十五户基督教堂			1998 年
板底乡新华村石垭口基督教堂			2000 年
赫章县（79 处）			
城关镇城关基督教堂			1994 年
白果镇犀牛塘基督教堂			1994 年
双坪乡德卓沟基督教堂	400		1994 年
双坪乡儿马冲基督教堂	500		1994 年
双坪乡三望坪基督教堂	400		1994 年
双坪乡大寨基督教堂			1994 年
古达乡木杉窝上寨基督教堂			1994 年
古达乡岩脚寨基督教堂			1994 年
姑基乡着多基督教堂			1994 年
姑基乡妈嘎箐基督教堂			1994 年
达依乡环山基督教堂			1994 年
达依乡海嘎基督教堂			1994 年
铁匠乡合山寨基督教堂			1984 年 12 月
铁匠乡德茂坪基督教堂	600		1985 年 12 月
辅处乡葛布基督教堂	13500		1982 年 2 月
辅处乡大桥基督教堂	600		1985 年 12 月
珠市乡陈家寨基督教堂	500		1980 年 4 月
珠市乡板房基督教堂	500		1985 年 12 月
珠市乡大冲基督教堂	1000		1984 年
珠市乡格达寨基督教堂			1994 年
珠市乡以那基督教堂			1994 年
可乐乡赵家院基督教堂			1994 年

续表

活动场所地址及名称	政府拨款（元）	建筑面积（平方米）	开放时间
可乐乡公鸡寨基督教堂			1983 年
可乐乡色居河基督教堂			1994 年
可乐乡岩头土基督教堂			1985 年 12 月
可乐乡兴营基督教堂			1994 年
可乐乡刘家屋基基督教堂	2000		1983 年
可乐乡先锋基督教堂			1994 年
德卓乡沟边基督教堂	400		1985 年 12 月
德卓乡雄坡基督教堂			1994 年
德卓乡桃坪基督教堂			1985 年 12 月
德卓乡水塘基督教堂			1985 年 12 月
河镇乡一棵树基督教堂			1994 年
河镇乡苗营基督教堂	400		1983 年
河镇乡海雀基督教堂			1994 年
河镇乡岔河基督教堂			1994 年
河镇乡野倮寨基督教堂			1994 年
河镇乡寨上基督教堂			1994 年
河镇乡花场大寨基督教堂			1985 年 12 月
河镇乡水井湾基督教堂			1994 年
河镇乡矮子坡基督教堂			1994 年
河镇乡周坡寨基督教堂	400		1994 年
安乐乡则坪基督教堂			1994 年
安乐乡处处沟基督教堂			1994 年
安乐乡甘河沟基督教堂			1982 年 2 月
罗州乡益毛寨基督教堂			1994 年
罗州乡飞来块基督教堂			1994 年
结构乡大毛姑基督教堂	1000		1985 年 12 月
结构乡以那秋基督教堂			1994 年
结构乡结构基督教堂	13000		1982 年 2 月
结构乡沙坝基督教堂			1990 年
财神镇摩迂基督教堂			1994 年

续表

活动场所地址及名称	政府拨款（元）	建筑面积（平方米）	开放时间
财神乡大路边基督教堂			1994年
珠明乡法开基督教堂			1994年
珠明乡安甲基督教堂			1994年
珠明乡滑石板基督教堂	500		1983年
珠明乡安坪基督教堂			1994年
妈姑镇何家冲基督教堂			1994年
妈姑镇鸡骨寨基督教堂	300		1985年12月
妈姑镇阿维寨基督教堂	200		1994年
水塘乡捞地基督教堂	1000		1983年
水塘乡发窝寨基督教堂			1994年
水塘乡杉木箐基督教堂			1994年
水塘乡茶树基督教堂	500		1985年12月
水塘乡马圈岩基督教堂			1985年12月
松林乡瓦店子基督教堂			1994年
松林乡小苏块基督教堂			1994年
松林乡姑寨开基督教堂	500		1985年12月
兴发乡者老和基督教堂	300		1984年
兴发乡包包寨基督教堂	700		1982年2月
兴发乡岩营基督教堂			1994年
兴发乡铜炉上基督教堂			1994年
兴发乡大三脚基督教堂			1988年
雉街乡中寨基督教堂			1994年
雉街乡雄飞基督教堂			1989年
雉街乡发达基督教堂			1994年
雉街乡野鸡苗寨基督教堂	1000		1982年
雉街乡益收寨基督教堂	400		1982年
六曲镇院子基督教堂			1994年

三　教牧人员

（一）外籍传教士及主要人物介绍

基督教外籍传教士最早进入毕节地区的时间是20世纪初叶。1904年，由于兴隆厂、葛布等地苗族纷纷去安顺找党居仁信教学习，党居仁恐日久必将影响群众信教的积极性，在安顺府知府和威宁知州亲率武装的护卫下，到葛布选修礼拜堂地址。从是年起到中华人民共和国成立止，先后到达毕节并在此地传教的外国传教士有46人，其中英国人和德国人居多，占整个外籍传教士的56%；在整个外籍传教士中，传道士多于牧师，他们中间有的是医生，有的是护士，大多数都是为传道而来。现将曾在毕节地区传教的外籍传教士列表如下：

毕节地区外国传教士一览表

内地会			
姓　名	国籍	神职	在毕节地区的时间
党居仁	英国	牧师	1904－1915年
裴忠谦	美国	传道	1918－1920年
岳克敦	英国	牧师	1918－1933年
岳克敦妻	?	?	? －1933年
贝尔克	澳大利亚	牧师	1910－1921年
文道成	加拿大	牧师	1921－1940年
刘谷森	美国	牧师	1930－1943年
戴安乐	新西兰	牧师	1940－1945年
罗伟德	澳大利亚	牧师	1942－1949年
柏格理	英国	牧师	1904－1915年
美伦义	英国	牧师	1907－1918年
王树德	英国	牧师	1906－1936年
张道惠	英国	牧师	1906－1924年
顾德维	英国	牧师	1921－1923年
何永学	英国	牧师	1918－1922年
穆博理	英国	牧师	1935－1939年
高志华	英国	牧师	1926－1938年
邰慕廉	英国	牧师	1922－1926年
尹里凡	英国	牧师	1926－1932年

续表

循道公会			
马建忠	英国	牧师	1932－1935 年
唐友德	英国	牧师	1939－1949 年
石崇德	英国	牧师	1940－1945 年
邵泰清	英国	牧师	1940－1949 年
赵月林（女）教师	英国		1947－1949 年
张绍乔	英国	牧师	1947－1949 年
张继乔	英国	牧师	？－？年
易理藩	英国		？－？年
韩孝贞（女）护士	英国		？－？年
姊妹会			
姓名	国籍	神职	在毕节地区的时间
巴宽敬	德国		1912 年－？年
鲍宽爱	德国		1912－1934 年
苏宽仁	德国		1912－？年
韦宽良	德国		1912 年－？年
晏玉英	德国		？－1933 年
符克伯	德国		？－？年
司真秀	德国		？－？年
李喜德	德国		？－？年
海贞利	瑞士		？－？年
毕婉德	德国		？－？年
孔启珍	德国		？－？年
司德恩	德国		1928－？年
叶淑仪	德国		1928－？年
陈文德	德国		1928－1933 年
罗伟英	德国		？－？年
吴毓娴	德国		？－？年

党居仁（？－1915 年） 英国人，英文名亚当斯（J·R·Adams），被内地会差会于 1887 年派遣到贵阳，1888 年又被派到安顺协助白德礼主持教会工作。到达安顺后，经白德礼同意购得赵军门（清代高级武官）家所有水洞街三进五开间公馆作宣道所。1895 年，又购得屠牛户刘幺妹所有空地一块约 0.8 亩，开始修建礼拜堂，1898 年落成。1897 年在水洞街会所划出房子办“义学”，招

收部分少数民族子弟入学读书。当时贵州西部的少数民族知道后，也送子弟前往读书，毕节地区到安顺“义学”读书的有威宁的张保罗、朱罗得、陶约书亚、王以西结；大定的杨保罗、熊腓力、熊彼得；织金的杨锡光、李约翰等。1899年，党居仁到织金熊家场传道，认识织金苗族李约翰，约李约翰去安顺学习信教，不久李约翰和李摩西前往安顺去学习。是年年底，党居仁到织金白马洞办起了毕节地区第一个教会，即白马洞教会。

1902年，党居仁在普定县等堆传教，郎岱懒龙桥苗族张雅各等四人狩猎从等堆过，党居仁主动接见他们，告之只要信仰基督教，就没有人欺负，事后张雅各等人打的野猪被当地恶霸抢去，在党居仁过问下追回野猪，张雅各等四人就入了教。在张雅各等人的宣扬下，其老家兴隆厂等地的人们纷纷去安顺信教学道。是年冬，威宁慕坪子在土目安国光的支持下，建立了威宁的第一个教会——德慕坪教会。由于威宁去安顺信教的人源源不断，党居仁恐事久会影响教徒信仰的信心，就向省呈报到威宁开辟教堂事宜。1904年，省府同意后，党居仁在安顺知府瞿鸿锡和威宁知州邓循卿的武装护卫下，到威宁的葛布（当时赫章未设置县制）成立教会。寻找修建教堂的地基，最后确定在教徒王约翰的麻园地建教堂。1904年开始修建，1906年落成。随后教会又建起学校。礼拜堂除了主日聚会外，平时作为学校教室用，取名“志华小学”，从安顺请汉族老师任教。1910年冬。王马太家失火，全村和教堂付之一炬，在党居仁的奔走下，1911年总差会拨款救济，教徒募捐资助，重在原地基修建教堂。

党居仁积极传教和兴办教育的同时，努力学习苗语，他和杨庆安、杨锡光等人创制了一套苗族文字，用来翻译《圣经》和赞美诗，使不懂汉语的少数民族也懂《圣经》要义。由于这套文字难学难记，后来被威宁石门坎的波拉文字（后称柏格理文字）所代替。

1914年，由于内地会和循道公会的教制教政不同，党居仁和裴忠谦与柏格理和王树德在威宁大松树议定划界，以灼铺梁子为界，西北为循道公会，东南为内地会，相互不能越界。1915年，党居仁到大定、水城等地巡视教会，后回安顺触电身亡。

柏格理（1864年4月17日－1915年9月16日）　英国人，英文名Samnel·Pollard，牧师，1864年生于英国康沃尔的查梅福特，因慕道与同学部幕廉于1887年被英国差会派遣到中国，先到安徽省安庆学习半年汉语，1888年10月到达云南省昭通，在昭通传道多年。1904年7月12日，党居仁介绍威宁兴隆厂罗但以理等四人前去拜见柏格理，柏格理热情地接待了他们，向他们传道，并告诉他们说，回去让想信教的人都到昭通信教。罗但以理等人回威宁兴隆厂后，把遇见柏格理的事宣扬一番，知道这一消息的人成群结队地去昭通找柏格理信教，其他民族看到了这种现象，相互传说苗族到昭通找洋人信教，洋人给药让其撒在水井里，人吃了就去信教，若不去信教就要死。因此，一段时间之内，苗族在去信教的途中受到其他民族和地主民团的捆打摧残。这种情况出现后，柏格理为了让苗族好好信教。于8月1日带上钟焕然、王玉洁等人到威宁官府协商，让当地政府配合他们辟谣。经过协商后，威宁官府出告示说：“苗族信教，原属正道，并无异谋，不得干涉，倘有违者，以法严惩。”通过这次活动，谣言才被平息。是年年底，柏格理再次到威宁寻找修建教堂的地基，准备建教堂以扩大教徒队伍。1905年，大官寨土目安荣之给柏格理一块88亩叫石门坎的地方修建教堂，柏格理得到地基后，一面向差会请求拨款，一面向教友们募捐，不久就建立了石门坎教堂和学校，学校起名叫“光华小学”，开始在石门坎传教和办教育。1908年，柏格里回国休假期间，向英国社会要求捐款在石门坎建立一所高等级小学，一位名叫阿斯多的老人一次就向柏格理捐款二千英镑，1910年，柏格理假期满后回到石门坎，继续开展教务活动和扩张他的教会。在苗族信教开展得轰轰烈烈时，彝族群众也积极前来信教学习。1907年，柏格理就把教会分为彝族和苗族两个教会。苗族教会以石门坎为中心，由柏格理亲自主持，彝族教会以四方井为中心，派英国牧师美伦义前去主持。

柏格理鉴于苗族文化落后，不通汉语的情况下，请苗族杨雅各为他的苗族教师，潜心研究苗语。1906年后着手研究苗族文字，不久苗文创制成功，开始翻译《圣经》的《新约全书》，于1916年由王树德和杨雅各带到日本横滨出版，供苗族信道学习用。

1913年，柏格理派钟焕然、杨雅各等率苗族学生王爱福、王快学、杨苒会、王定安去成都华西中学读书，这是毕节地区苗族首次有组织地派送学生到省外学习。

辛亥革命成功后，广西都督陆荣廷诱杀麻疯病人，柏格理听到消息后，立即登报批评，为被杀者鸣冤叫屈。柏格理的人道主义得到世界麻风总会的赞扬，并支持他一笔款，修建石门坎麻风院，柏格理收到款后，在钟焕然的协助下，向地主安如福购得一块地，1913年开始筹建，1920年开工，1921年落成，正式建立了石门坎麻疯院。

1914年，内地会和循道公会因教制、教政有别，柏格理与党居仁在大松开会划界。

1915年，石门坎附近伤寒流行，波及到石门坎师生，柏格理与妻子韩孝贞、王树德夜以继日地给伤寒病学生吃药打针，护理生病学生。不幸柏格理受感染，经多方医治无效，于9月16日去逝。柏格理不畏邪恶势力，仇视压迫，追求正义，热爱广大群众，给当地人民留下深刻的印象。

附：伯格理墓碑铭文：

柏格理墓碑

墓门顶上为十字架，十字架横额："人杰地灵"。竖文"返故乡"。墓门右侧竖幅："漫云松柏埋幽径，共仰明星上象台"。左侧："牧师真是中邦良友，博士诚为上帝忠臣"。中间条幅："在英帝国柏牧师讳格理之墓"。

墓碑文前："柏格理生于一八六四年（前清同治三年），死于一九一五年（民国四年），死时五十一岁。一九〇四年到石门坎苗族地区活动，总计在中国活动二十七年"。

墓志铭文

先生本英籍，按欧文姓氏与荫穆宠腊而得译音相近，少懔家箴共承天命，甫弱冠即渡海东来，更汉文为柏格理，字明星，能操各种文言，服习起居随处与人从同，登场讲演，善于现身说法，听者每觉兴致勃勃，感无不深省，足令随者起而懦夫偿，恶者胆寒而悲心慰，至其热心毅力，不避艰险，金沙江外举风障雨蛮烟，会荒冷之区，靡费足迹殆遍，士人爱而亲曰："赫甲家，都色乡里之间，妇孺者皆知名，先生和气迎人，即孩提亦爱戴，尝酣卧抱中而情深若弗忍去诸怀者，至若至成人爱，薰陶莫不曰先生能以福音生人，不啻保罗再见于今，心悦诚服，有加无已，前清丁未曾传教于冷米寨，迭遭围困濒于危绝，当道本欲依法惩凶，而先生反数为之缓颊，且泣曰："敌真理之徒，实不知基督福音也，使果知之方服从之不暇，何排斥之有?"先生诚能动物，士大夫相识之，其待教士，忧乐与共恳挚之敫，甚于家人之子，自辟石门，博精挚，苗人呼之曰："堪德"（克垒勤）。先生为之创文字译经籍，建堂设校，一片荒地，极端经营，竟至崇牖栉比，差别有天地，先生之心力悴矣，客秋一痛长眠，就山窀，今石部集封碑向之于予，因举所知而笔之，铭曰："唯我先生，辟开石门，传宣圣道，觉牖斯民，若时雨降，勃然苗兴，天人喜爱，万民流馨"。

中华基督教宣道使者后学员　李约翰拜　撰

民国县知事留日法科毕业学士　陈　书

裴忠谦　美国人，传道士，在毕节传道时间为1916年至1920年。党居仁去世后，裴忠谦继任，1917年驻进葛布。他到葛布后，看到党居仁创制的苗文较复杂，群众不便学习，便废止，后从石门坎请来杨荣先推行柏格理苗文。1918年威宁闹灾荒，他对灾民实行赈济。同时他引进苹果，给威宁人民栽种苹果打下基础。他继任之前，曾陪党居仁多次到毕节地区处理教务，对发展教会起到不少的作用。

王树德 英国人，牧师，1906－1936年由英国到毕节地区传教，1906年到达威宁石门坎协助柏格理工作，负责苗民教育。1908年石门坎受旱灾，王树德请准“华洋义赈会”以工代赈，从梭戛大土目陇家买得包谷80石，约5.6万斤放赈。当时云贵川灾民聚集石门坎达600多人，王树德让他们领粮以后上山植树造林，修桥补路，为石门坎做了不少公益事业，协助柏格里翻译苗文圣经并带到日本横滨出版，供不懂汉文的苗族同胞使用。柏格理去世后，积极培养苗族牧师，让当地人掌管教会，1936年调往上海圣道公会工作。

张道惠 英国人，牧师，在毕节地区传教的时间为1906年至1942年。柏格理去世后，石门坎教会由张道惠主持。张道惠主持石门坎工作后，继承柏格理遗志，积极发展石门坎教会。1919年发生饥荒，许多人无粮种无饭吃，张道惠设法买粮种给群众下种，没有饭吃的便到石门坎受赈，饥民达千余人。教会以工代赈，在公益场上修建房屋，修整去昭通地界的道路，大大方便商旅往来。同时成立保险会，以应付灾荒。1923年又发生一次大饥荒，张道惠又采取措施赈济，集中了一批饥民到石门坎，长时间运来木材和石块，修建石门坎的麻疯院、孤儿院、医院等建筑物，扩大了石门坎的建筑规模。同时举办了端午运动会、“感恩节”“圣诞节”等活动，吸引不少当地群众前来参观助兴，把教会办得有声有色。1924年他回英国后，石门坎教会曾一时无人过问。

高志华（1896－1937年） 英国人，牧师。1921年到华，曾在东川、昭通、石门坎、四方井主持过教会。1924年主持石门坎教会工作，1926年调到四方井主持教会工作。在四方井期间，积极发展教会，广收信徒。1936年调回石门坎主持教会工作，在修“石头房”时，高志华向金瓦匠订制板瓦，因板瓦扣缝不严，达不到质量要求拒付金瓦匠的钱，金瓦匠亦扣下面瓦匠的钱，这些瓦匠不服，买通李国柱（有的书称李开柱）为杀手，于1938年4月5日夜，高志华宿于“长房子”最南端一间，被预先埋伏的李国柱从床上拉起来，用刺刀杀入胸部，推下五丈多高的石坎而死。

贝尔克 澳大利亚人，牧师。在毕节地区传教的时间为1910年至1925年。随着彝族教会的发展，党居仁派他到结构教会主持工作，1920年，岳克敦和贝尔克将苗族、彝族教会分开。苗族以葛布为总教会，由岳克敦负责，彝族以结构为总教会，由贝尔克负责。贝尔克大兴土木，修建了小洋房和教堂，创办了结构小学——“明德小学”，广泛吸收彝族教徒。据资料载，当时威宁内地会信徒中，彝族占50%，苗族占40%，汉族占10%。1925年文道成接任后，他才离开结构。

文道成 加拿大人，牧师。在毕节地区传教时间为1921年至1936年。1921年文道成到结构协助贝尔克工作，贝尔克调离后由他主持工作。在结构期间，他每年游历各地彝族教会，学习彝语，了解彝族风俗习惯，于20世纪30年代初召集通晓彝汉两族语言的杨彼得、安文良从事编纂，将经书翻译成彝语，利用国际音标，采取声母重叠或加偏旁符号的办法，制成一套彝语声韵母，编成了一本彝语拼音赞美诗，后送上海出版社出版，供彝族信徒使用。1936年调贵阳任贵州教会监督。1940年回威宁视察教会，在今赫章妈姑翻车死亡，尸体运到安顺教会公墓葬。

鲍宽爱 德国人，女，传道士，在毕节地区传教的时间为1912年至1936年。1912年，鲍宽爱与巴宽敬、苏宽仁、韦宽良等到大定创办宣道所，不久就建立了大定教会总堂，分领大定境内的西区、中区和北区3个教区40多个教堂。1936年鲍宽爱在大定去世，为了纪念她，教会办的“华西小学”改名为“宽爱小学”。

苏宽仁 德国人，女，传道士，在毕节地区传教的时间为1912年至1951年。她与鲍宽爱等人到大定开辟大定教会总堂后，于1926年到毕节城关办毕节教会。在毕节传教期间，积极创办学校、孤儿院。在毕节撒拉溪购置土地，修建撒拉溪麻疯院。曾组织传道人员到镇雄、叙永等地传教。中华人民共和国成立后，1951年被遣回国。

（二）中国教牧人员

毕节地区基督教中国教牧人员大部分是农村的“义工”人员，不享受工资报酬。基督教传入毕节地区初期，教牧人员大多为外国传教士。随着基督教组织的进一步完善，教会经过30年的不断发展，也培养了不少中国籍教牧人员和教会负责人。20世纪30年代初期以后，教会已有彝族、苗族担任教会职务。彝族有，如担任井宁大联区区长的陆寿珍、四方井小联区区长的安启云，担任井宁大联区威宁小联区区长的王仕泉，担任井宁大联区大街小联区区长的聂文焕和余世清；担任井宁大联区四十五户小联区区长的金秉衡和王仕泉，担任井宁大联区大桥小联区区长的安朝宗和唐必贤。苗族有，如担任石门大联区海子小联区区长的张洪猷和李正邦，1949年担任井宁大联区、石门大联区区长的朱焕章。到1943年，内地会葛布苗族教区除外籍牧师外，还公推朱文正（苗族）为葛布苗族教区总长老，葛布教区西区区长也由苗族朱提摩太担任。各堂的负责人、教牧人员及其所属村寨的长老、执事大多由本地人担任。结构彝族内地会总堂除外籍牧师外，还有当地彝族安承明任总长老，文正榜任总执事。从30代初期到中华人民共和国成立前夕，各基督教堂均有传道若干人，多为本地人。

1949年后，中国基督教全面实行“自治、自养、自传”的方针，中国籍教牧人员担负起了自办教会的全部责任。中华人民共和国成立初期，全地区有教牧人员349人，其中牧师16人，这些牧师都有很高的文化和丰富的宗教神学知识；长老145人；执事102人。到1956年，教牧人员共计340人。1957年以后，各地教会情况变化较大，一部分教牧人员脱离教会参加工作和农业生产，一部分因受到错误对待而离开教会，到1962年，仅有基督教中上层人士263人。教会在1966－1976年的“文化大革命”中被迫停止活动，宗教职业人员作为“牛鬼蛇神”被批斗，教牧人员不断减少。1978年后，宗教政策逐步得到落实，宗教活动恢复正常。宗教组织加强对教牧人员的培养，并按立了一批遵纪守法的教牧人员。据统计，1982年全区（除毕节县外）共有教牧人员47人，其中牧师2人、长老27人。1990年，全区教牧人员增加到251人，其中牧师33人、长老90人、传道129人。1996年，教牧人员295人，其中牧师24人、长老87人、传道184人。2001年6月底全区有教牧人员398人，其中牧师22人、长老122人、传道254人。到2003年底，全区有教牧人员364人，其中牧师22人、长老120人、传道222人。

附：民国至20世纪50年代中期的中国籍牧师（含试用牧师）和1981年以来按立的牧师名录表及基督教部分教牧人员简介于下：

20世纪50年代中期以前的中国籍牧师

1. 循道公会牧师；钟焕然（汉族）、张洪猷、李正邦、杨明清、吴忠烈、李正文、杨明开、朱焕章、朱世清、王英（以上均为苗族）、王仕泉、安启云、余世清、金秉衡、陆寿珍（试用）、聂文光（试用）、聂文焕、安泽勋、安文明、安朝宗、王天铨（以上均为彝族）。

2. 女执事会牧师：马显文（苗族）、李志林（苗族）、陈绍光（女、汉族）。

3. 安息日会牧师：曾志素（汉族）、罗国义（彝族）、王兴邦（彝族）。

4. 内地会牧师：朱文正（苗族）、杨志诚（苗族、试用）。

毕节地区1981年以来按立牧师名录表

姓名	性别	民族	出生年月	地址	文化程度	按立时间	按立地点	备注
朱德学	男	苗族	1921	毕节市	初中	1989.11.3	毕节县城关教会	
杨德威	男	彝族	1917	毕节市	初中	1989.11.3	毕节县城关教会	1998年去世

续表

姓名	性别	民族	出生年月	地址	文化程度	按立时间	按立地点	备　注
杨志光	女	彝族	1908.1	毕节市	初中	1987.9.13	纳雍县龙潭教会	2004年去世
杨明德	女	彝族	1911	大方县	小学	1987.9.13	纳雍县龙潭教会	
龙道谦	男	彝族	1915	大方县	初中	1987.9.13	纳雍县龙潭教会	
李玉降	男	苗族	1923	织金县	小学	1987.9.13	纳雍县龙潭教会	1995年脱离教会
杨汉文	男	苗族	1927	织金县	高中	1988.11	织金县城关	
马显文	男	苗族	1922	纳雍县	初中	1987.9.13	纳雍县龙潭教会	
祝永安	男	苗族	1922	纳雍县	初中	1987.9.13	纳雍县龙潭教会	已去世
朱家林	男	苗族	1922	威宁县	初中	1981.9.20	贵阳市省教会	1994年去世
朱美德	女	苗族	1914	威宁县	小学	1981.9.20	贵阳市省教会	1992年去世
朱德成	男	苗族	1920	威宁县	高中	1986.11.16	赫章县葛布教会	
李汉德	男	苗族	1956	威宁县	初中	1989.8.27	威宁县城关教会	
韩俊明	男	苗族	1922	威宁县	高中	1989.8.27	威宁县城关教会	1993年去世
安万珍	女	彝族	1934.6.	威宁县	小学	1989.8.27	威宁县城关教会	
李洪才	男	彝族	1941	威宁县	初中	1989.8.27	威宁县城关教会	
朱显兰	女	苗族	1953	威宁县	小学	1989.8.27	威宁县城关教会	
龙定文	男	彝族	1946.10	威宁县	小学	1989.8.27	威宁县城关教会	
罗寿芬	女	彝族	1947	威宁县	初中	1989.8.27	威宁县城关教会	
杨华祥	男	苗族	1946	威宁县	高中	1989.8.27	威宁县城关教会	
陶向前	男	苗族	1926	赫章县	中专	1986.11.16	赫章县葛布教堂	1989年去世
张国成	男	苗族	1910	赫章县	中专	1986.11.16	赫章县葛布教堂	1997年9月去世
文富华	男	彝族	1943	赫章县	初中	1986.11.16	赫章县葛布教堂	
罗兴荣	男	彝族	1910.6	赫章县	初中	1986.11.16	赫章县葛布教堂	
李正刚	男	彝族	1925	赫章县	初中	1986.11.16	赫章县葛布教堂	1995年10月去世
罗才荣	男	彝族	1905	赫章县	初中	1986.11.16	赫章县葛布教堂	1994年4月去世
王正朝	男	苗族	1912	赫章县	小学	1986.11.16	赫章县葛布教堂	1990年10月去世
王正廷	男	苗族	1932	赫章县	初中	1986.11.16	赫章县葛布教堂	1991年去逝
张廷光	男	苗族	1906	赫章县	初中	1986.11.16	赫章县葛布教堂	1993年7月去世
朱明兴	男	彝族	1917.9	赫章县	初中	1986.11.16	赫章县葛布教堂	1993年7月去世
文正榜	男	彝族	1920	赫章县	小学	1986.11.16	赫章县葛布教堂	1989年3月去世
文正国	男	彝族	1945	赫章县	初中	1986.11.16	赫章县葛布教堂	

续表

姓名	性别	民族	出生年月	地址	文化程度	按立时间	按立地点	备注
文廷安	男	彝族	1943	赫章县	小学	1986.10.8	赫章县结构教堂	
张正帮	男	彝族	1922	赫章县	小学	1988.10.8	赫章县结构教堂	
罗才良	男	彝族	1928	赫章县	小学	1988.10.8	赫章结构教堂	
陶正德	男	苗族	1942	赫章县	初中	1992.9	赫章县城关教堂	
朱显高	男	苗族	1953	赫章县	高中	1992.9	赫章县城关教堂	
王光祥	男	苗族	1952	赫章县	初中	1992.9	赫章县城关教堂	

主要教牧人员介绍

（一）人物传记

杨雅各（1882－1946年），威宁县石门乡撒雨湾人，农民家庭。光绪三十年（1904年），杨雅各听说英国基督教传教士柏格理对苗族人很尊重，步行到昭通找到柏格理。两人在交往中关系密切，深得柏格理赏识，后成为柏格理的苗语老师。光绪三十一年（1905年），柏格理到威宁石门坎建基督教堂，杨雅各参与了这项工程的建设，并开始在教会工作。1906年在教会开办的“光华小学”就读。为传教需要，后参加柏格理牧师主持的研究苗文创制工作，并取得成功。随即用苗文翻译《新约全书》中的《马可福音》《马太福音》。经过十年的努力，苗文《新约全书》中《马可福音》《马太福音》于民国4年（1915年）翻译完毕。1916年底，杨雅各在英国传教士、牧师王树德的带领下，从石门坎起程去云南昆明办理护照。途经安南、香港、上海，东渡日本，从长崎到横滨。之后，王树德回英国，杨雅各独自在日本经办印刷，校对《新约全书》。经过半年的努力，苗文圣经《新约全书》正式印刷问世。1917年6月7日，杨雅各从日本返回上海，从上海历尽艰辛返回石门坎。民国34年（1946年），杨雅各病故，终年66岁。美国耶鲁大学图书馆存有的51种《圣经》译本，其中一本就是杨雅各在横滨印刷的威宁石门坎苗文圣经《新约全书》。从开始创制苗文到苗文圣经的问世，对黔西北、滇东北地区苗族人民学习文化，发展教育，促进文化的交流起到了不可估量的巨大作用。后来，苗族运用这种文字记载苗族诗歌、历史传说等，促进各地苗族文化交流。昔至今日，云南省基督教三自爱国运动委员会、云南省基督教协会多次翻印苗文圣经，深受广大苗族群众欢迎。

张约翰（？ -？），苗族，威宁人，1906 年就读于教会开创的"光华小学"，随后参加研制编创苗族文字和翻译苗文圣经的工作。

安文良（？ -1954 年），彝族，赫章县城关大河边人，总传道。民国 9 年（1920 年）在结构参与筹建基督教总堂，创办教会小学并任教。安文良汉文基础扎实。结构彝族基督教会传道士、加拿大人文道成受柏格理组织创制苗文的影响，授意彝族教徒安文良、王兴举、杨约瑟，利用汉语拼音字母，采取加偏旁、声母并体等方法，创制出《彝文拼音字母方案》。之后，配合彝族老布摩杨彼得，将基督教《赞美诗》《颂主圣歌》翻译成彝文，由昆明印刷，转上海出版，在彝族基督教会中发行推广，曾流行于威宁、赫章、水城及云南彝良的彝族信徒中。安文良一生致力于彝族地区教育，传播基督教和学习研究彝文。于 1954 年病世。

钟焕然（1883 -？），汉族，威宁石门坎人，牧师，中学教员。曾参加柏格理主持创制苗文的工作。中华人民共和国成立后，当选为威宁第一届政协常委，第二届政协委员。

朱焕章（？ -？），苗族。威宁龙街人，1915 年入石门坎"光华小学"学习。1923 年入昭通宣道中学学习。1931 年入华西大学教育系学习。毕业回乡后任石门坎"光华小学"校长，被循道公会按立为牧师，任石门坎联区区长。

张洪猷（？ -？），苗族，威宁人，武汉神学院毕业，牧师。1922 年至 1928 年任"光华小学"教导主任。1939 年至 1941 年任石门大联区海子小联区区长。民国末年任石门大联区猫儿沟联区（在云南彝良县境）区长，并主持教务。

吴忠烈（？ -？），苗族，威宁人，1935 年至 1937 年在湖北省武昌华中协和神学院学习，毕业后任牧师。民国后期在石门坎大联区大坪子小联区（云南永善县境）任区长，并主持教务。

杨明清（？ -？），苗族，威宁人，牧师，民国后期在石门坎大联区的牛皮坎小联区（云南省威信县境）任区长，并主持教务。

李正文（？ -？），苗族，威宁人，1935 年至 1937 年在湖北省武昌华中协和神学院学习，毕业后任循道公会牧师。

杨明开（？ -？），苗族，威宁马踏乡人。牧师，小学教师。曾任威宁县人民代表大会代表，威宁第一届政协常委，第二届政协委员。

聂文焕（？ -？）。彝族，威宁人，大学文化，牧师，神学知识渊博，曾任四方井大联区大街子联区区长，并主持教务。

余世清（？ -？），彝族，威宁大街乡人，大学文化，牧师，神学知识渊博，曾任四方井大联区大街子联区区长，并主持教务，

安朝宗（？ -？），彝族，威宁人，大学文化，牧师，神学知识渊博，曾任

四方井大联区大桥联区区长，并主持教务。

安启云（？－？），彝族，威宁四方井人，大学文化，华西神学院毕业，牧师，神学知识渊博。先后任井宁大联区四方井小联区区长（1933 年至 1942 年），威宁小联区区长（1943 年至 1949 年担任）。中华人民共和国成立后，当选威宁第一届政协委员。

金秉衡（1903－？），彝族，威宁三道河人，大学文化，湖北武昌华中神学院毕业，牧师，神学知识渊博。民国时期曾任井宁大联区大街子联区区长，并主持教务。中华人民共和国成立后，当选为威宁第六届政协委员。

王仕泉（1911－1961 年），彝族，威宁玉屏人，大学文化，牧师，神学知识渊博，1946 年至 1949 年担任井宁大联区威宁小联区区长，1948 年后担任井宁大联区区长，并主持教务。

聂文光（？－？），彝族，威宁勺甫人，大学文化，牧师，小学教师，有渊博的神学知识。中华人民共和国成立后当选为威宁第一届政协委员，第二届政协常委。

陆寿珍（？－？），彝族，威宁人，大学文化，牧师，有渊博的神学知识，1933 年至 1942 年曾任井宁大联区四方井小联区区长，并主持教务。

唐必贤（？－？），彝族，威宁觉落人，1943 年至 1946 年曾任井宁大联区大桥小联区区长，并主持教务。中华人民共和国成立后，出席贵州省基督教第一届代表会议，当选为威宁县人民代表大会第一、二届代表，威宁第二、三、四、五届政协常委。

程绍光（1897－1997 年），女，中专文化，大定（大方）县牧师。曾到过加拿大、瑞士、德国，能通四个国家语言。中华人民共和国成立后的 1950 年任“宽爱小学”校长，基督教会负责人，曾参加 1958 年的全省基督教界社会主义学习会暨全省第一届基督教教友代表会议。“文化大革命”中被打成“反革命”，判处管制 3 年，1983 年 3 月平反，经法院改判无罪，后定居香港。1997 年 10 月，100 岁的程绍光牧师还来大方县考察，她在临终前嘱附其亲属将自己省吃俭用的 50000 元港币捐赠给大方县基督教会修建教堂。在她的影响下，在香港工作的侄孙女程燕小姐为使前辈生前在大方救助孤儿的基督精神发扬光大，特向大方基督教会捐赠港币 50000 元，建立“爱心助学基金会”。

李志林（？－？），苗族，纳雍县人，大学文化，重庆神学院毕业，牧师（神学院毕业后外国牧师委任）。1954 年在纳雍县基督教代表大会上又当选为牧师。“文化大革命”中受冤，被打成“反革命”，1984 年平反。

曾志素（？－？），汉族，精通英语，1940 年由外国牧师聘请到毕节城关基督教安息日会传教，任长老及安息日会负责人。中华人民共和国成立后，被教徒推举为牧师。1951 年为毕节城关基督教负责人，小学教师，曾当选为毕节县各族各界代表大会代表。1955 年内部肃反时被劳教，1980 年后平反。

杨锡光（1888－1960 年），平远州（现织金县）猫场上坪寨人，出生于一个贫苦的农民家庭。光绪二十九年（1903 年），英国传教士党居仁到安顺传教，教堂设于普定补郎的等堆，杨锡光被雇用为教堂守护，成为教徒。次年，受党居仁指派到威宁县葛布（现属赫章县）教堂传教，并任教会学堂教员，还先后到现纳雍县境内传教布道。光绪三十二年（1906 年），对苗族语言研究很有造诣的杨锡光与杨锡安、张朝向、张保罗等，在党居仁带领下用拉丁字母创制苗文，翻译出《真神造天》《真神造地》《真神造人》等基督经书，并于宣统二年（1910 年）出版，分发给不通汉语的苗族群众学习。杨锡光生前还著有《名言汇辑》，整理有《苗族古歌》。曾任织金县第一、二、三届人民代表大会代表，第一、二届县人民委员会委员。

朱文正（1898－1976 年），苗族，威宁大街乡大松树人，高小文化，内地会牧师，葛布苗族教区总长老。朱文正从小在教会学校读书，出校后为教会服务，1945 年被公推为葛布苗族教区总长老。中华人民共和国成立后，爱国爱教，历任贵州省基督教三自爱国运动委员会第一届委员会委员，威宁政协第一届至第四届政协副主席，威宁县人民代表大会第一至第六届人民代表大会代表，在苗族群众中有较高威望，1976 年 8 月 13 日病逝于威宁，终年 78 岁。

王明道（1899－1969 年），苗族，赫章县可乐区葛布乡丫口村民组人。1906 年就读于葛布小学，1912 年葛布有不少学生毕业，要求升入高一级学校继续深造，而教会负责人（外国牧师），以“只要识得字”，读得《圣经》“为是”，阻止学生升学，激起学生的义愤。王明道、陶贵方等 6 名学生不畏洋人，联名上告到上海差会，得罪了外国人，中断了外国差会对葛布小学的资助。虽然学生自费入学，但葛布小学从此再不受外国人控制。中华人民共和国成立后，任结构教区总长老，高举“三自”（自治、自养、自传）旗帜，带领广大信徒参加社会主义建设，走爱国、爱教、荣神益人的道路，是毕节地区基督教界的开明人士。曾任赫章县人民代表大会第一至第四届代表，赫章县政协第一至第四届副主席，贵州省政协第一、二、三届委员，贵州省基督教三自爱国运动委员会第一届委员会委员。1960 年 11 月至 1961 年 1 月出席在上海召开的全国基督教第二届代表会议。著（与李朝阳联名）有《基督教传入威宁、赫章对彝苗文化的影响》《安承基的兴亡》等。“文化大革命”期间受迫害，于 1969 年含冤去世。1980 年，人民政府给予平反昭雪，对其家属给予生活补助。

李朝阳（1907－1968 年），彝族，赫章县可乐乡二村人，初中文化，结构教区总长老，赫章县基督教界知名人士。1927 年至 1932 年在赫章彝族地区教会小学任教师，1933 年至 1936 年在昭通明诚中学读书，1937 年至 1945 年在结构教会明德高、初两级小学任教师。1946 年受基督教内地会伦敦总会驻上海办事处委派为结构总堂传道。中华人民共和国成立后，1951 年被推选为赫章县各族各界代表，并任委员会常务委员。是年，参加贵州省少数民族参观团赴成都、重庆、北京等地参观。回县后向少数民族及教徒宣传抗美援朝的情况及意义。动员捐献 1 亿多元（旧币）支援抗美援朝。历任贵州省基督教三自爱国运动委员会第一届委员会委员，赫章县人民代表大会第一届至第六届代表。赫章县政协第一至第三届副主席，第四届政协常委，贵州省政协第一、二、三届委员。著（与王明道联名）有《基督教传入威宁、赫章对苗、彝文化的影响》、《安承基的兴亡》等文。“文化大革命”中被迫害，1967 年含冤去世。1980 年，县人民政府给予平反昭雪。

李正邦（1907 年 - ?），苗族，威宁人，初中文化，昭通宣道中学毕业，宗教界知名人士。1935 年至 1937 年在湖北省武昌华中协和神学院学习，1938 年后任威宁基督教循道公会牧师。1939 年至 1941 年任“光华小学”校长。1942 年至 1949 年任基督教云南威信县长海子小联区区长。中华人民共和国成立后历任威宁自治县第一至第六届人民代表大会代表，威宁政协第一至第四届常务委员会委员，贵州省第二届政协委员会委员，贵州省基督教三自爱国运动委员会筹备委员会委员，贵州省三自爱国运动委员会第一届委员会委员。1960 年 12 月至 1961 年元月出席在上海召开的全国基督教第二届代表会议。

张廷光（1906 - 1993 年），苗族，赫章县铁匠乡人，初中文化，1986 年 11 月 16 日在赫章县葛布教堂按立为牧师。1933 年至 1936 年在湖北省武昌华中协和神学院学习。中华人民共和国成立后任葛布教区总传道。历任赫章县第一届至第九届人民代表大会代表，赫章县政协第一至第七届常务委员会委员，贵州省基督教三自爱国运动委员会第一届委员会委员、常务委员、副主任，第二届委员会委员，常务委员，第三届顾问，贵州省基督教协会第一届常务委员会委员、副会长，第二届顾问。

文正榜（1919 - 1989 年），彝族，赫章县人，小学文化，结构基督教总堂总执事，1986 年 11 月 16 日按立为牧师。历任赫章县第八、九届人民代表大会代表，赫章县政协第七、八届委员会委员，贵州省第三届基督教代表会议代表，1989 年 3 月去世。

朱家林（1922 - 1994 年），苗族，初中文化，威宁大街区雨科乡轿顶山人。1981 年 9 月在贵州省基督教第二届代表会议上，由省“两会”按立为牧师。从小在教会学校学习，曾在灼乐多、大松等地任代课教师，1938 年至 1939 年在毕节百花山学习神学知识。1947 年 9 月至 1950 年 7 月在重庆神学院学习。1958 年至1959年任生产队会计。1962年至1963年在南京神学院进修。历任威宁彝族回族苗族自治县第八至第十二届人民代表大会代表，威宁第二届至第四届政协常委，第五至第九届政协副主席，威宁彝族回族苗族自治县基督教三自爱国运动委员会第一届委员会主任，县基督教教务委员会第一届委员会会长，贵州省基督教三自爱国运动委员会第二届委员会委员、常委、副主任，第三届委员会委员，贵州省基督教协会第一、二届常务委员会委员、副会长，全国基督教第三、四、五届代表会议代表，全国基督教三自爱国运动委员会第三、四、五届委员会委员。朱家林爱国爱教，有一定的宗教知识，在群众中有很高威望。1994年去世。

朱美德（1914－1992年），女，苗族，威宁大街乡大松树人，小学文化，长期从事教会工作，1981年9月在贵州省第二届基督教代表大会期间，由省"两会"按立为牧师。1922年至1924年在大松小学读书，后跟随父亲朱文正在赫章葛布教会传教。1936年至1939年在大方圣经学校学习圣经。1940年至1942年在安顺教会医院学习接生、看护。1943年至1946年在昆明滇光瞽目学校工作。1947年后回威宁务农传道。1956年至1958年在四川神学院学习。1959年在大街农业中学工作。1960年以后在大松教堂传道。历任威宁彝族回族苗族自治县政协第四至第六届委员，第七、八届常委，县基督教三自爱国运动委员会第一届委员会委员，威宁县基督教教务委员会第一届常务委员会委员、副会长，贵州省基督教三自爱国运动委员会第二、三届常务委员会委员，贵州省基督教协会第一、二届委员。朱美德有一定的宗教知识，熟悉圣经，信仰虔诚，为人正派，爱国爱教，在信教群众中，特别是在威宁、赫章妇女信教群众中有一定威信。1992年因病去世。

李国兴（1915－1970年），苗族，赫章县兴发乡包包寨人。李国兴幼年家贫，但勤奋好学，曾就读于寨上私塾和初级小学。1938年到葛布圣经班学习，毕业后回包包寨办短期培训班，学习苗语文字和汉语《圣经》，后来同张文亮、陶喜虎、王明伦、李仕明等人集中在水城岩头上用苗文翻译《赞美诗》。1946年同葛布的杨国光带着翻译稿到昆明印刷。回来后在葛布教堂从事教会工作。中华人民共和国成立后回包包寨教会传道。历任赫章县政协第一至第四届常务委员会委员，赫章县第一至第四届人民代表大会代表。曾多次出席省地宗教界代表会议。1968年4月被打成"帝国主义走狗"逮捕入狱，判刑20年。因病，于1970年7月去世。1980年平反昭雪，恢复名誉，对家属给予补助。

陶向前（1926－1990年），苗族，赫章县雉街乡苗寨组人，小学文化，1986年11月按立为牧师。少时在水城县南开区义忠乡岩头上教会小学就读。毕业后任教，并担任基督教结构教区传道，基督教东区主任。中华人民共和国成立后，协助政府创办赫章县雉街乡民族小学，并担任首任校长。1960 年受迫害，1980 年落实宗教政策后退休。退休后历任赫章县第六、七届政协委员会委员，赫章县基督教三自爱国运动委员会第一届委员会副主任，赫章县基督教教务委员会第一届委员会主任，贵州省基督教三自爱国运动委员会第三届委员会委员，省基督教协会第二届常务委员会委员。1990 年 10 月因病去世。

李玉隆（1923－2003 年），苗族，织金县人，初中文化，小学教师，基督教锡安教区传道、总长老，1951 年 5 月参与织金锡安教区三自爱国革新运动，1987 年 9 月 13 日按立为牧师。1962 年 6 月保送到南京神学院学习。历任织金县基督教三自爱国运动委员会第一届委员会主任，织金县基督教教务委员会第一届委员会会长，贵州省基督教第二至第四届代表会议代表，贵州省基督教三自爱国运动委员会第二届委员会委员，第三届常务委员会委员，贵州省基督教协会第一届常务委员会委员，第二届委员会委员，织金县第一至第五届、第十届、第十一届人民代表大会代表，第八届人民代表大会代表，县政府委员，第九届人民代表大会代表，常务委员会委员。先后出席 1985 年 4 月和 1989 年 11 月在贵阳召开的贵州省宗教界社会主义“两个文明”建设作贡献经验交流会。因参加反动邪教组织“生命会”的活动，经县“两会”领导和人民政府对其进行批评教育仍不改正，经贵州省“两会”批准，于 1995 年 5 月 4 日撤销其牧师圣职。

杨志光（1907－2004 年），女，彝族，大方县人，初中文化，大方教会执事。中华人民共和国成立后，积极参加爱国、爱教活动。1953 年 4 月任大方县基督教革新运动委员会负责人。历任贵州省基督教第一届、第三届、第四届、第五届代表会议代表，贵州省基督教三自爱国运动委员会第二、三届委员会委员，贵州省基督教协会第二届常务委员会委员，毕节市基督教教务委员会会长、牧师（1987 年 9 月 13 日按立）。2004 年 4 月去世。

（二）人物简介

杨明德，女，彝族，1911 年生，大方县人，小学文化，1987 年 9 月 13 日按立为牧师。历任大方县第八、九届人民代表大会代表，大方县第一至第五届政协常务委员会委员，大方县基督教三自爱国运动委员会第一、二届委员会主任，大方县基督教教务委员会第一、二届委员会会长。

安承明，彝族，1922 年生，赫章县人，初中文化，赫章县结构总堂总长老兼结构支堂长老。1952 年 12 月初，组织发起葛布、结构两个总堂联合的三自革新运动，并为主持人和负责人。历任赫章县政协第一届委员会常委，赫章县人民代表大会第一届至第三届代表。

马显文，苗族，1922 年生，纳雍县维新镇人，初中文化，小学教师，牧师。1946 年至 1951 年 6 月在重庆神学院学习。毕业后回纳雍积极参加 9 月 14 日至

16日的纳雍县基督教革新运动。1962年6月被保送到南京神学院学习，1963年8月结业。先后出席1985年4月、1989年10月、1995年11月在贵阳召开的贵州省宗教界社会主义“两个文明”作贡献经验交流会，并作典型交流发言，受到与会人员的称赞。历任纳雍县第二届至第十二届人民代表大会代表，纳雍县第一至第三届政协委员会委员，第四至第六届政协常务委员会委员，纳雍县基督教三自爱国运动委员会第一届常务委员会委员，第二、三届委员会主任，第四届委员会名誉主任，纳雍县基督教教务委员第一届、第三届委员会主任，第四届委员会名誉主任，贵州省基督教三自爱国运动委员会第一、二届委员会委员，第三届委员会常务委员，贵州省基督教协会第一、二届委员会委员。

安万珍，女，彝族，1934年6月生，威宁人，小学文化，1989年8月27日按立为牧师。历任威宁彝族回族苗族自治县第七至第十一届政协委员会委员，县基督教三自爱国运动委员会第一届委员会委员，第二届委员会副主任，县基督教教务委员会第一、二届委员会常务委员，全国基督教第六届代表大会代表，第六届全国基督教三自爱国运动委员会委员。

文富华，彝族，1943年生，赫章县人，初中文化，1986年11月6日按立为牧师。历任赫章县政协第七届至第十一届常务委员会委员，赫章县基督教三自爱国运动委员会第二、三届委员会主任，第四届县基督教“两会”常务委员，贵州省基督教三自爱国运动委员会第三届委员会常务委员，第四届委员会副主任，贵州省基督教协会第二、三届委员会委员，全国基督教第四届代表大会（1986年8月在北京召开）代表，第四届全国基督教三自爱国运动委员会委员，第七届全国基督教三自爱国运动委员会代表大会（2002年5月22日在北京召开）代表，第七届全国基督教三自爱国运动委员会委员，第八、九届贵州省政协委员会委员。

朱德成，苗族，1920年生，威宁大街区大街乡营中村人，高中文化，从小就读于教会学校，毕业后曾参加贵州省基督教布道团，任教于清镇、织金、水城等地。中华人民共和国成立后回乡务农，1986年11月16日被按立为牧师。历任威宁彝族回族苗族自治县政协第七至第九届委员会委员，县基督教三自爱国运动委员会第一、二届委员会副主任，县教务委员会第一、二届委员会委员，贵州省基督教三自爱国运动委员会第三届委员会委员，贵州省基督教协会第二届委员会常务委员。

四　教　徒

自基督教传入毕节地区后，正值兵荒马乱之际，清末没有具体的统计数据，从“柏格理日记”和部分回忆资料看，1910年全区信教人数不上万人，到了

1920年，全区循道公会为3498人，女执事会为657人。当时内地会遍及安顺、六盘水、毕节地区，信教人数也只有5279人。信教人数最多的是威宁，为6821人，它含循道公会和内地会，除去循道公会的3798人，内地会实际人口只是3023人。到1940年，信教人数有10000多人。1949年，全区信教人数达30000人。

中华人民共和国成立初期，全地区有基督教徒3.4万人，其中苗族1.083万人，彝族1.19万人，汉族200人，主要分布在威宁、赫章、水城（现属六盘水市）、大方、纳雍、织金、毕节7个县的45个区、160多个乡镇。1954年至1956年，全地区教徒有所增加，1957年后，特别是1958年的“大跃进”以来，宗教活动场所被压缩，大多数教堂被捐献给集体办福利事业，大多数教徒放弃了宗教信仰。据1960年12月统计，全区仅有基督教徒1.24万人，占原有教徒人数的40.97%，放弃宗教信仰的1.04万人，占原有教徒人数的34.23%。1962年12月底统计，全区基督教信徒仅有7000人。1966年至1976年的“文化大革命”期间，宗教活动处于低潮时期，宗教活动由公开活动转向地下活动。1976年“文化大革命”结束后，党中央重申党的宗教信仰自由政策，基督教的宗教活动又由地下活动转为公开活动。到1982年，全地区有信徒3.2万人。1990年达6万余人，分布于全地区的8个县。1996年，全区信教人数为6.8万人。到2001年6月底，全地区有信徒7.65万人，主要分布于毕节市的市西、市东、大桥、田坝、阴底、岔河、层台、燕子口、小吉、野角、梨树、长春、青场、何官屯、田坎、朱昌、八寨坪、海子街、龙场、大屯、阿市、普宜；大方县的城关、沙厂、响水、竹园、东关、文阁、鼎新、绿塘、猫场、牛场、高店、马场、理化、羊场、小屯、安乐、核桃、六龙、凤山、三元、八堡、兴隆、大山、长石、飘井、星宿；黔西县的城关、金坡、甘棠、钟山、雨朵、协和、绿化；金沙县的箐门、马路、岩孔、平坝；织金县的上坪寨、实兴、黑土、阿弓、熊家场、城关、营合，绮陌、八步、纳雍、化起、大平、牛场、猪场、鸡场、支东、龙场；纳雍县的雍熙、维新、董地、厍东关、阳长、老凹坝、龙场、化作、姑开、羊场、锅圈岩、昆寨、猪场、左鸠戛、新房、乐治；威宁县的城关、幺站、金钟、东风、二塘、龙场、黑石、哲觉、哈喇河、斗古、黑土河、炉山、石门坎、龙街、雪山、大街、观风海、兔街、小海、羊街、板底、秀山、盐仓、云贵；赫章县的城关、白果、妈姑，水塘堡、兴发、松林、雉街、珠市、双坪、罗州、铁匠、辅处、可乐、德卓、河镇、安乐溪、结构、朱明、财神、六曲河、姑基、达依、古达、平山、哲庄等乡（镇、办事处）。

据不完全统计，到2002年3月底，毕节地区共有信徒8.3万人，按县（市）分，毕节市3260人，大方县6661人，黔西县499人，金沙县273人，织金县2896人，纳雍县3776人，威宁彝族回族苗族自治县2.84万人，赫章县3.72万人。其中少数民族信徒为6.51万人（大多为彝族、苗族）。2003年年底，全区共有信徒8.53万人，其中毕节3348人、大方7836人、黔西500人、金沙273人、织金2896人、纳雍3776人、赫章3.77万人、威宁2.9万人。

五　经典、教义、教规、礼仪及主要节日

（一）经典

教徒信仰的依据为《圣经》，《圣经》包括《新约全书》和《旧约全书》，《旧约全书》是从犹太教继承下来的经典。共有39卷，主要内容包括犹太人的历史传说故事、宗教法典、宗教政治论著、宗教文学作品等。《新约全书》共27卷，其中包括关于耶酥升天后他的使徒们在各地传教和建教会的故事一卷《使徒行传》、关于耶酥生平言行的故事4卷《福音》、21卷《使徒书信》和最后一卷《启示录》。

（二）信经

《使徒信经》为信徒信仰的纲要，受洗时必读的经文，其中包括三项要理：1. 圣父上帝是创造万物和人类的；2. 圣子耶酥基督是救赎人类的；3. 圣灵是叫一切信主的人成圣的。但有的宗派不采用固定的信条。

（三）诫命

按照《圣经》故事说，十诫是耶和华所授，并命先知摩西颁行。其内容是：除上帝以外，不许拜别的神；不准制造和敬拜偶像，不准妄称耶和华的名；六日勤劳作工，第七日守安息日为圣日；须孝敬父母；不许杀人；不许奸淫；不许偷盗；不许作假见证害人；不许贪恋他人的一切所有。

（四）圣事

庄严肃穆的神圣事件是基督教的圣事，主要有两件，即洗礼和圣餐。

洗礼：洗礼是入教者必须领受的一件圣事。经过洗礼，受洗者才成为真正的信徒。受洗者在受洗之前要接受一段时间的基本教义培训并口试合格。洗礼一般有点水礼和浸礼两种。点水礼由牧师用手沾上“圣水”（所祷祝圣的清水）点在受洗者额上，口里念“奉圣父、圣子、圣灵之名，为你施洗”。有的还沾水在受洗者额上画十字架“圣号”。浸礼多数在教堂特设的“浸礼池”中进行。牧师和受洗人都立在池中，由牧师扶受洗者快速在水中浸一下全身，并念道：“奉圣父、圣子、圣灵之名，为你施洗”。洗礼表示受洗者悔改信主，已经过圣水洗净罪过。

圣餐：圣餐一般教会每月都要举行一次，是教徒必须经常领受的圣事。有

的教会还规定每位教徒每年至少领圣餐一次、三次或更多次。举行圣餐时，牧师先用饼和葡萄酒（有的用葡萄汁）祝圣，再切开面饼分成小块给受礼者吃下。将酒倒在小杯中分给每人喝下，以此表示纪念耶酥为罪人而死，并用“宝血”为人洗罪。圣饼表示耶酥的身体，葡萄酒表示耶酥的血液。若信徒违反了教规，没有达到被开除的地步，可由牧师停止领圣餐一段时间，以示处罚。

（五）礼拜

每个星期日举行，多在礼拜堂内举行，是基督教的主要宗教活动。多由牧师领主礼。教会礼拜的程序，一般包括唱诗、祈祷、读经、讲道等内容。

主日：主日亦称礼拜日，是对星期日的别称。据《新约圣经》载：耶稣在安息日前一天（即星期五）被钉死在十字架上，死后于安息日后的一天（即星期天）复活，也即第三天复活。基督教据此将星期天称为“主日”，意思是“主的日子”，信徒要举行聚会活动。

（六）主要节日

基督教的主要节日有圣诞节、复活节、受难节。

圣诞节：每年 12 月 25 日为基督教的传统节日——圣诞节。《圣经》中并无耶酥诞生的日期记载，圣诞节开始于公元 336 年的罗马教会。以后为广大教民所接受，现在已成为西方基督教国家全民性的节日。圣诞节从 12 月 24 日日落正式开始，称“圣诞夜”。教会组织庆祝活动，活动中有唱赞颂歌、装扮成圣诞老人向参加活动者赠送圣诞礼物等活动。人们互赠印有耶稣降生图画和祝愿语的圣诞贺卡。

复活节：复活节是纪念耶酥的“复活”，是基督教的传统节日。据《新约圣经》记载，耶稣钉死在十字架后第三日“复活”，公元 325 年第一次尼西亚大公会议规定，每年春分月圆后第一个主日（3 月 21 日 –4 月 25 日之间）为复活节，如果春分后第一次月圆恰好是主日，复活节则要顺延一周。到了复活节，要举行隆重的礼拜来庆祝耶酥复活。

第三节　实业及福利事业

一　教　育

1904 年基督教传入毕节地区，针对大多数教徒是少数民族，大部分不通汉语，教会以办教育促传教方式，积极开展学校教育，并创制了苗族文字。基督教各派在毕节地区开办的学校主要是小学，中学只有三所，同时也开办“圣经学校”。到1949年止，基督教各派断断续续在毕节地区开办的小学不下百所，仅循道公会在威宁留下的小学就有47所。教会办的学校分别为：赫章葛布内地会“志华小学”及附属小学、赫章结构内地会“明德小学”及附属小学、赫章珠市内地会小学及附属小学、赫章葛布内地会圣经学校、赫章葛布内地会瞽目学校、威宁石门坎循道公会“光华小学”及附属小学、威宁四方井循道公会“崇德小学”及附属小学、威宁城关循道公会“崇实小学”及附属小学、大定女执事会“宽爱小学”及附属小学、大定女执事会圣经学堂、大定女执事会女子神学院、毕节女执事会“崇德小学”、黔西女执事会“博爱小学”、织金白马洞内地会附属小学、威宁石门坎循道公会边疆民族中学、威宁循道公会崇实中学、毕节女执事会德生中学。

教会典型小学简介

石门坎光华小学　建成于1906年，首批收学生20人，青壮年占大多数，教师是昭通人王玉洁。学校打破中国传统的教育方式，课程有看图识字、连词成句、算术、音乐、图画、自然、生理卫生等。中华民国成立后，采用国民政府教育部审订的新学制国文课本，但仍保留神学《圣经》课程。1909年，柏格理回国度假期间募集到捐款，后又通过柏格理的积极活动，得到循道公会的津贴，开始增建教学楼、宿舍、礼堂、游泳池、运动场等设施。到中华人民共和国成立前，教会占地10亩，房屋7栋；中学1所，占地面积10亩，房屋6栋；小学1所，房屋14栋；药房1所，占地1亩，房屋1栋；试种场占地2亩，房屋3栋；麻疯院1所，占地8亩，房屋8栋；孤儿院1所，房屋2栋。随着教会传教的范围扩大，光华小学又建立一批分校。1910年，学校举办师资培训班，为各分校培训师资。1912年，光华小学办成6年制完小，分男、女二部，在校生达400多人，加上分校，学生达2000多人。1926年改为新学制，1936年后完全废除宗教课。光华小学最有特色的教学方法是实行汉、苗双语教学，堪称中国教育史上实行双语教学最早的学校。苗语课本采用柏格理等人编著的《苗族原始读本》。除正规小学外，还主办夜校，课本采用《平民夜课》（4册）。光华小学每年端阳节不定期举办运动会，比赛项目有田径、体操、足球、拔河等，与此同时还举行歌咏比赛、妇女穿针、绩麻、穿裙、文化测验等活动。1936年，学校初、高两级学生考试，均由石门坎光华小学统一命题、统一评卷。各分校毕业生集中到石门坎，由中、小学组织考试。光华小学毕业生数以千计，升入中学和中专深造的有200多名。升入华西大学（后改为华西医科大学，现合并为四川大学）和神学院深造的有30多名，其中吴性纯、张超伦、杨汉先、朱焕章、张斐然等人成为苗族历史上第一批接受现代教育的知识分子。由于苗族文化的提高，使其具有强烈的爱国热情和正义感。1915 年，杨雅各等人为云南讨袁军捐 1000 块大洋，同时应蔡锷之请，派学生就读昆明师范学校和士官学校，为讨袁军充当后备生力军。“九·一八”事变后，该校有 8 名学生参加抗日战争，其中有 6 名为国捐躯。1938 年，该校选送到外地读书深造的学生发表《告石川联区同胞书》，抗议国民党特务凌辱苗族妇女，号召团结抗日。1949 年，该校毕业的学生张斐然等参加共产党领导的武装斗争。

葛布志华小学　党居仁到葛布开办教会后，1906 年创办了教会小学，取名为迪良小学。1910 年，王马太家失火，引燃教堂及学校，教会全部财产付之一炬。党居仁在安顺闻迅后及时呈报总会，由总会通知各地教会捐助，首先修复学校复课。迪良小学开办后，受到当地人民的极大欢迎，附近的彝族、苗族子弟都来校读书，甚至一些结了婚的成年人也和蒙童一道发蒙。1913 年，开设高小班，学生 20 名；同时开设初小女子班，学生增加到 200 人左右。在筹划初中班时，党居仁遭雷击而死，经费来源困难，只能维持初小班。1928 年，威宁大松树杨志成、王明伦等共同倡仪重建葛布小学，得到群众的支持，学校得以恢复。1929 年农历 2 月 15 日举行开学礼典，有高小学生 35 人，初小学生 160 人，苗族学生 106 人。1930 年学生增至 415 人，学校正式办成完小，正式改名为“志华小学”。志华小学在中华民国建立前，按清政府规定的教学方式授课，中华民国建立后，按国民政府教育部规定教学大纲授课。初小设国语、算术、常识、音乐、美术、手工、习字等科目；高小设有国文、算术、历史、地理、英语、自然、修身等科目。手工课学习剪贴、刺绣、编织等。国文课学文言文，作文也用文言写。20 世纪 20 – 30 年代，开设公民课，高小开设三民主义课。1947 年，小学完全采用教育部编辑出版的教科书：《初小国语常识》（1—8 册）、《初小算术》（1—8 册）、《高小公民》（1—4 册）、《高小语文》（1—4 册）、《高小历史》（1—4 册）、《高小地理》（1—4 册）、《高小自然》（1—4 册）。学校体育活动比较活跃，活动项目主要有篮球、撑杆跳高、平地跳高、三级跳远，平地跳远等。由于内地会主要强调灵修，主张学生只要读完小学能读《圣经》即可，志华小学培养出来的学生大部分只有小学水平，只有个别学生不满现状，到外地继续读初中和高中。志华小学在 1906 – 1949 年间，为葛布附近培养了几千名小学毕业生，在当地有极好的声誉。

大定宽爱小学　创办于 1918 年，开办时名为“华西两级小学”，只办一至四年级，采用复式教学，一、二年级为一个班，三、四年级为一个班，分男女两校，男校由鲍宽爱任校长，女校由程绍光任校长，两校由王约翰、杨万选等为教员。使用国民政府教育部审定的教科书。学生由各支堂选送，一部分是教会收养的孤儿。孤儿不收学费，选送生每人每月交包谷35－42斤，油、盐、菜由学校承担。一百多名学生住校，学生生病吃药打针不付钱，学生每天早上要做一次简短的礼拜才到教室上课。四年级开设英语课，后来又请教育界很有名望的杨茨青（曾留学日本）、臧如阶、章禹生（均为秀才）等任课，学生受益很大。第一期毕业24名，选送优秀学生杨景尧、杨显光、王鑫甫、马应祥、杨某某到四川泸州华西中学学习。1925年，大定华西小学更名“崇实两级小学”，学生增加到300多名。男校聘请吴蒲青、陈抚生、孙铫耕、吴德祺、肖人楷、靳幼堂等兼课。女校请徐道珍、符静华、孙淑媛为教员，女校长程绍光，因教会事务多，又从四川聘段琨继任校长，廖慕仁、符书云、程绍光、杨志光为教师。1932年，送优秀毕业生李朝轩、李道、王桂昌、姜国芳等人到铜仁明德中学深造。李朝轩毕业后又被送往长沙神学院学习两年。李朝轩毕业后回到崇实小学任教。1934年，鲍宽爱逝世，学校改名为“大定宽爱小学”。杨景尧合并男女二校，全校学生200多人。1951年，人民政府接管，更名城南小学（现大方城关二小）。宽爱小学自1918至1950年止，有400多学生毕业，有10多名到大学深造，为当地教育发展作出应有的贡献。

毕节女执事会崇德小学　创办于1926年，收教徒子女几十人，分男、女两个班进行教学，开设有国语、算术、圣经等课程。1927年，定名为“毕节私立崇德小学”，拟办成完全小学，学生达40多人。因师资缺乏，采用复式教学方式教学，一、二年级为1班，三、四年级为1班，男校由王绍纲负责，女校由周贞一（女）负责。1929年，罗仁卿担任校长。高年级学生食宿在校，实行晚自习。学生免费入学，经费由教会支出。1932年，教会经费紧张，崇德小学停办。

大定宽爱二小　创办于1907年，地点在今纳雍县姑开发珠寨。1907年党居仁派杨锡光到发珠寨修建教堂并开始办学。接着，胡雅各到发珠寨驻会任传道兼教师，教师的生活费由内地会发给。学生入学后读《三字经》《百家姓》《圣经》等启蒙书。1912年，安顺内地会派德国女执事会鲍宽爱等到大定城设立教会总堂，内地会发珠寨小学归女执事会管理。鲍宽爱去世后，更名为宽爱二小，教会派传教人员李摩西驻会办学。1925年，发珠寨仍然教四书五经与《圣经》，女执事会从大定派杨约瑟、龙绍周等人担任教师，办学的各项开支由教会负责。1935年后，教会开始实行自立，女执事会派马应祥到发珠寨传教办学，始开国文、算术、音乐、体育、图画等课程。但学校只办到初小，高小要到宽爱小学就读。教会自立后，经费很紧张，每个学生除每年要交115－200块小洋外，还须交猪肉、猪油各半斤，作为老师的生活补贴。1949年，发珠小学失火，学校停办。

石门坎循道公会西南边疆民族中学　筹办于1941年，其发起人是朱焕章、杨砥中和陇体芳。在教会的参与下组成董事会，杨砥中任董事长，朱焕章任校长。经费由教会、董事会和苗族群众各捐三分之一。1943年正式开学。课程有语文、英语、历史、地理、数学、物理、化学、生物、体育、音乐、美术等。成立石门坎中学后，光华小学的毕业生直接升入中学学习。据不完全统计，从石门坎中学到外地深造的学生数百人，大专院校毕业或肄业的30余人，中专上百余人，中、小学毕业生达数千人。1949年后，石门坎循道公会西南边疆民族中学被人民政府接管，改名为石门坎民族中学。

葛布贵州彝苗圣经学校　创办于1938年，创办人刘谷森，创办目的是培养一批年壮力强的传道人员。修学期为3年，每年学习3－5个月，学生以能书写记录为合格，年龄不限，生活费自理；课程有圣经、国文、数学、诗歌等，每期招学生30－40人。1940年第一期学生毕业。此后圣经学校读书学生越来越多，学校只得连年增班，每年都有学生毕业，圣经学校于1949年停办。

大定女执事会女子神学院　创办于1934年，主讲人是上海伯特利神学院毕业的姚淑珍，另请严惠珍和独山的廖慕仁参加讲课。主要讲授圣经。学生绝大多数是大定、毕节两县的青年妇女，另有独山和织金1名女青年。学习期限3年，只办1期就停了。毕业后派学生陈朝光、杨祖光、张邦贤、刘建一等往黔东南的锦屏、黎平、三江等地开展传教工作。

葛布瞽目学校　创办于1942年。1942年葛布教会的朱美德（女）到安顺参加短期圣经学校学习，结识从昆明前去学习的一盲人汉族女子（张忠信），学习结束后，两人一道来到葛布，倡办一所瞽目学校，给失明青年找生活出路。这一倡议得到驻会牧师罗德伟的支持，当时决定：校舍暂设离葛布约20里的法都安家院子，经费由教会量力捐助。次年，瞽目学校由法都迁回葛布，经费由上海福利会负责，教会尽力协助。瞽目学校开办后，学生猛增到几十人。教师张忠信教盲文，王明文、朱美德等协助。学生除读书外，还学习各种手工艺。1954年，瞽目学校迁往安顺，合并为安顺瞽目学校。

二　医疗卫生

20世纪初，传教士在各个教堂都设有诊所，有的还开设了医院，为贫苦病人实行免费或半免费诊治，扩大教会对当地群众的影响。其中较出名的有威宁石门坎平民医院、麻疯医院、毕节撒拉溪麻疯病院等。到1949年，区内有名的教会医疗机构有：葛布教会福音诊所、结构教会福音诊所、石门坎教会平民医院、石门坎教会麻疯病院、大定女执事会医院（未挂牌）、毕节女执事会医院（未挂牌）、毕节女执事会撒拉溪麻疯病院。

以上这些诊所和医院，大部分只有一两名专职或兼职的医护人员，设备相对简陋，条件有限，只能对普通的病例进行治疗而已。仅将其中较具规模的几所简介如下：

石门坎教会平民医院　创办于1904年，始称药房。开始由英国传教士代管，主要负责人是柏格理夫人韩孝贞。平时和礼拜天给生病的孩子和教徒发药打针。1915年，石门坎一带伤寒流行，波及到全校师生，柏格理及夫人韩孝贞日夜护理生病的师生，柏格理不幸感染伤寒而去逝。1930年，吴性纯由四川华西大学毕业回来接管药房，改名为平民医院，医务护理人员全是苗族。1934年吴性纯调往昭通福滇医院后又恢复为药房，由杨忠明护士负责。1941－1948年由朱明义护士负责。1949－1952年由李德美护士（女）负责。中华人民共和国成立后，由人民政府接管，将药房扩建为石门坎医院。

石门坎教会麻疯病院　柏格理在石门坎传教时，曾闻广西都督陆荣廷诱杀麻疯病患者的事件，积极著文加以谴责，并与世界麻疯病协会取得联系，争取到捐款，筹建麻疯病院，因选址困难，就将此款购买粮食布匹，逐月发给麻疯病人。1919年，柏格理的继任者张道惠（英国传道士）和传道士杨雅各、张武、钟焕然在石门坎建成了贵州境内的第一所麻疯病院，两年后开始收治病人，首批就收30多个病人。病院由周汉章管理员具体负责。病院所需药物全部由石门坎药房负责。这些病人都是外地送到石门坎就医的。1950年后由人民政府卫生部接管。不久与毕节撒拉溪麻疯病院合并。1956年恢复石门坎麻风病院。

大定女执事会医院　开办于1910年，鲍宽爱等到达大定后，就开门诊接待客人。1916年教堂修好后单独设立药房和门诊室，由女教士鲍宽爱负责，另培训一位青年人杨利未在药房售药及料理琐碎事务。1918年，鲍宽爱担任华西小学校长后由李喜德接管。当时一般常见病如伤寒、痢疾、疟疾等病，西药常常起效，到药房来拣药的人除了信徒外，还有乡下的贫苦群众，但发药时区别对待，凡是穷人一律免费施诊；对能负担药费的富人，就按价收费。药房治病送药，救死扶伤，深得群众的信任和好评。加之程绍光（女，贵阳人）在湖南德生医院学习过妇产科，诊所和药房就开设内科、外科和妇产科。诊所为大定不挂牌的医院。中华人民共和国成立后，外国传教士撤离，药房和诊所停办。

毕节女执事会医院　女执事会1921年到毕节城关开展传教，同时也开药房和诊所。苏宽仁是医学学校毕业的，她的医术诊断重在看病人的眼，从病人眼里的血丝就可以判断出病人的疾病。她到毕节后，得到赵济普的协助，就将药房扩大为医院。后来又得到国际红十字会的援助，医疗器械和药品都较为先进，先后收几位瘫痪的女病人住院而名噪一时，群众纷纷到教堂求医索药。1926年贵州省主席周西成开禁种植鸦片，毕节城内到处是烟馆，教会办起了戒烟所，许多人戒了烟成为基督教徒。由于军阀割据，内战不休，经常有伤兵到医院内治疗，兵痞们才不得不对教会尊重。1927－1929年，地方势力派朱炳章两次攻打毕节城，造成官府和地方实力派双方伤亡惨重，双方的伤员由教会里的红十字会到阵地上抢救并抬回治疗。这些举动都得到官府和豪强的默认，教会和教会医院才得以幸免。中华人民共和国成立后，教会医院撤走。

毕节女执事会撒拉溪麻疯病院　1931年，苏宽仁在省政府主席周西成的岳父钱和生的帮助下，在毕节杨家湾撒拉溪购置土地五亩，拆去原来的佛教庙宇等建筑，修建了四幢房屋，正式开办麻疯病院，收容30位病人。到1935年，病人增加到60多人。教会派教徒张路加和王亚伯负责管理。第二次世界大战爆发后，女执事会差会所在国为敌国，各种联系中断，该院经费也中断。病人生活给养困难，教会报呈政府解决。1942年，由省卫生署拨款每年补助法币1200元，粮食按人数由地方粮仓支出。1946年，内地会传教士费济华（加拿大人）接管该院。费接手后，将毕节撒拉溪麻疯病院15岁以下的孩童进行隔离观察和抚养。在费济华管理期间，对病人进行了药物治疗，药物是美国麻疯病委会员捐助的蒲洛明（promin）和荻亚松（DiaZone）。病人住院最高峰达270人。1951年9月10日政府接管时尚有病人218名，全院医护勤杂人员21人。费氏办院的目标是：希望他们（指病人）从乞丐的地位提高为自尊、有用、快乐而负责的人，更希望训练他们，让他们如有再回家团圆之时，可过一个更好的生活。在费氏接办的几年时间内，康复出院的病人达89人。

三　其他社会服务事业

（一）慈善事业

基督教在毕节地区办不少的慈善事业。凡遇旱灾、雹灾、虫灾，基督教会发放贷款或购买粮食对灾民进行赈济，如循道公会1908年鉴于石门坎一带遭旱灾，王树德请准“华洋义赈会”以工代赈，从梭戛大土目陇家那里买得包谷5.6万斤放赈，受赈灾民600余人集中在石门坎，他们每人每天领一份粮食。领到粮后，他们上山给教会植树，绿化石门坎的环境，种完树后又为教会修通石门坎去昭通的路。1919年，威宁普遍受灾荒，循道公会的张道惠和内地会的裴忠谦分别对石门坎周围和葛布周围的灾民进行赈济。与此同时，基督教会还办一批孤儿院，如大定女执事会孤儿院，石门坎循道公会孤儿院，毕节上海伯特利教会、女执事会合办的战时儿童保育院等，对孤儿和老弱病残进行特殊的照顾，以彰显教会的慈善。

大定女执事会孤儿院　1916年大定女执事会教堂落成后，就开办孤儿院。开始收10多个父母双亡无依无靠的孤儿。1922年，由于旱灾、雹灾、虫灾等相继为害，出现了第二年大灾荒，绝大部分人只吃草根树皮，孩子无法养活。听说福音堂办慈善事业，在夜深人静时就有人悄悄把孩子丢在教堂门口，传教士看到后，就收进了教堂，由女教士符克伯照看。生病的孩子，教会尽力医治抢救，死的安埋在教会墓地里，治愈的就分男女各住一房进行抚养。生活不能自理的单独安排在另一间房间由护理员看护。教会先后收100多名孤儿，长大送进学校念书。学习上进的，教会给予深造的机会。不求上进的，给他们另谋职业安置。在收养孤儿的同时，又收养一批无依无靠的孤老。1950年，人民政府接管后，这批残废的人有的被送去黔西老残院，有的被送到安顺瞽目学校，他们得到了人民政府的关怀和照顾。

石门坎循道公会孤儿院　成立于20世纪40年代末，场地选在石门坎对面的雨撒村。教会指派张文明为院长。孤儿院成立时收了22个孤儿，最小的仅有6岁，最大的有14岁。但教会的经费太少，张文明亲自犁地种庄稼解决孤儿的吃用，平时教孤儿唱歌识字，张妻协助管理孤儿院。1950年停办。

毕节上海伯特利教会、女执事会合办战时儿童保育院　1939年中国儿童福利会（会长宋庆龄）从湖北护送一批难童经重庆至贵州，委托贵州的“上海伯特利教会”代管，基金由中国儿童福利会募集，伯特利教会派林景康牧师与女执事会联系，暂借女执事会孤儿院为难童住所，伯特利教会随即派鄂恩普（女）到毕节，与女执事会一道成立毕节地区战时儿童保育院，鄂恩普任院长，郭跃西夫妇及女执事会的几位老师协助管理。难童全是小学生，以后升入伯特利中学读初中。抗战胜利后，多数学生被遣回原籍，少数儿童继续留校学习，不久迁往香港，毕节战时保育院解散。

（二）其他事业

邮政代办所　1910年春，柏格理同安顺党居仁联系，以葛布教会和石门坎教会的名义呈请贵州邮政总局批准，设立葛布邮政代办和石门坎邮政代办。由于葛布无专人出面做这项工作而告吹。同年夏天，柏格理又以石门坎教会与昭通和毕节在信息联络上不畅为由，再向贵州省邮政总局申请在石门坎办邮政代办所，获得批准，是年8月石门坎代办所通邮，可以直接往贵阳、安顺和昆明发送邮件。连接石门坎教会邮政代办所的邮路主要是为教会服务的，邮政路线全部按教会的教堂或创办的学校为点连接，它们是：毕节—野马川—水塘—葛布—大松树—陆家营—石门坎—昭通。1911年，党居仁指定兴隆厂的罗彼得、张基律2人每月定期到威宁寄取邮件、包裹。1917年，葛布教会的裴忠谦以教会的名义向贵州省邮政总局申请在葛布办理邮政代办所获准，葛布至威宁的邮路开通，以此同石门坎教会邮政代办所相衔接。葛布教会邮政代办所与威宁邮局的收接和发送每10天为1次。搞投递工作的邮递员由地方邮局的专门人员承担，教会不派人。各个点的收发有专人负责，信件和邮件很少丢失。邮政代办员有的专职，有的兼职。中华人民共和国成立后，邮政代办所取消，但它开了边远落后少数民族地区邮政的先河，对传递信息起到了应有的作用。

石门坎循道公会良种试验推广部　1942 年由王明基、冯家棂 2 人创建。良种试验推广部拥有试种场 2 亩，房屋 3 栋。其任务是培育各种农作物良种、手工纺毛线、织布等制品。从各个堂口选青年男女 10 余人到部里集中学习和试验，成功后回各堂口进行推广。良种试验推广部的成立，对少数民族地区的生产生活起到极大的推动作用。

附录：

苗族信教史老苗文碑文

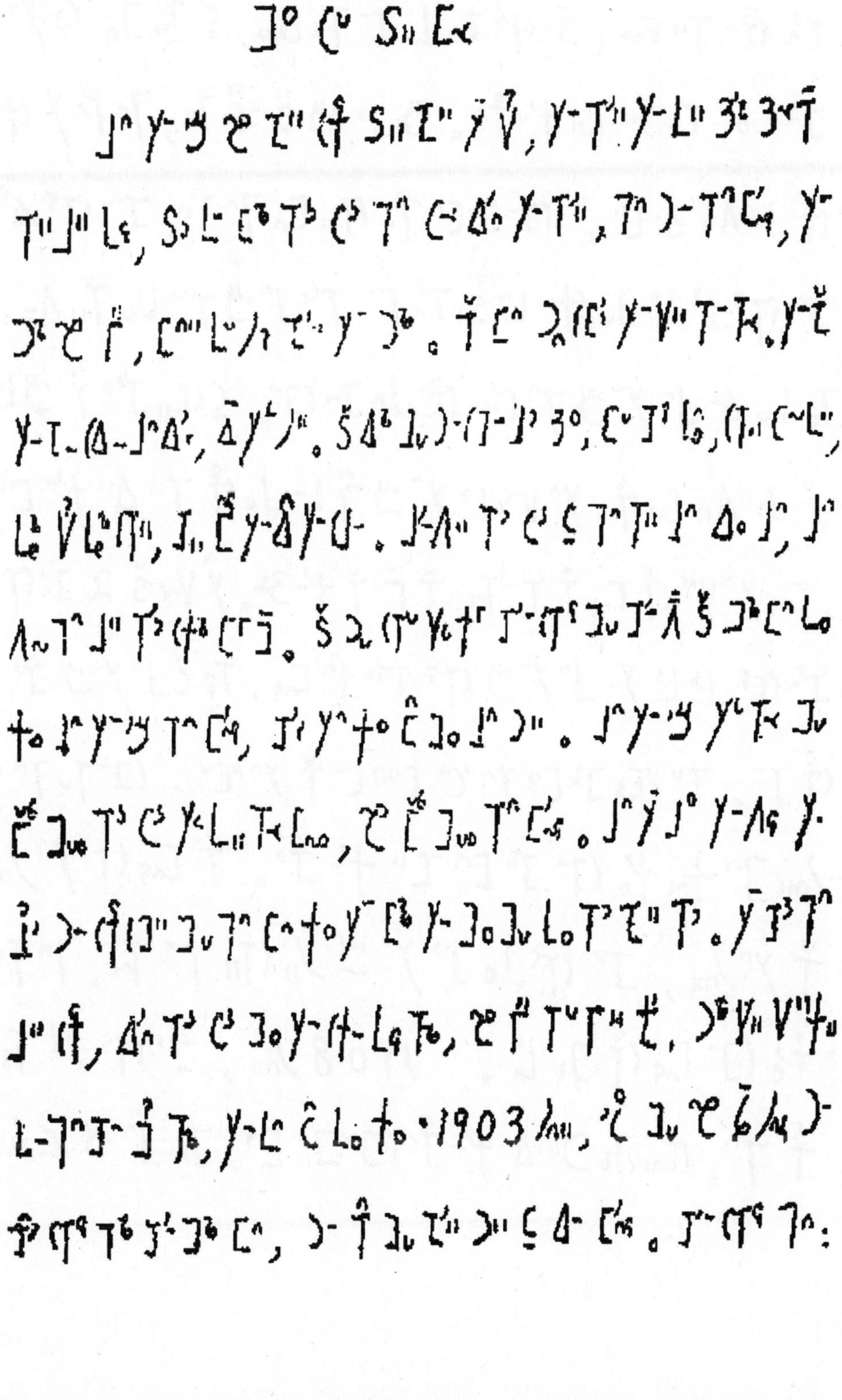

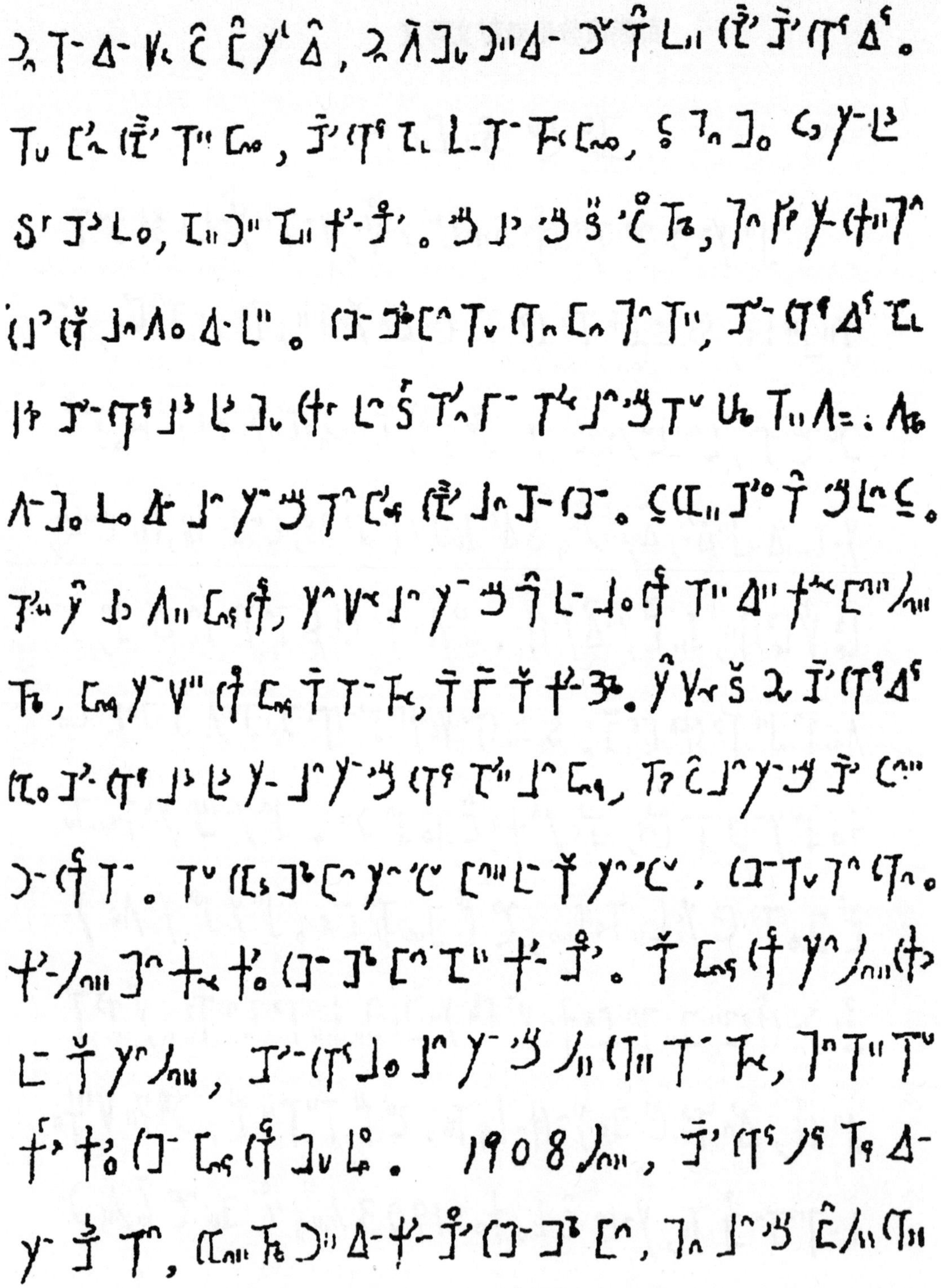

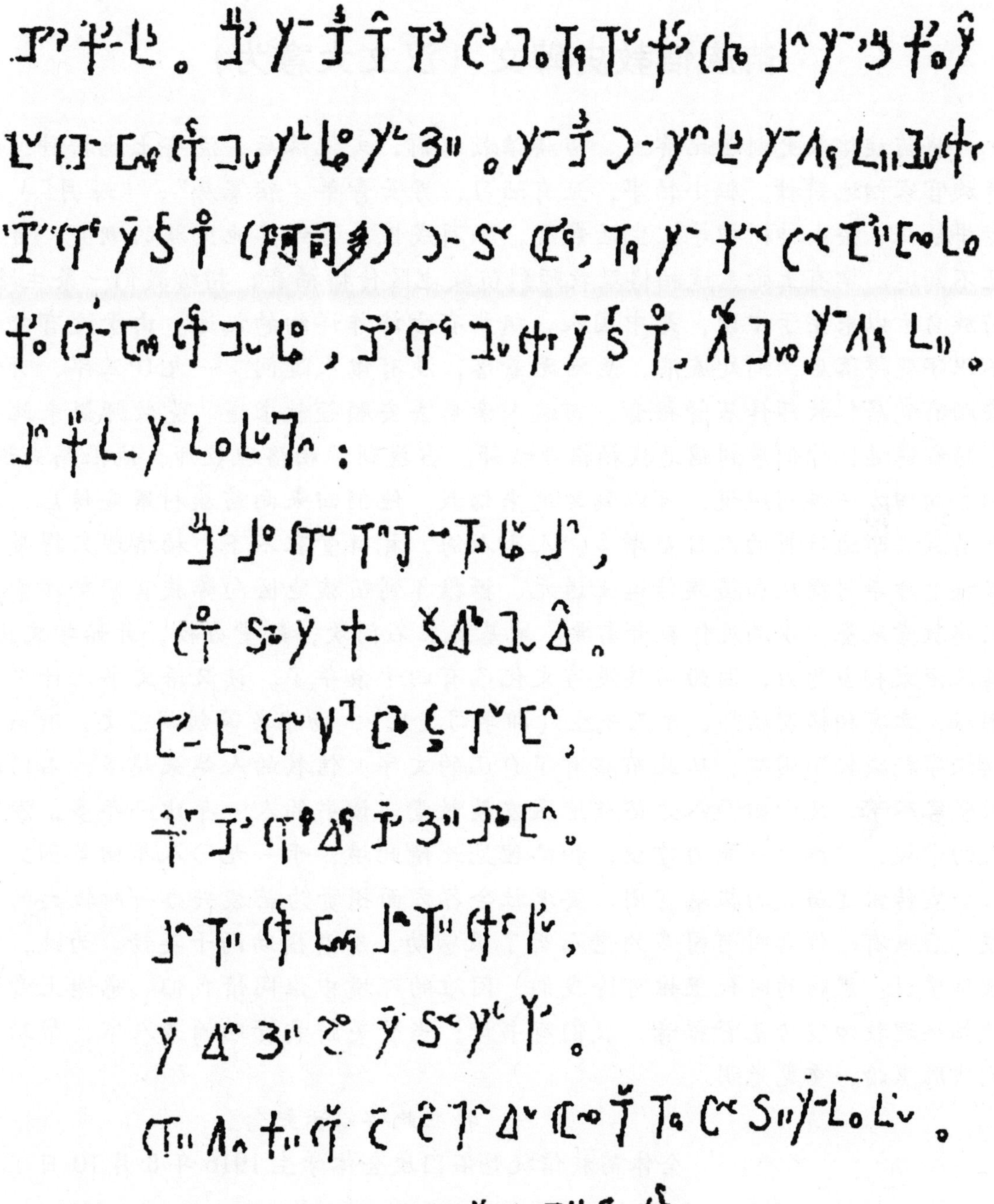
(阿司多)
1916

苗族信教史碑文（汉文大意为）

将苗族信教史刻在此碑上。苗族信教以前，文化落后，没有土地耕种，向彝族官家佃地耕种。胆小怕事，且有陋习，男女青年“宿寨房”、“踩月”、打老牛祭祖、祭山神树神等，生活散漫，酗酒成性，遭到其他民族的嘲笑，自己还不知道。幸有上帝差遣柏格理牧师到苗族地区传播福音，指给我们一条生路。苗族自古以来生于中国，是中国人。祖辈有古诗作详细的记述。由于没有文化不识字变得落后，到处流浪，生活无着落，没有谁人过问。一九0三年，听说安顺有党居仁牧师传基督福音，苗族人亲自去安顺领教求道。党牧师说来此信教路程遥远，你们应到昭通找柏格理牧师。当找到了柏格理牧师，他很高兴说：回去向四方苗族同胞说，可以到昭通来信教。他们回来向苗族村寨宣传后，从此苗族去昭通信教的人日益增多，人山人海，礼拜堂容不下，柏格理只得带领汉族老师李司提反和苗族传道王道元、杨雅各到苗族地区向彝族官家交涉索要兴建教堂地基，以满足信教者需要。地基选在石门坎，建堂办校，开始学文化。读汉语文相当费力，因为苗族没有文化已有四千余年了。读汉语文书比什么都困难，幸有柏格理牧师、李五先生（即李司提反）、杨雅各等创制苗文，有苗文读汉字就减轻了困难，从此苗族有了自己的文字。信教的人越来越多，石门坎教堂容不下，又向四面八方苗族地区发展教堂。读书的人一年比一年多，没有大的学校，苗族没有能力建校，柏格理见此情此境，于一九〇八年回英国，向社会宣传讲述苗族的极端贫困，要求社会各方面捐资为苗族兴办一所较大的学校。后来有一位名叫阿司多的老人听了很感动，乐意捐助两千英镑。为此，苗族称赞说：黑暗的时代里谁可怜我们，困难的环境中谁同情我们。感谢上帝遣使柏格理牧师宣传基督福音，我们有书读；当赞美解囊资助的老人家，帮助我们战胜黑暗，重见光明。

特立此碑以示纪念

全体苗族信徒暨石门坎全体学生 1916 年 8 月 10 日

第四节 “三自”革新运动代表会议

一 “三自”爱国运动

1923年，内地会上海总会发出“教会政策宣言”，提出教会要逐步实行“自立、自传、自养”，逐步削减差会补贴。葛布（今赫章现境）基督教会的苗族信徒便自行推选出教会负责人，开展自立运动。到1928年，差会停止补贴，各地教会、学校经费自筹，不再依赖差会。

1932年，英籍传教士、贵州省内地会总督、主任吉厚安到葛布教会视察。吉厚安到葛布教会后，召集各教堂负责人开了三天会议。勉励教会继续“自立”前进。1933年，威宁县循道公会仿照其他教会组织成梯次，称“教区、大联区、小联区、堂口”。从此时至1949年，先后有陆寿珍、王仕泉、安启云（以上为彝族）、朱焕章、张洪猷、李正邦（以上为苗族）等任大小联区区长。

1934年，上海“差会”派总办、中华内地会全国总会副总监唐进贤（英国人）到贵州巡视，贵州省教会监督、基督教内地会主任饶福康陪同唐进贤到葛布教会，召集各教会长老座谈，了解执行“三自”政策的情况。要求各教会奋发图强，巩固教会，并鼓励教牧人员进一步发展和建立新的教会点。这时也有本地人担任教会职务。

1937年，为贯彻上海“总差会”发动的“自治、自养、自传”运动的方针，大定（现大方县）教会的教务、房产均由大定教会管理，“西差会”教牧人员只作教务指导，大定教会逐步摆脱外国教会的控制。同年，大定教会将全县（含现在的纳雍县）53个堂点（教徒3600多人）划为中、西、北三个教区，教区设主任，负责本区教务，各教区由总长老统管。

1943年，赫章葛布教区除有外籍牧师外，各地苗族教会公推朱文正为葛布苗族教区总长老，朱提摩太为西区长老。赫章结构教会除外籍牧师外，还有彝族安承明任总长老、文正榜任总执事。

1944年，贵州省内地会主任贝德立从贵阳至葛布、结构教会配合当时住葛布教会的艾文斯，将以上这两处教会的房产（包括地基、学校、果园）踏勘划界，除保留洋房属差会外，全部房产划归教会所有。绘制图纸2份，各存1份，贝德立带回1份交“差会”保存。葛布教会成立“信托部”，分别由葛布教会的苗族王明道、朱文正、王正朝、陶德宽和结构教会的彝族安文良、安约翰保存。

1946年7月，贝德立、苏宽仁在毕节县城百花山内地会福音堂召开会议，组织“西黔联合会”，制定联合会章程，确定百花山教会为“西黔联合会”的核心，并经过会议讨论决定，将内地会改为“华内基督教会”。鉴于当时的实际情况，名誉上“自立”，但实权仍由外国牧师操纵，重大问题由他们决定。

二　反帝运动革新宣言

中华人民共和国成立后的1950年6月，以吴耀宗先生为首的全国40多位基督教界领袖人物起草并联名发表《中国基督教在新中国建设中努力的途径》的三自革新运动宣言，号召全国基督教徒拥护1949年9月中国人民政治协商会议第一届会议所制定和通过的《共同纲领》，主张中国基督教必须割断与西方帝国主义国家“差会”的关系，肃清帝国主义在教会内部的影响，成立“自治、自养、自传”的教会。7月28日，在上海基督教青年协会发动签名，得到全国教会各宗派的支持，并在三自革新宣言上签名。

毕节地区各县基督教会从1950年7月以后纷纷响应革新宣言的号召，积极开展革新运动，签名活动和反帝爱国活动。1951年1月28日，华内毕节基督教会在毕节城关百花山举行革新大会，宣布由杨发光、李银周、王明远、郭幼松、曾志素等人发起的“革新宣言”，宣言号召信徒坚决实行自立、自养、自传，坚决脱离与各国教会的一切联系，竭诚拥护政府的一切纲领政策，稳健地走在将来的光明道路上，并制定了爱国公约。到会信徒150人，信徒们热烈拥护革新宣言，并在宣言上签名。

1951年3月23日，威宁县石门坎循道公会发表《三自革新宣言》，坚决拥护中国基督教“三自”方针。1951年5月，织金县三自爱国运动委员会在织金县桂果区实兴乡海马冲基督教会成立。委员会主持人杨勤忠，负责人杨汉文，成员潘忠祥、潘光明、李玉隆、陶辉映、杨启凤、陶兴臣、王明英、陶圣方、熊仲一、魏善奎。委员会成立后，带领全县基督教徒开展了轰轰烈烈的三自爱国运动。参加这次运动的共有7个教会，信徒签名人数有673人。

1951年9月14日至16日，纳雍县各教会在维新区半坡寨（今维新镇坪子村半坡村民组）召开基督教三自革新大会，208名正式代表和98名列席人员参加大会。参会人员深刻认识到过去崇美恐美的错误，控诉了帝国主义利用基督教来麻醉、奴化和统治中国人民的罪行，确立了基督教会的“三自”方针。会议拟订并通过《纳雍县基督教革新宣言》《向毛泽东主席的致敬信》。作出向毛泽东主席敬献苗家一套花衣裙的决定，并用教会乐捐的50元购得苗家妇女李桂英的一腰花裙子和信徒杨登科妹妹的一件花衣服，托当地政府转给毛泽东主席。纳雍县基督教的这次革新大会，在贵州省产生较大的影响。是年10月8日，

《新黔日报》第一版以较大的篇幅作了报道，全文登载了纳雍县民族事务委员会撰写的《纳雍县基督教会召开革新大会》和《纳雍县基督教革新宣言》及《纳雍县基督教徒写给毛（泽东）主席的信》。《新黔日报》还发表短论《纳雍县基督教徒的爱国行动》，对纳雍县基督教会的这次三自革新大会和所通过的《宣言》等给了很高的评价。

1952 年 12 月 5 日至 7 日，赫章县葛布教会、结构教会联合成立“赫章县三自革新委员会”，负责人安承明、张廷光、陶德宽。组织召开革新大会三天，到会代表 89 人。随后，威宁四方井教会、大定（今大方县）教会也先后响应《三自宣言》，在《三自宣言》上签名的教徒人数迅速上升为全地区教徒的 80% 以上。

为进一步深入、扎实地实行“三自”方针，坚持“独立自主、自办教会”的原则，1953 年 6 月 6 日，复临安息日会毕节布道区、毕节城关内地会共同成立“三自革新筹备委员会”，主任吴安泰，副主任彭福顺，总务股长李树勋，书记聂光弟，委员刘孝贤、刘顺祥、孔庆文、卯超、陈国清、聂玉安、韩俊成、吴子才等。

附：

纳雍县基督教三自革新宣言

我们今天聚集了纳雍县少数民族 15 个教会的 208 名代表，代表了 1350 位教徒，在纳雍县维新区东关乡半坡寨举行教会三自革新运动大会。这个运动有两方面的意义，一方面是站立起来的新中国人民给假借传教为名，进行侵略活动的帝国主义一个有力打击；一方面是澄清基督教徒的崇美思想。并坚决害割断与帝国主义的联系，实行我们的自治、自养、自传运动。

原来基督教传入中国已有百年历史。“国民”元年英人柏、党二牧师以“感化贵州苗族”为名，在安顺、织金、水城、大定、纳雍、毕节、郎岱、威宁一带进行传教。当时我们因为受了数千年封建剥削和压迫，过着牛马不如的生活，便只能借宗教来作精神上的安慰。在此三四十年中，我们纳雍少数民族教徒以为除了享受“来世福”外，今世是没有过好日子的希望了。但自从共产党毛主席领导中国人民打垮了蒋介石匪帮，驱逐了帝国主义在中国的势力，打垮反动势力，使我们得到解放以后，我们的看法便完全转变了。现在我们已在减租、退押、退罚、退帮工帮粮等反封建斗争中获得了许多果实，使我们肚子已不饿，身体已不冷，若再分得田地，我们的光景不知要好到什么程度。我们已抛弃了“来世福”的幻想。

今天我们已清楚地认识到一件事情，就是帝国主义者百年来看见在中国传教的这场生意不错，就成千累万的相约而来，名义是传教，“拯救中国人民”，实际上是迷惑中国人民，屠杀中国人民。他们嘴里谈不要爱惜这个现实的世界，但他们却占有了这个世界，过的日子比谁都好。住的是大洋楼，吃的是牛奶面包，出门要乘坐飞机，而我们呢？穿不上，吃不上，住不上。我们的日子是这样的惨。

今天我们认清了帝主义者的凶恶面目，更亲自体验了新中国给我们带来的幸福生活。我们坚决响应“三自革新运动”的号召，实行教会的自治、自养、自传，割断与帝国主义的联系，清除教徒的崇美思想。自从中国大陆获得解放后，帝国主义分子更狠毒地披着宗教外衣，替帝国主义进行间谍活动，危害我们国家和人民。因此，作为一个爱国的教徒，为保持教会的纯洁，更应坚决彻底肃清潜伏在教会里的反革命分子。最后，我们更坚决以实际行动来拥护人民政府，搞好我们的翻身事业，并响应抗美援朝总会的号召，努力增产捐献，订好爱国公约，作好优抚工作，来保卫我们的胜利果实，来巩固我们的国防建设。

纳雍县基督教会革新大会

一九五一年九月十六日

纳雍县苗族基督教徒给毛主席的信

敬爱的毛主席：

我们是贵州省纳雍县的苗族，又是基督教信徒，今天要从心底深处，大大的感谢您。十六年前您曾带着您的红军经过纳雍（大兔场），您的红军曾对我们说，他们是为人民打天下的，“将来人民有办法”。从那时起，我们就渴望这种好日子的到来。

毛主席，您太辛苦了，十多年来您经过万里长征，您已把您的红军组织训练成数百万无敌的解放军。在1949年的冬天转到了贵州来，撵走了反动派匪军。叫我们这些几千年来过着牛马不如的生活、受压迫、受剥削、受歧视的苗家得到了解放，见到了青天。将近两年来的时间，我们经过了清匪、反恶霸、减租、退押等反封建斗争，已获得了许多果实。不久又要实行土地改革了，我们生活更加大为改善。不但如此，自从解放以来，我们在政治、文化各方面都得到提高。去年您又派访问团跋山涉水远到贵州亲自问候我们，我们是永远不会忘记的。我们要紧紧地跟随着您，照着您指示我们的方向前进。

毛主席，我们在您的领导下，我们的觉悟已逐渐提高，已认识到帝国主义者假借传教名义，对我们中国进行各种侵略，我们已控诉并揭发了他们的罪恶。

从今以后，我们坚决实行自治、自养、自传的革新运动，与帝国主义割断联系。我们将永远地跟随着您，照着您的方针前进，为建设幸福的新中国而奋斗到底。

最后，为了表示我们对您的热爱与敬意，特献上我们苗家旧式的粗布花衣裙一套，敬请收下。并祝

身体健康！

纳雍县苗族全体教徒敬上

一九五一年九月十六日

三 代表会议

（一）出席全国代表会议人员

1960年11月至1961年1月，毕节地区代表王明道、张正邦出席在上海召开的全国基督教第二届代表会议。

1980年10月6日至13日，毕节地区代表朱家林参加在南京市召开的中国基督教第三届全国代表大会，并当选为中国基督教“三自爱国运动委员会”第三届委员会委员。1986年8月，威宁彝族回族苗族自治县政协副主席、基督教“两会”主任朱家林，赫章县政协常委、县“两会”主任文富华出席了在北京召开的中国基督教第四届全国代表大会，并当选为中国基督教“三自爱国运动委员会”委员。1992年，威宁彝族回族苗族自治县第十届政协委员、基督教“两会”副主任安万珍、赫章县“两会”副主任文正国出席在北京召开的全国基督教第五届全国代表大会，并当选为中国基督教“三自爱国运动委员会”第五届委员会委员。1997年，威宁彝族回族苗族自治县基督教“两会”副主任安万珍、赫章县“两会”副主任文正国出席在北京召开的全国基督教第六次代表大会，并当选为中国基督教“三自爱国运动委员会”第六届委员会委员。2002年5月22日，赫章县政协常委、基督教“两会”主任文富华，威宁彝族回族苗族自治县基督教“三自爱国运动委员会”副主任龙定文出席在北京召开的全国基督教第七届代表大会，并当选为中国基督教“三自爱国运动委员会”委员。

（二）出席全省代表会议人员

1958年3月22日至5月4日，贵州省基督教社会主义学习会暨贵州省第一届基督教教友代表会议在贵阳市召开。毕节地区的王明道、李国兴、马显忠、张志诚、朱文正、杨荣福、张永光、王德生、王正国、周德顺、马文恩、张廷光、张约瑟、杨文举、朱德荣、陶向前、陶德宽、朱明兴、安吉先、张志明、马德俊、马友亮、李正邦、杨志诚、马应科、杨勤忠、李玉隆、李国兴、张文才、罗信元、杨文魁，李朝阳、罗才荣、陈孝昌、罗保罗、罗文兴、苏正元、罗兴荣、王德荣、李马可、唐必贤、杨志光（女）、程绍光（女）、彭福顺、

彭西光、王明道等47位代表出席了会议，占出席会议代表总人数的31.8%。1961年9月22日至10月21日，贵州省基督教第二届代表会议在贵阳召开。毕节地区代表张廷光、李国兴、陶德宽、朱文正、李正邦、朱家林、张永光、陶辉映、李玉隆、李锡光、马显文、祝永安、李朝阳、罗国义、吴爱珍（女）、彭福顺等17位代表出席会议，占出席会议代表总数的29.3%。会议总结了贵州省三自爱国运动委员会筹备会三年来的工作，正式成立了“贵州省基督教三自爱国运动委员会第一届委员会”。委员会由23人组成，毕节地区的张廷光、朱文正、李正邦、陶德宽、王明道、李朝阳、李家伦、马显文当选为委员会委员、张廷光当选为常务委员会委员，副主任。1981年9月15日至9月20日，贵州省基督教第三届代表大会在贵阳市举行，毕节地区代表李玉隆、杨勤忠、潘礼祥、张承尧、马显文、李德芳、陈绍才、林登纯、葛发明、黄先林、杨荣福、王德会、朱美德（女）、杨华章、朱家林、马亮全、李克诚、王正朝、李正邦、杨志光（女）、杨明德（女）、苏兴德、王约瑟、罗兴荣、苏正元、李正刚、罗泽良、文正榜、段以刚等29名代表出席会议，占出席会议代表总数的36%。毕节地区的代表张廷光、朱家林参加主席团，马显文、张廷光、朱家林、朱美德、李玉隆、陈绍才、杨荣福、杨明德、杨志光、苏兴德、罗兴荣、李正刚等13人被选为贵州省第二届基督教三自爱国运动委员会委员，占委员会总数的35%；朱家林、朱美德、杨志光、罗兴荣、张廷光等5人当选为省三自爱国运动委员会第二届常务委员会委员，占常务委员会总数的31%；朱家林当选为副主任委员。张廷光、朱家林、苏兴德、李玉隆、杨明德等5人当选为贵州省基督教协会第一届常务委员会委员，占常务委员会总数的31%，张廷光当选为副会长。通过口试和笔试考核，按立朱家林、朱美德为牧师。朱美德是新中国成立以来毕节地区基督教历史上的第一位女牧师。1987年12月7日至11日，贵州省第四届基督教代表会议在贵阳召开。全省九个地（州、市）共78名代表出席了会议。毕节地区的马显文、王正廷、朱美德（女）、朱家林、朱德成、李玉隆、陶向前、杨汉文、朱德学、韩俊明、张参孙、王正朝、张廷光、文富华、李正刚、杨志光（女）、杨明德（女）、罗兴荣、王约瑟、罗才良等28位基督教代表出席会议，占出席会议代表总人数的36%。马显文、王正廷、文富华、朱美德、朱家林、朱德成、李玉隆、李正刚、杨志光、杨明德、罗兴荣、陶向前等12人当选为贵州省基督教三自爱国运动委员会第三届委员会、省基督教协会第二届委员会委员。马显文、文富华、朱美德、李玉隆、罗兴荣等5人当选为省三自爱国运动委员会第三届常务委员会委员。王正廷、朱家林、朱德成、杨志成、杨志光、杨明德、陶向前等6人当选为省基督教协会第二届常务委员会委员，朱家林当选为副会长，张廷光当选为顾问。1997年12月17日至19日贵州省基督教第五届代表会议在贵阳市召开，来自全省九个地（州、市）的70名教会代表出席会议，毕节地区的文富华、王朝云、文道才、文正国、雷安慧（女）、姬言义、龙定文、杨朝云、杨文仲、王正权、杨学华、杨华祥、杨汉文、杨光美（女）、朱显高、王光祥、王德华、杨兴仕、陈学艳（女）、郑荣书（女）、吕开芬（女）、李世广、周杜远、胡国珍、李尚林等25名基督教代表出席会议。毕节地区的王光祥、文道才、文富华、龙定文、朱显高、李尚林、陈学艳、杨文仲、杨华祥、杨朝云、周杜远、杨光美、胡国珍当选为新一届"两会"委员会委员；文富华、杨朝云、李尚林当选为三自爱国运动委员会第四届常务委员会委员，陈学艳、杨华祥当选为基督教协会第三届常务委员会委员。文富华当选为新一届省基督教三自爱国运动委员会副主任，杨朝云当选为新一届省基督教协会副总干事。

（三）各县（市）代表会议人员

1. 大方县代表会议人员

1990年12月19日至20日，大方县基督教第一届代表会议在大方县城召开，出席会议的代表共70多人。会议通过选举，建立了"大方县基督教三自爱国运动委员会第一届委员会"和"大方县基督教协会第一届委员会"。"两会"第一届委员会由杨明德（女）、龙道谦、李清英（女）、罗正权、罗正军、金兴祥、罗丽进、万友达、杨文秀、杨文新、杨顺舟、陈学艳（女）、陈阳烈、周杜远、刘兴友等15人组成。"两会"常务委员会由杨明德、龙道谦、李清英、陈学艳、陈阳烈、杨文秀、周杜远、罗正权等8人组成。杨明德当选为主任、会长，杨文秀、罗正权当选为副会长、副主任。会议通过和制定基督教有关规章制度，同时还协商和讨论调整基督教活动场所，把全县基督教堂（点）划为8个片区，建立片区教务组，负责指导和管理本片区基督教活动，会议还要求及时建立健全各教堂（点）的管理制度。1997年3月14日，大方县基督教第二届代表会议在县城召开。会议通过选举，产生基督教"两会"第二届委员会。委员会由陈学艳、杨明德、龙道谦、罗正权、王启彬、李清英、金兴祥、罗伯敬、颜绍会、万友达、安树明（女）、胡奇珍、杨文秀、杨文新、杨顺舟、陈阳烈、周杜远、颜刚、吴树贵、郭光元、李登学等21人组成；常务委员会由杨明德、龙道谦、罗正权、杨文秀、陈学艳、陈阳烈、周杜远、万友达、杨顺舟等9人组成；杨明德任名誉主任，龙道谦任主任，罗正权、杨文秀任副主任、陈学艳任秘书长。新当选的"两会"领导作了题为《同心同德，努力争取，致力于建设与时代相称的大方县基督教会》的讲话。

2. 织金县代表会议人员

1988年12月1日至3日，织金县基督教第一届代表会议在织金县城召开。22名代表出席了会议。地区、县有关领导等13人列席会议。会议以无记名投票方式，选举建立织金县基督教三自爱国运动委员会、织金县基督教教务委员会第一届委员会。县基督教三自爱国运动委员会第一届常务委员会由李玉隆、张廷高、杨廷双、杨汉文、潘荣光、潘礼科、康文碧、潘龙举，李尚林等9人组成，李玉隆当选为主任，康文碧、张廷高当选为副主任。县基督教教务委员会第一届委员会由李玉隆、张廷高、杨廷双、杨汉文、张秀英（女）、潘礼科、潘荣光，康文碧、潘龙举、李尚林、罗德芬（女）、韩大康、陈绍先等13人组成。李玉隆当选为会长，杨汉文、康文碧当选为副会长。1994年11月15日至17日，织金县基督教召开第二届代表会议，30名基督教代表出席会议。会议选举产生新的“两会”组织机构。杨汉文、张廷亮、杨兴士、张廷高、马进荣、潘荣光、王绍兴、李尚林、周光敏、杨元昌、朱志敏、杜世才、韩大康、李为贵、罗德芬等15人当选为县基督教“两会”第二届委员会委员；杨汉文、张廷亮、李尚林、杨兴士、王绍兴、周光敏、杨元昌、朱志敏等9人当选为织金县基督教三自爱国运动委员会第二届常务委员会委员；杨汉文当选为主任，张廷亮、李尚林当选为副主任；杨汉文、张廷高、王绍兴、周光敏、杨兴士、李尚林、杨元昌、张廷亮、朱志敏为当选县基督教教务委员会第二届常务委员会委员；杨汉文当选为会长，杨兴士、朱志敏、张廷高、王绍兴、周光敏当选为副会长。会议修改并通过织金县基督教三自爱国运动委员会章程和县教务委员会章程，并对今后全县基督教工作作出相应的决议。会议决定将原来的25个教堂（点）划为四个片区，县“两会”领导成员具体分工管理。任务是：一、协助政府进一步宣传党的宗教政策；二、在各自分管的教堂（点）认真抓好、管好、治理好教会；三、片区负责人至少每两个月要到自已分管的教会调查了解情况，每个季度最后一个月的月底到宗教工作部门汇报基督教的活动情况。1997年12月8日至9日，织金县基督教召开第三届代表会议。30名代表出席会议。县政府副县长、县政协副主席等领导在会上作了重要讲话。会议通过县基督教三自爱国运动委员会、县基督教教务委员会第二届委员会的工作报告。选举产生县基督教“两会”第三届委员会。杨汉文、张廷亮、王绍兴、潘亚金、杨兴士、张廷高、李尚林、周光敏、唐守芬（女）、杨元昌等9人当选为“两会”第三届常务委员会委员，杨汉文当选为“两会”名誉主任、会长，李尚林当选为“两会”主任、会长，张廷亮、周光敏、张廷高、王绍兴、唐守芬、潘亚金当选为副主任、副会长，周光敏兼任秘书长、总干事。

3．纳雍县代表会议人员

1986年12月4日至6日，纳雍县基督教第一届代表会议分别在姑开乡发珠寨、阳长镇石板河两个片区召开。86名基督信徒代表参加了会议。正式成立了纳雍县基督教三自爱国运动委员会第一届委员会和纳雍县基督教教务委员会第一届委员会。陈绍才、祝永安、马显文、杨登文、向兴德为纳雍县基督教三自爱国运动委员会第一届常务委员会委员，陈绍才当选为主任，祝永安当选为副主任；马显文、祝永安、陈绍才、黄先林、杨发明、王正权、杨登纯、杨顺明、顾国祥、黄志明、向兴德、何兴忠、严成德、龙忠诚、李隆伟为纳雍县基督教教务委员会第一届委员会委员；马显文、陈绍才、祝永安、向兴德、何兴忠为常务委员会委员，马显文当选为主任，祝永安、陈绍才光选为副主任。会议通过了《章程》和《决议》。《章程》和《决议》明确规定："纳雍县基督教三自爱国运动委员会为纳雍县基督教的反帝爱国组织，为经济的建设、发展贡献力量。"1990年12月，纳雍县基督教第二届代表会议在昆寨乡乐治沟教会召开。127名代表出席会议。代表会议拟定、修改、审议和通过了《章程》《决议》和《信徒守则》。通过选举，纳雍县基督教三自爱国运动委员会第二届委员会由马显文、王正权、陈绍才、罗学文、杨登纯、杨文仲、杨学华组成，马显文当选为主任，王正权、陈绍才当选为副主任，罗学文为秘书长。县基督教教务委员会第二届委员会由陈绍才、杨登纯、王正权、祝永安、杨国云、王德富、黄先林、杨忠举、罗绍友、张家举、杜先荣、胡常槐、向仲文组成，祝永安为"两会"顾问，陈绍才为主任，杨登纯、罗绍友为副主任，王正权为总干事。1994年11月，纳雍县基督教第三届代表会议在昆寨乡治乐沟召开。102名代表出席会议。通过选举，纳雍县基督教三自爱国运动委员会、基督教教务委员会第三届委员会由马显文、杨文仲、杨学华、罗学文、王正权、李学芳、杨秀伦、陈德明、赵建明、李俊明、何兴忠、王德富、李志文、黄先林、杨少益、黄先明、黄志明、杨德方、姬吉义、李世勋、罗发英（女）、陆学昌、杜先荣、罗大兴组成。常务委员会由马显文、杨文仲、杨学华、罗学文、王正权、李学芳、姬吉义组成。马显文为主任，杨文仲、杨学华为副主任，罗学文为秘书长、总干事。会议通过《章程》《决议》，办理宗教活动场所的办证登记手续。1999年2月6日至8日，纳雍县基督教第四届代表会议在纳雍县猪场乡三家寨召开，88名代表出席会议。通过选举，产生纳雍县基督教三自爱国运动委员会、基督教教务委员会第四届委员会由马显文、杨文仲、何兴忠、杨学华、李俊明、李学芳、罗学文、黄先林、王正权、王发明、王正杰、马正祥、杨发光、杨钢、杨周杰、杨传宣、杨维新、周训康、罗占益、祝明才、赵家义、黄国兵等23人组成。"两会"第四届常务委员会由马显文、杨文仲、何兴忠、杨学华、李俊明、李学芳、罗学文、黄先林8人组成。马显文为“两会”名誉主任，杨文仲为主任，何兴忠、杨学华、李俊明为副主任，李学芳为总干事，罗学文为秘书长。

4. 威宁县代表会议人员

1989年8月28日至30日，威宁县基督教第一届代表会议在威宁县城召开，82人出席会议。会议期间，通过选举，正式建立了威宁县基督教三自爱国运动委员会第一届委员会、威宁县基督教教务委员会第一届委员会。“两会”第一届委员会由朱家林、朱美德、朱德成、朱显兰（女）、朱显光（女）、朱显良、安兴明、张参孙、韩俊明、杨华祥、罗寿芬（女）、李汉德、韩文学、王朝华、王崇国、王天祥、王天然、吴寿兰（女）、张秉智、张学德、张德富、张永华、张国明、杨刚义、杨德福、杨兴荣、安万珍（女）、李洪才、王作云、苏兴德、王约瑟、王庭智、王家全、李文朝、陈昭元、顾学良、付荣华、吴开学、席安凤（女）等39人组成。第一届常务委员会由朱家林、朱德成、张德富、杨华祥、付荣华、王朝华、王崇国、王天祥、王庭智、朱显兰、朱显良、吴开学、吴寿兰、张国明、杨德富、顾学良、杨兴荣、王天然、王家全等19人组成，朱家林为主任，朱德成、张德富、杨华祥、付荣华为副主任。县基督教教务委员会第一届常务委员会由朱家林、朱美德、韩俊明、王约瑟、李洪才、王作云、朱显光、安兴明、安万珍、李汉德、李文朝、苏兴德、张参孙、张秉智、张学德、陈昭元、席安凤、韩文学、杨刚义等19人组成，朱家林任会长，朱美德、韩俊明、李洪才、王约瑟任副会长。会议通过《威宁县基督教三自爱国运动委员会章程》和《威宁县基督教教务委员会章程》。威宁县基督教第二届代表会议于1995年6月28日至6月30日在县城福音堂召开，80名代表出席会议。通过选举产生威宁县基督教三自爱国运动委员会、基督教教务委员会第二届委员会由张学文、安兴明、杨聪明、杨华祥、王国华、李汉德、张国明、张永华、朱德成、罗寿芬（女）、张德富、王天祥（女）、王崇国、王惠玲（女）、张永方、付荣华、安万珍（女）、李洪才、龙天朝、王家全、张德英（女）、龙定文、文友军、苏明全、王小长、王正周、吴开学等27人组成。威宁县基督教三自爱国运动委员会第二届常务委员会、县基督教教务委员会第二届常务委员会由张学文、安万珍、李洪才、吴开学、杨华祥、李汉德、张永华、朱德成、罗寿芬、张德富、龙定文、文友军、苏明全等13人组成。杨华祥任主任，安万珍、龙定文、朱德成任副主任，文友军任秘书长。杨华祥任会长，李汉德、李洪才、张学文任副会长。

5. 赫章县代表会议人员

1986年7月18日至20日，赫章县基督教第一届代表会议在赫章县城召开，

70 名代表出席会议。通过选举，产生赫章县基督教三自爱国运动委员会第一届委员会、县基督教教务委员会第一届委员会。“两会”第一届委员会由 26 人组成。文富华任县基督教三自爱国运动委员会主任，陶向前、文正国任副主任；陶向前任县基督教教务委员会会长，文正国任副会长。1990 年 11 月 26 日至 11 月 28 日，赫章县基督教第二届代表会议在赫章县城召开。79 名代表出席会议。会议审议、通过《赫章县基督教三自爱国运动委员会第一届委员会、赫章县基督教教务委员会第一届委员会工作报告》，修改、制定、通过“两会”章程及《赫章县基督教教会管理暂行规定》。选举产生由文富华、高朝林、罗兴荣、苏约翰、罗兴华、李正刚、安金凤（女）、罗才良、文廷安、文正国、文道先、高万全、陈朝菊（女）、杨永昌、张正邦、唐志才、王永华、雷安会（女）、张德恩、安德华、张光明、杨光华、朱显高、王光礼、王光祥、王正光、陶政德、陶光英、周训华等 29 人组成的赫章县“两会”第二届委员会。县基督教“两会”第二届常务委员会由文富华、王光祥、朱显高、文正国、张正邦等 5 人组成，文富华任主任，文正国、王光祥任副主任；朱显高任会长，王光祥任副会长，张正邦任总干事，李正刚任“两会”顾问。1998 年 8 月，赫章县召开第三届基督教代表会议，80 多名代表出席会议。会议选举产生了赫章县第三届基督教三自爱国运动委员会、赫章县基督教教务委员会。委员会由文富华、文正国、文道才、张正邦、罗孝禹、苏约翰、陈朝菊（女）、高万全、朱显高、王光祥、李灵、熊先光、杨光华等 13 人组成。文富华当选为三自爱国运动委员会主任，朱显高当选为副主任；王光祥当选为县教务委员会会长，文正国、李灵当选为副会长。2003 年 9 月 22 日至 24 日，赫章县第四届基督教代表会议在县城召开，121 名代表出席会议。会议通过《赫章县基督教三自爱国运动委员会章程》《赫章基督教教务管理委员会章程》。通过选举，赫章县第四届基督教三自爱国运动委员会、赫章基督教教务委员会由文道才、文正国、文富华、高朝林、张正邦、陈朝文、唐康林、罗世清、安德烈、王正友、罗永华、苏约翰、文廷安、雷安会（女）、陈友全、孟天才、王光祥、李灵、朱显高、张光明、杨光华、陶正德、王光庭、王朝亮、朱建明、杨光虎、熊先光、朱国荣、周玉明、陈仁福等 30 人组成。县基督教“两会”第四届常务委员会由文道才、文正国、文富华、张正邦、张光明、王光祥、朱显高、李灵、高朝林、安德烈、陈朝文、熊先光、陶正德等 13 人组成。王光祥当选为县基督教三自爱国运动委员会主任，文道才、文正国当选为副主任，文道才当选为县基督教教务委员会会长，朱显高、李灵当选为副会长。

附：

织金县基督教三自爱国运动委员会章程

一九九九年十二月九日

第一条 本会定名为织金县基督教三自爱国运动委员会。

第二条 本会为织金县基督教的反帝爱国组织，其宗旨为：在中国共产党和人民政府的领导下，团结全县基督教徒，热爱祖国，遵守国家的法律法规，坚持自治、自养、自传、独立自主、自办教会的方针，抵制境内外敌对势力的渗透，保卫和发展三自爱国运动的成果。协助政府贯彻执行党的宗教信仰自由政策，为把我国建设成为繁荣富强、高度文明、高度民主的社会主义现代化强国，为促进台湾早日回归祖国，实现祖国统一，为反对霸权主义，维护世界和平贡献力量。

第三条 织金县基督教代表会议，是本会最高机构。本会与织金县基督教协会的关系是分工合作的关系，在规定期内与该会联合召开织金县基督教代表会议。

第四条 本会委员由织金县基督教代表会议协商选举产生。委员任期五年，可连选连任。

第五条 本会聘请名誉主任一人，设主任一人，副主任任二人，秘书长一人，常务委员若干人，均由委员会选举产生。秘书长协助主任、副主任处理日常会务。

第六条 本会主任委员、副主任委员、常务委员组成常务委员会。全体委员会闭会期间，由常务委员会执行会务。在必要时，常务委员会可向本委员会提名增补或罢免委员。

第七条 织金县基督教代表会议每五年召开一次，必要时可提前或延期召开。代表名额和产生办法由本会常务委员会研究决定。

本会全体委员会每年召开一次，必要时可提前或延期召开。

本常务委员会议每半年召开一次，必要时可提前或延期召开。

第八条 本会经费由常务委员会负责筹措（有条件的教会给予必要的资助）。

第九条 本会会址暂设于织金县城。

第十条 本会章程经织金县基督教第三次代表会议通过施行。

织金县基督教协会章程

一九九九年十二月九日

第一条　本会是织金县基督教的全县性教务组织，定名为织金县基督教协会。

第二条　本会宗旨：团结全县所有信奉独一天父和承认耶稣基督为主的基督教信徒，在一位圣灵的带领下，依照同一本“圣经”，同心协力，办好我县自治、自养、自传的教会。

第三条　本会为全县所有教会、全体信徒在圣工上提供服务，并主张在信仰上互相尊重。在众肢体间的关系上“用爱心互相宽容，用和平彼此联络，竭力保守圣灵所赐合二为一的心”。

第四条　本会与织金县基督教三自爱国运动委员会的关系是分工合作的关系，在规定期内与该会联合召开织金县基督教代表会议。织金县基督教代表会议是本会的最高机构。

第五条　本会设立全体委员会，委员会由织金县基督教代表会议选举产生，可连选连任。

第六条　本会聘请名誉会长一人，设会长一人，副会长若干人，总干事一人，常务委员会若干人，均由全体委员会协商选举产生。

第七条　本会由会长、副会长、总干事、常务委员组成常务委员会，在全体委员会期间执行会务，必要时常务委员会可以向全体委员会提名增补或罢免本会委员。总干事协助会长、副会长处理日常会务。

第八条　织金县基督教代表会议每五年举行一次，必要时可提前或延期举行。代表名额产生办法由本会常务委员会和织金县基督教三自爱国运动委员会共同研究决定。

第九条　本会全体委员会议每半年举行一次，必要时可以提前或延期举行。

第十条　本会经费由常务委员会负责筹措（有条件的教会给予必要的资助）。

第十一条　本会会址暂设于织金县城。

第十二条　本章程经织金县基督教第三次代表会议通过实施。

赫章县基督教三自爱国运动委员会章程

（2003 年 9 月 25 日第四届代表会议通过）

第一条　本会定名为赫章县基督教三自爱国运动委员会（简称赫章三自）

第二条　本会是赫章县基督教徒的爱国爱教组织。其宗旨是：带领信徒爱国爱教，荣神益人；走独立自主、自办教会的道路，增强教内教外的团结，为办好赫章的教务提供服务。

第三条　本会的任务是：在中国共产党和人民政府的领导下，团结全县信徒，热爱社会主义祖国，遵守国家宪法、法律与政策；坚持独立自主、自办教会的方针，保卫和发展三自爱国运动的成果；协助政府贯彻落实党的宗教信仰自由政策，维护教会合法权益；为维护国家的安定团结、社会主义物质文明建设和精神文明建设，为实现祖国统一、为开展国际友好交往、维护世界和平而贡献力量。

第四条　赫章县基督教代表会议是本会最高机构，其任务是：审议上一届常务委员会的工作报告，讨论决定本届委员会的工作方针，制定修改本会章程，选举产生本届委员会。赫章县基督教代表会议由本会常务委员会与赫章县教务委员会常务会议联合召开，每五年举行一次，必要时可提前或延期举行，代表名额及产生办法由两会常务委员会共同研究决定。

第五条　本会与赫章县教务管理委员会是分工合作关系，在定期内与该会联合召开赫章县基督教代表会议及其他联席会议。

第六条　本会应加强与各乡镇教会教务管理小组的联系，沟通情况，交流经验，研究和协商解决各基层教会教务管理小组存在的问题。本会的决议，各基层教会教务管理小组有遵守和履行的义务。

第七条　本委员会由赫章县基督教代表会议选举产生，委员任期到下一届代表会议召开时为止，也可连选连任。

第八条　本委员会的任务是：审议常务委员会的工作报告，讨论并督促代表会议拟定工作方针并贯彻执行，选举产生本会主任、副主任、秘书长和常务委员。

第九条　本会全体委员会会议，由本会常务委员会与教务管理委员会联合召开，每年举行一次，必要时可提前或延期举行。

第十条　常务委员会由主任、副主任、秘书长和常务委员组成，任期到下一届代表会议召开时为止。全体委员会闭会期间，由常务委员会处理会务，必要时可提名增补或罢免委员。可聘请顾问若干人，任期到下一届代表会议为止。主任在副主任、秘书长的协助下，主持常务委员会工作，常务委员会会议，每半年举行一次，必要时可提前或延期举行。

第十一条　主任会务会议，由主任、副主任、秘书长组成，处理常务委员会的重要工作。主任会务会议按工作情况可以临时召开，必要时，可与赫章县基督教教务委员会的会务会议联合召开。

第十二条　本会经费由常务委员会负责筹措。

第十三条　本会会址设于赫章城内。

第十四条　本会若需要结束活动，由赫章县基督教代表会议讨论决定终止。

第十五条　本章程解释权属本会常务委员会。

第十六条　本章程经赫章县基督教代表会议通过施行，修改时同。

赫章县基督教教务管理委员会章程

（2003 年 9 月 25 日第四届代表会议通过）

第一条　本会定名为赫章县基督教教务管理委员会

第二条　本会是赫章县基督教的全县性教务管理组织，其宗旨是：团结全县所有信奉上帝、承认耶稣基督为主的基督徒，在圣灵的带领下，同心合意，遵照圣经真理，三自爱国原则，教会规章制度以及国家宪法、法律、法规、政策，办好赫章的教会。

第三条　本会高举耶稣基督并他钉十字架。联合全县各地教会连于元首耶稣基督，共同发扬基督肢体的作用，建立基督的身体，为福音作美好的见证，为全县各地教会在圣工上提供服务，并主张在信仰观点和礼议上互相尊重，在众肢体间的关系上“用爱心互相宽容，用和平彼此联络，竭力保守圣灵所赐合二为一的心”。

第四条　赫章县基督教代表会议是本会最高机构，其任务是：审议上一届常务委员会的工作报告，讨论决定本届委员会的工作方针，制定或修改本章程，选举产生本会委员会。赫章县基督教代表会议由本会常务委员会与赫章县基督教三自爱国运动委员会常务委员会联合召开，每五年举行一次，必要时可提前或延期举行。代表名额及产生办法由本届委员会常务委员会和三自常务委员会共同研究决定。

第五条　本会与赫章县基督教三自爱国运动委员会是分工合作的关系，在规定期内与该会联合召开赫章县基督教代表会议，也可共同召开其它联席会议。

第六条 本会应加强同各乡镇教务组织的联系沟通、交流经验，研究协商各基层教务小组存在的问题。本会的决议，各基层教务组织有遵守与履行的义务。

第七条 本委员会由赫章县基督教代表会议选举产生，委员任期到下一届代表会议召开时为止，也可连选连任。

第八条 本委员会的任务是：审议常务委员会的工作报告，督促代表会议制定的工作方针的贯彻和执行；选举产生本会会长、副会长、总干事与常务委会委员。

第九条 本会全体委员会议，由本会常务委员会与赫章县基督教三自爱国运动委员会联合召开，一年举行一次，必要时可提前或延期举行。

第十条 常务委员会由会长、副会长、总干事、常务委员组成，任期到下一届代表会议召开时为止。闭会期间，由常务委员会处理事务，必要时，可提名增补或罢免委员，以至会长、副会长、总干事。可聘请顾问若干人，任期到下一届代表会议为止。会长在副会长、总干事的协助下，主持常委会日常工作。常务委员会会议，每半年举行一次，必要时可提前或延期举行。

第十一条 会长会务会议由会长、副会长、总干事组成，处理常务委员会的重要工作。会长会务会议按工作情况可以临时召开，必要时，可与赫章县基督教三自爱国运动委员会的主任会务会议联合召开。

第十二条 本会经费由常务委员会负责筹措。

第十三条 本会会址设于赫章城内。

第十四条 本会若需要结束活动，由赫章县基督教代表会议讨论决定终止。

第十五条 本章程解释权属本会常务委员会。

第十六条 本章程经赫章县基督教代表会议通过施行，修改时同。

第五节 宗教政策的落实

一 纠正平反冤假错案

从1957年反右开始到“文化大革命”期间，由于极“左”路线的影响，毕节地区基督教界人士被划为右派、打成“历史反革命”“披着宗教外衣的反革命”“帝国主义走狗”“牛鬼蛇神”的人数达180人之多，成为贵州省宗教界人士冤假错案的重灾区，仅杨志诚“反革命”一案受株连的基督教界人士就达134人。这些人有的被逮捕判刑，如杨志诚被判处死刑，缓期二年执行，有的被劳动教养，有的被管制、批斗。1978 年以后，特别是中共中央〔1982〕19 号文件《关于我国社会主义时期宗教问题的基本观点和基本政策》执行以来，根据党中央的部署，在各级党委和政府的领导和重视下，各有关部门密切配合，认真执行和落实党的宗教政策，对以上这些冤假错案逐步纠正平反。

1981 年，基督教界人士王国珍（平反后曾任毕节县人民代表大会常务委员会副主任、毕节县政协副主席）、王明道（原赫章县政协副主席）、李朝阳（原赫章县政协副主席）等 16 人得到平反，并给已故的王明道、李朝阳召开追悼会，对其家属给予抚恤。

1982 年初，有关部门对织金县基督教界人士李锡光等 4 人被错划为右派、错判的案件进行调查核实后给予平反，并给予经济上的补助。同年 12 月，中共威宁彝族回族苗族自治县委、县人民政府在全县宗教界人士座谈会上，对在"文化大革命"中被批斗，打成"牛鬼蛇神"的部分基督教界人士给予平反，恢复名誉，结束"文化大革命"中强加给他们的一些莫须有的罪名。

1983 年 3 月，大方县政府宗教科在政法部门的协助下，对大方县基督教界人士程绍光被打成"反革命"一案进行认真复查纠正，经法院改判无罪。

1984 年，纳雍县宗教事务科配合有关单位对在"文化大革命"中被打成"反革命"的基督教界人士李志林牧师等 4 人的冤案彻底平反，并对其中 3 人因冤案造成的有关损失给予 350 元的一次性补助。

1985 年，赫章县用民族经费对宗教各界受害人家属进行补助，共补助 13 人，补助金额达 1950 元。

1987 年 11 月 11 日，中共毕节地委统战部、毕节地区中级人民法院有关领导在威宁县通报涉及 134 人的杨志诚"反革命"案件情况，地区行政公署宗教事务科、中共威宁彝族回族苗族自治县委、统战部、政协、法院、公安局、民族事务委员会有关领导听取了该案件的情况，并对如何做好有关区、乡领导和群众的工作进行了安排。同月 14 日下午，在群众干部大会上对杨志诚案件进行公开改判。对杨志诚等 4 人宣布无罪，恢复杨志诚的名誉和工作籍，并在其原工资的基础上晋升一级工资，作退休处理。

杨志诚一案的平反在宗教界引起强烈的反响，对宗教工作的顺利开展产生很大的作用。

到 1987 年底，涉及 180 人的全地区基督教界人士的冤假错案全部得到纠正平反。

二　落实基督教房产

中华人民共和国成立前夕，全区有基督教堂 137 处。1980 年 4 月，省宗教局、地区、县三级组成宗教问题调查组，对威宁彝族回族苗族自治县的板底、大松，赫章县的珠市乡陈家寨基督教教堂进行调查后，明确其产权归属教会。1982年，中共大方县委、县人民政府根据大方县城关基督教堂被农业局、水电局占用并被列入县级文物保护单位不宜作宗教活动场所的实际，拨款1万元，购买一幢100余平方米的瓦房，同时新建57平方米的钢筋水泥结构会议室1间，交付城关教会使用。同年赫章县被占用的公鸡寨、滑石板、干河沟等教堂由占用单位退还给教会。在“文化大革命”期间被财政部门变卖的结构教堂也由县财政局退还给教会。威宁彝族回族苗族自治县根据各基督教堂的损坏程度，由县民族事务委员会和县宗教事务科拨款补助维修。

毕节县（市）百花山基督教福音堂、中山路基督教教堂共占地3400平方米，房产共19栋2379平方米，按照政策规定，落实给教会1070平方米。1936年，红军二、六军团长征时，贺龙、萧克、王震等领导曾在这里组建“川滇黔省革命委员会”。1953年起被地直机关占用，1982年被列为县级文物保护单位。1986年纪念红军长征五十周年，百花山福音堂被命名为“中华苏维埃人民共和国川滇黔革命委员会旧址”，中山路基督教堂被命名为“中国工农红军第六军团政治部旧址”，并被省政府批准为省级文物重点保护单位。鉴于以上原因，1983年，毕节地区行政公署拨款5万元，在城关翠屏路购2幢旧房作为城关基督教教会的临时活动场所。1989年，省、地区两级财政拨款14万元给教会在城关文笔山下重建一座面积为887平方米的基督教礼拜堂，随后又拨43.47万元续建，并于1992年12月25日举行落成典礼。1994年下半年，省又拨款2万元，教会自筹资金4万元，于1995年6月底建成300平方米的礼拜堂办公室及教牧人员住房。至此，省、地共为城关文笔山礼拜堂的建成拨款63.47万元，彻底落实了毕节市城关基督教会的房产。

1984年5月，地区拨款2万元，分别补助维修威宁大松、赫章葛布基督教堂。同年12月24日，威宁彝族回族苗族自治县人民政府根据县宗教事务科、行政科呈报的《城关基督教堂所有房屋地产调查清理情况和归属的调查报告》，书面批复明确将县政府占用的城关基督教堂共3栋25间306平方米的房产归还教会。

1986年，纳雍县拨款补助维修维新半坡、石关奶扒小寨等教堂，补助重建地尾、奢沟、瓜仲河、发科、戈洛坝、发珠寨、塘边、马场、土补等教堂。同年10月，赫章县人民政府行文明确被结构信用社占用的结构教会外国房和葛布小学占用的葛布教会外国房收归教会管理，并对在“文化大革命”期间被生产队、大队毁坏的25处教堂作了明确规定，由乡人民政府和教会协商，给教会一定的基地，木材指标，适当资助等办法给予妥善解决。

1989 年，织金县有关部门相互配合，对被学校、生产队占用的海马冲、麻地窝、白马洞、旮旯寨教堂进行调查，向县主管领导汇报后及时得到了明确。被生产队占用的，由队里拿出另外的公房进行赔偿，被民族学校占用的由县民族事务委员会拨出专款新建校舍后退还教堂给教会。

1992 年，由中共赫章县委统战部牵头，县政协、县宗教事务科、县教育局等部门参与，深入葛布教会，现场解决葛布小学占用葛布教堂一案，至此，赫章县最后一宗宗教房产得到落实。同年，中共织金县委统战部、县政协、县民族事务委员会、县教育局共同协商决定，由县教育局拨款 3000 元，赔偿被当地小学拆毁的坪寨乡大格支基督教堂。

1995 年，为落实黔西县城关基督教堂房产，中共黔西县委、县人民政府根据中共黔西县委统战部、黔西县政府宗教事务科的专题报告，研究决定，由县财政拨款 5 万元，解决城关基督教会的教堂修建。1997 年 8 月，省宗教局局长柏怀思一行到黔西县考查宗教房产落实情况，决定由省宗教局再拨款 3 万元，按期把黔西县城关基督教堂建完善。在县民族事务委员会的协调下，征用教堂地基 1400 平方米，建筑面积为 200 平方米的城关基督教教堂于 1997 年底交教会使用。

据 1997 年不完全统计，自 1980 年以来，除按政策退还给教会的房产外，省、地、县各级共拨款 101.59 万元补助维修基督教堂 39 处 4753 平方米，补助重建教堂 38 处 4896 平方米。

三　恢复基督教活动

“文化大革命”结束后，党的宗教政策逐步得到恢复和落实。

1979 年 3 月，全区召开统战工作会议，学习讨论党的有关宗教政策，决定各县统战部、民族事务委员会参会的领导回各县后，要及时组织对本县的宗教情况进行调查。

1980 年 4 月初开始，省宗教事务处、地区、县三级有关部门联合组成工作组，对威宁彝族回族苗族自治县的板底、大松、赫章县珠市乡陈家寨 3 处教堂（点）进行整顿，组织教徒座谈，学习党的有关宗教政策，成立各基督教堂教务领导小组，经地区行政公署批准，于同年 5 月下旬恢复开放这 3 个教堂（点）。

1980 年 6 月，召开全区宗教工作会议，总结交流恢复开放教堂、恢复宗教活动工作的经验。随后，中共毕节地委下发了《毕节地区宗教工作会议纪要》，对全区今后的宗教工作有了具体的指导意见。

1980 年 10 月 6 日至 13 日，毕节地区的朱家林出席在南京举行的中国基督教第三次代表会议。会议修改《中国基督教三自爱国运动委员会章程》，成立中国基督教协会，通过《中国基督教协会章程》，选举新的领导机构。会议要求各地基督教继续高举“三自”旗帜，走爱国爱教的道路，独立自主，办好中国基督教自已的教会，指导教会治好、养好、传好。朱家林代表回到毕节后，传达了中国基督教第三次代表会议的精神。在各级党委、政府及有关部门的支持下，基督教的活动得到进一步的恢复。

1982 年 12 月，威宁宗教工作会议召开，会议决定对本县的轿顶山等 9 个教堂进行整顿。1982 年为贯彻中共中央 19 号文件精神，对宗教活动场所进行整顿，符合条件的毕节县城关基督教会，纳雍县董地乡硝灰洞、奶扒小寨、库东关乡中寨，威宁彝族回族苗族自治县兔街乡轿顶山、鱼鳅湾、羊街镇的兴隆厂、马拉冲、东风镇木城、金钟镇戛泥块，赫章县兴发乡包包寨、雉街乡野鸡苗寨、盖手寨、辅处乡葛布、可乐乡娃多沟、安乐溪乡甘河沟、结构乡结构等基督教教堂经各县人民政府批准恢复开放。随后，恢复宗教活动场所和宗教活动的工作在全地区展开，凡经整顿，符合恢复开放条件的基督教堂（点）都逐步得到恢复开放，全地区的基督教活动也随之逐步得到恢复。

第六节　社会活动

一　与国内外的友好往来

（一）接待外国友人

1995 年 9 月 7 日至 9 日，贵州省宗教事务局、毕节地区民族宗教事务局、威宁彝族回族苗族自治县人民政府按照省宗教事务局和地区民族宗教事务局的安排，PCC 访华团在威宁石门坎访问期间，由威宁基督教会秘书长文友军及中共威宁彝族回族苗族自治县委副书记黄保勤陪同，参观了柏格理牧师和高志华牧师的故居和墓地。之后，PCC 访华团去威宁城关基督教福音堂参观访问，与威宁基督教“两会”主要负责人和住会人员代表座谈。PCC 访华团 9 月 9 日从威宁到毕节，9 月 10 日参加毕节城关基督教堂主日礼拜，引起了众多信徒的极大反应。1998 年 5 月 30 日至 6 月 1 日，省宗教事务局同省基督教“两会”领导陪同美国基督教柯牧师在威宁彝族回族苗族自治县考察基督教活动。在威宁期间，威宁宗教科作了热情接待，并陪同到威宁大松基督教堂考察基督教徒的礼拜活动和基督教唱诗班。在考察中，美国友人受到信教群众的热烈欢迎。

（二）接待港澳同胞

1996 年春，大方县基督教两会接待香港同胞段琨女士。段琨是大方基督教元老。1997 年 10 月，接待香港同胞程绍光，程绍光特向大方基督教会捐赠人民币 5 万元，并接受其孙女程燕 5 万元“爱心助学基金”的捐赠。1998 年 6 月，接待 72 岁高龄的香港基督教界同胞李妙卿，并接受其对木来寨综合养殖场捐款 5000 元。1999 年 3 月 30 日至 31 日，接待澳门兰文钦及夫人梁智玲。经过考察后，兰牧师及夫人决定资助纳雍县猪场民族乡水箐民校课桌凳 65 套 4000 元、180 名贫困儿童书本学杂费 1.3 万元，织金县实兴中心小学校课桌凳 150 套 1 万元、龙场镇箐口村 60 名贫困儿童书本学杂费 4200 元，毕节市千溪法朗村民办小学修建款 4 万元，纳雍县老凹坝基督教堂、织金县海马冲教堂维修款 6 万元，织金县龙场镇箐口村、偏坡村养羊扶贫专款 3 万元，共计捐助 16.55 万元。1999 年 7 月 6 日至 7 月 8 日，接待澳门爱心工程基金会考察团。考察人员中有美国、新加坡等国基督教界人士。考察的主要内容为参观学校、教堂、为学生拍照等。在省、地宗教工作部门和纳雍县、织金县宗教工作部门、教会人员的陪同下，考察团分别考察了纳雍县猪场乡三家寨教会、织金县实兴乡中心小学、海马冲教会，并参观了织金洞后于 7 月 8 日下午离开织金前往贵阳。

（三）国内的友好往来

1998 年 2 月 17－20 日，接待省基督教“两会”负责人唐荣涛牧师一行。在威宁宗教事务科和基督教“两会”有关人员的陪同下，唐牧师一行考察大松树教堂、石门坎教堂遗址、柏格理、高志华牧师之墓。2 月 21 日唐牧师一行离开威宁前往赫章县继续考察。同年 7 月 27－28 日，大方县人民政府、竹园乡人民政府接待中国基督教三自爱国运动委员会副主席、上海市基督教三自爱国运动委员会副主席沈德荣一行。项目座谈会上，决定资助 26.18 万元援建大方县竹园女子希望学校。7 月 28 日，沈德荣主席冒雨前往距大方县城 20 公里的竹园乡举行捐赠奠基典礼仪式。是年 8 月 2 日，大方县民族宗教事务局接待了广东省湛江市基督教“两会”副秘书长蔡兴一行。蔡兴带着几位基督教界朋友亲临大方县竹园乡革新村联发基督教聚会点考察后，资助该教会点 3000 元修建礼拜活动场所。1999 年 5 月 6 日，中国基督教三自爱国运动委员会副主任、上海市基督教三自爱国运动委员会副主席沈德荣一行于 5 月 6 日赴竹园乡，与当地党委、政府及 200 多名师生一道举行竹园女子希望学校落成典礼。当沈德荣了解到该校还缺乏桌椅等情况后，他代表上海市基督教“两会”决定再次资助 5 万元给竹园女子希望学校。

二　参与社会活动

1989 年春夏之交，北京发生政治风波，赫章县基督教三自爱国运动委员会在该县宗教事务科的协助下，发出《告全县主内同道书》，号召广大信教群众认真学习中共领导同志的重要讲话，深入学习宣传和贯彻执行中共的十三届四中全会精神。全县54个教会利用礼拜前后和节假日时间，召开各种形式的学习座谈会123次。参加座谈会学习的人数达2万余人次。通过学习，使广大信教群众认清了形势，统一了思想，明辨是非，坚定立场，不造谣、不信谣、不传谣，在政治上、行动上与党中央保持高度一致。

1996年12月25日，纳雍县各教堂（点）的教徒代表250余人欢聚在该县石板河教堂内，热烈庆祝基督教圣诞节。在庆祝会上，县的有关领导向全体教徒表示节日的祝贺，并宣讲党的宗教政策和法律法规。信教群众表演自编自导的文艺节目，片区教务组代表全体信徒在庆祝会上宣读《圣诞倡议书》。

1997年8月17日，纳雍县维新镇半坡基督教会举行97年“为世界和平祈祷”活动。在祈祷活动中，主持人分别以“和平”“为和平祈祷”为题进行针对性地读经讲道。主持人还带领信徒群众依次进行祈祷。

1999年，以美国为首的北约悍然轰炸中国驻南斯拉夫大使馆，毕节城关基督教会组织集会、愤怒声讨北约的滔天罪行，使信徒的爱国主义觉悟得到进一步提高。

三　助孤残扶贫困先教育

1985年4月11日–13日，全省第一届宗教界社会主义建设经验交流会在贵阳召开。毕节地区有17名代表（其中基督教代表9名）参加了这次会议。在经验交流大会上，毕节地区基督教代表马德珍、张正邦作了典型发言。在社会主义建设中，张正邦因地制宜，靠山吃山，带领全家开采铁矿，两年内开采矿石1.5万吨，价值3.4万元，还清国家贷款，上交国家规定的税收后，纯收入达2.5万元。其致富后，扩大再生产，带领全村群众共同致富。苗族教徒马德珍多年来同她的丈夫一起，把汉族五保户张润秀老人当着亲身母亲赡养，去世后安葬在自已父亲的墓地旁边。纳雍县发珠寨教会，团结不信教的群众种草、改良土壤、开窑挖煤等受到有关方面的重视，国务院农业研究中心把这里立为脱贫观察点。

1988年11月，纳雍县召开宗教界人士建设社会义经验交流会，评选出3个村寨、48户人家为全县脱贫致富典型，其中有12户获得县的奖励。青年信徒杨忠举脱贫致富后，还帮助别人脱贫，其事迹在县电视广播站作了广播。张正邦带领全村信徒脱贫致富后，为公益事业捐钱捐物。罗正芳在地区牧科所的指导下，在海拔2600米的家乡发展养殖业。其致富后，无偿扶持贫困户，并把自已掌握的养殖技术传授给他们。

1990年，织金县珠藏区熊家场白马洞教会带头创办两所民办小学，就近招收185名适龄儿童入学。两所民办小学共14名教师（其中12名是信徒），这14名教师除2名是民办公助外，其余的12名都是义务教学。

朱显良带领信教群众走劳动致富、“荣神益人”的道路，带头捐助修建能容纳1300人的礼拜场所，维护了社会的稳定。赫章县珠市乡核桃村村长、格达寨教务组长、传道文道才所在的村民组是海拔达2600多米、长年阴雨绵绵的高寒山区，但他扬长避短，靠山吃山，带领全村人开矿，创办大坪子股份粗锌冶炼厂，创办养猪场。经过几年的拼搏，全村户均纯收入从过去不足200元，到1995年，户均纯收入超过4000元。所在的格达村民组，共有44户人家，到1994年底，全组人均纯收入2000元以上，年均收入2万元以上的30余户，个别农户超过10万元，为国家提供利税50多万元。到1996年底，全组有27户建起钢筋砖混小楼房，17户建起木结构的宽敞住房；有北京吉普车1辆，东风汽车4辆，红星拖拉机31辆，电视机35台，电冰箱4台，洗衣机、收录机普及到每家每户。其致富后，赞助公益事业，垫资修建学校，出资修建教堂，先后捐资15万元人民币参与架通7公里长的高压输电线路、4公里的进寨公路、人畜饮用的自来水、两座地面卫星接收站。《贵州统一战线》《贵州民族报》《毕节报》等报纸杂志先后对他的先进事迹作过报道。

1999年12月15日，毕节地区有2个基督教团体、4名宗教界人士在贵州省第四届宗教界为社会主义两个文明建设作贡献经验交流会上被评为先进集体和先进人个。在先进集体方面，纳雍县阳长镇石板河教会除主动收留孤儿孤老外，还于1998年利用教堂办1个一年级教学班。在教会读书的学生，规定每生每期只收学费25元，一家有2个以上女孩在教会学校读书的，只收1个学生的书费。在先进个人方面，纳雍县老凹坝基督教徒郑春明大力发展种植业、养殖业、运输业，为国家提供税金万余元，捐助钱物支持教会及受灾农户重建家园。织金县熊家场白马洞教会的唐守芬办煤厂、建材厂、经商，为百余名信徒提供就业机会，无偿捐助建材维修熊家场小学。赫章县先锋教会长老朱国荣自1988年以来，带领教徒投工投劳，造林2901亩。到1999年，既产生了生态效益，又产生了经济效益，整个林产价值达100多万元，还带领群众走以林养畜，以畜补农的发展道路，使大多数信徒解决温饱，脱贫致富。

2000年11月14日，全地区宗教界为社会主义两个文明建设作贡献经验交流暨表彰会在毕节召开。在这次会议上，有9个基督教团体被评为先进集体，14名基督教人士被评为先进个人。

第六章　宗教工作

第一节　宗教工作机构

一　毕节地区宗教工作机构沿革及组织

1956年2月，根据毕节地区宗教工作的实际，成立了毕节地区专员公署宗教事务科（办公室地址在百花山专员公署大院内），编制3人，隶属专员公署领导，由毕节地区专署民族事务委员会副主任赵世岱兼任科长。在此之前，毕节地区的宗教事务工作由中共毕节地委统战部、专员公署民政科共同管理。

1958年11月，专员公署宗教事务科与专员公署民族事务委员会合署办公，办公地址在中山路7号。因受“文化大革命”的影响，1967年4月后，宗教工作停止。1981年6月，经毕节地委、毕节地区行政公署决定，成立毕节地区行政公署宗教事务处，办公地址在百花山1号，编制5人。1983年9月，根据中央机构改革的精神，宗教事务处与民族事务委员会合并，改称毕节地区民族教事务委员会。1984年6月，宗教事务与民族事务分开，建立毕节地区行政公署宗教事务科，编制3人，办公地址在中山路行政公署大院内。1990年9月，毕节地委、毕节地区行政公署研究决定，恢复毕节地区行政公署宗教事务处，办公地址为百花路1号，后迁至威宁路13号。1996年6月机构改革，地区行政公署宗教事务处与地区民族事务委员会合并，更名为毕节地区民族宗教事务局，行政编制13人。2001年9月进行机构改革，编制15人。

毕节地区民族宗教事务局原定行政编制13人，内设机构为一室四科，即办公室、财经科、宗教业务科、文教科、政法科。2001年9月机构改革后，内设科室为一室三科，即办公室、计经科（由原财经科更名），宗教业务科、宣教科（撤销原文教科、政法科而组建）。

办公室的职责是综合协调机关政务工作，负责文秘、信息、档案、保密、财务、物资、信访、外事、社会治安综合治理等工作；组织接待少数民族和宗教界人士的学习、参观、考察；协同有关部门做好少数民族干部和宗教工作干部的培养、选拔和使用，负责机关和所属单位的机构编制、干部、人事、劳动工资和目标管理等工作，掌握少数民族、宗教工作干部和各类人才情况；做好局机关干部职工的培训和思想政治工作，承担局党组的日常工作。

计经科的职责是管理民族经费及有关专项经费，机关、局属单位的国有资产，指导局系统的财务工作；对民族经费投放的合理性和有效性进行跟踪调查和综合评估；参与拟定民族自治地方经济发展规划和民族贸易、民族用品生产计划并监督实施；综合分析民族自治地方的社会情况；参与组织民族地区的对口支援及经济技术协作；做好项目的推荐上报和引进外资的工作；会同有关部门做好民族地区的智力支边和扶贫工作。

宣教科的职责是调查研究全区的民族宗教问题，提出贯彻落实民族宗教政策及法规的措施和建议；负责民族宗教政策、法制的宣传工作，检查、督促民族宗教法律、法规、政策的贯彻实施；做好维护少数民族权益，处理民族关系，促进民族团结进步工作，办理民族成份的识别、恢复、更改、审核上报，处理少数民族人权、宗教方面涉外的相关问题；参与组织民族自治地方的庆祝活动；检查、督促少数民族和民族地区贯彻、落实教育、文化、科技、卫生、计划生育、体育等事业的政策和措施，促进民族地区社会事业的发展，联系地区民族中学和局办的民族班，开展少数民族文化、艺术、体育活动。

宗教业务科的职责是依法做好宗教活动场所的登记、发证和年检工作；承办伊斯兰教、基督教、天主教、佛教友好往来方面的工作，对有关重大问题进行调查研究并提出处理意见；帮助宗教团体搞好自身建设，坚持独立自主、自办教会和“自治、自养、自传”的方针；教育培养宗教教职人员，联系宗教界上层人士，引导办好以自养为目的的社会服务事业；处理有关宗教团体的涉外事务；防止和抵制境外敌对势力利用宗教进行的渗透。

附录：毕节地区宗教工作机构历届领导名录

毕节专员公署宗教事务科（1956 年 2 月建立）

科　长：赵世岱（汉族，1956.2－1957.3 民族事务委员会副主任兼）

毕节专员公署民族事务委员会，毕节专员公署宗教事务科于 1957 年 4 月合署办公，民族事务委员会主任由分管的副专员兼任。

科　长：赵世贷（1957.4－1967.4 民族事务委员会副主任兼）

副科长：陆堂珍（彝族，1957.4－1958.6 民族事务委员会副主任兼）

副科长：项必英（女，苗族，1964.1－1965.5 民族事务委员会副主任兼）

副科长：王　昆（汉族，1965.9－1967.4，专职）

毕节地区行政公署宗教事务处（1981 年 6 月建立）

处　长：赵世岱（1981.6－1982.2，民族事务委员会主任兼）

处　长：安启崇（彝族，1982.2－1983.9，民族事务委员会主任兼）

副处长：张文勇（苗族，1981.6－1983.2，专职）

毕节地区民族宗教事务委员会（1983年9月合并）

主　任：安启崇（1983.9－1983.12）

　　　　祝朝珍（苗族，1983.12－1984.6）

副主任：龙德渊（彝族，1983.9－1984.6）

毕节地区行政公署宗教事务科（1984年6月与民族事务委员会分开）

科　长：杨朝云（苗族，1988.7－1990.12）

副科长：杨朝云（1986.2－1988.7）

　　　　黄德科（苗族1986.2－1988.7）

毕节地区行政公署宗教事务处（1990年9月恢复，地区民族事务委员会主任兼任处长，副主任兼任副处长）

处　长：陈长友（彝族，1990.9－1996.6）

副处长：李美道（苗族，1990.9－1996.6）

　　　　马培译（回族，1990.9－1996.6）

　　　　杨朝云（苗族，1990.9－1996.6）

毕节地区民族宗教事务局（1996年6月宗教事务处与民族事务委员会合并）

局　长：陈长友（1999.6－2001.4）

　　　　梁兴华（彝族，2001.4－）

副局长：李美道（1996.6－2001.9）

　　　　马培译（1996.6－1997.1）

　　　　杨朝云（1996.6－2001.9）

　　　　马光树（回族，1997.12－2001.9）

　　　　康庆明（苗族，2001.9－2004.11）

　　　　张永忠（女，汉族，2001.9－2003.1）

　　　　李洪应（回族，2003.1－）

　　　　彭斯惠（女，汉族，2003.8－）

毕节地区行政公署宗教事务处（毕节地区民族事务委员会中层干部名录）

办公室主任：李开荣（壮族，1991.4－1994.1）

办公室主任：漆海南（女，汉族，1994.1－1996.6）

财经科科长：罗天才（彝族，1990.9－1996.6）

财经科副科长：李开荣（1990.9－1991.4）

文教科科长：岳正安（汉族，1990.9－1994.1）

　　　　　　禄亚权（彝族，1994.1－1996.6）

宗教科副科长：李琼（女，彝族，1994.1－1996.6）

副主任科员：张全富（彝族，1990.9－1996.6）

毕节地区民族宗教事务局中层干部名录

办公室主任：漆海南（1996.6－2001.9）

财经科科长：罗天才（1996.6－2001.9）

财经科副科长：彭洪生（汉族，1996.6－2001.9）

文教科科长：禄亚权（1996.6－2001.9）

政法科科长：何　彦（1996.6－2001.9）

宗教科科长：李　琼（1996.6－2001.9）

主任科员：李开荣（1996.6－2001.9）

副主任科员：张全富（1996.6－2001.9）

2001年11月机构改革后的毕节地区民族宗教事务局中层干部名录：

办公室主任：禄亚权（2001.12－）

计经科科长：漆海南（2001.12－）

宣教科科长：彭洪生（2001.12－）

宗教科科长：张全富（2001.12－）

二　各县（市）宗教工作机构沿革

（一）毕节市（毕节县）宗教工作机构沿革

1956年4月，成立毕节县宗教事务科，在此之前，宗教工作由中共毕节县委统战部领导，毕节县人民政府民政科管理。1966年5月以后，宗教工作停止。1979年以后，宗教工作由中共毕节县委统战部领导、毕节县民族事务委员会配有一名专职宗教干部兼管。1987年，成立毕节县人民政府办公室宗教侨务科，宗教工作由宗教侨务科管理。1996年，宗教科与市民族事务委员会合并，称毕节市民族宗教事务局。

（二）威宁彝族回族苗族自治县宗教工作机构沿革

1956年至1962年，由县人民政府设宗教事务专职干部对全县宗教进行管理，专职干部冯国才（彝族）。1962年至1965年由县民族事务委员会兼管。1965年至1966年又由县人民政府设专职宗教干部管理，专职干部杨质斌（苗族）。1981年3月，成立威宁彝族回族苗族自治县人民政府宗教事务科。1996年7月，改称威宁彝族回族苗族自治县宗教事务局。2001年3月，县宗教事务局与县民族事务委员会合并，称民族宗教事务局。

（三）赫章县宗教工作机构沿革

1979年成立赫章县人民政府宗教事务科，配备宗教工作专职干部4人。

1993年，改称赫章县宗教事务局，与民族事务委员会合署办公，实行两块牌子，一班人员，由民族事务委员会主任兼任局长，副主任兼任副局长。1995年，宗教事务局与民族事务委员会合并，称民族宗教事务局。

（四）纳雍县宗教工作机构沿革

1981年3月，中共纳雍县委、县人民政府正式批准成立纳雍县人民政府宗教事务科，为县二级机构，配备3名专职宗教干部。在此之前，宗教事务工作由中共纳雍县委统战部领导，纳雍县民族事务委员会兼管。1983年6月，宗教事务科与民族事务委员会合署办公，实行两块牌子，一班人员。1984年2月机构改革，宗教事务科与民族事务委员会分开。1992年8月，把宗教事务科改设为县人民政府宗教事务局，列入政府序列，增加人员编制和领导职数。1995年1月，宗教事务局与民族事务委员会合并，称纳雍县民族宗教事务局。

（五）织金县宗教工作机构沿革

1981年，建立织金县革命委员会宗教事务科，对外挂牌，对内与县民族事务委员会合署办公。在此之前，宗教事务工作由中共织金县委统战部领导，县民族事务委员会兼管。1982年改为织金县人民政府宗教事务科，属政府办公室下属机构。1984年2月，宗教事务科改为织金县人民政府办公室宗教侨务科，配备副科长1人。1986年10月改为织金县人民政府宗教事务科，属政府办公室下属机构，配备科长1人。1990年10月，编委会以织编字（1990）18号文件通知，县人民政府宗教科归民族事务委员会管理，机构级别不变，原编制人员同时划归有关单位。1992年9月，改称宗教事务局，与民族事务委员会合署办公，实行两块牌子，一班人员，民族事务委员会主任兼任局长，副主任兼任副局长。1996年，宗教事务局与民族事务委员会合并，称织金县民族宗教事务局。

（六）大方县宗教工作机构沿革

1981年12月，成立大方县人民政府办公室宗教事务科。1983年改称大方县人民政府宗教事务科。1992年改称大方县宗教事务局，与民族事务委员会合署办公，实行两块牌子，一班人员，由民族事务委员会主任兼任局长，副主任兼任副局长。1997年，宗教事务局与民族事务委员会合并，称民族宗教事务局。

（七）黔西县宗教工作机构沿革

1987年，成立黔西县人民政府宗教侨务科。在此之前，宗教事务工作由中共黔西县委统战部领导，民族事务委员会配备专职宗教干部兼管。1996年，宗教科与民族事务委员会合并，改称黔西县民族宗教事务局。

（八）金沙县宗教工作机构沿革

1989年9月，成立金沙县人民政府宗教侨务科。在此之前，宗教工作由中共金沙县委统战部兼管。1994 年，宗教科与民族事务委员会合并，称金沙县民族宗教事务局。

附：毕节地区各县（市）宗教工作机构历届领导名录

毕节县（市）政府办公室宗教事务科（1987 年建立）

科　　长：吴光忠（汉族，1987－1995）

　　　　　黄仲明（彝族，1995－1996）

副 科 长：石明学（汉族，1987－1996）

毕节市民族宗教事务局：

局　　长：张远武（彝族，1996－2001.11）

　　　　　王家银（彝族，2001.11－）

副 局 长：张承文（苗族，1996－1999.3）

　　　　　高正华（彝族，1996－2001.11）

　　　　　张启权（苗族，1999.3－）

　　　　　陈富华（彝族，2001.11－2003.4）

　　　　　李琼（女，苗族，2001.11－）

　　　　　罗荣杰（彝族，2003.4－）

纪检组长：陈明玉（彝族，1999.3－）

大方县人民政府办公室宗教事务科（1981 年 12 月建立）

科　　长：毕照维（汉族，1981.12－1983）

大方县人民政府宗教事务科（1983 年改称）

科　　长：毕照维（1983－1992）

大方县宗教事务局（1992 年改称，与民族事务委员会合署办公）

局　　长：陈开荣（彝族，1992－1997）

副 局 长：谢大进（白族，1992－1997）

　　　　　彭文新（苗族，1992－1994）

　　　　　张阳珍（女，苗族，1994－1997）

大方县民族宗教事务局（1997 年，宗教局与民族事务委员会合并）

局　　长：陈开荣（1997－2001.9）

　　　　　龙和劲（彝族，2001.10－）

副 局 长：张阳珍（1997－2003.8）

　　　　　谢大敏（女，白族，2003.7－）

纪检组长：赵远江（女，白族，1998.7－2001.9）

黔西县人民政府宗教侨务科（1987 年建立）

科　　长：潘昌荣（汉族，1987－1992）

周延奇（汉族，1992－1996）

黔西县民族宗教事务局（1996年宗教侨务科与民族事务委员会合并）

局　　长：韦德均（布依族，1996.5－1996.11）

李儒才（苗族，1996.11－1998.3）

黄道品（彝族，1998.4－）

副 局 长：高光武（彝族，1996－1998.3）

李永光（彝族，1996.11－）

王臣孝（布依族，2002.10－）

金沙县人民政府宗教侨务科（1989年9月建立）

科　　长：吴安培（汉族，1989.9－1994）

金沙县民族宗教事务局（1994年宗教侨务科与民族事务委员会合并）

局　　长：王智昌（苗族，1994－）

副 局 长：付克昌（彝族，1994－1998）

吴安培（1994－）

刘文才（汉族，1998－2002）

罗坤富（彝族，2003－）

织金县宗教事务科（1981年建立）

科　　长：杨春林（穿青人，1986－1992）

副 科 长：杨春林（1983－1986）

织金县宗教事务局（1992年改称，与县民族事务委员会合署办公）

局　　长：王应学（苗族，1992－1996.8）

副 局 长：张树群（女，苗族，1992－1996.8）

金文毅（彝族，1993.1－1996.8）

郭昌仁（布依族，1993.10－1996.8）

杨春林（1992－1996.2）

织金县民族与宗教事务局（1996年8月，宗教事务局与民族事务委员会合并）

党组书记：杨举华（苗族，2001.7－）

局　　长：张树群（1996.8－2001.10）

杨陆军（苗族，2003.5－）

安志洪（彝族，2001.10－2003.5）主持工作

副 局 长：金文毅（彝族，1996.8－）

郭昌仁（1996.8－2001.5）

王　力（汉族，1998.12－）

纳雍县人民政府宗教事务科（1981 年 3 月建立）

科　　长：李国泰（彝族，1981. 3 – 1983. 10）

　　　　　杨松（苗族，1984. 2 – 1992. 8）

副 科 长：杨恩荣（苗族，1981. 3 – 1983. 10）

　　　　　杨　松（1983. 10 – 1984. 2）

　　　　　李正仙（苗族，1983. 10 – 1986. 7）

纳雍县宗教事务局（1992 年 8 月，撤销宗教事务科，改称宗教事务局）

局　　长：杨　松（1992. 8 – 1995. 1）

纳雍县民族宗教事务局（1995 年 1 月，宗教事务局与民族事务委员会合并）

局　　长：苏学超（彝族，1995. 1 – 1998. 4）

　　　　　王明贵（彝族，1998. 4 – 2003. 3）

　　　　　罗明辉（彝族，2003. 4 – ）

副 局 长：杨　松（1995. 1 – 1998. 12）

　　　　　祝开文（苗族，1995. 1 – 1998. 4）

　　　　　张开华（彝族，1995. 1 – 1998. 12）

　　　　　马文旭（苗族，1998. 4 – ）

　　　　　苏建华（彝族，1998. 4 – ）

　　　　　李锡林（苗族，1998. 4 – ）

威宁彝族回族苗族自治县人民政府宗教事务科（1981 年 3 月建立）

科　　长：杨全忠（苗族，1981. 3 – 1984. 2）

　　　　　马运昆（回族，1984. 2 – 1994. 12）

副 科 长：禄耀忠（彝族，1982. 8 – 1984. 2）

　　　　　杨德友（苗族，1984. 2 – 1993. 9）

　　　　　刘昭秀（女，彝族，1990. 11 – 1996. 7）

威宁彝族回族苗族自治县宗教事务局（1996 年 7 月改称）

局　　长：王显德（苗族，1996. 7 – 2001. 3）

副 局 长：刘昭秀（1996. 7 – 2001. 3）

威宁彝族回族苗族自治县民族宗教事务局（2001 年 3 月县宗教事务局与县民族事务委员会合并）

局　　长：田明才（彝族，2003. 3 – ）

副 局 长：李高潮（汉族，2003 – ）

　　　　　马武俊（回族，2003. 3 – ）

　　　　　杨华忠（苗族，2003 – ）

赫章县宗教事务科（1979 年建立）

科　　长：马平山（回族，1987.3－1988）

　　　　　安明忠（彝族，1988－1993）

副 科 长：冯国才（彝族，1979－1983.3）

　　　　　陈朝贤（彝族，1983.3－1984）

　　　　　马平山（回族，1984－1987）

　　　　　陶文学（苗族，1988－1993）

赫章县宗教事务局（1993 年，宗教事务科改为宗教事务局，与民族事务委员会合署办公）

局　　长：张富贵（彝族，1993－1995）

副 局 长：安明忠（1993－1995）

副 局 长：杨忠诚（苗族，1993－1995）

赫章县民族与宗教事务局（1995 年，宗教事务局与民族事务委员会合并）

局　　长：文朝志（彝族，1995－2001）

　　　　　文道义（彝族，2001－）

副 局 长：安明忠（1995－1998）

　　　　　杨忠诚（1995－1998.12）

　　　　　刘廷春（回族，1997－）

　　　　　李邦德（苗族，1999－）

第二节　宗教改革

一　基督教的“三自”革新运动

1950 年前，毕节地区有 4 个基督教派别和团体。据 1951 年统计，有基督教堂 137 处，基督教点 31 处，教牧人员 349 人（其中牧师 16 人、长老 231 人、执事 102 人），有教牧人员和教徒 30377 人（其中苗族 18302 人、彝族 11875 人、汉族 200 人）。这些教派和团体仍然受到外国差会的影响。1950 年 6 月，以著名的基督教爱国领袖吴耀宗先生为首的全国 40 多位基督教界领袖人物起草并联合发表《三自革新宣言》，1951 年 5 月 15 日，“中国基督教抗美援朝三自革新运动委员会筹委会”发出通知，号召全国各地基督教会团体，控诉帝国主义的侵略罪行。1951 年 1 月 28 日，华内毕节基督教会在毕节城关举行革新大会，宣布《革新宣言》，制定爱国公约，到会信徒 150 多人，全部在“宣言”上鉴名。随后，威宁县石门坎循道公会、织金县基督教锡安会、纳雍县基督教会、赫章县葛布、结构基督教会，大定县（现大方县）基督教会先后纷纷发表“革新宣言”“三自宣言”。在“宣言”上签名的教徒人数占全地区基督教徒人数的80%以上。

同时，政府陆续接管了基督教会所举办的福利事业和学校，到1952年底，撒拉溪麻疯医院、威宁石门坎平民医院等教会医院、诊所，赫章县葛布内地会志华小学、结构内地会明德小学、威宁县石门坎循道公会光华小学、四方井循道公会崇德小学、大定女执事会宽爱小学等28所教会小学和威宁石门坎等教会中学全部被人民政府接管。

随着“三自”革新运动和反帝运动的发展，1951年5月，织金县中华基督教锡安会三自爱国运动委员会在该县的海马冲基督教会成立。1952年12月7日，赫章县葛布、结构基督教内地会共同成立“赫章县三自革新运动委员会”。1953年6月6日，毕节县复临安息日会、内地会在城关共同成立“毕节县三自革新筹备委员会”。1954年6月，纳雍县基督教会选举产生全县统一的基督教会组织。之后，各县教会坚持“自治、自养、自传”的三自方针，依法参加宗教活动，积极参与社会主义建设。

二　天主教的民主改革

中华人民共和国成立初期，区内有毕节城关天主教堂、黔西城关天主教堂、大方城关天主教堂、金沙城关天主教堂、赫章县发支窝天主教堂。有神职人员4人（其中毕节1人、黔西1人、金沙2人）。信徒为946人（其中毕节291人、大方县30人、黔西县188人、金沙县200人、赫章县150人、威宁县87人）。天主教堂的经济来源主要靠地租、房租、教徒募捐。赫章发支窝天主教堂，主要靠50余亩教产的地租收入。黔西天主教堂除其他收入外，有20%的收入靠教徒募捐。毕节天主教堂靠房租收入大米2石、地租收入每年谷物11石，另外靠贵阳天主堂每年汇给毕节天主教堂司铎约250万元（旧币）薪资津贴。经过土地改革和民主革命，根据《中华人民共和国土地改革法》，在土地改革中征收了天主教堂在农村的土地，天主教徒也和农民一样，分得自己的一份土地，积极参加农业生产劳动，有的还参加工作。1957年至1976年，因“左”的思潮影响，天主教基本上停止了宗教活动。1978年以后，天主教的宗教活动逐步走向正轨。自1983年至1992年，金沙县、大方县、纳雍县先后建立了相应的宗教爱国组织。

三　伊斯兰教的民主改革

区内信仰伊斯兰教的回族据2002年统计有7.1万人。他们大多数是明清时期随军进入毕节地区威宁、赫章等县的。清王朝及国民政府统治时期，穆斯林长期受到歧视和压迫。1949 年后，在中国共产党的领导下，认真贯彻民族平等政策和宗教信仰自由政策。1950 年，中央人民政府规定，全国信仰伊斯兰教的群众，在开斋节日放假 1 天。按照党的宗教政策精神，毕节地区各级政府非常重视和尊重穆斯林群众的生活习俗，在开斋节、古尔邦节、圣纪节免征牛羊屠宰税，并给予必要的物资供应，在聚居地区给予职工节假日。1958 年，根据广大穆斯林人的要求，伊斯兰教开展反对封建压迫剥削制度和宗教特权的民主改革运动。毕节地区（主要是威宁彝族回族苗族自治县）伊斯兰教除根据中共中央统战部报经中央批准全国伊斯兰教制度改革中废除伊斯兰教的门宦制度（特别是教主的口唤、放阿訇），以及世袭的伊玛目、清真寺的生产资料所有制、对教徒的劳役、歧视妇女、干涉男女婚烟、文化教育、阿訇及海里凡（学生）不参加劳动、用宗教处罚信教群众等制度外，还根据毕节地区（主要是威宁彝族回族苗族自治县）伊斯兰教的实际，改革猪粪种出来的苞谷不能食用、穆斯林不能种植烤烟的习惯，废除回族穆斯林举意（也贴）的钱物外，为群众念经不额外收取报酬的制度。改革清真寺专职经堂教育，主张汉阿文字并用，提倡学习汉语汉文，用汉语汉文宣传伊斯兰教教义，培养新型的宗教教职业人员。基本废除病人临死前，其病危人的脚、手指甲和胡须等全部剪剃干净，在为亡人送葬途中，其下辈人为亡人端香炉，将亡人安葬后，还要在其亡人停过的地方守四十至一百个夜晚的规定；废除宗教主宰婚姻的制度，改革为阿訇不见到人民政府的结婚登记证，不予按宗教仪式给成婚者念“以招布”（确定）；废除男儿童 12 周岁以前，要由阿訇做“逊余”（遵圣行，割礼仪式），12 周岁后要斋戒礼拜，女孩 9 岁亦如此的规定。

四　佛、道教的民主改革

据不完全统计，1951 年 12 月区内有道教宫观、佛教寺庙 597 座。中华人民共和国成立以前，毕节地区的佛教寺庙、道教宫观形成种种封建剥削压迫特权。其主要经济收入来源于地租收入和善男信女的捐献。1949 年，经过土地改革和民主革命，彻底废除佛、道教的封建特权。出家的佛教徒、道教徒及寺庙宫观的住持一律按照宪法享受公民权力，履行公民义务。根据《中华人民共和国土地改革法》，在土地改革运动中，征收佛教寺庙、道教宫观在农村中占有的土地，出家的佛、道教信徒也同农民一样分得土地，发扬佛、道教农禅并重的传统，凡有劳动能力的僧尼、道姑、道士，可按其志愿从事农业、手工业及其他社会服务业，成为自食其力的劳动者。根据大方、织金、威宁等县 1956－1957 年的统计，这三县的僧尼除从事农业生产外，从事针织业的有 11 人，从事饮食服务业的有 11 人。生活上有困难的僧尼，政府还给予适当补助。1966 年 5 月－1976 年 10 月的"文化大革命"，宗教活动被取消。1978 年以后，恢复宗教信仰自由政策，佛教活动顺利开展。1990 年 10 月 3 日，选举产生"纳雍县佛教管理小组"。随后，毕节、威宁、黔西、织金相继成立了县（市）佛教管理小组。1995 年 4 月 13 日，金沙县在县第一届佛教代表大会上选举成立了"金沙县佛教协会"。2003 年 11 月毕节市也成立了市佛教协会。各（县）市佛教爱国组织积极协助党和政府宣传、贯彻宗教信仰自由政策，帮助广大佛教信徒不断提高爱国主义觉悟，依法组织开展正常的宗教活动，带领信徒积极参与社会主义建设。

第三节　扶持宗教界人士

扶持宗教界人士，政府不但从政治上关心，还从生活上关心。对生活确有困难的政府给予补助。1956 年 10 月，省宗教事务处下拨给毕节地区宗教事务科第四季度宗教教职人员生活补助费 2000 元。1981 年，全区共补助宗教界困难人士 41 人，补助金额达 1557 元，每人补助 15 元至 177 元不等。1982 年，威宁补助宗教界人士 8 人（次），补助金额 1637 元；赫章补助宗教界人士 28 人（次），补助金额 670 元，补助已故宗教界人士的家属，人均达 150 元；织金县补助宗教界人士 7 人，补助金额 175 元。是年，地区宗教事务处补助宗教界人士 4 人，每人补助 30 元；大方县定期补助宗教界人士 1 人，每月补助 10 元；赫章县政协定期补助 4 名宗教界人士，每人每月补助 15 元；威宁彝族回族苗族自治县定期补助 4 人，每人每月补助 56 元。1984 年，纳雍县补助基督教片区负责人 5 人，每人补助 200 元。1985 年，威宁彝族回族苗族自治县先后补助 5 名宗教界人士，补助 616 元，赫章县用民族经费补助宗教界受害人家属困难的人员 13 人，补助 1950 元。赫章县民族宗教事务局按月补助驻县"基督教三自爱国运动委员会、基督教教务委员会"2 位牧师，每人每月补助 100 元。

中华人民共和国成立后，境内有关组织采取推荐考试等方式，对宗教人士进行教育培养。1960 年 8 月，威宁彝族回族苗族自治县的李兴华、张建明被有关部门推荐到重庆神学院学习，于 1962 年 7 月毕业；1962 年 7 月，纳雍县的马显文、威宁彝族回族苗族自治县的朱家林由宗教部门推荐，经中共贵州省委同意，报国务院宗教局批准，到南京基督教金陵协和神学院学习进修，于 1963 年 8 月结业。1984 年至 1992 年，四川、云南、贵州三省的基督教三自爱国运动委员会联合创办了基督教四川（成都）神学院，为毕节地区共培养基督教徒

28 人。此外，有的还先后考入中国基督教三自爱国运动委员会创办的金陵（南京）神学院深造。进入神学院学习深造的这批青年信徒，已成为教牧人员中的骨干分子，有的被按立为牧师、长老，有的已进入各级各类爱国宗教组织领导班子。

1985 年以来，在贵州省基督教三自爱国运动委员会、贵州省基督教协会的帮助下，毕节地区各级宗教工作部门和宗教爱国组织积极工作，先后在毕节、赫章、威宁、织金、纳雍、黔西等县（市）举办义工培训班。据不完全统计，1985 年至 1999 年，全区共举办义工培训班 10 期，参加培训信徒 597 人（次）。受训期间，信徒们认真学习党和政府的有关宗教政策和宗教基础知识及教规教义。培训后通过考试，按立各类神职人员 317 人，其中牧师 38 人、长老 110 人、传道 169 人。据不完全统计。到 2003 年底。全区共有基督教教职人员 364 人，其中牧师 22 人、长老 120 人、传道 222 人。

基督教义工培训人数及按立圣职人数情况统计表

毕节地区 1981－1999 年

义工培训次数	按立授任次数	时间（年月）	主礼教长	地点	义工培训人数	牧师		长老		传道	
						男	女	男	女	男	女
	1	1981.9	杜光炎	贵阳		1	1				
1	2	1985.10	杜光炎	毕节县	50			8	1	10	1
2	3	1986.11	杜光炎	赫章县	62	14		26		30	3
3	4	1987.9	杜光炎	纳雍县	120	3	2	29	2	33	
4	5	1988.10	杜光炎	赫章县	80	3		8		12	
5	6	1988.11	杜光炎	织金县	40	1		6		17	
6	7	1989.8	杜光炎	威宁县	50	5	3	9	1	11	5
7	8	1989.9	杜光炎	毕节县		2					
8	9	1991.1	杜光炎	织金县	45			3		5	
9	10	1992.9	杜光炎	赫章县		3		15		33	4
10	11	1999.6	杜光炎	黔西县	150			2		5	
合计					597	32	6	106	4	156	13
总计					597	38	110	169			

1986 年，昆明伊斯兰教经学院成立，面向贵州、四川、云南三省招生，培养“热爱祖国、拥护党的领导和社会主义制度、具有较高宗教知识和一定社会科学、自然科学知识的阿訇”。凡年龄在 18 至 25 周岁，具有高中毕业或同等学

历的男性未婚青年均可报考。经学院当年招收学员40名，分配给贵州8名，全省报考人员在贵阳清真寺统一考试。在昆明统一评卷后，毕节地区有5名穆斯林被录取到昆明经学院深造。即是威宁彝族回族苗族自治县的马文辉、马天赐、刘永书、马永广、冶才锡。1990年，毕节地区又有4名青年穆斯林被录取到该经学院深造。这些学员现已成为伊斯兰教教职人员中的骨干。

1985年11月21日至30日，贵州省伊斯兰教协会在威宁彝族回族苗族自治县新落成的清真寺内举办中华人民共和国成立以来贵州省首次伊斯兰教教职人员进修班。来自全县50多个清真寺的50多名阿訇、寺夫（其中阿訇31名）参加这次培训。进修班学习内容分为两部分。第一部分为政治、政策和形势教育。第二部分为宗教知识，伊斯兰教历史。自此以后，伊斯兰教教职人员多次得到类似的培训和学习，经过培训和学习，教职人员的综合素质得到提高。据不完全统计，到2002年底，全区共有阿訇301人，其中黔西2人、威宁277人、赫章县22人。

1999年，按照省宗教事务局的安排，金沙、毕节等县（市）民族宗教事务局就组织部分佛教界人士参加在贵阳弘福寺举行的贵州省佛教传戒法会的培训学习。通过培训，部分佛教徒获得了比丘及比丘尼教职。到2002年底，全地区有佛教教职人员46人，其中比丘13人，比丘尼23人，沙弥4人，沙弥尼6人。各（县）市的情况是毕节市7人，其中比丘4人，比丘尼2人，沙弥1人；大方县比丘尼2人；金沙县26人，其中比丘6人，比丘尼15人，沙弥2人，沙弥尼3人；织金3人，比丘、比丘尼、沙弥尼各1人；纳雍3人，比丘尼、沙弥、沙弥尼各1人；威宁5人，其中比丘2人，比丘尼2人，沙弥尼1人。

第四节 宗教届人士参政议政

据不完全统计，从1951年至2003年底，毕节地区宗教界代表遴选为全国政协委员的有4人次，省政协委员的有16人次，县（市）政协委员有484人次（其中县政协副主席28人次，县（市）政协常委111人次）；当选为省人大代表的3人次，县（市）人大代表的162人次（其中人大常委会副主任1人，县人民委员会委员、县政府委员、县人大常委会委员11人次）。附表如下：

全国、省、县（市）人大、政协历届宗教届人士代表、委员情况表

单位	届 别	姓名	族别	职务	教别
全国政协	第七届（1988.3－1993.3）	马鸿恩	回	政协委员	伊斯兰教
全国政协	第八届（1993.3－1998.3）	马鸿恩	回	政协委员	伊斯兰教
全国政协	第九届（1998.3－2003.3）	马鸿恩	回	政协委员	伊斯兰教
全国政协	第十届（2003.3－）	马鸿恩	回	政协委员	伊斯兰教
贵州省人大	第二届（1958－1963）	马学科	回	人大代表	伊斯兰教
贵州省人大	第三届（1963－1967）	马学科	回	人大代表	伊斯兰教
贵州省人大	第五届（1978－1983）	马学科	回	人大代表	伊斯兰教
贵州省政协	第一届（1955－1959）	王明道	苗	政协委员	基督教
		李朝阳	彝	政协委员	基督教
		马学科	回	政协委员	伊斯兰教
贵州省政协	第二届（1959－1963）	王明道	苗	政协委员	基督教
		李朝阳	彝	政协委员	基督教
		马学科	回	政协委员	伊斯兰教
贵州省政协	第三届（1959－1963）	王明道	苗	政协委员	基督教
		李朝阳	彝	政协委员	基督教
		张正邦	苗	政协委员	基督教
		马学科	回	政协委员	伊斯兰教
贵州省政协	第六届（1988－1993）	朱家林	苗	政协委员	基督教
贵州省政协	第七届（1993－1998）	朱家林	苗	政协委员	基督教
贵州省政协	第八届（1998.3－2003.3）	文富华	彝	政协委员	基督教
		马贤档	回	政协委员	伊斯兰教
贵州省政协	第九届（2003.3－）	文富华	彝	政协委员	基督教
		马贤档	回	政协委员	伊斯兰教
毕节县人大	首届（1951.6－）	曾志素	汉	人大代表	基督教
		裴谨斋	汉	人大代表	基督教
毕节县人大	第二届（1956.12－1958.5）	王家俊	汉	人大代表	基督教
毕节县人大	第三届（1958.5－1960.12）	王家俊	汉	人大代表	基督教
毕节县人大	第九届（1981.6－1984.10）	王国珍	彝	副主任	基督教
毕节县人大	第十届（1984.10－1987.8）	王国珍	彝	副主任	基督教

续表

单位	届别	姓名	族别	职务	教别
毕节县政协	第一届（1955.8－1960.12）	周文明	汉	政协委员	天主教
毕节县政协	第一届（1955.8－1960.12）	王国珍	彝	政协委员	基督教
毕节县政协	第二届（1960.12－1963.9）	王国珍	彝	政协委员	基督教
毕节县政协	第二届（1960.12－1963.9）	彭福顺	汉	政协委员	基督教
毕节县政协	第三届（1963.9－1965.12）	王国珍	彝	政协委员	基督教
毕节县政协	第三届（1963.9－1965.12）	彭福顺	汉	政协委员	基督教
毕节县政协	第四届（1965.12－）	彭福顺	汉	政协委员	基督教
毕节县政协	第五届（1981.6－1984.10）	王国珍	彝	副主席	基督教
毕节县政协	第五届（1981.6－1984.10）	朱德学	苗	政协常委	基督教
毕节县政协	第五届（1981.6－1984.10）	胡素清（女）	汉	政协委员	天主教
毕节县政协	第六届（1984.10－1987.8）	朱德学	苗	政协常委	基督教
毕节县政协	第六届（1984.10－1987.8）	胡素清（女）	汉	政协常委	天主教
毕节县政协	第七届（1987.8－1990.5）	朱德学	苗	政协常委	基督教
毕节县政协	第七届（1987.8－1990.5）	胡素清（女）	汉	政协常委	天主教
毕节市政协	第八届（1990.5－1993.5）	朱德学	苗	政协常委	基督教
毕节市政协	第八届（1990.5－1993.5）	徐有信	汉	政协委员	天主教
毕节市政协	第九届（1993.5－1993.12）	朱德学	苗	政协委员	基督教
毕节市政协	第九届（1993.5－1993.12）	徐有信	汉	政协委员	天主教
毕节市政协	第一届（1994.1－1998）	朱德学	苗	政协委员	基督教
毕节市政协	第一届（1994.1－1998）	徐有信	汉	政协委员	天主教
毕节市政协	第二届（1998－2003.3）	杨朝云	苗	政协委员	基督教
毕节市政协	第二届（1998－2003.3）	徐有信	汉	政协委员	天主教
毕节市政协	第三届（2003.3－）	徐有信	汉	政协委员	天主教
毕节市政协	第三届（2003.3－）	杨朝云	苗	政协委员	基督教
毕节市政协	第三届（2003.3－）	释演月（女）	汉	政协委员	佛教
大方县人大	第八届（1981.12－1984.10）	杨明德（女）	彝	人大代表	基督教
大方县人大	第九届（1984.10－1987.7）	杨明德（女）	彝	人大代表	基督教
大方县政协	第一届（1981.10－1984.10）	杨明德（女）	彝	政协委员	基督教
大方县政协	第二届（1984.10－1987.7）	杨明德（女）	彝	政协委员	基督教
大方县政协	第二届（1984.10－1987.7）	罗正权	彝	政协委员	

续表

单位	届 别	姓名	族别	职务	教别
大方县政协	第三届（1987.7－1990.7）	杨明德（女）	彝	政协委员	基督教
		段以刚	白	政协委员	
大方县政协	第三届（1987.7－1990.7）	罗正权(彝族，政协委员)	彝	政协委员	
大方县政协	第四届（1990－1993）	杨明德（女）	彝	政协委员	基督教
		罗正权	彝	政协委员	
		余志忠	蒙古	政协委员	
大方县政	第五届（1993－1998）	杨明德（女）	彝	政协委员	基督教
		陈学艳（女）	穿青人	政协委员	
		肖贤荣	白	政协委员	
		周柱远	汉	政协委员	
		罗正权	彝	政协委员	
		余志忠	蒙古	政协委员	
大方县政协	第六届（1998－2003.3）	龙道谦	彝	政协委员	基督教
大方县政协	第六届（1998－2003.3）	陈学艳（女）	穿青人	政协委员	基督教
		周柱远	汉	政协委员	基督教
		王　琦	彝	政协委员	基督教
		徐永才	汉	政协委员	天主教
		余志忠	蒙	政协委员	基督教
大方县政协	第七届（2003－）	陈学艳（女）	穿青人	政协委员	基督教
		周柱远	汉	政协委员	基督教
		王启彬	彝	政协委员	基督教
		王　琦	彝	政协委员	基督教
		罗正权	彝	政协委员	基督教
		吴　华	汉	政协委员	基督教
		徐永才	汉	政协委员	天主教
黔西县政协	第三届（1987－1990）	成启凤（女）	汉	政协委员	基督教
黔西县政协	第四届（1990－1993）	成启凤（女）	汉	政协委员	基督教
		詹显忠	汉	政协委员	天主教

续表

单位	届　别	姓名	族别	职务	教别
黔西县政协	第五届（1993－1998）	成启凤（女）	汉	政协委员	基督教
		彦昌珍（女）	汉	政协委员	佛教
		杨启德	汉	政协委员	天主教
黔西县政协	第六届（1998－200.3）	严光辉	汉	政协委员	天主教
		孔繁秀（女）	彝族	政协委员	基督教
		谭先伟	汉	政协委员	佛教
黔西县政协	第六届（1998－2000.3）	严光辉	汉	政协委员	天主教
		孔繁秀（女）	汉	政协委员	基督教
		谭先伟	汉	政协委员	佛教
金沙县政协	第六届（2003.3－）	张正荣	彝	政协委员	佛教
		王德华	苗	政协委员	基督教
金沙县政协	第七届（2003.3－）	释照满（女）	汉	政协委员	佛教
织金县人大	第一届（1955.3－1956.12）	李锡光	苗	人民委员会委员	基督教
		李玉隆	苗	人大代表	基督教
织金县人大	第二届（1956.12－1958.1）	李锡光	苗	人民委员会委员	基督教
		李玉隆	苗	人大代表	基督教
织金县人大	第三届（1958.1－1960.12）	李锡光	苗	人民委员会委员	基督教
		李玉隆	苗	人大代表	基督教
织金县人大	第四届（1961.1－1963.9）	李玉隆	苗	人大代表	基督教
织金县人大	第五届（1963.9－1965.12）	李玉隆	苗	人大代表	基督教
织金县人大	第八届（1981.12－1984.9）	李玉隆	苗	县政府委员	基督教
		杨汉文	苗	人大代表	基督教
织金县人大	第九届（1984.9－1987.9）	李玉隆	苗	人大常委会委员	基督教
		杨汉文	苗	人大代表	基督教
织金县人大	第十届（1987.9－1990）	李玉隆	苗	人大代表	基督教
		张志光	苗	人大代表	基督教
织金县政协	第一届（1981.12－1984.9）	杨勤忠	苗	政协常委	基督教

续表

单位	届 别	姓名	族别	职务	教别
织金县政协	第二届（1984.9－1987.9）	杨勤忠	苗	政协常委	基督教
织金县政协	第二届（1984.9－1987.9）	潘礼祥	苗	政协常委	基督教
织金县政协	第三届（1987－1990.5）	张廷高	苗	政协常委	基督教
织金县政协	第三届（1987－1990.5）	潘礼祥	苗	政协委员	基督教
织金县政协	第三届（1987－1990.5）	王奎廉	回	政协委员	伊斯兰教
织金县政协	第四届（1990.5－1993.4）	张廷高	苗	政协常委	基督教
织金县政协	第四届（1990.5－1993.4）	杨廷双	苗	政协委员	基督教
织金县政协	第四届（1990.5－1993.4）	王奎廉	回	政协委员	伊斯兰教
织金县政协	第四届（1990.5－1993.4）	张廷亮	苗	政协委员	基督教
织金县政协	第五届（1993.4－1998.3）	张廷高	苗	政协常委	基督教
织金县政协	第五届（1993.4－1998.3）	杨汉文	苗	政协委员	基督教
织金县政协	第五届（1993.4－1998.3）	杨廷双	苗	政协委员	基督教
织金县政协	第五届（1993.4－1998.3）	张廷亮	苗	政协委员	基督教
织金县政协	第五届（1993.4－1998.3）	王奎廉	回	政协委员	伊斯兰教
织金县政协	第五届（1993.4－1998.3）	李尚林	汉	政协委员	基督教
织金县政协	第六届（1998.3－200.3）	王奎廉	回	政协委员	伊斯兰教
织金县政协	第六届（1998.3－200.3）	张廷高	苗	政协常委	基督教
织金县政协	第六届（1998.3－200.3）	李尚林	汉	政协常委	基督教
织金县政协	第六届（1998.3－200.3）	杨兴士	苗	政协委员	基督教
织金县政协	第六届（1998.3－200.3）	张廷亮	苗	政协委员	基督教
织金县政协	第六届（1998.3－200.3）	李吉忠（女）	汉	政协委员	佛教
织金县政协	第七届（2003.3－）	张廷亮	苗	政协常委	基督教
织金县政协	第七届（2003.3－）	李尚林	汉	政协常委	基督教
织金县政协	第七届（2003.3－）	张 全	苗	政协委员	基督教
织金县政协	第七届（2003.3－）	王奎廉	回	政协委员	伊斯兰教
织金县政协	第七届（2003.3－）	李吉忠（女）	汉	政协委员	佛教
纳雍县人大	第一届（1954.7－1956.12）	祝永安	苗	人大代表	基督教
纳雍县人大	第一届（1954.7－1956.12）	马应祥	苗	人大代表	基督教
纳雍县人大	第一届（1954.7－1956.12）	杨约耳	苗	人大代表	基督教
纳雍县人大	第一届（1954.7－1956.12）	马显忠	苗	人大代表	基督教

续表

单位	届　别	姓名	族别	职务	教别
纳雍县人大	第二届（1956.12－1958.6）	祝永安	苗	人大代表	基督教
		马显忠（族，人民代表）	苗	人大代表	基督教
纳雍县人大	第二届（1956.12－1958.6）	马应芳	苗	人大代表	基督教
		马显文	苗	人大代表	基督教
纳雍县人大	第八届（1981.8－1984.9）	马显文	苗	人大代表	基督教
		陈绍才	苗	人大代表	基督教
		祝永安	苗	人大代表	基督教
		杨职斌	苗	人大代表	基督教
		黄志明	苗	人大代表	基督教
纳雍县人大	第九届（1984.9－1987.7）	马显文	苗	人大代表	基督教
		祝永安	苗	人大代表	基督教
		陈绍才	苗	人大代表	基督教
纳雍县人大	第十届（1987.7－1990）	马显文	苗	人大代表	基督教
		祝永安	苗	人大代表	基督教
纳雍县人大	第十一届（1990－1993）	马显文	苗	人大代表	基督教
纳雍县人大	第十二届（1993－1998）	马显文	苗	人大代表	基督教
		杨文仲	苗	人大代表	基督教
		姬言义	苗	人大代表	基督教
纳雍县人大	第十四届（2003.3－）	杨文仲	苗	人大代表	基督教
纳雍县政协	第一届（1981.8－1984.9）	马显文	苗	政协委员	基督教
		陈绍才	苗	政协委员	基督教
		祝永安	苗	政协委员	基督教
纳雍县政协	第二届（1984.9－1987.8）	陈绍才	苗	政协常委	基督教
		马显文	苗	政协委员	基督教
		祝永安	苗	政协委员	基督教
纳雍县政协	第三届（1987.8－1990.5）	马显文	苗	政协常委	基督教
		祝永安	苗	政协委员	基督教
纳雍县政协	第四届（1990.5－1993.5）	马显文	苗	政协委员	基督教
		王正权	苗	政协委员	基督教
		罗学文	苗	政协委员	基督教

续表

单位	届　别	姓名	族别	职务	教别
纳雍县政协	第五届（1993.5－1998.3）	马显文	苗	政协委员	基督教
		王正权	苗	政协委员	基督教
纳雍县政协	第五届（1993.5－1998.3）	杨文仲	苗	政协委员	基督教
		罗学文	苗	政协委员	基督教
纳雍县政协	第六届（1998.3－2003.3）	马显文	苗	政协委员	基督教
		王正权	苗	政协委员	基督教
		李学芳	苗	政协委员	基督教
		何兴忠	苗	政协委员	基督教
纳雍县政协	第七届（2003.3－）	王正权	苗	政协委员	基督教
		黄先林	苗	政协委员	基督教
		何光忠	苗	政协委员	基督教
		李学芳	苗	政协委员	基督教
		张槐珍（女）	汉	政协委员	佛教
		黄国亮	苗	政协委员	天主教
威宁县人大	第一届（1954.11－1956.12）	李正帮	苗	人大代表	基督教
		朱文正	苗	人大代表	基督教
		张志明	苗	人大代表	基教教
		张文钦	苗	人大代表	基督教
		王荣昌	苗	人大代表	基督教
		王瑞荣	苗	人大代表	基督教
		马友亮	苗	人大代表	基督教
		吕文朝	彝	人大代表	基督教
		李罗德	彝	人大代表	基督教
		罗文兴	彝	人大代表	基督教
		马学科	回	人大代表	伊斯兰教
威宁县人大	第二届（1956.12－1958.5）	张志诚	苗	人大代表	基督教
		张夏禹	苗	人大代表	基督教
		杨荣新	苗	人大代表	基督教
		王明基	苗	人大代表	基督教
		李正帮	苗	人大代表	基督教

续表

单位	届别	姓名	族别	职务	教别
威宁县人大	第二届（1956.12－1958.5）	朱文正	苗	人大代表	基督教
		马友亮	苗	人大代表	基督教
威宁县人大	第二届（1956.12－1958.5）	王瑞荣	苗	人大代表	基督教
		王荣昌	苗	人大代表	基督教
		张志明	苗	人大代表	基督教
		唐必贤	彝	人大代表	基督教
		罗文兴	彝	人大代表	基督教
		李正科	彝	人大代表	基督教
		吕文朝	彝	人大代表	基督教
		杨开明	苗	人大代表	基督教
		马学科	回	人大代表	伊斯兰教
		马能武	苗	人大代表	伊斯兰教
		李太双	回	人大代表	伊斯兰教
威宁县人大	第三届（1958.5－1960.12）	李正邦	苗	人大代表	基督教
		朱文正	苗	人大代表	基督教
		唐必贤	彝	人大代表	基督教
		罗文兴	彝	人大代表	基督教
		马学科	回	人大代表	伊斯兰教
威宁县人大	第四届（1960.12－1963.9）	李正邦	苗	人大代表	基督教
		朱文正	苗	人大代表	基督教
		马学科	回	人大常委	伊斯兰教
威宁县人大	第五届（1963.9－1965.12）	马学科	回	人大常委	伊斯兰教
		朱文正	苗	人大代表	基督教
		李正邦	苗	人大代表	基督教
威宁县人大	第六届（1965.12－1966.5）	马学科	回	人大常委	伊斯兰教
		朱文正	苗	人大代表	基督教
		李正邦	苗	人大代表	基督教
威宁县人大	第七届（　）	马学科	回	人大代表	伊斯兰教
威宁县人大	第八届（1981.6－1984.9）	朱家林	苗	人大代表	基督教

续表

单位	届　别	姓名	族别	职务	教别
威宁县人大	第八届（1981.6－1984.9）	马贤占	回	人大代表	伊斯兰教
		马学科	回	人大代表	伊斯兰教
		马才科	回	人大代表	伊斯兰教
威宁县人大	第八届（1981.6－1984.9）	马仲成	回	人大代表	伊斯兰教
		马仲玉	回	人大代表	伊斯兰教
		马仲仁	回	人大代表	伊斯兰教
威宁县人大	第九届（1984.9－1987.7）	马才科	回	人大代表	伊斯兰教
		朱家林	苗	人大代表	基督教
威宁县人大	第十届（1987.7－1990）	张参孙	苗	人大代表	基督教
		朱家林	苗	人大代表	基督教
威宁县人大	第十一届（1990－1993）	韩美林	苗	人大代表	基督教
		朱家林	苗	人大代表	基督教
		张参孙	苗	人大代表	基督教
威宁县人大	第十二届（1993－1998）	朱家林	苗	人大代表	基督教
		马才科	回	人大代表	伊斯兰教
		张士良	回	人大代表	伊斯兰教
威宁县政协	第一届（1957.3－1958.7）	朱文正	苗	政协副主席	基督教
		钟焕燃	汉	政协委员	基督教
		张夏禹	苗	政协常委	基督教
		张志诚	苗	政协常委	基督教
		杨荣新	苗	政协常委	基督教
		李正邦	苗	政协常委	基督教
		王荣昌	苗	政协委员	基督教
		张文钦	苗	政协委员	基督教
		马友亮	苗	政协委员	基督教
		安启云	彝	政协委员	基督教
		聂文光	彝	政协委员	基督教
		罗维新	彝	政协委员	基督教
		马学科	回	政协副主席	伊斯兰教
		马能武	回	政协常委	伊斯兰教

续表

单位	届 别	姓名	族别	职务	教别
威宁县政协	第一届（1957.3－1958.7）	虎良科	回	政协委员	伊斯兰教
		张万恩	回	政协委员	伊斯兰教
		吕文朝	彝	政协委员	基督教
威宁县政协	第一届（1957.3－1958.7）	王明基	苗	政协常委	基督教
		朱家林	苗	政协常委	基督教
		唐必贤	彝	政协常委	基督教
威宁县政协	第二届（1959.7－1963.9）	朱文正	苗	政协副主席	基督教
		马学科	回	政协副主席	伊斯兰教
		唐必贤	彝	政协常委	基督教
		吕文朝	彝	政协委员	基督教
		聂文光	彝	政协常委	基督教
		李正邦	苗	政协常委	基督教
		罗文兴	彝	政协常委	基督教
		张志明	苗	政协委员	基督教
		张永光	苗	政协委员	基督教
		马能武	回	政协委员	伊斯兰教
		王荣昌	彝	政协委员	基督教
		朱家林	苗	政协常委	基督教
		张文钦	苗	政协委员	基督教
		王明基	苗	政协委员	基督教
		李马可	彝	政协委员	基督教
		虎良科	回	政协委员	伊斯兰教
		马友亮	苗	政协委员	基督教
		罗比德	彝	政协委员	基督教
		王德生	苗	政协委员	基督教
		张志诚	苗	政协常委	基督教
威宁县政协	第三届（1963.9－1966.5）	朱文正	苗	政协副主席	基督教
		马学科	回	政协副主席	伊斯兰教
		唐必贤	彝	政协常委	基督教
		吕文朝	彝	政协常委	基督教

续表

单位	届别	姓名	族别	职务	教别
威宁县政协	第三届（1963.9－1966.5）	朱家林	苗	政协常委	基督教
		罗比德	彝	政协常委	基督教
		马仲玉	回	政协常委	伊斯兰教
威宁县政协	第三届（1963.9－1966.5）	张志明	苗	政协常委	基督教
		李正邦	苗	政协常委	基督教
		罗文兴	彝	政协委员	基督教
		管淑舟（女）	汉	政协委员	佛教
		张永光	苗	政协委员	基督教
		马能武	回	政协委员	伊斯兰教
		王荣昌	彝	政协委员	基督教
		张文钦	苗	政协委员	基督教
		张万恩	回	政协委员	伊斯兰教
		马友亮	苗	政协委员	基督教
		杨浩然	苗	政协委员	基督教
		马崇寿	苗	政协委员	伊斯兰教
		罗保罗	彝	政协委员	基督教
		朱美德（女）	苗	政协委员	基督教
		聂文光	彝	政协委员	基督教
威宁县政协	第四届（1966.5－1967.4）	朱文正	苗	政协副主席	基督教
		马学科	回	政协副主席	伊斯兰教
		唐必贤	彝	政协常委	基督教
		吕文朝	彝	政协常委	基督教
		朱家林	苗	政协常委	基督教
		罗比德	彝	政协常委	基督教
		马仲玉	回	政协常委	伊斯兰教
		张志明	苗	政协常委	基督教
		李正邦	苗	政协常委	基督教
		朱美德（女）	苗	政协委员	基督教
		罗文兴	彝	政协委员	基督教
		管淑舟（女）	汉	政协委员	佛教

续表

单位	届　别	姓名	族别	职务	教别
威宁县政协	第四届（1966.5－1967.4）	张永光	苗	政协委员	基督教
		马能武	回	政协委员	伊斯兰教
		王荣昌	彝	政协委员	基督教
威宁县政协	第四届（1966.5－1967.4）	张文钦	苗	政协委员	基督教
		马友亮	苗	政协委员	基督教
		张万恩	回	政协委员	伊斯兰教
		杨浩然	苗	政协委员	基督教
		马崇寿	回	政协委员	伊斯兰教
		罗保罗	彝	政协委员	基督教
威宁县政协	第五届（1981.6－1984.9）	朱家林	苗	政协副主席	基督教
		马学科	回	政协副主席	伊斯兰教
		马仲玉	回	政协委员	伊斯兰教
		张志明	苗	政协常委	基督教
		苏兴德	彝	政协常委	基督教
		唐必贤	彝	政协常委	基督教
		马才辉	回	政协常委	伊斯兰教
		张万甫	回	政协委员	伊斯兰教
		虎永才	回	政协委员	伊斯兰教
		马仲德	回	政协委员	伊斯兰教
		马绍麟	回	政协委员	伊斯兰教
		朱美德（女）	苗	政协委员	基督教
		张永光	苗	政协委员	基督教
		罗保罗	彝	政协委员	基督教
		杨浩然	苗	政协委员	基督教
		杨荣福	苗	政协委员	基督教
		马崇寿	回	政协委员	伊斯兰教
		管淑舟（女）	汉	政协委员	佛教
威宁县政协	第六届（1984.9－1987.7）	朱家林	苗	政协副主席	基督教
		马学科	回	政协副主席	伊斯兰教
		马绍麟	回	政协常委	伊斯兰教

续表

单位	届别	姓名	族别	职务	教别
威宁县政协	第六届（1984.9－1987.7）	马鸿恩	回	政协常委	伊斯兰教
		马仲玉	回	政协委员	伊斯兰教
		马仲德	回	政协委员	伊斯兰教
威宁县政协	第六届（1984.9－1987.7）	金秉衡	彝	政协委员	基督教
		马开华	回	政协委员	伊斯兰教
		虎永才	回	政协委员	伊斯兰教
		马敏聪	回	政协委员	伊斯兰教
		虎成玉	回	政协委员	伊斯兰教
		马才辉	回	政协委员	伊斯兰教
		张万普	回	政协委员	伊斯兰教
		马仲仁	回	政协委员	伊斯兰教
		马才科	回	政协委员	伊斯兰教
		朱美德	苗	政协委员	基督教
		张永光	苗	政协委员	基督教
		杨荣福	苗	政协委员	基督教
		罗保罗	彝	政协委员	基督教
		苏兴德	彝	政协委员	基督教
		韩俊明	苗	政协委员	基督教
		张万学	回	政协委员	伊斯兰教
		管淑舟（女）	汉	政协委员	佛教
威宁县政协	第七届（1987.7－1990）	朱家林	苗	政协副主席	基督教
		马鸿恩	回	政协副主席	伊斯兰教
		安兴明	苗	政协委员	基督教
		朱美德（女）	苗	政协常委	基督教
		朝俊明	苗	政协委员	基督教
		张光德	苗	政协委员	基督教
		朱德成	苗	政协委员	基督教
		安万珍（女）	彝	政协委员	基督教
		王作云	彝	政协委员	基督教
		李洪才	彝	政协委员	基督教

续表

单位	届　别	姓名	族别	职务	教别
威宁县政协	第七届（1987.7－1990）	王小长	彝	政协委员	基督教
		马才科	回	政协委员	伊斯兰教
		马礼平	回	政协委员	伊斯兰教
威宁县政协	第七届（1987.7－1990）	虎成玉	回	政协常委	伊斯兰教
		马开化	回	政协委员	伊斯兰教
		虎永才	回	政协委员	伊斯兰教
		马仲元	回	政协委员	伊斯兰教
		管淑舟（女）	汉	政协委员	佛教
威宁县政协	第八届（1990－1993）	朱家林	苗	政协副主席	基督教
		马鸿恩	回	政协副主席	伊斯兰教
		安万珍（女）	彝	政协委员	基督教
		王作云	彝	政协委员	基督教
		李洪才	彝	政协委员	基督教
		龙定文	彝	政协委员	基督教
		安兴明	苗	政协委员	基督教
		韩俊明	苗	政协委员	基督教
		朱德成	苗	政协委员	基督教
		朱美德	苗	政协常委	基督教
		虎成玉	回	政协常委	伊斯兰教
		马礼平	回	政协委员	伊斯兰教
		马开化	回	政协委员	伊斯兰教
		虎永才	回	政协委员	伊斯兰教
		马仲元	回	政协委员	伊斯兰教
		马才斌	回	政协委员	伊斯兰教
		虎明祥	回	政协委员	伊斯兰教
		所扬群	回	政协委员	伊斯兰教
		马学文	苗	政协委员	基督教
		马玉文	回	政协委员	伊斯兰教
		马才科	回	政协委员	伊斯兰教

续表

单位	届 别	姓名	族别	职务	教别
威宁县政协	第九届（1993－1998）	朱家林	苗	政协副主席	基督教
		马鸿恩	回	政协副主席	伊斯兰教
		朱德成	苗	政协委员	基督教
		张参孙	苗	政协委员	基督教
威宁县政协	第九届（1993－1998）	安兴明	苗	政协委员	基督教
		罗寿芬（女）	苗	政协委员	基督教
		杨光贤	苗	政协委员	基督教
		杨华祥	苗	政协委员	基督教
		张学文	苗	政协委员	基督教
		安万珍	彝	政协委员	基督教
		龙定文	彝	政协委员	基督教
		李洪才	彝	政协委员	基督教
		李世广	汉	政协委员	基督教
		杨光贤	苗	政协委员	基督教
		杨初明	苗	政协委员	基督教
		邵　玲	汉	政协委员	佛教
		马礼平	回	政协委员	伊斯兰教
		所扬群	回	政协委员	伊斯兰教
		虎永才	回	政协委员	伊斯兰教
		马开化	回	政协委员	伊斯兰教
		虎成玉	回	政协委员	伊斯兰教
		马仲元	回	政协委员	伊斯兰教
		马才科	回		伊斯兰教
		马玉文	回	政协委员	伊斯兰教
		张万学	回	政协委员	伊斯兰教
威宁县政协	第十届（1998－2003）	马鸿恩	回	政协副主席	伊斯兰教
		杨华祥	苗	政协常委	基督教
		罗寿芬（女）	苗	政协委员	基督教
		李汉德	苗	政协委员	基督教
		朱文康	苗	政协委员	基督教

续表

单位	届　别	姓名	族别	职务	教别
威宁县政协	第十届（1998－2003）	杨初明	苗	政协委员	基督教
		张德智	苗	政协委员	基督教
		李世广	汉	政协委员	基督教
		马学明	苗	政协委员	基督教
威宁县政协	第十届（1998－2003）	杨光贤	苗	政协委员	基督教
		李宪华	彝	政协委员	基督教
		韩庆高	苗	政协委员	基督教
		龙定文	彝	政协委员	基督教
		李洪才	彝	政协委员	基督教
		安万珍（女）	彝	政协委员	基督教
		冶绍繁	回	政协委员	伊斯兰教
		马贤档	回	政协委员	伊斯兰教
		马良斌	回	政协委员	伊斯兰教
		马敏定（女）	回	政协委员	伊斯兰教
		马六邦	回	政协委员	伊斯兰教
		马敏超	回	政协委员	伊斯兰教
		虎桂兰（女）	回	政协委员	伊斯兰教
		所扬群	回	政协委员	伊斯兰教
		邵　玲（女）	汉	政协委员	佛教
威宁县政协	第十一届（2003.3－）	马鸿恩	回	政协副主席	伊斯兰教
		马六邦	回	政协委员	伊斯兰教
		马良兵	回	政协委员	伊斯兰教
		马启文	回	政协委员	伊斯兰教
		马学明	苗	政协委员	基督教
		马敏华	回	政协委员	伊斯兰教
		马敏超	回	政协委员	伊斯兰教
		王佳全	彝	政协委员	基督教
		龙定文	彝	政协委员	基督教
		安万珍（女）	彝	政协委员	基督教
		李世广	汉	政协委员	基督教

续表

单位	届别	姓名	族别	职务	教别
威宁县政协	第十一届（2003.3－）	李汉德	苗	政协委员	基督教
		李建军	彝	政协委员	基督教
		李宪华	白	政协委员	基督教
		朱文康	苗	政协委员	基督教
威宁县政协	第十一届（2003.3－）	朱显吉	苗	政协委员	基督教
		冶春波	回	政协委员	伊斯兰教
		杨华祥	苗	政协常委	基督教
		所扬群	回	政协委员	伊斯兰教
		韩庆高	苗	政协委员	基督教
		韩美丽（女）	苗	政协委员	基督教
		邵　玲（女）	汉	政协常委	佛教
		张　宇	汉	政协常委	天主教
赫章县人大	第一届（1954.6－1956.12）	王明道	苗	人大代表	基督教
		张廷光	苗	人大代表	基督教
		安成明	彝	人大代表	基督教
		李朝明	彝	人大代表	基督教
		马敏贞	回	人大代表	伊斯兰教
赫章县人大	第二届（1956.12－1958.5）	王明道	苗	人大代表	基督教
		李国兴	苗	人大代表	基督教
		李朝阳	彝	人大代表	基督教
		安承明	彝	人大代表	基督教
		陆约伯	彝	人大代表	基督教
		马敏贞	回	人大代表	伊斯兰教
赫章县人大	第三届（1958.5－1960.12）	王明道	苗	人大代表	基督教
		张廷光	苗	人大代表	基督教
		安承明	彝	人大代表	基督教
		李国兴	苗	人大代表	基督教
		李朝阳	彝	人大代表	基督教
		马敏贞	回	人大代表	伊斯兰教

续表

<table>
<tr><th>单位</th><th>届 别</th><th>姓名</th><th>族别</th><th>职务</th><th>教别</th></tr>
<tr><td rowspan="5">赫章县人大</td><td rowspan="5">第四届（1960.12－1963.9）</td><td>王明道</td><td>苗</td><td>人大代表</td><td>基督教</td></tr>
<tr><td>张廷光</td><td>苗</td><td>人大代表</td><td>基督教</td></tr>
<tr><td>李国兴</td><td>苗</td><td>人大代表</td><td>基督教</td></tr>
<tr><td>李朝阳</td><td>彝</td><td>人大代表</td><td>基督教</td></tr>
<tr><td>马敏贞</td><td>回</td><td>人大代表</td><td>伊斯兰教</td></tr>
<tr><td rowspan="2">赫章县人大</td><td rowspan="2">第五届（1963.9－1965.12）</td><td>张廷光</td><td>苗</td><td>人大代表</td><td>基督教</td></tr>
<tr><td>李朝阳</td><td>彝</td><td>人大代表</td><td>基督教</td></tr>
<tr><td rowspan="2">赫章县人大</td><td rowspan="2">第六届（1965.12－1966.5）</td><td>张廷光</td><td>苗</td><td>人大代表</td><td>基督教</td></tr>
<tr><td>李朝阳</td><td>彝</td><td>人大代表</td><td>基督教</td></tr>
<tr><td rowspan="9">赫章县人大</td><td rowspan="9">第八届（1980.7－1983.12）</td><td>张廷光</td><td>苗</td><td>人大代表</td><td>基督教</td></tr>
<tr><td>李正廷</td><td>苗</td><td>人大代表</td><td>基督教</td></tr>
<tr><td>王正延</td><td>苗</td><td>人大代表</td><td>基督教</td></tr>
<tr><td>朱文道</td><td>苗</td><td>人大代表</td><td>基督教</td></tr>
<tr><td>文正榜</td><td>彝</td><td>人大代表</td><td>基督教</td></tr>
<tr><td>王正朝</td><td>苗</td><td>人大代表</td><td>基督教</td></tr>
<tr><td>李正刚</td><td>彝</td><td>人大代表</td><td>基督教</td></tr>
<tr><td>罗才荣</td><td>彝</td><td>人大代表</td><td>基督教</td></tr>
<tr><td>文勤顺</td><td>（彝族，人民代表）</td><td>人大代表</td><td>基督教</td></tr>
<tr><td rowspan="4">赫章县人大</td><td rowspan="4">第九届（1984.1－1987.8）</td><td>罗世情</td><td>彝</td><td>人大代表</td><td>基督教</td></tr>
<tr><td>张廷光</td><td>苗</td><td>人大代表</td><td>基督教</td></tr>
<tr><td>文正榜</td><td>彝</td><td>人大代表</td><td>基督教</td></tr>
<tr><td>文正国</td><td>彝</td><td>人大代表</td><td>基督教</td></tr>
<tr><td rowspan="2">赫章县人大</td><td rowspan="2">第十届（1987.8－1990）</td><td>罗世清</td><td>彝</td><td>人大代表</td><td>基督教</td></tr>
<tr><td>文正国</td><td>彝</td><td>人大代表</td><td>基督教</td></tr>
<tr><td rowspan="4">赫章县人大</td><td rowspan="4">第十一届（1990－1993）</td><td>王永华</td><td>彝</td><td>人大代表</td><td>基督教</td></tr>
<tr><td>杨开华</td><td>彝</td><td>人大代表</td><td>基督教</td></tr>
<tr><td>文正国</td><td>彝</td><td>人大代表</td><td>基督教</td></tr>
<tr><td>高正英（女）</td><td>彝</td><td>人大代表</td><td>基督教</td></tr>
</table>

续表

单位	届 别	姓名	族别	职务	教别
赫章县人大	第十一届（1990－1993）	李明秀（女）	彝	人大代表	基督教
		王光忠	苗	人大代表	基督教
		王光惠（女）	苗	人大代表	基督教
		杨光英（女）	苗	人大代表	基督教
		王正乾	苗	人大代表	基督教
赫章县人大	第十二届（1993－1998）	文正国	彝	人大代表	基督教
		罗世清	彝	人大代表	基督教
赫章县人大	第十四届（2003－）	罗永华	彝	人大代表	基督教
		陈朝菊（女）	彝	人大代表	基督教
		陇孝英（女）	彝	人大代表	基督教
		王玉兰（女）	苗	人大代表	基督教
赫章县政协	第一届（1956.12－1960.2）	王明道	苗	政协副主席	基督教
		李朝阳	彝	政协副主席	基督教
		安成明	彝	政协常委	基督教
		陶德宽	苗	政协常委	基督教
		李国兴	苗	政协常委	基督教
		张廷光	苗	政协常委	基督教
赫章县政协	第二届（1960.12－1963.9）	王明道	苗	政协副主席	基督教
		李朝阳	彝	政协副主席	基督教
		陶德宽	苗	政协常委	基督教
		李国兴	苗	政协常委	基督教
		张廷光	苗	政协常委	基督教
		张德志	苗	政协委员	基督教
		陆约伯	彝	政协委员	基督教
		张正国	彝	政协委员	基督教
		朱文道	苗	政协委员	基督教
		罗才荣	彝	政协委员	基督教
		文廷顺	彝	政协委员	基督教
		马敏贞	回	政协委员	基督教

续表

单位	届　别	姓名	族别	职务	教别
赫章县政协	第三届（1963.9–1965.12）	李朝阳	彝	政协副主席	基督教
		王明道	苗	政协副主席	基督教
赫章县政协	第三届（1963.9–1965.12）	张廷光	苗	政协常委	基督教
		陶德宽	苗	政协常委	基督教
赫章县政协	第三届（1963.9–1965.12）	李国兴	苗	政协委员	基督教
		马敏贞	回	政协委员	伊斯兰教
赫章县政协	第三届（1963.9–1965.12）	张正国	彝	政协委员	基督教
		李正刚	彝	政协委员	基督教
		罗才荣	彝	政协委员	基督教
		朱文道	苗	政协委员	基督教
		文廷顺	彝	政协委员	基督教
赫章县政协	第四届（1965.12–1966.8）	王明道	苗	政协副主席	基督教
		李朝阳	彝	政协常委	基督教
		张廷光	苗	政协常委	基督教
		陶德宽	苗	政协常委	基督教
		李国兴	苗	政协常委	基督教
		马敏贞	回	政协委员	伊斯兰教
		张正国	彝	政协委员	基督教
		李正刚	彝	政协委员	基督教
		罗才荣	彝	政协委员	基督教
		朱文道	苗	政协委员	基督教
		张德志	苗	政协委员	基督教
		文廷志	彝	政协委员	基督教
赫章县政协	第五届（1980.7–1984.9）	马敏贞	回	政协常委	伊斯兰教
		张廷光	苗	政协常委	基督教
		陶德宽	苗	政协常委	基督教
		朱文道	苗	政协委员	基督教
		李正刚	彝	政协委员	基督教
		罗才荣	彝	政协委员	基督教
		文廷顺	彝	政协委员	基督教

续表

单位	届　别	姓名	族别	职务	教别
赫章县政协	第五届（1980.7－1984.9）	龙兴国	彝	政协委员	基督教
赫章县政协	第六届（1984.9－1987.8）	马敏贞	回	政协常委	伊斯兰教
		陶德宽	苗	政协常委	基督教
		张廷光	苗	政协常委	基督教
		文道兴	彝	政协委员	基督教
		陶向前	苗	政协委员	基督教
赫章县政协	第六届（1984.9－1987.8）	龙兴国	彝	政协委员	基督教
		罗兴荣	彝	政协委员	基督教
赫章县政协	第六届（1984.9－1987.8）	李正刚	彝	政协委员	基督教
		王正朝	苗	政协委员	基督教
		罗才良	彝	政协委员	基督教
		朱文道	彝	政协委员	基督教
		李正邦	苗	政协委员	基督教
		文廷安	彝	政协委员	基督教
		张纪尧	苗	政协委员	基督教
赫章县政协	第七届（1987.8－1990.5）	马敏贞	回	政协常委	伊斯兰教
		文富华	彝	政协常委	基督教
		张廷光	苗	政协常委	基督教
		文道兴	彝	政协委员	基督教
		文廷安	彝	政协委员	基督教
		文正榜	彝	政协委员	基督教
		龙兴国	彝	政协委员	基督教
		朱文道	苗	政协委员	基督教
		张正邦	彝	政协委员	基督教
		张纪尧	苗	政协委员	基督教
赫章县政协	第七届（1987.8－1990.5）	李正刚	彝	政协委员	基督教
		李正邦	苗	政协委员	基督教
		杨正邦	彝	政协委员	基督教
		罗才良	彝	政协委员	基督教
		罗兴荣	彝	政协委员	基督教

续表

单位	届　别	姓名	族别	职务	教别
赫章县政协	第七届（1987.8－1990.5）	陶向前	苗	政协委员	基督教
赫章县政协	第八届（1990.5－1993.5）	文富华	彝	政协常委	基督教
		陶向前	苗	政协委员	基督教
		罗兴华	彝	政协委员	基督教
		文道兴	彝	政协委员	基督教
		张正邦	彝	政协委员	基督教
赫章县政协	第八届（1990.5－1993.5）	张光明	苗	政协委员	基督教
		王光祥	苗	政协委员	基督教
		李正刚	彝	政协委员	基督教
		李正邦	苗	政协委员	基督教
		朱显高	苗	政协委员	基督教
		罗良才	彝	政协委员	基督教
赫章县政协	第八届（1990.5－1993.5）	文正榜	彝	政协委员	基督教
		文廷安	彝	政协委员	基督教
		龙兴国	彝	政协委员	基督教
		虎尊亮	回	政协委员	伊斯兰教
赫章县政协	第九届（1993.5－1998.3）	文富华	彝	政协常委	基督教
		朱显高	苗	政协委员	基督教
		王光祥	苗	政协委员	基督教
		聂正宣	彝	政协委员	基督教
		张正邦	彝	政协委员	基督教
		李正刚	彝	政协委员	基督教
		文道兴	彝	政协委员	基督教
		罗才良	彝	政协委员	基督教
		文廷安	彝	政协委员	基督教
		高朝林	彝	政协委员	基督教
		高友洪	彝	政协委员	基督教
		陶正德	苗	政协委员	基督教
		张光明	苗	政协委员	基督教
		杨光华	彝	政协委员	基督教

续表

单位	届　别	姓名	族别	职务	教别
赫章县政协	第十届（1998.3－2003）	文富华	彝	政协常委	基督教
		文廷安	彝	政协委员	基督教
		文道才	彝	政协委员	基督教
		朱显高	苗	政协委员	基督教
		王光祥	苗	政协委员	基督教
		杨光华	苗	政协委员	基督教
赫章县政协	第十届（1998.3－2003）	苏约汉	彝	政协委员	基督教
		张光明	苗	政协委员	基督教
		马培芬（女）	回	政协委员	伊斯兰教
赫章县政协	第十一届（2003－）	文富华	彝	政协常委	基督教
		王光祥	苗	政协常委	基督教
		文正国	彝	政协委员	基督教
		文道才	彝	政协委员	基督教
		朱显高	苗	政协委员	基督教
		杨光华	苗	政协委员	基督教
		苏约汉	彝	政协委员	基督教
		李　灵	苗	政协委员	基督教
		张光明	苗	政协委员	基督教
		陈贵荣	彝	政协委员	基督教
		王光廷	苗	政协委员	基督教
		马永康	回	政协委员	伊斯兰教

第五节　两个文明建设

一　宣传学习党的宗教理论和宗教政策

各级党委和政府非常重视宣传、学习党的宗教理论和宗教政策，采取多种形式宣传党的宗教政策。1981 年 7 月 18 日至 7 月 31 日，贵州省第一期宗教干部专业训练班在毕节举办。毕节地区有 55 人参加培训。这期训练班的主要内容是认真学习马克思列宁主义的宗教观，党对宗教问题的方针政策，宗教工作专业知识，传达贯彻《全省宗教工作会议纪要》及中共贵州省委的有关指示，着重研究如何解决毕节、六盘水、安顺地区（市）基督教活动混乱的问题。1982年3月，中共中央下达了《关于我国社会主义时期宗教问题的基本观点和基本政策》。是年4月，中共毕节地委、毕节地区行政公署组织召开了全区民族宗教工作的会议。会议期间，行署分管领导与参会的130多名同志一起认真学习了该文件精神，并对各县学习、宣传和贯彻上述文件的工作作了部署。会后，各县分别在县三干会议、县宗教工作会议、区三干会议、宗教界人士座谈会议上进行认真的宣传、贯彻。到年底，参加学习的人数达2000余人。通过学习，与会人员提高了认识，统一了思想，增强了信心，明确了方向，有力地促进了毕节地区宗教工作的开展。1989年，地委宣传部、行署宗教事务科共同编写刊印2万余字的《宗教问题解答》小册子5000余册，发放到县、区、乡及有关单位。

1991年，为了学习贯彻《中共中央国务院关于进一步做好宗教工作若干问题的通知》精神，地、县先后召开宗教工作会议和宗教界人士座谈会。赫章县委统战部、县宗教事务科拟出宣传学习提纲，亲自深入到10个区（镇）、19个乡（镇），在区、乡政府的配合下，到各宗教活动场所进行宣传，听众达1.5万人。1994年1月31日，国务院颁布《中华人民共和国境内外国人宗教活动管理规定》和《宗教活动场所管理条例》。这是中国政府依法管理宗教事务的两个法规。这两个法规的出台，地区宗教事务处以〔1994〕06号文件下发各县，提出宣传的意见。各县随即结合本县的实际，采用电影、电视、广播、专栏、标语等形式深入乡（镇）和寺观教堂进行宣传。据不完全统计，全区共打印下发两个法规2517份、办专栏26期、放电影300场，培训党政宣传骨干150人，教会骨干308人，亲自深入到179处宗教活动场所进行宣传，听众达7.71万人。同年，地区宗教事务处、纳雍县、织金县宗教事务局利用地、县党校行政干部培训的机会，给党政干部讲授宗教理论、宗教政策、宗教知识课达570人（次）。1997年，地区民族宗教事务局编印《民族宗教工作手册》6000余册、织金县民族宗教事务局编印《宗教理论和宗教政策资料》600册、金沙县编印《宗教理论和宗教政策》2000份，发放到乡（镇）和信教群众较多的宗教活动场所。1998年，地委统战部同地区民族宗教事务局联合举办40人参加的乡镇领导培训班和48人参加的宗教教职人员培训班。地委统战部和地区民族宗教事务局领导分别给培训班学员宣讲党的宗教理论和宗教政策。1997年至2000年，威宁彝族回族苗族自治县县委党校招收4期村级后备干部培训班，每期60人，共240人。学员在培训期间，安排1个学期专门开设1门民族宗教理论和民族宗教政策课程，请从事民族宗教工作的同志宣讲。2000年，地区民族宗教事务局印制《贵州省宗教事务管理条例》375份，分发给各县（市），张贴到宗教活动场所，组织每个登记发证的宗教活动场所信徒认真学习。2001 年，地委统战部在毕节日报刊载党的统战理论和政策，其中，专版刊载党的宗教理论和政策，经反馈，收到良好效果。

据 2002 年春季地、县（市）统战部、民族宗教事务局、公安局等部门深入寺观堂点进行调查，全区大部分宗教活动场所都悬挂了国务院《宗教活动场所管理条例》《贵州省宗教事务管理条例》《贵州省宗教活动场所管理办法》。

挖掘潜力，解决宗教团体、寺庙堂点经费。一、千方百计走自养之路。1978 年以后，全区各级党委、政府非常重视此项工作。首先落实了宗教团体房产。例如全区的基督教团体房产，到 1997 年止全部落实。除还给基督教会的房产外，省、地、县（市）还拨款 101.59 万元，补助全区基督教新建和维修基督教堂 39 处，共计 4753 平方米。宗教团体房产的落实为毕节地区各县（市）宗教团体及寺庙教堂（点）逐步走向自养打下良好的基础。在各级宗教工作部门的直接支持、组织帮助下，各宗教团体及寺庙堂点根据自身的条件和优势逐步向自养迈进。威宁基督教三自爱国运动委员会、基督教教务委员会利用在县城的原有基督教地产，在 20 世纪 80 年代末 90 年代初建起 5 个门面，将其出租，每年收取租金 2 万多元，随后又办起 15 个床位的旅馆和 1 个西医门诊，基本上解决了县“两会”的自养问题。又如全区各县（市）的佛教组织，则靠每年 2 月 19 日、6 月 19 日、9 月 19 日观音会时善男信女的捐献，僧人、居士为群众做道场的收入，群众遇事烧香拜佛许愿还愿，少数民营企业家的捐献和向游人出售宗教工艺品的收入。这些收入解决了县级佛教团体的自养问题。有的县级宗教团体则主要靠教堂（点）的教徒捐献一部分、民族宗教部门补助一部分解决自养问题。寺庙堂点也根据各自的条件逐步走向自养。如清真寺的自养收入来源主要是靠本清真寺服务范围内按户或按人口分摊收缴、群众自愿捐献、本寺群众开经、扫墓、结婚、丧葬、宰大牲畜请执寺阿訇时自愿捐献，回族老人归真后遗赠部分财产给清真寺（这种情况较少），服务区外的穆斯林来当地自愿向当地清真寺捐献。纳雍县城观音寺 2002 年的各类收入达 5.43 万元，毕节市灵峰寺 2002 年、2003 年的各类总收入达 12 万元。基督教堂的自养除了靠信教群众捐献外，有的教堂还办一些实业，如纳雍县石板河、半坡基督教堂发展养殖业、三家寨教会搞建筑业、中寨教会开办煤窑、小商店，有的教会纯收入一年可达 4000 余元。毕节城关文笔山基督教堂每年的各类纯收入达 2 万元以上。二、争取宗教组织及人士的资助。1996 年，大方县民族宗教事务局根据该县教堂点多，但无自养条件解决建堂资金的情况通过《天风》杂志宣传后，山东青岛市 10 余位基督教徒捐款 1 万元，委托大方县基督教教会搞好建堂工作。1997 年 5 月，纳雍县民族宗教事务局与山东青岛市基督教会取得联系，使该县瓜仲河乡坪子村的 14 名小学生、5 名中学生、2 名民办教师得到青岛市基督教会 3409 元的资助。是年上半年，金沙县佛教协会与省佛教协会藏青法师（系金沙县出家尼众，现为贵阳市觉园寺住持，省佛教协会副会长）联系，经她穿针引线，配合有关部门撮合香港佛教弟子简耀光资助金沙县希望工程和福利事业，达成捐赠10万元，在该县安洛乡、平坝乡各建1所福利院；投资30万元，兴办2所希望小学。9月份已奠基修建安洛乡福利院和湖水乡希望小学。1999年上半年，纳雍县民族宗教事务局牵线搭桥，使该县基督教“两会”争取到外省基督教“两会”援助资金21.4万元。1999年11月24日至25日，在宗教工作部门及佛教组织的撮合下，经香港理白法师和香港佛教界人士简耀光的介绍下，香港佛教徒、著名影星吕良伟（著名电视剧“上海滩”中丁力的扮演者）在威宁县麻乍、板底、雪山等乡镇考察。在考察麻乍乡三角庄小学时，他把带来的2000多元钱和价值8000多元钱的物品发给贫困学生，并将1名贫困女学生作为他的资助对象，还决定投资7万元建麻乍乡三角庄丁力希望小学。2000年下半年，在省宗教事务局的大力支持下，毕节地区民族宗教事务局严格按照引进资金的政策和原则，先后引进浙江省基督教“两会”资金75.56万元（含物资），其中用18万元帮助一至六年级的300名贫困学生解决书学费用，30万元帮助赫章县结构乡修建基督教堂，用7.5万元、价值近20万元的被子、衣物帮扶贫困基督教信徒。同时引进澳门“爱心工程”基金会资金15万元，帮助解决500名贫困学生的书学费。同年，大方县民族宗教事务局引进资金3.1万元，帮助该县基督教“两会”修建教堂。2001年6月，经宗教部门和有关佛教组织联系和介绍，香港佛教文化事业有限公司罗兰捐资7万元，黔西县定新乡政府匹配资金10万元，在该乡修建罗兰颂恩希望小学。

宗教工作先进集体和先进个人在毕节地区得到各级党委、政府领导的重视。根据各个时期完成不同的任务，进行先进集体和先进个人的评选工作。一、工作先进集体和先进个人。1994年，赫章县宗教事务科、纳雍县宗教事务局局长杨松（苗族）、织金县宗教局杨春林（原织金县宗教事务科科长）分别被国务院宗教事务局授予“全国基层宗教工作先进集体”和“全国基层宗教工作先进个人”荣誉称号。1995年11月29日，为进一步做好毕节地区的宗教工作，团结宗教爱国人士和广大信教群众在社会主义建设中作出新的贡献，中共毕节地委、毕节地区行政公署下发毕地发〔1995〕31号文件，表彰全区宗教工作先进集体10个，先进个人28名。宗教工作先进集体为：中共毕节市委统战部、中共大方县委统战部、金沙县人民政府、中共纳雍县委统战部、织金县民族宗教事务局、中共威宁彝族回族苗族自治县县委统战部、威宁彝族回族苗族自治县宗教事务科、赫章县可乐彝族苗族乡、中共毕节地委统战部、毕节地区行政公署宗教事务处。先进个人分别为毕节市余祝轩、吴光忠；大方邱建华、严云等。

附：

1995 年受表彰的宗教工作先进个人名单

姓名	性别	民族	工作单位及职务
余祝轩	男	蒙古族	中共毕节市委统战部副部长
吴光忠	男	汉　族	毕节市政府办公室宗教事务科科长
邱建华	男	汉　族	中共大方县委统战部部长
严　云	男	汉　族	大方县马场镇党委办公室干部
周延琦	男	汉　族	黔西县公安局政保科干部
张宏毅	男	汉　族	黔西县公安局政保科干部
王先国	男	汉　族	织金县公安局副科级侦察员
杨春林	男	穿青人	织金县民族宗教事务局副局长
陈崇富	男	汉　族	中共织金县委战部部长
王　辉	男	苗　族	织金县大平乡民政民族宗教办公室干部
王发文	男	彝　族	中共金沙县委统战部部长
吴安培	男	汉　族	金沙县民族宗教事务局副局长
张兴云	男	苗　族	中共纳雍县委统战部部长
杨　松	男	苗　族	纳雍县民族宗教事务局副局长
周训方	男	汉　族	纳雍县左鸠戛彝族苗族乡副乡长
罗银华	男	苗　族	纳雍县昆寨苗族彝族白族乡副乡长
所正聪	男	回　族	中共威宁彝族回族苗族自治县县委统战部副部长
罗德艳	女	彝　族	威宁彝族回族苗族自治县板底乡党委书记
王正才	男	苗　族	威宁彝族回族苗族自治县公安局副局长
所才稳	男	回　族	威宁彝族回族苗族自治县哈喇河乡民政民族宗教办公室主任
刘昭秀	女	彝　族	威宁彝族回族苗族自治县宗教事务科副科长
王　健	男	彝　族	威宁彝族回族苗族自治县政协副主席
安明忠	男	彝　族	赫章县民族宗教事务局副局长
王明德	男	彝　族	赫章县结构乡干部
马武军	男	回　族	赫章县兴发乡民政民族宗教办公室主任
孙方成	男	彝　族	毕节地区公安处一科科员
李　琼	女	彝　族	毕节地区民族宗教事务局宗教科副科长
杨朝云	男	苗　族	毕节地区民族宗教事务局副局长

1998年9月25日，全省宗教活动场所登记发证工作先进集体、先进个人表彰会在贵阳召开。在这次会议上，毕节地区受国务院宗教事务局表彰的先进集体2个，先进个人3名，受省宗教局表彰的先进集体3个，先进个人7名。附名单于下：

国务院宗教事务局表彰的先进集体（2个）：

毕节地区民族宗教事务局

纳雍县民族宗教事务局

省宗教事务局表彰的先进集体（3个）：

大方县民族宗教事务局

织金县民族宗教事务局

赫章县民族宗教事务局

1998年国务院宗教局表彰的先进个人名单

姓名	性别	民　族	工作单位及职务
马培译	男	回　族	毕节地区民族宗教事务局副局长
陈开荣	男	彝　族	大方县民族宗教事务局局长
马武寿	男	回　族	威宁彝族回族苗族自治县宗教事务局党支部书记

1998年省宗教局表彰的先进个人名单

姓名	性别	民　族	工作单位及职务
马培译	男	回　族	毕节地区民族宗教事务局副局长
刘昭秀	女	彝　族	威宁彝族回族苗族自治县宗教事务局副局长
张树群	女	苗　族	织金县民族宗教事务局局长
高正华	男	彝　族	毕节市民族宗教事务局副局长
陈开荣	男	彝　族	大方县民族宗教事务局局长
杨国军	男	苗　族	纳雍县民族宗教事务局干部
吴安培	男	汉　族	金沙县民族宗教事务局副局长

2000年11月14日，毕节地区宗教工作先进集体、先进个人表彰会在毕节召开。在这次会议上，受表彰的先进集体2个，先进个人15名，附名单于下：

先进集体（2个）：

织金县民族宗教事务局

纳雍县民族宗教事务局

先进个人（15 人）：

高正华　毕节市民族宗教事务局

张扬珍　大方县民族宗教事务局

张树群　织金县民族宗教事务局

郭昌荣　织金县民族宗教事务局

习利平　金沙县西洛乡民政民族宗教办公室

王　琴　金沙县城关镇民政民族宗教办公室

吴安培　金沙县民族宗教事务局

王　琳　纳雍县民族宗教事务局

赵定志　纳雍县维新镇民政民族宗教办公室

安道坤　威宁彝族回族苗族自治县雪山镇政府

马建良　威宁彝族回族苗族自治县雪山镇政府

陶文学　赫章县民族宗教事务局

李宗明　赫章县可乐乡民族专干

李　琼　毕节地区民族宗教事务局

马武孝　威宁彝族回族苗族自治县宗教事务局

二　宗教界先进集体和先进个人

1. 先进个人。赫章县妈姑镇高原村基督教负责人张正邦（彝族）带领全村人开采铁矿，共同致富。几年来，既为国家提供税金（含县、区、乡提成）12 万元，又使这个“干人”（毕节方言，即“穷人”）中的“干人”的这个穷山沟经济得到较大发展，群众生活有很大提高。赫章县兴发村基督教徒罗正芳（苗族），在海拔 2300 米的家乡发展养殖业，致富后无偿扶持贫困户，并把自已掌握的养殖经验和养殖技术传给信教群众，带领他们共同致富。威宁县牛棚镇营上村伊斯兰教教友马应双，在种好粮食的同时，兼种烤烟、苹果、烧制陶瓷用具，销往云南鲁甸、昭通等地，年收入 2 万余元。赫章县珠市乡格达村基督教教务组长文道才（彝族），在海拔 2600 多米的家乡带领全村人开矿，创办大坪子粗锌冶炼厂，创办年出栏 800 至 1000 头的养猪场，为国家提供税金 50 多万元。经过几年的拼搏，全村年户均从过去不足 200 元的收入，到 1995 年，年户均收入超过 4000 元。他家年人均纯收入 8000 元，拥有固定资产 20 万元。据不完全统计，到 1995 年 8 月，金沙县有信教群众自办企业 40 余处，上百名信徒成为一些乡镇企业和自办企业的骨干。赫章县水塘乡基督教信徒共 42 户，全系苗族。过去都住破草房，生活困难，近几年来在教会的带领下，在过好宗教生活的同时，大力发展生产，大抓多种经营，到 1993 年，有 35 户盖上新瓦房，户户宰上了年猪。纳雍县老凹坝基督教徒郑春明发展种植业、养殖业、运输业，致富后捐助钱物支持教会及受灾农户重建家园。织金县城关镇小教厂伊斯兰教教友王奎廉开山打料石致富后，带领穆斯林群众开办打石厂，年产值5.5万余元，为国家提供税金5000多元。赫章县先锋教会长老朱国荣，1988年以来，先后育苗20亩，120万株，收入12500元，除满足自已造林外，支持邻近的周边村组植树造林，自已营造用材林724亩，经济林114亩，带领信徒投工投劳造林2901亩（含经济林661亩）。到1999年，整个林产值达100余万元。他还带领群众发展种植业、养殖业，走以林养畜、以畜养农的发展道路，使大多数信徒脱贫。织金县熊家场乡基督教信徒唐守芬（女、汉族），开百货店，与安顺黄桶电站两职工联合开办鑫强煤厂，解决了100多人的就业，在这些职工中，大多数是基督教徒，工人每天的工资多的可达50余元，最低也有10多元。毕节市佛教徒叶金盛，开展科技兴农，兼经营机修、炼炉，年收入现金2.9万元，在他的带动下，该佛教点60%的信徒家庭已达小康水平。纳雍县石板、半坡基督教堂集体发展养殖业，三家寨教会、中寨教会集体分别发展建筑、煤炭业。纳雍县发猪寨教会团结信教和不信教的群众种草，改良土壤，开窑挖煤，发展经济，受到有关部门的重视，国务院农业研究中心把这里作为扶贫观察点。

2. 先进集体。1984年，大方县响水乡基督教信徒自筹粮食1000斤，支援该县坡脚区瓜仲河受水灾的农户。1988年至1989年，赫章县铁矿乡高原村基督教牧师张正邦捐款5400元支援云南地震灾区，修建本地学校和教堂。该县兴发乡兴发村基督教徒罗正芳（苗族）捐赠价值2000元的5只种羊无偿扶持5户贫困户。1991年，毕节城关基督教信徒先后捐款408.6元帮助残疾人，捐款400元、衣物60套救助该县普宜镇受灾群众。金沙县身患绝症的基督教徒王正高捐赠100元寄往发生特大水灾的河南。1993年，大方县城关基督教徒为灾区募捐现金268元。1994年，威宁县鱼鳅弯教堂传道朱显良带头捐款900元修建教堂1座。织金县白马洞基督教信徒唐守芬（女）无偿捐赠价值4000余元的材料维修该乡小学。1995年，织金县基督教徒周训文无偿援助1000公斤化肥帮助该乡20户生活困难的苗族同胞，纳雍县石板河基督教会主动收养孤儿，直到孤儿长大。赫章县珠市乡格达教会教务组长文道才，先后捐助18万元参与架设该村输电线路、安装人畜饮水工程、修建进寨公路、安装地面卫星接收站；捐赠4万元，扶助贫困户建房，新建教堂一幢。1996年，纳雍县老凹坝乡基督教徒郑春明每年为教会捐钱捐物折合人民币为4000元，还捐钱捐物支持受水灾的农户重建家园。1998年，赫章县结构教堂、纳雍县基督教信徒、织金县大草坝基督教会负责人李尚林、大方县城关梅家巷基督教信徒、毕节市城关文笔山基督教信徒、纳雍县佛教信徒、天主教信徒分别捐款900元、2301.5元、200元、832.40元、

1900 元、500 元、200 元援助发生特大水灾的长江流域受灾群众。同年，赫章县结构基督教堂教徒捐款捐物折合人民币 2000 元，救助该县兴发乡兴发、红卫村等处受火灾的农户。该教堂教徒罗明高每年圣诞节捐给教会现金 200 元，捐赠给贫困户被子、衣物、大米、猪肉折合人民币 1000 余元。在精神文明建设方面，同样有一批先进典型。威宁大街区大街乡基督教信徒马德珍（女、苗族），多年来同她的丈夫一起照顾生活困难的汉族五保户张润秀老大娘，主动把她接到自己家里当着自己母亲赡养，给其端尿、熬药治病。老人去世后，打破汉族不能葬在苗族坟地、孤寡老人不能葬在别人家坟地的陈规旧习，做通族人工作，把老人葬在自己父亲坟地的旁边。1985 年，纳雍县维新镇半坡教会负责人马显文等对计划生育难度特别大的苗族聚居的半坡村寨的基督教信徒计生对象作耐心细致的说服教育工作，教会神职人员带头作计划生育手术，该村寨出现了苗族信徒群众排着队去作计划生育手术的局面。1990 年，织金县珠藏区白马洞教会创办两所民办小学，就近招收 185 名适龄儿童入学。还根据当地是苗族聚居区的实际开办苗、汉双语教学。这两所小学的 14 名教师有 12 名是信徒，除 2 名是民办公助外，其余的 12 名教师都是尽义务。1989 年，威宁县石门乡苏科寨福音堂牧师杨华祥、长老陶敬国积极宣传党的计划生育政策，带领 38 户乐意绝育的计划生育对象到石门坎医院作手术。到 1991 年，该教堂 196 名教徒，作绝育手术 48 例，上环 9 例，该作计划生育手术的信徒都施行了手术。1998 年，纳雍县石板河教会针对当地失学女童多的情况，利用教堂创办一个一年级教学班，并挨户动员群众把自己的子女送到学校读书。在招收的 28 名学生中，有 2 名是女生，3 名残疾儿童，4 名是其他学校不愿招收的已满 12 岁的女生。在教会读书的学生，每人每学期只收书费 25 元，一个家庭 2 个以上子女在这里读书的，只收 1 个的书费。该县三家寨教会、半坡教会、李家寨教会还创办扫盲夜校，利用扫盲的时间传授农业科技。这些在社会主义“两个文明”建设中涌出来的先进个人、先进集体分别受到各级政府及各级有关部门的表彰。

1985 年 4 月，在全省第一次宗教界社会主义建设经验交流会上，毕节地区就有 17 名代表（其中基督教 9 名、伊斯兰教 5 名、佛教 2 名、天主教 1 名）出席会议，并受到表彰。赫章妈姑区铁矿乡基督教会负责人张正邦、威宁牛棚区白碗乡营上村伊斯兰教教友马应双、威宁大街区大街乡基督教信徒马德珍，分别以《坚持爱国爱教、迈开步子奔富》《因地制宜治穷致富》《扶助老弱、为党分忧》为题，在交流大会上作典型发言。（附参会代表名单于后）

1989 年 11 月，毕节地区有 15 名（基督教 10 名、天主教 2 名、伊斯教 3 名）宗教界代表在贵州省第二届宗教界为社会主义“两个文明建设”经验交流会上受到表彰。赫章县妈姑区铁矿乡板房村基督教牧师张正邦、毕节地区电力公司工程师、毕节天主教堂负责人徐友信、织金城关镇小教厂伊斯兰教信徒王奎廉、威宁牛棚区回族穆斯林马应双、赫章兴发乡兴发村基督教信徒罗正方、纳雍基督教“两会”负责人马显文、毕节城关退休医师基督教信徒方钱英分别以《爱国爱教、荣神益人》《投身四化建设、为发展小水电作贡献》《依靠政策、走上富裕之路》《发挥山区优势、搞好多种经营》《因地制宜、治穷脱贫》《荣神益人、为社会主义文明作贡献》《爱人如己、救死扶伤》为题，在大会上发言交流。(附参会代表名单于后)

1984 年至 1989 年，纳雍县先后召开全县宗教界劳动致富经验交流会和表彰会 3 次，3 个信教村寨、60 户信教群众被评为劳动脱贫致富先进典型，其中 30 余户（人）受到不同程度的精神奖励和物质奖励。

到 1995 年 8 月止，金沙县信教群众家庭已有 50 多户被县评为“五好”文明家庭。1995 年 11 月下旬，毕节地区有 13 名（基督教 9 名、伊斯兰教 2 名、佛教 2 名）宗教界代表出席在贵阳召开的贵州省第三届宗教界为社主义“两个文明建设”作贡献经验交流会。在交流会上，毕节地区赫章基督教“两会”、威宁包包营清真寺被评为先进集体，威宁的马武殿、朱显良，纳雍的马显文、赫章的文道才被评为先进个人。(附参会代表名单于后)

1999 年 12 月，在贵阳召开的全省第四届宗教届社会主义“两个文明建设”经验交流会上，毕节地区的纳雍县阳长镇石板河基督教会、赫章县辅处乡葛布基督教会、威宁彝族回族苗族自治县中水镇后河清真寺 3 个宗教团体被评为先进集体，有 5 名宗教届代表被评为先进个人。(附名单于后)

在 2000 年 11 月全区宗教界为社会主义“两个文明建设”作贡献经验交流会暨表彰会上，有 11 个宗教团体（基督教 9 个、伊斯兰教 1 个、佛教 1 个、)、17 名（基督教 14 名、佛教 1 名、伊斯兰教 2 名）代表被评为先进个人。(附名单于后)

除宗教工作部门表彰以外，还有不少宗教界人士受到县以上各级政府及有关部门的表彰。据不完全统计，1988 年至 1998 年，全区有 77 人次受到表彰。如威宁的基督教信徒马德珍、毕节的基督教信徒方钱英先后被毕节地区妇联评为“三八”红旗手；赫章县的张正邦先后出席省、地、县的致富表彰会，罗正方先后被县、地区评为计划生育先进工作者；杨文仲分别于 1981 年、1986 年被贵州省民族地区医药学会授予“献方献计、发展民族地区医药贡献突出”荣誉称号。

毕节地区出席省第一届宗教界社会主义建设经验交流会代表名单

姓名	性别	族别	职业	教别	所在地址及教内职务
徐友信	男	汉	干部	天主教	毕节县城关镇、教务组负责人
朱德学	男	苗	干部	基督教	毕节县城关镇教徒
段以刚	男	白	务农	基督教	大方县城关基督教会负责人
刘兴友	男	汉	务农	基督教	大方县马场区牛场乡教会负责人
李玉隆	男	苗	教师	基督教	织金县珠藏区熊家场白马洞长老
李太群	女	汉	务农	佛　教	织金县城关兴隆寺教徒
马显文	男	苗	教师	基督教	纳雍县维新区维新乡教会负责人
陈宗顺	男	苗	务农	基督教	纳雍县阳长区海座乡教务组长
马德珍	女	苗	务农	基督教	威宁彝族回族苗族自治县大街区大街乡教徒
马亮全	男	苗	务农	基督教	威宁彝族回族苗族自治县羊街区羊街乡传道
马长太	男	回	务农	伊斯兰教	威宁彝族回族苗族自治县中水区后河乡寺夫
马鸿恩	男	回	教师	伊斯兰教	威宁彝族回族苗族自治县小海区保家乡阿訇
蔡兴宽	男	回	务农	伊斯兰教	威宁彝族回族苗族自治县观风海区小海乡寺夫
马应双	男	回	务农	伊斯兰教	威宁彝族回族苗族自治县城关文化路教徒
管续舟	女	汉		佛教	威宁彝族回族苗族自治县城关文化路尼姑
马敏珍	男	回	务农	伊斯兰教	赫章县兴发区野里乡寺夫
张正邦	男	彝	务农	基督教	赫章县妈姑区铁矿乡教会负责人

毕节地区出席全省第二届宗教界为社会主义“两个文明建设”经验交流会代表名单

姓名	性别	族别	职业	教别	所在地址及教内职务
徐友信	男	汉	干部	天主教	毕节城关天主教堂负责人
方钱英	女	汉	医师	基督教	毕节城关教徒
黄应秀	女	汉	务农	天主教	黔西县林泉区高家井教徒
王奎廉	男	回	务农	伊斯兰教	织金县城关镇小教厂教徒
李玉隆	男	苗	教师	基督教	织金县熊家场乡白马洞教会牧师
潘龙举	男	汉	务农	基督教	织金县城关镇教会长老
马显文	男	苗	教师	基督教	纳雍县维新区半坡教会牧师
赵明举	男	汉	务农	基督教	纳雍县维新区梅花乡地尾村教徒
杨忠举	男	苗	务农	基督教	纳雍县龙场镇地尾村教徒

续表

姓名	性别	族别	职业	教别	所在地址及教内职务
朱显良	男	苗	务农	基督教	威宁彝族回族苗族自治县兔街乡砂坪村教务组长
龙定文	男	彝	务农	基督教	威宁彝族回族苗族自治县盐仓区板底乡教徒
马应双	男	回	务农	伊斯兰教	威宁彝族回族苗族自治县牛棚区白碗乡教徒
杨少配	男	回	务农	伊斯兰教	威宁彝族回族苗族自治县观风海区哈喇河乡教徒
张正邦	男	彝	务农	基督教	赫章县妈姑区铁矿乡牧师
罗正芳	男	苗	务农	基督教	赫章县兴发乡教徒

毕节地区出席全省第三届宗教界为社会主义“两个文明建设”经验交流会代表名单

姓名	性别	族别	职业	教别	所在地址及教内职务
王金芬	女	汉	医师	基督教	毕节市城关，市教务委员会成员
谭先伟	男	汉		佛教	黔西县城关，县佛教管理小组副组长
释通维	男	彝	工人	佛教	金沙县城关金龙寺，县佛教协会会长
李尚林	男	汉	务农	基督教	织金县大平乡大草坝教堂长老
马显文	男	苗	教师	基督教	纳雍县维新镇半坡，县“两会”副主任
杨文仲	男	苗	务农	基督教	纳雍县猪场乡，县“两会”副主任
王正权	男	苗	务农	基督教	纳雍县阳长镇石板河，县“两会”总干事
文道才	男	彝	务农	基督教	赫章县珠市乡核桃村教会传道
罗正芳	男	苗	务农	基督教	赫章县兴发乡教徒
杨明光	男	彝	务农	基督教	威宁彝族回族苗族自治县板底乡板底教堂教务组成员
朱显良	男	苗	务农	基督教	威宁彝族回族苗族自治县兔街镇砂坪村教务组长
马理鹏	男	回		伊斯兰教	威宁彝族回族苗族自治县牛棚镇红旗村凉水井清真寺
马武殿	男	回	务农	伊斯兰教	威宁彝族回族苗族自治县牛棚镇凉水井清真寺

毕节地区出席全省第四届宗教界为社会主义“两个文明建设”经验交流会先进个人名单

姓名	性别	族别	职业	教别	所在地址及教内职务
陈学艳	女	穿青		基督教	大方县城关镇，县“两会”秘书长
唐守芳	女	汉	务农	基督教	织金县熊家场乡白马洞教堂
郑春明	男	汉	务农	基督教	纳雍县老凹坝乡箐脚教堂教徒
张学文	男	苗	教师	基督教	威宁彝族回族苗族自治县大街乡牛吃水村教徒
朱国荣	男	苗	务农	基督教	赫章县可乐乡先锋教会长老

2000年全区宗教界“两个文明建设”先进集体（11个），名单如下：

毕节市城关文笔基督教堂

黔西县基督教教务管理小组

织金县实兴乡海马冲基督教堂

纳雍县阳长镇石板河基督教堂

纳雍县猪场乡三家寨基督教堂

金沙县城关高岩寺

威宁彝族回族苗族自治县中水镇后河清真寺

威宁彝族回族苗族自治县大街乡大松基督教堂

威宁彝族回族苗族自治县雪山镇切冲基督教堂

赫章县结构乡结构基督教堂

赫章县辅处乡葛布基督教堂

2000年全区宗教界“两个文明建设”先进个人名单

姓名	性别	族别	职业	教别	所在地址及教内职务
朱德学	男	苗	干部	基督教	毕节市城关教会牧师
陈学艳	女	穿青		基督教	大方县城关教堂，县“两会”秘书长
罗正权	男	彝	务农	基督教	大方县新丰教点长老
胡国珍	女	汉		基督教	黔西县城关教会长老
王德华	男	苗	务农	基督教	金沙县平坝乡教会长老
释通维	男	彝		佛教	金沙县城关金龙寺，县佛协会会长
唐守芬	女	汉	务农	基督教	织金县熊家场乡白马洞教堂负责人
李尚林	男	汉	务农	基督教	织金县大平乡大草坝教堂长老
杨文仲	男	苗	医师	基督教	纳雍县猪场乡三家寨教堂，县两会主任

续表

姓名	性别	族别	职业	教别	所在地址及教内职务
郑春明	男	汉	务农	基督教	纳雍县老凹坝乡箐脚教堂信徒
冶绍繁	男	回		伊斯兰教	威宁彝族回族苗族自治县中水镇后河清真寺阿訇
张学文	男	苗	教师	基督教	威宁彝族回族苗族自治县大街乡牛吃水村教徒
王庭良	男	彝	务农	基督教	威宁彝族回族苗族自治县盐仓镇枧马坝教堂信徒
高朝林	男	彝	务农	基督教	赫章县珠市乡陈家寨教会教徒
朱国荣	男	苗	务农	基督教	赫章县可乐乡先锋教会长老
马永全	男	回	务农	伊斯兰教	赫章县兴发乡野里清真寺信徒
文正国	男	彝	务农	基督教	赫章县结构教会牧师

第六节　宗教事务管理

一　冤假错案平反及房产政策落实

（一）冤假错案平反

在1957年反右斗争至1976年的“文化大革命”期间，全区宗教界人士被打成“历史反革命”“帝国主义走狗”和“牛鬼蛇神”的共231人，仅威宁彝族回族苗族自治县杨志诚“反革命案”受株连的就达134人。1978年以后，宗教工作开始拨乱反正，对宗教界人士的历史积案，错划右派问题和“文化大革命”中的各种冤假错案，对照有关政策，进行全面复查，实事求是地平反。在各级党委、政府的重视和有关部门的相互配合下，通过调查研究和大量深入细致的工作，该纠正的纠正。“文化大革命”被查抄的财物，按照政策进行了清退、补偿，被停发和扣发的生活费全部给予补发。到1987年底，全区宗教界人士的各类冤假错案全部得到纠正平反。

（二）房产政策落实

1949年，部分宗教界教职人员走上工作岗位，宗教活动有所削弱，部分宗教活动场所被机关、企事业单位占用。1958年人民公社成立后，一部分寺观教堂又被生产队（村民小组）、大队（村）、公社（乡、镇）、学校集体占用。“文化大革命”的十年，宗教活动被禁止，部分宗教团体房屋被视为“四旧”而被拆毁，一部分也因宗教活动停止而自然损坏。1978 年后，根据党中央、国务院，中共贵州省委、省人民政府的有关精神，在省宗教事务局及省直有关部门的大力支持下，在全区各级党委、政府的领导重视下，各有关部门对落实宗教团体房产政策做了大量工作。通过调查摸底、核实，属于该退给教会的房产，原房存在的归还原房；原房不存在的，说清情况，适当补助，另行选址新建。通过多年的努力，大多数宗教团体的房产得到归还或补偿。据不完全统计，全区应落实宗教团体房产面积 1.56 万平方米，到 1988 年底落实 1.31 万平方米，占应落实面积的 87%。到 1997 年底，省、地、县共拨款 101.59 万元，补助维修基督教堂 39 处，维修面积达 4753 平方米；补助重建基督教堂 38 处，重建面积 4896 平方米；拨款 38.6 万元，补助修复和新建清真寺 54 座；补助 6200 元，维修佛教寺庙 1 座，补助 5 万元，重建天主教堂 1 座。

二　爱国宗教组织成立

1982 年全区贯彻执行中共中央《关于我国社会主义时期宗教问题的基本观点和基本政策》。为了便于宗教团体内部管理，支持帮助毕节地区的佛教、天主教、伊斯兰教、基督教先后在各县（市）成立了宗教爱国组织。

（一）佛教组织机构成立

1990 年 10 月 3 日，纳雍县全体佛教徒在老场坡江西庙召开会议，选举成立纳雍县佛教管理小组。1993 年 8 月，经威宁彝族回族苗族自治县人民政府批准，成立威宁准提阁佛教管理小组。1993 年，成立黔西县佛教协会教务管理小组。1994 年，经毕节市宗教科批准，成立毕节市佛教居士林管理小组，负责管理毕节市的佛教徒及活动。1994 年，成立织金县佛教协会教务管理小组。1995 年 4 月 13 日，在金沙县第一届佛教代表会议上，通过选举，成立金沙县佛教协会。2003 年 11 月 7 日，在毕节市第一届佛教代表会议上，通过选举，成立了毕节市佛教协会。

（二）天主教组织机构成立

1983 年，成立毕节县（现毕节市）天主教教务管理小组，管理小组由 5 人组成。组长蒋大荣、副组长徐友信。1986 年，在省天主教爱国会的指导下，经中共金沙县委统战部同意，成立金沙县天主教教务管理小组，管理小组由 5 人组成。1991 年，成立黔西县天主教教务管理小组，管理小组由 5 人组成。1994 年，成立纳雍县天主教教务管理小组，教务管理小组由 5 人组成。

（三）伊斯兰教组织机构成立

1984年5月，成立威宁彝族回族苗族自治县伊斯兰教协会筹备组。1988年6月20日，威宁宗教事务科决定充实县城清真寺民主管理委员会，民主管理委员会由9人组成。主任马绍麟、副主任马武孝、马贤林。1990年4月23日，成立赫章县野里清真寺民主管理委员会，委员会由15人组成。主任马福荣、副主任马永学、马良义、马永昌、马永康。1994年6月，威宁彝族回族苗族自治县中水镇伊斯兰教教务管理委员会成立，会址设于老院子清真寺。1997年7月，威宁彝族回族苗族自治县麻乍乡伊斯兰教教务管理委员会成立，会址设于戛利清真寺。2001年10月，威宁彝族回族苗族自治县秀水乡伊斯兰教教务管理委员会成立，会址设于中心清真寺。

（四）基督教组织机构成立

1984年9月，成立大方县基督教教务管理小组，管理小组由7人组成。1984年5月，成立威宁彝族回族苗族自治县基督教三自爱国运动委员会，委员会由26人组成。1986年7月20日，正式成立赫章县基督教三自爱国运动委员会，委员会由26人组成。1986年12月6日，成立纳雍县基督教三自爱国运动委员会，委员会由5人组成。1987年9月10日，成立织金县基督教三自爱国运动委员会筹备组。1988年12月3日，正式成立织金县基督教三自爱国运动委员会，委员会由9人组成。1989年4月，成立黔西县基督教教务管理小组。1989年8月30日，正式成立威宁彝族回族苗族自治县基督教三自爱国运动委员会，委员会由39人组成。1990年12月20日，正式成立大方县基督教三自爱国运动委员会、大方县基督教教务委员会，委员会由15人组成。1991年，经金沙县政府宗教科批准，成立金沙县基督教教务管理小组，管理小组由5人组成。1992年，成立毕节市基督教教务管理小组（1994年改称毕节市基督教教务委员会），教务委员会由5人组成。1996年11月，成立金沙县基督教教务委员会。

三　宗教活动场所开放及登记

1992年9月，全区本着贯彻中共中央、国务院《关于进一步做好宗教工作若干问题的通知》和《贵州省宗教活动场所管理暂行办法》的精神，把宗教管理纳入法制轨道。1992年9月初开始，省宗教局、地区宗教处把全省宗教工作重点之一的赫章县作为宗教活动场所登记发证试点。赫章县宗教活动登记试点工作通过成立登记发证领导小组、拟定宗教活动场所登记发证实施方案、进行调查摸底、组织培训以及广泛深入地进行登记发证宣传教育等程序和措施，充分发挥爱国宗教组织、教牧人员及信教群众在登记发证中的作用，试点工作达到预期目的。到1993年3月底，全县107个基督教堂（点），按照《贵州省宗教活动场所管理暂行办法》，登记58处，撤并29处，关闭1处。1994年初，全区以中共中央《关于社会主义时期宗教问题的基本观点和基本政策》、中共中央国务院《关于做好宗教工作若干问题的通知》为指南，宗教活动场所依法登记工作全面铺开。赫章县在原来试点工作的基础上进行复查登记换证工作。整个登记发证工作历时3年，建立工作领导小组，拟定工作方案阶段。分为宣传教育、调查摸底、申请登记3个阶段进行。登记发证工作以县（市）为单位，全地区8个县市先后成立宗教活动场所登记发证领导小组，抽调专人组建办公室，负责日常登记发证事务工作。在宗教工作任务重的乡镇成立相应的组织机构，各县（市）根据本地实际情况，拟出方案，制定全面规划。

各县（市）主要抓县直有关部门、乡（镇）分管宗教工作领导和干部的政策学习和业务培训，以及宗教团体、宗教教职人员和场所负责人的政策宣传和教育。在与广大信教群众接触和走访调查中，及时向群众讲政策、讲法规、讲登记工作的意义。据不完全统计，全区8县市召开登记发证工作会议、业务骨干培训会议16次，参加培训人数1200多人，在乡（镇）、村、教会活动场所进行宣传、培训次数更多。全区各县（市）印发各种宣传资料2500多份，基本上达到每个有宗教活动场所的乡（镇）及每个宗教活动场所都有两个法规和登记发证的宣传资料。并利用宣传栏、广播、宣传车等各种宣传工具、多层次、多渠道、多形式宣传宗教政策。使信教群众认识到登记是取得合法地位必须履行的法律手续。全区的宗教活动场所分布在160多个乡（镇），占全区乡镇数的65%。为掌握宗教活动场所的基本情况，切实摸清底数，县（市）民族宗教事务局深入到基层，与乡（镇）、村的同志到实地进行调查，重点搞清宗教活动场所数量，参与宗教活动的人数及文化、年龄、性别、场所的资产、经济来源、管理制度、负责人、教牧人员和遵纪守法等基本情况。在此基础上，在宗教工作部门的指导下，各宗教活动场所按照宗教政策法规和登记工作程序申报登记材料。按照国务院关于《宗教活动场所管理条例》《宗教活动场所管理办法》的要求，经所在乡（镇）政府审核同意上报，再经县（市）活动场所登记发证工作领导小组审查，报县（市）人民政府审批。到1996年底，全区宗教活动场所登记发证工作基本结束。全区共有宗教活动场所494处（其中基督教320处、天主教8处、伊斯兰教66处、佛教100处），登记316处（其中基督教228处、天主教2处、伊斯兰教65处、佛教21处）。之后，在巩固原有登记成果的同时，按照达到标准1个登记1个的原则，到2003年年底，登记宗教活动场所419处，其中佛教36处、伊斯兰教78处、天主教4处，基督教301处。

附：

赫章县基督教教会管理暂行规定

（第二届代表会议通过）

基督教教会是基督教徒自愿组成的爱国宗教团体，其宗旨与任务是：团结本教会的基督教徒高举爱国主义和社会主义两面旗帜，遵守国家宪法与法令；坚持自治、自养、自传、独立自主、自办教会的方针，保卫和发展三自爱国运动的成果；贯彻执行宗教信仰自由政策，协助政府把我国建设成为富强、民主、文明的社会主义现代化国家，促进祖国统一，维护世界和平而贡献力量。

为此，本届代表大会认真回顾总结了首届“两委会”第四次会议通过的《赫章县基督教教会工作暂行规定（试行）》执行情况，并结合《中国基督教教会通用规章制度（征求意见稿）》；制订此规定。

第一条　基督教会是蒙神选召，信奉耶苏基督教为主的群众团体，它是神的家，基督的身体，是圣灵的殿。它以圣经为信仰的依据。赫章教会为善世教会的一员，与各地教会平等友好，彼此分享。同时是独立自主、自办的教会与其他教会无隶属关系。不受其他教会的支配，更不受海外敌对宗教势力的渗透和支配。

第二条　各教会都有它的两重性，既是信仰基督教的属灵的团体，应按圣经教训建立基督的身体，又是一个社会团体，应遵守国家的宪法、法律及法令，并要求积极支持国家的建设及社会的进步。

第三条　凡接受基督教信仰，来教会听道及参加聚会活动一年以上的慕道友，可向教会申请，要求接受洗礼（年老体弱病残者不受听道时间限制）。

第四条　慕道友信仰坚定，行为端正，爱国守法，可参加慕道班学习圣经及信徒本分，圣职人员须对参加慕道班的慕道友考问信德。合格者经教务组同意报县教务管理委员会审核后，即可受洗，登记入册，接纳为正式信徒，并可领圣餐。

第五条　举行圣礼必须虔诚、严肃、庄重、不可草率行事。洗礼和圣餐部必须由圣职人员负责主持，个别教会没有圣职人员可由县教务管理委员会委托该会传道或县考务管理委员会中的圣职人员临时负责主持。

第六条　洗礼有两种方法，各教会可选择点水礼（洒水于头上），或浸水礼（浸入水中），信徒受洗只需一次。洗礼一般在教堂聚会点中公开举行，老年病残者经教务组同意可在家举行；圣餐有采取一饼一杯的，也有分散为多饼多杯的，一个教会选择其中一种仪式。

第七条 圣职人员是指牧师、长老。圣职人员的职责仅限于在本教会主理圣餐，洗礼，读经讲道，主持讲坛工作。根据我县目前缺乏圣职的人员情况，传道员（包括派立和传统讲道员）根据圣经“如不受差遗怎能传道呢”的教导。明确指定信仰虔诚，作风正派，有圣经知识的义工帮助圣职人员做好讲坛工作。

第八条 对圣职人员较多的教会由圣职人员及传道员主持讲坛工作，没有或只有一个圣职人员的教会由县教务管理委员会与该教会协商，明确三至五人主持讲坛工作。

第九条 每个聚会点应建立一个教务管理领导小组。教务组由信徒群众选举或者协商产生，根据信徒人数的多少。以圣职人员为主规定5—9人组成。

第十条 教务组的成员应具有纯正的基督教信仰，较丰富的灵性生活，优良的品德和行为见证，对教会有奉献精神及服务经历，能坚持“三自”原则带领信徒走爱国爱教，荣神益人的道路。

第十一条 教务组对各种聚会圣餐、礼拜，事先应有准备、有组织、有秩序地进行，以心灵和诚实敬拜，避免产生混乱。讲道必须由本教会圣职和教牧人员担任，非传道人员和外来信徒不得请上讲坛主持或讲道，防止有人散布异端邪说，混乱教规教义，危害信徒。

第十二条 教牧人员要深入学习圣经要义，提高灵性修养，操练自已，廉洁自持，为信徒作好榜样。传道讲经要以圣经为本，传授圣经知识切勿信口开河，进行恐怖宣传、混淆视听，生活起居要与众和睦，不得自高自大，脱离教内外群众。

第十三条 信徒是教会的肢体，必须遵循教规教义，以“十条”戒命为做事为人的最高准则。学习圣经的基本知识，促进信心和灵性的进行，维护真理，排除异端邪说，纯洁主的教会。

第十四条 礼拜生活要由教牧人员主持，严格执行定点、定时、定人的规定，克服流动礼拜，多日晓礼拜（宗教节日另外）。要维护正常的社会秩序、生产秩序，不得利用宗教干预行政、教育和婚姻。禁止接收十八岁以下的青少年入教。

第十五条 各地教务组应坚持“三自”原则，即自治、自养、自传。随着圣灵的引导，竭力以合而为一的心，团结信徒认真执行规章制度。办好教会的各项圣事。严防海外宗教敌对势力的渗透，严禁利用宗教搞封建迷信活动及违法犯罪活动。

第十六条 教会财务要由教务小组负责管理，圣职人员和教牧人员原则上不担任出纳及会计职务。

第十七条　鼓励信徒乐意奉献，但不得摊派。信徒捐献投奉献箱的，定期由财务组三人以上一起启箱，记录款数交给会计或出纳。捐献经过个人的要由会计出纳出具收据。教会捐款应按财务管理制度存入银行。

第十八条　节约开支，严格审批制度，大的支出应经教务组讨论决定，做到收支有据，民主监督，定斯公布。禁止挪用或贪污。

第十九条　各教会要向教徒群众宣传党的路线、方针、政策，号召信徒积极发展多种经营，为社会主义建设作贡献。

第二十条　各教会根据此规定，制定出本教会的实施办法，对于抗拒不执行规定，扰乱教规教义，行为严重不端，经劝戒不听者，信徒报县教务委员会核实，停止圣餐或教内开除，圣职人员由县教务委员会核实，报省“协会”给予劝戒、暂停或撤销圣职，直至开除。教务组成员，由县“两会”核实后，撤销教内职务。

第二十一条　本规定若有未尽事宜，各教会在执行时可向“两会”提出建议，以便补充完善。

第二十二条　本规定自公布之日起施行。

纳雍县宗教活动场所管理制度

（一）在政治上热爱祖国，拥护社会主义制度，拥护中国共主党和人民政府的领导，接受党和政府依法对宗教事务的管理。遵守国家法律、法规，保证宗教活动在宪法、法律和政策允许范围内正常地进行。绝不利用宗教活动场所进行反对党和政府的领导，破坏国家统一，民族团结，社会安定，损害公民身心健康和妨碍国家各种制度的活动。

（二）积极与社会主义社会相适应，在认真贯彻和执行中国共产党的“政治上团结合作，思想信仰上互相尊重的原则”基础上，逐步改革不适应社会主义的宗教制度和宗教教条，发扬宗教教义、宗教教规和宗教道德中的积极因素，积极为社会主义“两个文明建设”服务。坚决克服有碍于民族的发展和进步、有碍于社会主义经济建设的因素，一切宗教活动场所都不得妨碍社会秩序、工作秩序、生产秩序和教学科研秩序。绝不恢复被除废的宗教封建特权和压迫剥削制度，绝不利用宗教干涉行政，司法、教育、婚姻和群众和生活。

（三）坚持我国宗教独立自办和自治、自养、自传的方针和“宗教活动场所不受境外组织和个人的支配”的规定，坚决贯彻和执行国务院144号、145号令和国务院宗教局制定的有关宗教法规，抵制和反对境外宗教敌对势力的渗透活动。

坚决贯彻执行党的宗教信仰自由的政策，不强迫别人信教或信仰某种宗教，不私设宗教活动场所，不搞跨界布道、多日礼拜、禁食升天等宗教狂热活动，不在宗教活动场所以外布道传教、宣传有神论、散发宗教宣传品。在坚决反对歧视信教群众的同时，也坚决反对歧视不信教的群众。

（四）明确宗教活动场所管理组织的主要职责：

1. 组织本场所公民学习时事、政策和法律、法规，提高爱国主义和社会主义觉悟；

2. 管理本场所的宗教事务；

3. 管理、使用本场所的财产，依法保护本场所内的宗教文物和风景名胜：

4. 维护本场所的合法权益；

5. 其他有关宗教活动场所的管理工作。

以上管理制度，全县各宗教活动场所和教务管理组织和信教群众都应予以坚决执行。

纳雍县民族与宗教事务局

1997 年 1 月

四　打击取缔反动会道门

毕节地区的会道门主要有一贯道、归根道、万全道、白阳道、同善社等。中华人民共和国成立初期，这些会道门活动频繁。为保证社会稳定，1951 年赫章县枪决“同善社”道首 4 名，判处骨干分子有期徒刑 2 名，管制 18 名。1951 年 1 月至 1955 年 1 月，毕节县依法处决道首 19 名，对 747 名道首分别判处有期徒刑直至死缓。织金县依法逮捕道首 55 名，判处死刑 8 名，有期徒刑 13 名，管制 6 名。1952 年 2 月，赫章县批捕法办一贯道道首 5 名。7 月，威宁彝族回族苗族自治县依法批捕道首 15 名。1953 年 3 月，大方县批捕道首 5 名，集训 20 名，悔过登记 12 名。威宁彝族回族苗族自治县处决白阳道道首 1 名，批捕 36 名。黔西县批捕道首 15 名（其中枪决 3 名，判处无期徒刑 2 名，有期徒刑 10 名）、集训 26 名。1955 年春，威宁彝族回族苗族自治县批捕白阳教大小道首 87 名，下半年处决道首 10 名。1956 年，黔西县批捕道首 25 名。1957 年 7 月，威宁彝族回族苗族自治县抓获道首 80 名，批捕主要道首 13 名，劳教 1 名，管制 16 名。1958 年，威宁彝族回族苗族自治县批捕道首 13 名，管制 16 名，劳教 1 名。1959 年，毕节县再次清理归根道漏网道首；赫章县批捕判刑一贯道道首 1 名，批捕归根道道首 4 名，管制 27 名。金沙县批捕道首 2 名，依法管制 6 名，监督生产 14 名。大方县 259 名道首投案自首。1957 年至 1962 年，毕节县多次打击取缔一贯道，彻底清查其组织体系，严惩首要分子，平息一贯道在毕节境内的活动。1967年，黔西县批捕道首3名。1977年，威宁县处决白阳道首1名，判刑10名，管制17名，戴帽管制2名，批判斗争29名。1978年，毕节县查清破坏、反革命宣传煽动、海外会道门渗透、敌台派遣反革命资敌等各类案件68起。1983年，赫章县逮捕道首1名。1985年大方县逮捕主要道首5名，管制5名，收缴各种经书、科书250多种800余册及乩语、印章等，没收活动经费及住房；黔西县传讯道首20名，摧毁坛堂12处，缴获反动经书357本，神像122尊，道具1套半；威宁县逮捕一贯道别支“天道教”道首1名，拘传6名，缴获道务费6618元。1986年，毕节县逮捕道首36名，收审教育小道首364名，1613名道徒登记悔过；大方县查出会道门道徒300余名，收缴各种经书49本，查封4个庙（点）和8个坛，销毁神像120尊，没收法衣、帅旗、道具及房屋，传迅有关人员；威宁县处决白阳道道首2名，判刑14名。

五　打击取缔反动邪教组织

（一）取缔“生命会”

“生命会”系外国宗教“呼喊派”和“全范围教会”演变而成的。在敌国和敌对分子的支持下，采取多种欺骗手段，打着基督教的旗号，吸收教徒，培养骨干，向各方开荒布道，制造矛盾，分裂基督教会，反对教会“自立、自传、自养”的方针，散布劫难，恐怖邪说，煽动生命会信徒反对中国政府，制造群众与政府的对立。该组织从1978年以来，就向毕节地区纳雍、织金等县的一些教会进行渗透，并不断发展。1991年1月，地、县民族宗教工作部门与地、各县公安、统战、宣传等部门配合，依靠区、乡党委、政府、各县基督教三自爱国运动委员会、基督教教务委员会及宗教界爱国人士，经过8个月的备战，查明“生命会”涉及纳雍、织金、威宁、赫章等4县17个区（镇）19个乡（镇），活动点33处，首犯1名，骨干分子76名，被骗参加“生命会”的信徒2500多人。查获讲道录音磁带211盒，美国出版的宗教宣传品11本，台湾出版的6本，香港出版的97本，无出版单位的170本，骨干分子笔记本和反动资料119本（份），还查获首犯和主要骨干分子笔记本以及1980－1990年与海外敌对势力通讯联络的信件。根据查获的大量实证和犯罪分子的态度，依照中央〔1982〕19号、〔1983〕18号、〔1991〕76号文件精神和中共贵州省委主要领导人的批示，地区公安处分别作出立案处理，报上级有关单位审批，依法追究首犯和骨干分子3人的刑事责任，对6名骨干分子报劳动教养委员会批准劳动教养，对其他的骨干分子有的传训、教育，有的办法制学习班，令其认罪悔改。对基督教三自爱国运动委员会、基督教教务委员会领导成员及教牧人员参与

“生命会”的骨干分子，分别免去“两会”职务，撤销教职。之后，“生命会”又死灰复燃，先后在威宁、织金、纳雍、赫章等县进行活动，涉及群众240多人，1993年至1995年，公安等部门相互配合，再次打击，取缔“生命会”，刑事拘留骨干分子5名，劳教8人，收审17人，扣留处罚4人。

（二）取缔门徒会

1994－1995年春，邪教组织“门徒会”部分骨干从陕西、湖北、四川、云南、遵义等处先后窜入毕节地区的黔西、毕节、金沙、威宁、纳雍等县（市）。这些人打着基督教的旗号散布谣言，采取欺骗手段，设置聚会点，大肆造谣惑众，发展成员，直接影响和冲击毕节地区基层组织，破坏农业生产、生活秩序和正常的教学秩序，严重危害农村的社会稳定和人民群众的生命安全。1995年4月初，根据省政法委员会、省公安厅关于查禁取缔非法组织“门徒会”的指示精神，在中共毕节地委、毕节地区行署的领导下，由地区政法委员会牵头，由地区公安处、检察院、司法局、法院、统战部、民族宗教事务局、宣传部等部门抽查调人员组成工作组联合行动。经调查统计，“门徒会”涉及5个县（市）、53个乡（镇）、发展人员1.23万人，其中黔西县5600人、毕节市3406人、金沙县3106人、威宁彝族回族苗族自治县171人、纳雍县170人，设立小分会7个，分会点28个，教会519个。联合工作组深入基层，采取多种形式对“门徒会”成员进行宣传教育，在查禁取缔“门徒会”期间，共发布《通告》455份，出动宣传7辆，办教育班9个，直接和间接受教育的群众达45万人次。同时，按照上级“犯什么法，论什么罪”的指示，对门徒会少数违法犯罪分子和主要为首者予以打击处理。全区依法收审门徒会骨干成员45人，上报劳教21人，治安处罚134人，传唤608人，扣留外地流窜分子11人。1997年初，门徒会成员在区内重新开展活动，活动范围涉及大方、黔西、威宁、赫章等县的40多个乡（镇），裹胁群众3500多人。在公安、民族宗教等工作部门的配合下，再次查禁取缔“门徒会”。逮捕骨干分子15名，劳教10名，治安处罚103人，彻底摧毁了其组织体系。但受外来骨干的窜连和影响，一些边远乡镇又出现“门徒会”的复活活动。2001年，公安机关在开展打击邪教的斗争中，依法取缔“门徒会”组织机构分会点4个，教会17个，教会点（牧养点）100余个，对主要骨干报劳动教养47名，治安处罚199名，教育挽救被裹胁群众5000余人。

（三）取缔邪教组织“通天佛教会”

1995年，织金县的“通天佛教会”在赶集天大肆张贴布告，宣传恐怖邪说，伤害各教派群众之间的感情，造谣惑众，蛊惑人心，影响极坏。织金县宗教局协助公安机关，迅速收审主犯（已判刑），并对有牵连的寺庙和人员进行调查处理，消除隐患。

（四）取缔邪教组织“左坤教”

“左坤教”系安顺传入，涉及织金、威宁、纳雍三县。“左坤教”公然宣传“左坤”是末世使徒，它带来的福音是血、水、圣、灵的福音，并带外地邪教人员到毕节地区织金等地活动，严重干扰正常的宗教秩序。1995 年，织金取缔该组织，劳教 6 人，收审 9 人，治安处罚 42 人，其余办学习班，令其具结悔过。同年，纳雍拘捕“左坤教”骨干 2 名。1996 年，纳雍县 3 名“左坤教”教徒流窜到威宁彝族回族苗族自治县龙洞村活动。威宁公安机关查明后，将其 3 人的材料转纳雍县公安局，劳教 1 人，治安处罚 2 人。威宁彝族回族苗族自治县在取缔“左坤教”的同时，治安处罚其骨干 3 人。

（五）取缔地下“小群派”及变种的“福音联合总会”

“小群派”主要由浙江的温州、萧山、安吉等地“小群派”骨干分子于 20 世纪 90 年代传入大方县马场镇。经几年的发展，至 1999 年初，其活动已涉及毕节地区的大方、威宁、赫章、毕节、纳雍等县（市）的 20 多个乡（镇）、办事处。受其影响的基督教点 19 处，基督教徒 400 余人。受“小群派”的入侵，一些基督教教会点、教牧人员和教徒追随其活动，公开反对“自立、自传、自养”的方针，成立组织，举办培训班，破坏教会内部的团结，竭力煽动信徒脱离“基督教三自爱国委员会”的领导。1993 年 3 月，还在大方县的马场镇秘密成立旨在脱离“基督教三自爱国运动委员会”的领导，分离教会、笼络信徒，成立组织“福音联合总会”，委任了顾问、会长、秘书长等职。该组织刚成立，就被公安机关依法取缔。

六　收缴非法出版物

1991 年，织金县宗教事务局收缴从新加坡、香港带来的《圣经》《讲道集》和宣传恐怖邪说的宣传品 34 种、共 91 册。1993 年 7 月 30 日，威宁彝族回族苗族自治县宗教事务局在城关基督教福音堂收缴香港“圣恩堂”教会信徒 3 人（系该教会派遣的短期宣教体现队来大陆进行宗教渗透的人员，他们在该县城关福音堂散发宣传品时被查获）随身携带的境外出版宗教刊物 59 本，基督教笔记本 131 页，宗教录音磁带 8 盒，已拍摄的胶卷 6 个。1997 年，纳雍县民族宗教事务局收缴在维新片区、乐治片区发现的非法出版物《信仰的根基》。1998 年 3 月 26 日，纳雍县民族宗教事务局配合县公安局治保科在锅圈岩乡文化一组收缴《信仰的根基》《圣经研究本》共 72 册。1997 - 1998 年，全区公安机关收缴从六盘水、四川成都、广东、台湾、香港等地寄来的非法宗教宣传品《信仰的根基》《从虚空到满足》《得圣的秘诀》等12种1000余册。

七 清理和处理滥建寺庙

1985年以来，农村滥建寺庙的情况较为严重，到1996年，已涉及8县（市）78个乡镇。这既违背了国家的有关宗教法规，又浪费了大量的人力、物力、财力和国土资源，同时污染社会风气，影响社会主义的精神文明建设。毕节地区贯彻中央及省的有关文件精神，1997年，地委办公室、行署办公室又下发〔1997〕79号文件，要求对全区乱建的寺庙进行彻底的清理和处理。各县（市）委、政府分管民族宗教工作的领导及时召开县（市）委统战部、民族宗教事务局、公安局、宣传部、文化局、土地管理局、城市建设局等单位负责人的联席会议。毕节、金沙、赫章等县（市）还成立了领导小组。在领导小组的部署下，各有关部门相互配合，采取宣传教育与做思想工作相结合，走访群众与深入调查相结合的办法，对非法乱建的寺庙进行逐个登记造册。根据调查了解，这些非法乱建的寺庙除极少数确属教徒相对集中无活动场地而修建的以外，其余的都是“借庙敛财”而建。根据各县（市）上报的材料统计，全区属非法乱建的寺庙186座，占地面积2.05万平方米，耗费资金210.95万元。其中毕节市76座，占地面积3944平方米，耗资71.88万元；金沙县70座，占地面积1.31万平方米，耗资94.55万元；赫章县21座，占地面积1300平方米，耗资16.6万元；威宁彝族回族苗族自治县4座，占地面积470平方米，耗资7.3万元；纳雍县7座，占地面积444平方米，耗资9.82万元；黔西县1座，占地面积300平方米，耗资2.7万元；大方县1座，占地面积100平方米，耗资1.2万元；织金县6座，占地面积819平方米，耗资6.9万元。根据关于清理整顿乱建寺庙、坚决刹住乱建寺庙和乱塑露天佛像的文件精神，逐一研究处理意见，然后按处理意见进行处理。经中共中毕节地委派工作组进行督促检查，到1998年底，全区清理处理滥建寺庙的工作基本结束。全区明确为乱建的寺庙共186座，其中，进行宗教活动场所的14座，进行封建迷活动的93座，有人居住无活动的54座，无人居住的25座。经研究决定：有一定教徒活动，基本具备宗教活动场所临时登记标准，又缺乏活动场所的，定为待批为宗教活动场所一共有18座；建在县城、乡镇、村委会附近，其具有一定规模和使用价值的，改作老年活动中心及文化娱乐场所、收归学校、村委会管理，作为公用场所这种建筑有129座；建在荒坡野岭、路边、岩脚，进行封建迷信活动的作拆除处理，这种建筑有39座。

第七节　重要会议

一　宗教工作会议

1961年11月10日至11月16日，全区宗教工作会议在毕节召开。会议学习了中央统战部副部长张一执1960年12月30日在上海宗教工作座谈会上的讲话和中央统战部宗教处《关于如何认识和对待最近一个时期有些地区宗教活动较活跃的问题》等文件。会议结合毕节地区宗教工作的实际情况，讨论研究了今后的宗教工作方向：1. 继续全面贯彻执行党的宗教信仰自由政策；2. 加强对宗教界人士的团结、改造、教育工作；3. 今后不再合并或挤掉教堂，基本同意各县提出恢复教堂的意见；4. 对宗教制度的改革；5. 1958年以来平调教会的教堂除按各县的意见处理退赔外，其余的宗教财产本着谁平调谁退赔的原则予以适当的处理；6. 加强党的领导，对宗教工作任务重的威宁、赫章、水城三县建全宗教事务机构，其余的县配备专职宗教干部1人作宗教工作。

1980年6月，全区宗教工作会议召开。会议介绍了为落实党的宗教政策，在威宁的板底、大松、赫章珠市等公社进行试点工作取得的经验，提出加强宗教工作的意见，中共毕节地委批转了《全区宗教工作会议纪要》。

1982年4月，全区民族宗教工作会议在毕节召开。共有130多人参加这次会议。地区行政公署负责人在会上传达了中共中央3月份下达的〔1982〕19号文件《关于我国社会主义时期宗教问题的基本观点和基本政策》。会议决定：1982年全区宗教工作要以学习中共中央〔1982〕19号文件为主，以文件精神为指导，把全区宗教活动纳入正常轨道。

1988年10月28日至29日，全区宗教工作会议在毕节召开。会议的主要议题是检查贯彻中共中央〔1982〕19号文件的执行情况，讨论在新形势下如何加强对宗教活动的依法管理和综合治理，党委、政府如何加强对宗教工作的领导，以适应改革开放和经济建设的需要。

1989年9月20日至22日，召开全区宗教工作会议。会议传达全省宗教工作的会议精神及中共贵州省委、省统战部、省政协有关领导的讲话、中发〔1989〕3号文件。会议指出，在北京发生的反革命暴乱波及全国后，由于交通、文化等原因，宗教活动不够正常，出现跨县、跨区、多日礼拜、晚礼拜，影响了生产的情况。会议强调，各级党委、政府要关心、加强对宗教工作的领导，建立健全宗教工作机构，认真贯彻落实党的宗教政策，严防宗教敌对势力的渗透，使宗教活动在宪法和法律允许的范围内进行。

1992年12月8日至10日，召开全区宗教工作会议。会议肯定全区宗教工作取得的成绩，同时指出全区宗教工作存在的问题。明确下一步全区宗教工作的主要任务是认真贯彻落实各项宗教政策，依法加强对宗教活动场所的管理，力争在两年内完成宗教活动场所的整顿、登记、发证工作，使宗教在党的宗教政策和国家法律法令允许的范围内正常开展活动；坚持实行政教分离和自办教会的原则，坚决取缔一切非法宗教活动和地下宗教势力，严防敌对势力利用宗教进行渗透活动；加强爱国宗教组织建设和宗教界上层人士的培养，使教权牢牢掌握在接受党和政府领导的宗教上层人士手中；切实加强党的宗教政策的宣传教育工作，教育信教群众懂法守法。具体任务是依法对宗教活动场所进行管理，切实加强反渗透的斗争；理顺宗教工作机构；抓好落实宗教房产的扫尾工作；认真抓好党员入教的教育处理。会后，中共毕节地委、毕节地区行署颁发了《关于加强全区宗教工作的决定》。

1995年11月28日至29日，召开全区宗教工作会议暨表彰大会。会议要求各级党委和政府认真学习、贯彻地委、行署《关于进一步加强全区民族工作和宗教工作的意见》。会议明确今后宗教工作的主要任务是认真贯彻党和国家的宗教政策，维护宪法规定的公民享有宗教信仰自由的权力，依法加强对宗教事务和宗教活动场所的管理，任何单位、团体、个人未经批准，不得滥建乱建寺庙；切实加强党和国家宗教政策的宣传教育工作，教育和团结广大信教群众积极投身于两个文明建设；加强同宗教爱国人士的联系，巩固同宗教界的爱国政治联盟。具体措施是一要加快宗教活动场所的登记发证工作，加强对宗教活动的依法管理；二要坚持独立自主、自办教会的方针，切实加强反渗透斗争，警惕境外敌对势力利用宗教进行渗透，危害国家安全的活动；三要坚决打击披着宗教外衣进行各类犯罪活动的犯罪分子；四要经常听取爱国宗教团体的意见和建议；五要与宗教界爱国人士协商解决问题；六要建立健全宗教工作机构；七要认真抓好党团员信仰宗教的处理，高度重视青少年信教的问题。会议对来自全区各条战线的10个先进宗教工作集体、28名宗教工作先进个人进行了表彰。

2000年11月，全区宗教工作会议召开。会议传达全国和全省宗教工作会议精神。会议讨论中共毕节地委、毕节地区行署《关于进一步加强在新形势下我区宗教工作的意见》，提出提高宗教干部的素质，加强爱国宗教组织的建设、加强宗教活动场所的年检质量、依照政策分别处理乱建的寺观教堂、稳准狠地防止渗透、打击邪教等依法管理宗教的对策和措施。表彰了在宗教工作中作出突出贡献的宗教工作先进单位和先进个人。

二　宗教工作座谈会

1981 年 2 月 11－12 日，根据中共贵州省委指示，召开纳雍、威宁、赫章宗教工作座谈会。中共贵州省委书记苗春亭出席会议并作重要讲话。会议根据中共中央、国务院有关宗教工作的几个文件，总结前一段时间落实宗教政策的情况，对毕节地区当前的宗教活动情况进行具体分析，提出毕节地区当前宗教工作的主要任务是全面贯彻党的宗教政策，团结教育广大信教群众和宗教界人士，调动宗教人士为四化建设服务的积极性，减少宗教对四化建设的不利因素，巩固和发展安定团结的大好局势，为实现新时斯的总任务作出贡献。当前加强对宗教工作的具体措施是：一是认真进行宗教政策的再教育，首先解决好干部的认识；二是作好信教群众的工作；三是加强对宗教活动场所的管理，解决开放一批宗教活动场所；四是认真处理好民族和宗教问题，正确对待信教的少数民族党员；五是认真落实宗教界人士的政策；六是加强对宗教工作的领导。

三　宗教界人士座谈会

1956 年 5 月 29 日，地区专员公署宗教事务科组织召开威宁彝族回族苗族自治县石门坎宗教界上层人士座谈会，到会 20 人。1956 年 9 月，根据中共贵州省委指示，毕节地区少数民族基督教人士座谈会成员及参观团一行 34 人（含随团宗教工作干部 5 人）在专员公署宗教事务科科长赵世岱、代表团团长张志诚、副团长李朝阳的带领下，赴贵阳座谈参观。座谈参观团列席贵州省政治协商会议开幕式，列席贵阳市基督教首届教友代表会。在座谈交流中，宗教界代表们在感谢共产党和人民政府、赞扬祖国的同时，提出了关于宗教财产的意见和要求、关于新中国成立后土地改革运动中个别干部违反宗教政策和由于工作方法粗暴、不尊重少数民族的意见、造成教徒群众与政府间的隔阂，关于干部违反宗教政策和贯彻宗教信仰自由政策、关于宗教活动等方面的意见 150 余条。1956 年 12 月 18 日至 22 日，召开全区宗教界人士座谈会。参加会议的有威宁、赫章、水城、纳雍、大定（今大方）、织金等 6 个县的宗教界代表 50 人，省、地、县宗教工作干部 12 人，共 62 人。宗教人士提出土改时期焚烧《圣经》、对宗教活动未注意管理，以及关于大聚会、奉献、房产、跳“灵恩”、圣诞节等问题。

1956 年 12 月 29 日，地区专员公署宗教事务科在赫章县的结构、葛布教区检查后召开宗教界上层人士座谈会，了解到贵阳座谈参观团回来后宗教界人士的思想动态，座谈会着重解决了当前信教与不信教的矛盾、教派与教派之间相互排斥的问题、教会与政府的领导关系、生产和宗教生活之间的关系、正当和不正当宗教生活的界限等问题。宗教界人士批判和揭发了教会内部发生的混乱现象和非正当的宗教活动，提出了一些建设性的意见。

1957 年 6 月 11 – 15 日，召开全区宗教界人士座谈会。参加会议的有赫章、水城、纳雍、织金、大方、毕节、威宁等县的 45 名宗教界人士（其中基督教 39 人、佛教 1 人、天主教 1 人、伊斯兰教 4 人及宗教工作干部 8 名）。会议检查 1956 年 12 月以来宗教政策的贯彻执行情况，交流爱国爱教的经验，了解教牧人员的思想状况及当前的宗教情况。通过两天的讨论，代表们提出 108 条意见和要求。会议指出存在的问题，明确提出对教徒按照贯例举行的宗教活动如天主教、基督教的礼拜、受洗、办圣事、送终、访问教友、灵修、祷告、念经、法会、传戒、收徒、布施等应视为合法活动，不予干涉。对现有宗教活动场所被机关、团体、学校占用和借用的教堂、寺庙及房屋应从速处理。原则上将原教会的房产归还教会；原属卫生、教育事业的，可由教育、卫生部门接管；对三爱组织，原则上是原教区组织系统不再变更，在现有宗教活动的地区通过原有的总负责人把宗教管起来，对宗教界上层人士生活确系困难，而又能起积极作用的，适当给予不定期的补助。

1962 年 11 月 11 – 17 日，召开全区基督教人士座谈会。参加会议的有毕节、大方、织金、纳雍、威宁、赫章 6 个县基督教界中上层人士 23 人，部分县的宗教工作干部、省、地专机关有关部门负责人共 13 人。会议通讨论、协商解决以下问题：1. 关于教堂开放问题。同意织金、纳雍等县仍保持已开放的教堂数目；赫章、威宁、大方 3 县由教会主要负责人同本县领导具体研究，根据可能的条件，分期分批地逐步增加教堂开放的数目。2. 大聚会问题。为有利于生产社会治安，今后不再搞大聚会，不再跨公社、区、县，更不能跨专区、省搞聚会，最好只限于本教堂范围内的教徒参加。3. 施洗教徒问题。会议明确赫章的张庭亮（苗族、传道）、威宁的朱文正（苗族、牧师）、李正邦（苗族、牧师）、纳雍的马显文（苗族、牧师）、织金的杨勤忠（苗族、长老）5 人有神权。决定今后各地教会施洗教徒、领圣餐都必须由有神权的人负责施行，否则无效。在施洗教徒时，应事先请示县、区、公社党委，取得同意后进行。为保护教徒的身体健康，今后不再施浸水礼（领洗人泡在大河里），只在教堂里施点水礼（即由有神权的教牧人员用中指沾清水在领洗人的头上）。还协商解决了礼拜、奉献等问题。

1981 年 12 月，威宁自治县召开宗教界人士座谈会。会议传达中央〔1978〕65 号、国发〔1980〕118 号文件精神。会议根据朱家林、朱美德等宗教界人士倡议，制定《爱国爱教严格遵守十条制度的规定》，拟定对戛泥块、毛拉柱等 8 个教堂开放的要求，加强宗教活动的管理，克服宗教活动的混乱现象。

后 记

《毕节地区志·宗教志》编纂工作启动于20世纪90年代。毕节地区宗教事务局请对宗教工作情况较熟悉的有关人士组织撰写，由于种种原因，这项工作未能开展下去。2000年，毕节地区宗教事务局与毕节地区民族研究所所长罗剑等几位同志协商，由毕节地区民族研究所的罗剑、罗世勋、杨永光来承担，这才使《毕节地区志·宗教志》的撰写工作进入正轨。

罗剑、罗世勋、杨永光接受任务后，立即拟写出志书篇目，报毕节地区宗教事务局审定。审定后的全书篇目为序、编纂说明、概述、大事记、佛教篇、道教篇、伊斯兰教篇、天主教篇、基督教篇、宗教工作篇。志书篇目确定下来后，罗剑承担伊斯兰教篇和天主教篇；罗世勋承担佛教篇、道教篇、宗教工作篇；杨永光承担概述篇和基督教篇；大事记由三人共同提供。任务明确后，征集材料有序地进行。在征集材料中，由于罗剑工作繁忙，把伊斯兰教篇转给威宁彝族回族苗族自治县县委统战部的马鹏飞撰写，把天主教篇转给罗世勋撰写，2001年下半年编写工作正式开始启动。通过撰写工作人员的通力合作，完成了初稿，并走遍了全区8个县（市），对志书所收录的资料进行进一步的核实和补充，最后形成2004年8月的送审稿。

2005年8月24日，《毕节地区志·宗教志》审稿会在毕节召开。省、地、县（市）有关单位的专家和领导58人参加审稿会，会上提出了许多宝贵的意见。鉴于书稿中有些篇目资料较单薄，难以独立成篇，会上有关专家建议全书以章节结构的形式撰写。现志书按专家的建议分为序、编纂说明、概述、大事记、佛教章、道教章、伊斯兰教章、天主教章、基督教章、宗教工作章、附录、后记。

《毕节地区志·宗教志》撰稿人分别是：编纂说明、概述、后记，为杨永光；大事记为罗世勋、杨永光、马鹏飞；佛教章为罗世勋、杨永光；伊斯兰教章为马鹏飞；天主教章为罗世勋；基督教章为杨永光；宗教工作章为罗世勋。送审稿编纂为杨永光、罗世勋；最后修改稿与编纂为杨永光。

志书的撰写工作，自始至终得到省宗教事务局、省地方志办、毕节地区地方志办的大力支持，毕节地区志办的金国藩、吴维铁两位领导亲临指导和改稿，这无疑对志稿的成书起到积极的作用。在此，向关心、支持、帮助《毕节地区志·宗教志》的单位和个人致以真诚的感谢。

编纂《毕节地区志·宗教志》在毕节地区尚属首例，没有可参照的范本，只能根据撰稿者所掌握资料来编写。另外宗教属于意识形态，过去文献记载较少，加之编纂者的知识有限，书中错漏难免，恳请广大读者给予批评指正。

编　者